CBAC

Cemeg

ar gyfer U2

David Ballard

Rhodri Thomas

Illuminate
Publishing

CBAC Cemeg ar gyfer U2
Addasiad Cymraeg o *WJEC Chemistry for A2 Level* a gyhoeddwyd yn 2016 gan Illuminate Publishing Limited, argraffnod Hodder Education, cwmni Hachette UK, Carmelite House, 50 Victoria Embankment, London EC4Y 0DZ

Ariennir yn Rhannol gan
Lywodraeth Cymru
Part Funded by
Welsh Government

Cyhoeddwyd dan nawdd Cynllun Adnoddau Addysgu a Dysgu CBAC

Archebion: Ewch i www.illuminatepublishing.com neu anfonwch e-bost at sales@illuminatepublishing.com

Data Catalogio drwy Gyhoeddi'r Llyfrgell Brydeinig

Mae cofnod catalog ar gyfer y llyfr hwn ar gael gan y Llyfrgell Brydeinig

ISBN 978-1-911208-33-4

Printed by Severn, Gloucester

08.21

Polisi'r cyhoeddwr yw defnyddio papurau sy'n gynhyrchion naturiol, adnewyddadwy ac ailgylchadwy sydd wedi'u gwneud o goed a dyfwyd mewn coedwigoedd cynaliadwy. Disgwylir i'r prosesau torri coed a chynhyrchu papur gydymffurfio â rheoliadau amgylcheddol y wlad lle maent yn digwydd.

Gwnaed pob ymdrech i gysylltu â deiliaid hawlfraint deunydd a atgynhyrchir yn y llyfr. Os cânt eu hysbysu, bydd y cyhoeddwyr yn falch o gywiro unrhyw wallau neu bethau a adawyd allan ar y cyfle cyntaf.

Mae CBAC wedi cymeradwyo'r deunydd hwn, sy'n cynnig cefnogaeth o ansawdd uchel ar gyfer cyflwyno cymwysterau CBAC. Er bod y deunydd hwn wedi mynd trwy broses sicrhau ansawdd CBAC, y cyhoeddwr sydd â'r holl gyfrifoldeb am y cynnwys.

Atgynhyrchwyd cwestiynau arholiad CBAC gyda chaniatâd gan CBAC

Golygydd: Geoff Tuttle
Dyluniad: Nigel Harriss
Gosodiad: EMC Design Ltd, Bedford

Llun clawr: © Sima/Shutterstock

Cydnabyddiaeth

Hoffai un o'r awduron (DB) ddiolch i Goleg Derby am adael iddo ddefnyddio eu labordai gwyddoniaeth a hefyd i'w wraig, Margaret, am ei hamynedd di-ben-draw wrth iddo ysgrifennu'r llyfr hwn.

Cynnwys

Sut i ddefnyddio'r llyfr hwn

Beth sydd yn y llyfr hwn

Mae cynnwys y llyfr hwn yn cyfateb i fanyleb U2 Cemeg CBAC. Mae'n cynnig gwybodaeth a chwestiynau arholiad enghreifftiol a fydd yn eich helpu i baratoi at yr arholiadau ar ddiwedd y flwyddyn.

Mae'r llyfr hwn yn cynnwys pob un o'r tri Amcan Asesu sy'n ofynnol ar gyfer eich cwrs Cemeg CBAC. Mae'r prif destun yn cynnwys y tri Amcan Asesu:

- AA1 Gwybodaeth a dealltwriaeth
- AA2 Cymhwyso gwybodaeth a dealltwriaeth
- AA3 Dadansoddi, dehongli a gwerthuso gwybodaeth, syniadau a thystiolaeth

Mae'r llyfr hwn hefyd yn cynnwys:

- Y sgiliau mathemategol sy'n rhan o gemeg, a fydd yn cynrychioli o leiaf 20% o'ch asesiad, gydag esboniadau ac enghreifftiau wedi'u datrys.
- Gwaith ymarferol. Mae asesu eich sgiliau ymarferol a'ch dealltwriaeth o gemeg arbrofol yn cynrychioli o leiaf 10%; bydd defnyddio'r llyfr hwn yn eu datblygu hefyd. Mae rhai manylion ymarferol yn cael eu crybwyll ym mhenodau Unedau 3 a 4. Mae sylwadau pellach am y dasg arbrofi sydd ei hangen a'r dasg dulliau ymarferol a dadansoddi i'w gweld yn y manylion yn Uned 5.

Mae cynnwys y llyfr yn cael ei rannu'n glir yn ôl unedau'r cwrs hwn:

Uned 3 – Cemeg Ffisegol ac Anorganig

Uned 4 – Cemeg Organig a Dadansoddi

Uned 5 – Ymarferol.

Mae pob pennod yn cynnwys un testun. Mae pob testun yn cael ei rannu yn nifer o is-destunau, sy'n cael eu cynnwys ar ddechrau pob pennod, ar ffurf rhestr o amcanion dysgu. Yn dilyn y rhain, mae nifer o gwestiynau enghreifftiol i'ch helpu i baratoi at yr arholiadau ac i atgyfnerthu beth rydych wedi'i ddysgu. Mae atebion i'r cwestiynau hyn yng nghefn y llyfr.

Sylwadau ymyl y dudalen

Mae ymyl pob tudalen yn cynnwys amrywiaeth o bethau i'ch helpu i ddysgu:

Termau Allweddol

Termau y mae angen i chi wybod sut i'w diffinio. Maen nhw'n cael eu **dangos mewn print glas** yng nghorff y testun.

Gwirio gwybodaeth

Cwestiynau byr i'ch helpu i wirio eich bod wedi deall y deunydd yn y testun ar ôl i chi ei ddarllen ac i'ch galluogi i gymhwyso'r wybodaeth rydych wedi'i dysgu. Mae atebion yng nghefn y llyfr.

▼ Pwynt astudio

Pytiau o gyngor a allai helpu i esbonio rhai pwyntiau neu agweddau ar bob testun neu eich helpu i ddeall a defnyddio'r wybodaeth dan sylw.

Ymestyn a Herio

Efallai nad yw'r deunydd yn yr adran hon yn y prif destun nac yn rhan bwysig o'r fanyleb a'r arholiad, ond bydd yn berthnasol iddynt. Efallai y bydd yn ddeunydd newydd a fydd o ddiddordeb i chi gan helpu i ehangu eich dealltwriaeth yn gyffredinol.

 Cyswllt O bryd i'w gilydd, bydd ffeithiau a phwyntiau sy'n berthnasol i sawl rhan o'r fanyleb yn ymddangos, ac felly bydd yn ehangu eich dealltwriaeth yn gyffredinol os ydych yn gwneud y cysylltiadau hyn.

DYLECH WYBOD ›››

Mae amcanion dysgu yn cael eu rhoi ar gyfer pob prif is-destun.

GWAITH YMARFEROL

Weithiau bydd testun yn ymwneud ag arbrawf neu waith ymarferol sy'n **dasg ymarferol benodol**. Mae'r logo hwn yn ymddangos ar ymyl y dudalen i dynnu sylw at bwysigrwydd y gwaith ac i roi gwybodaeth ychwanegol i chi ac awgrymiadau ar sut i'w ddeall yn llawn.

! Cymorth Ychwanegol

Awgrymiadau defnyddiol neu esboniad pellach ar bwyntiau pwysig.

MATHEMATEG

Gan fod asesu eich sgiliau mathemategol yn bwysig iawn, mae'r nodwedd hon yn dangos ffyrdd cyffredin o ddefnyddio mathemateg mewn cemeg. Rydych yn paratoi at arholiad cemeg, nid at arholiad mathemateg, ond serch hynny mae'n bwysig cymhwyso dadansoddi rhifiadol; bydd y nodwedd hon yn eich helpu i wneud hynny. Mae'r gofynion mathemategol i'w gweld yn Atodiad C, ar ddiwedd cynnwys y cwrs yn y fanyleb. Mae lefel y ddealltwriaeth sydd ei hangen yn uwch ar lefel U2 ac mae rhai gofynion yn cyfateb i Lefel 3 (y tu hwnt i TGAU).

SUT MAE GWYDDONIAETH YN GWEITHIO

Weithiau mae'r nodwedd hon yn eich helpu i weld sut mae cemeg ei hun wedi esblygu, i weld y rhyngweithio rhwng theori ac arbrofion, a'r cyfyngiadau hefyd. Mae gwyddoniaeth yn gweithio drwy ddefnyddio damcaniaethau a syniadau, gwybodaeth a dealltwriaeth, TG a TGCh ac ymchwiliadau arbrofol i gael, dadansoddi, dehongli a gwerthuso data. Hefyd, drwy ystyried sut mae gwyddoniaeth yn cael ei chymhwyso, ei manteision, y risgiau a'r materion moesegol, mae'n gwerthuso sut gall y gymdeithas ddefnyddio gwyddoniaeth yn sail i benderfyniadau.

U2 Cemeg – crynodeb o'r asesu

Mae'r asesu ym manyleb U2 Cemeg CBAC yn cynnwys dau arholiad ysgrifenedig 1 awr 45 munud yr un, sef un arholiad yr un ar gyfer y ddwy uned sy'n ffurfio 25% o'r cymhwyster Safon Uwch. Mae 80 marc ar gael ar gyfer pob papur. Hefyd, bydd gwaith ymarferol ar lefel U2 yn cael ei asesu drwy Uned 5.

Mae'r gwaith ymarferol hwn yn cynnwys tasg arbrofol, hyd at dair awr, ac un dasg ysgrifenedig o un awr ar ddulliau ymarferol a dadansoddi. Bydd 30 marc ar gael am y ddwy ran ac mae cyfanswm y marciau hyn yn werth 10% o'r marciau yn y cymhwyster cyfan.

Mae **Uned 3** yn cynnwys Cemeg Ffisegol ac Anorganig

Mae **Uned 4** yn cynnwys Cemeg Organig a Dadansoddi

Mae **Uned 5** yn cynnwys agweddau ymarferol cemeg

Mae pob papur yn Unedau 3 a 4 yn cynnws Adran A, cwestiynau atebion byr (ar gyfer 10 marc), ac Adran B, cwestiynau atebion strwythuredig ac estynedig. Mae cwestiynau Adran B yn werth 70 marc.

Nid oes cwestiynau dewis lluosog yn y papurau hyn.

Amcanion asesu (AA) a phwysoli

Amcanion asesu

Mae cwestiynau arholiad yn cael eu hysgrifennu i adlewyrchu'r amcanion asesu sydd yn y fanyleb. Rhaid i ymgeiswyr gwrdd â'r amcanion asesu canlynol yng nghyd-destun cynnwys y pwnc a ddisgrifir yn llawn yn y fanyleb.

AA1 Dangos gwybodaeth a dealltwriaeth o bob agwedd ar y pwnc.

AA2 Cymhwyso'r wybodaeth a'r ddealltwriaeth yn ddamcaniaethol, yn ymarferol, yn ansoddol ac yn feintiol.

AA3 Dadansoddi, dehongli a gwerthuso gwybodaeth a thystiolaeth wyddonol, llunio barn, dod i gasgliadau a datblygu ffurf a gweithdrefnau gwaith ymarferol.

Dyma'r pwysoli ar gyfer yr amcanion hyn, sydd yr un peth ar gyfer Uned 3 ac Uned 4 (ar gyfer y cymhwyster Safon Uwch cyfan):

AA1 – 7.2% (neu 28.8% ym mhob papur)

AA2 – 10.6% (neu 42.4% ym mhob papur)

AA3 – 7.2% (neu 28.8% ym mhob papur)

Ar gyfer Uned 5

AA1 – 2.0% (neu 20% ar gyfer yr uned hon)

AA2 – 5.0% (neu 50% ar gyfer yr uned hon)

AA3 – 3.0% (neu 30% ar gyfer yr uned hon)

Sgiliau mathemategol

Bydd y rhain yn cael eu hasesu drwy'r tri phapur a bydd cyfanswm eu pwysoli o leiaf 20%. Mae'r sgiliau'n cynnwys y rhai a aseswyd ar lefel UG a rhai sgiliau ychwanegol, gan gynnwys defnyddio logarithmau. Mae'r fanyleb yn rhestru'r gofynion hyn yn fanylach.

Gwaith ymarferol

Asesir y gwaith ymarferol ar lefel U2 drwy Uned 5 ac mae'r manylion i'w gweld yn nes ymlaen yn y llyfr.

Awgrymiadau ar gyfer gwaith ymarferol

Mae llawer o gyfleoedd ar gyfer gwaith ymarferol yn ystod blwyddyn U2 ac mae'r fanyleb yn nodi rhai y dylech gael cyfle i'w gwneud, sef y canlynol:

Uned 3, Testun 3.1

- Llunio celloedd electrocemegol a mesur E_{cell}

Uned 3, Testun 3.2

- Titradiad rhydocs syml
- Amcangyfrif copr mewn halwynau copr(II)

Uned 3, Testun 3.5

- Darganfod gradd adwaith, er enghraifft ocsidiad ïonau ïodid gan hydrogen perocsid mewn hydoddiant asid

Uned 3, Testun 3.8

- Darganfod cysonyn ecwilibriwm, er enghraifft, ar gyfer yr ecwilibriwm sy'n cael ei sefydlu pan fydd ethanol yn adweithio gydag asid ethanöig

Uned 3, Testun 3.9

- Titradiad gan ddefnyddio chwiliedydd pH, er enghraifft, titradiad asid gwan yn erbyn bas gwan

Uned 4, Testun 4.4

- Adnabod aldehydau/cetonau o'u hadwaith â 2,4-deunitroffenylhydrasin

Uned 4, Testun 4.8

- Synthesis cynnyrch organig hylifol, yn cynnwys gwahanu gan ddefnyddio twndish gwahanu
- Synthesis cynnyrch organig solet, yn cynnwys ailgrisialiad a darganfod tymheredd ymdoddi
- Synthesis organig mewn dau gam, yn cynnwys puro a darganfod tymheredd ymdoddi cynnyrch
- Cynllunio dilyniant o brofion i adnabod cyfansoddion organig o restr fydd yn cael ei rhoi
- Gwahanu drwy gromatograffaeth papur, yn cynnwys gwahanu dwy ffordd

Yr arholiadau

Yn ogystal â gallu galw i gof ffeithiau, enwi adeileddau a disgrifio eu swyddogaethau, mae angen hefyd i chi ddeall egwyddorion sylfaenol y pwnc a'r cysyniadau a'r syniadau cysylltiedig. Mewn geiriau eraill, mae angen i chi ddatblygu sgiliau i allu cymhwyso beth rydych wedi'i ddysgu i sefyllfaeoedd nad ydych wedi dod ar eu traws o'r blaen. Er enghraifft, trosi data rhifiadol yn graffiau ac yn ôl, dadansoddi a gwerthuso data rhifiadol neu wybodaeth ysgrifenedig; dehongli data; ac egluro canlyniadau arbrofol.

Bydd disgwyl i chi ateb cwestiynau mewn arddulliau gwahanol ym mhob papur, er enghraifft:

- **Adran A** Cwestiynau atebion byr – yn aml mae angen ateb un gair neu gyfrifiad syml ar gyfer y cwestiynau hyn.
- **Adran B** Cwestiynau strwythuredig, sy'n gallu bod mewn sawl rhan, fel arfer am thema gyffredin. Byddan nhw'n fwy anodd wrth i chi weithio eich ffordd drwy'r papur. Gall cwestiynau strwythuredig fod yn fyr, gan ofyn am ateb un gair, neu gallant gynnwys cyfle i ysgrifennu'n estynedig. Mae nifer y llinellau gwag a'r marciau sy'n cael eu rhoi ar ddiwedd pob rhan o'r cwestiwn yno i'ch helpu. Maen nhw'n nodi hefyd hyd yr ateb mae disgwyl i chi ei roi. Os oes tri marc ar gael, yna mae'n rhaid i chi roi tri phwynt gwahanol.
- Ym mhob papur ar gyfer Unedau 3 a 4, bydd UN cwestiwn hirach gwerth chwe marc, a fydd yn cael ei asesu gan ddefnyddio cynllun marcio sydd â lefelau gwahanol o atebion mewn bandiau. Beth sydd ei angen yw darn ysgrifenedig sy'n ateb y cwestiwn yn uniongyrchol gan ddefnyddio brawddegau sydd wedi'u llunio'n dda a therminoleg gemegol addas. Yn aml mae ymgeiswyr yn rhuthro i ateb cwestiynau fel hyn. Dylech gymryd amser i ddarllen y cwestiwn yn ofalus i ddarganfod beth yn union y mae'r arholwr yn disgwyl ei weld yn yr ateb, ac wedyn llunio cynllun. Bydd hyn nid yn unig yn eich helpu i drefnu eich meddyliau'n rhesymegol, ond bydd hefyd yn cynnig rhestr wirio i chi y gallwch gyfeirio ati wrth ysgrifennu eich ateb. Fel hyn, byddwch yn llai tebygol o ailadrodd, crwydro oddi ar y testun neu adael pwyntiau pwysig allan.

Nodiadau pellach ar y papurau

- Ni fydd cwestiynau dewis lluosog.
- Bydd hyd at 10% yn dibynnu ar alw i gof yn unig, h.y. dim dealltwriaeth.
- Bydd o leiaf 15% yn gysylltiedig â gwaith ymarferol ac o leiaf 20% yn gofyn am sgiliau mathemategol Lefel 2/3.

Mae geiriau cwestiynau arholiad yn cael eu dewis yn ofalus iawn i wneud yn siŵr eu bod yn glir a chryno. Mae'n bwysig peidio â cholli marciau drwy ddarllen cwestiynau'n rhy gyflym neu'n rhy arwynebol. Cymerwch amser i feddwl am union ystyr pob gair yn y cwestiwn er mwyn i chi allu llunio ateb cryno, perthnasol a chlir. I ennill yr holl farciau sydd ar gael, mae'n bwysig eich bod yn dilyn y cyfarwyddiadau'n fanwl. Dyma rai geiriau sy'n cael eu defnyddio'n aml mewn arholiadau:

- *Cwblhewch*: Efallai y bydd y cwestiwn yn gofyn i chi gwblhau tabl cymhariaeth. Mae hyn yn syml ac, os ydych yn gwybod eich gwaith, gallwch ennill marciau'n hawdd. Er enghraifft: Cwblhewch y tabl i ddangos nifer electronau bondio a'r siâp moleciwlaidd. Dilynwch y cyfarwyddiadau'n ofalus. Os byddwch yn gadael lle gwag mewn cwestiwn fel hwn, ni fydd eich arholwr yn tybio bod hyn yn cyfateb i groes. Yn yr un ffordd, os byddwch yn rhoi tic ac yn newid eich meddwl, peidiwch â rhoi llinell drwy'r tic er mwyn ei newid yn groes. Croeswch y tic allan ac ysgrifennwch groes.

- *Disgrifiwch* Gall y term hwn gael ei ddefnyddio lle mae angen i chi roi disgrifiad cam wrth gam o beth sy'n digwydd.

- *Esboniwch* Gall cwestiwn ofyn i chi ddisgrifio a hefyd esbonio. Ni fyddwch yn ennill marc am wneud dim ond disgrifio beth sy'n digwydd – mae angen esboniad cemegol hefyd.

- *Awgrymwch* Mae'r ferf hon yn aml i'w gweld ar ddiwedd cwestiwn. Efallai nad oes ateb pendant i'r cwestiwn ond mae disgwyl i chi gynnig syniad synhwyrol ar sail eich gwybodaeth gemegol.

- *Enwch* Mae angen i chi roi ateb heb fod yn fwy nag un gair. Nid oes angen i chi ailadrodd y cwestiwn na rhoi eich ateb mewn brawddeg. Byddai hynny'n gwastraffu amser.

- *Nodwch* Rhowch ateb byr, cryno, heb esboniad.

- *Cymharwch* Os oes gofyn i chi gymharu, gwnewch hynny. Gwnewch gymhariaeth glir ym mhob brawddeg, yn lle ysgrifennu paragraff ar wahân am y pethau rydych yn eu cymharu.

- *Diddwythwch* Defnyddiwch y wybodaeth sy'n cael ei rhoi a'r wybodaeth sydd gennych i ateb y cwestiwn.

- *Cyfrifwch* Gweithiwch allan yr ateb sydd ei angen gan ddefnyddio'r wybodaeth sy'n cael ei rhoi a'r wybodaeth fathemategol sydd gennych.

- *Rhagfynegwch* Gwerthuswch y wybodaeth sy'n cael ei rhoi a defnyddiwch eich synnwyr wrth roi ateb.

- *Ysgrifennwch* neu *Cydbwyswch hafaliad* I ysgrifennu hafaliad, bydd angen i chi wybod yr adweithyddion a'r cynhyrchion. I gydbwyso, bydd angen i chi gymhwyso syniadau falens a deddfau cadwraeth atomau.

Sut i gael y sgôr uchaf posibl

Rydym i gyd yn amrywio o ran ein cyflymder a'n gallu naturiol, ond drwy wynebu her U2 Cemeg yn y ffordd gywir, gallwn sicrhau'r canlyniad gorau posibl. Mae'r llyfr hwn wedi'i ysgrifennu gan arholwyr sydd â blynyddoedd maith o brofiad o berfformiad ymgeiswyr ac sy'n awyddus i gynnig arweiniad i fyfyrwyr. Dyma rai o'r awgrymiadau gorau rydym wedi'u casglu dros flynyddoedd lawer o addysgu ac arholi:

1 Cymerwch ddigon o amser. Ystyriwch bob testun yn araf, gwnewch yn siŵr eich bod yn deall unrhyw beth rydych yn ansicr ohono ac yna rhowch gynnig ar y cwestiynau arholiad enghreifftiol. Os oes angen, ewch yn ôl at bob testun ymhen ychydig o amser i wneud yn siŵr eich bod wedi'i feistroli. Efallai y bydd angen i chi fynd yn ôl fwy nag unwaith. Rydym yn gwybod bod y meddwl anymwybodol yn dal i weithio a threfnu deunydd sydd wedi'i ddysgu'n barod, ac felly mae'n rhaid rhoi amser i'r broses. Camgymeriad yw ceisio llyncu gwybodaeth ar y munud olaf.

2 Gwnewch yn siŵr eich bod yn deall am beth yn union y mae'r cwestiwn yn gofyn. Weithiau mae ymgeiswyr yn rhuthro ar hyd y llwybr anghywir gan golli amser a marciau. Bydd cwestiynau ar AA1 yn gofyn i chi ddangos eich bod yn gwybod a/neu'n deall rhywbeth; bydd cwestiynau ar AA2 yn gofyn i chi gymhwyso gwybodaeth, a'r rhai ar AA3 yn gofyn i chi ddadansoddi, dehongli a gwerthuso rhywbeth.

Gall y geiriau pwysig yn y cwestiynau gynnwys, 'nodwch', 'disgrifiwch', 'lluniwch', 'enwch' ac 'esboniwch' ar gyfer AA1, 'cyfrifwch', ar gyfer AA2 ac 'awgrymwch' a 'dadansoddwch ddata' ar gyfer AA3.

3 Mae'n rhaid gweithio'n galed a chanolbwyntio; dyna'r unig ffordd.

Gwnaeth Chris Froome lawer iawn o deithiau hyfforddi ar ei feic. Mae ymarfer yn hyfforddi'r meddwl ac yn creu dealltwriaeth a'r boddhad o fod wedi meistroli'r pwnc.

Uned 3

Trosolwg
Cemeg Ffisegol ac Anorganig

3.1 Rhydocs a photensial electrod safonol
t. 10

- Cysyniadau rhydwythiad ac ocsidiad.
- Cynhyrchu a defnyddio hanner hafaliadau ïon/electron.
- Hanner celloedd a sut mae'n bosibl eu defnyddio i gynhyrchu celloedd electrocemegol.
- Defnyddio potensialau electrod safonol i gyfrifo gwerthoedd g.e.m.
- Cymhwyso'r egwyddorion hyn i'r gell danwydd hydrogen a chydbwyso ei manteision a'i hanfanteision.

3.4 Cemeg y metelau trosiannol bloc d
t. 39

- Cyflyrau ocsidiad amrywiol yn yr elfennau bloc d.
- Bondio mewn cymhlygion tetrahedrol ac octahedrol.
- Tarddiad lliw mewn cymhlygion.
- Enghreifftiau o gymhlygion sy'n cynnwys copr(II) a chobalt(II).
- Priodweddau catalytig metelau trosiannol a'u cyfansoddion.
- Adweithiau dyfrllyd sodiwm hydrocsid â Cr^{3+}, Fe^{2+}, Fe^{3+} a Cu^{2+}.

3.2 Adweithiau rhydocs
t. 19

- Dwyn i gof a defnyddio hanner hafaliadau ïon/electron cyffredin.
- Cyfuno hanner hafaliadau i roi hafaliad rhydocs cyfan.
- Technegau titradiad ymarferol gydag adweithiau rhydocs.
- Dadansoddi cynnwys copr hydoddiannau gan ddefnyddio titradiadau rhydocs anuniongyrchol.

3.5 Cineteg gemegol
t. 49

- Mesur cyfraddau adwaith, gan gynnwys samplu a throchoeri.
- Defnyddio data arbrofol i ddarganfod graddau adwaith a hafaliadau cyfradd.
- Camau penderfynu cyfradd a mecanwaith adwaith.
- Y cyswllt rhwng tymheredd, egni actifadu a chyfradd, gan ddefnyddio hafaliad Arrhenius.

3.3 Cemeg y bloc p
t. 27

- Y patrwm mewn cymeriad metelig wrth fynd i lawr grwpiau a'i effaith ar fondio a chymeriad asid–bas cyfansoddion.
- Yr effaith pâr anadweithiol a'i heffaith ar briodweddau rhydocs cyfansoddion.
- Cysyniadau diffyg electronau ac ehangiad wythawd i esbonio cyfansoddion sydd â niferoedd gwahanol o electronau yn eu plisg allanol.
- Bondio mewn cyfansoddion cyfrannydd-derbynydd ac Al_2Cl_6.
- Adweithiau cloridau Grŵp 4 â dŵr.
- Adweithiau clorin â sodiwm hydrocsid.
- Adweithiau asid sylffwrig crynodedig â halidau sodiwm.

3.6 Newidiadau enthalpi ar gyfer solidau a hydoddiannau

- Newidiadau enthalpi safonol, gan gynnwys atomeiddiad, hydradiad, hydoddiant, ffurfio a thorri dellt.
- Cysylltu hydoddedd cyfansoddion ïonig â newidiadau enthalpi torri dellt a hydradiad.
- Creu a defnyddio cylchredau Born–Haber ar gyfer cyfansoddion ïonig.
- Cysylltu sefydlogrwydd cyfansoddion ag arwydd enthalpi ffurfiant safonol.

3.8 Cysonion ecwilibriwm

- Ysgrifennu mynegiadau ar gyfer K_c a K_p a chysylltu eu gwerthoedd â'r safle ecwilibriwm.
- Effaith tymheredd ar werthoedd K_c a K_p.
- Cyfrifo gwerthoedd K_c a K_p o grynodiadau neu wasgeddau rhannol sylweddau.
- Cyfrifo crynodiadau neu wasgeddau rhannol sylweddau drwy ddefnyddio gwerthoedd K_c a K_p.

3.7 Entropi a dichonoldeb adweithiau

- Ystyr entropi.
- Sut mae entropi defnydd yn dibynnu ar ei gyflwr ffisegol.
- Cyfrifo newidiadau entropi ar gyfer adweithiau cemegol.
- Cyfrifo gwerthoedd egni rhydd Gibbs a'u defnyddio i weld a yw adweithiau yn ddichonadwy.

3.9 Ecwilibria asid–bas

- Damcaniaeth asidau a basau Lowry–Brønsted.
- Asidau a basau cryf a gwan a'r gwerthoedd K_a ar eu cyfer.
- Lluoswm ïonig dŵr, $K_{dŵr}$, a'i ddefnyddio mewn cyfrifiadau.
- Cyfrifo pH ar gyfer asidau cryf a gwan ac ar gyfer basau cryf.
- Siapiau cromliniau titradiadau ar gyfer asidau a basau cryf a gwan.
- Sut mae bufferau'n gweithio a'u pwysigrwydd mewn systemau byw a diwydiant.
- Cyfrifo pH hydoddiant byffer.
- Hydrolysis halwynau asidau neu fasau gwan.
- Dewis dangosyddion addas ar gyfer titradiadau asid–bas.

Uned 3

3.1
Rhydocs a photensial electrod safonol

Mae cemegwyr yn dosbarthu priodweddau ac adweithiau defnyddiau i weld patrymau ac i wneud rhagfynegiadau. Un ffordd o ddosbarthu adweithiau yw fel ocsidiad; mae cysylltiad rhwng 'ocsidiad' a diffiniad gwreiddiol adwaith, sef proses sy'n ennill ocsigen. Roedd yr adwaith gwrthwyneb, sef rhydwythiad, yn cyfeirio at golli màs wrth ddileu ocsigen o gyfansoddyn.

Dros amser, mae cemegwyr wedi newid eu syniadau am ocsidiad a rhydwythiad wrth ddatblygu eu dealltwriaeth o'r broses, a heddiw rydym yn canolbwyntio ar electronau wrth ddiffinio'r termau hyn. Mae harnesu llifoedd electronau rhwng cyfansoddion yn bwysig wrth sicrhau bod y batrïau sy'n cael eu defnyddio yn yr holl ddyfeisiau symudol heddiw yn gweithio.

Cynnwys

Dylech allu dangos a chymhwyso'r hyn rydych yn ei wybod a'i ddeall am y canlynol:

- Diffiniadau o adweithiau rhydocs yn nhermau trosglwyddo electronau.

- Defnyddio hanner hafaliadau ïon/electron i ddangos systemau rhydocs.

- Cyfuno hanner celloedd yn gelloedd a'u dangos ar ffurf diagramau cell.

- Cysyniad potensialau electrod safonol a rôl yr electrod hydrogen safonol ar gyfer eu cyfrifo.

- Hanner celloedd sy'n seiliedig ar electrodau metel/ïon metel ac electrodau sy'n seiliedig ar gyflyrau ocsidiad gwahanol yr un elfen.

- Sut mae celloedd electrocemegol syml yn cael eu ffurfio drwy gyfuno electrodau.

- Cysyniad g.e.m. cell a sut mae'n bosibl ei ddefnyddio i ddiddwytho a yw adweithiau penodol yn bosibl neu beidio.

- Egwyddorion y gell danwydd hydrogen a'i manteision a'i hanfanteision.

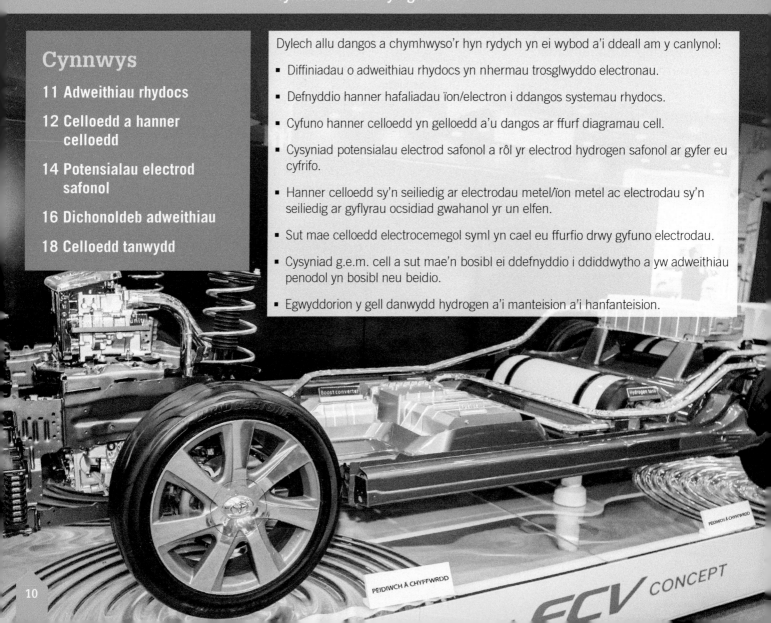

Adweithiau rhydocs

Adweithiau rhydocs yw adweithiau lle mae electronau'n cael eu trosglwyddo o un rywogaeth i un arall. Maen nhw'n gyfuniadau o Ocsidiad a Rhydwythiad:

Proses yw *Ocsidiad* lle mae *electronau'n cael eu colli*. **OIL (*Oxidation is Loss of Electrons*)**

Proses yw *Rhydwythiad* lle mae *electronau'n cael eu hennill*. **RIG (*Reduction is Gain of Electrons*)**

Mae'r ddwy broses hyn bob amser yn digwydd gyda'i gilydd, gan roi adwaith rhydocs (**Rhyd**wythiad-**Ocs**idiad).

Mae'n rhaid iddynt ddigwydd ar yr un pryd, oherwydd mae'n rhaid i'r electronau sy'n cael eu hennill yn ystod rhydwythiad fod wedi dod o ddefnydd gwahanol. Yr enw ar y defnydd sy'n rhoi'r electronau yw'r rhydwythydd ac wrth golli electronau yn y broses mae'r rhydwythydd yn cael ei ocsidio.

- **Ocsidydd** yw rhywogaeth sy'n ocsidio rhywogaeth arall ac yn cael ei rhydwytho yn y broses.
- **Rhydwythydd** yw rhywogaeth sy'n rhydwytho rhywogaeth arall ac yn cael ei hocsidio yn y broses.

Hanner hafaliadau ocsidio a rhydwytho

Mae hafaliad llawn yn disgrifio beth sy'n digwydd i'r holl sylweddau mewn adwaith cemegol; ond mae'n gallu bod yn fuddiol canolbwyntio ar beth sy'n digwydd i bob sylwedd ar wahân. I wneud hyn, gallwn rannu hafaliad ïonig yn ddau hanner hafaliad ïon/electron sy'n disgrifio ar wahân beth sy'n digwydd i bob un o'r sylweddau sy'n bresennol. Mae un hanner hafaliad yn dangos electronau sy'n cael eu colli (ocsidiad) ac un hanner hafaliad yn dangos electronau sy'n cael eu hennill (rhydwythiad).

Enghraifft wedi'i datrys

Yr hafaliad ïonig ar gyfer rhydwythiad Cu^{2+} gan sinc metelig yw:

$$Zn (s) + Cu^{2+} (d) \rightarrow Cu (s) + Zn^{2+} (d)$$

Yn yr adwaith hwn gallwn rannu'r newidiadau rhwng beth sy'n digwydd i'r sinc a beth sy'n digwydd i'r copr:

Mae'r sinc yn newid o $Zn (s)$ i $Zn^{2+} (d)$. I wneud hyn, mae'n rhaid iddo golli dau electron.

$$Zn (s) \rightarrow Zn^{2+} (d) + 2e^- \qquad \text{OCSIDIAD}$$

Mae'r copr yn newid o $Cu^{2+} (d)$ i $Cu (s)$. I wneud hyn, mae'n rhaid iddo ennill dau electron.

$$Cu^{2+} (d) + 2e^- \rightarrow Cu (s) \qquad \text{RHYDWYTHIAD}$$

Mae'n rhaid i'r hanner hafaliadau fod yn gytbwys o ran atomau a gwefr, ac felly mae'n bwysig cofio bod gan bob electron wefr negatif.

◀ Mae'r sinc sy'n cael ei roi mewn hydoddiant copr sylffad yn newid yn gyflym o arwyneb lliw arian i un brown wrth i gopr metelig orchuddio'r sinc.

Termau Allweddol

Ocsidydd yw sylwedd sy'n cymryd electronau o sylwedd arall, ac felly'n cael ei rydwytho.

Rhydwythydd yw sylwedd sy'n rhoi electronau i sylwedd arall, ac felly'n cael ei ocsidio.

DYLECH WYBOD ›››

››› ocsidiad yw colli electronau

››› rhydwythiad yw ennill electronau

Cyswllt Rhifau ocsidiad yn Nhestun 1.1 UG ar dudalen 12 yn y llyfr UG.

Gwirio gwybodaeth ①

Ysgrifennwch hanner hafaliadau ïon/electron ar gyfer y prosesau ocsidio a rhydwytho yn yr adweithiau hyn.

1. $Mg (s) + Fe^{2+} (d) \rightarrow Mg^{2+} (d) + Fe (s)$

2. $Zn (s) + 2H^+ (d) \rightarrow Zn^{2+} (d) + H_2 (n)$

Ymestyn a Herio

Mae'r celloedd electrocemegol bob amser yn defnyddio foltmedrau gwrthiant uchel. Mae'r gwrthiant yn bwysig gan ei fod yn atal llif electronau. Pe bai'r electronau'n llifo, byddai hyn yn achosi i'r adweithiau rhydocs ddigwydd ym mhob hanner cell, a byddai hynny'n newid crynodiadau'r hydoddiannau. Byddai hyn yn effeithio ar ddarlleniad y gwahaniaeth potensial ar y foltmedr ac ni fyddai'n bosibl cael gwerth cyson.

GWAITH YMARFEROL

Mae creu hanner celloedd a chelloedd electrocemegol llawn a mesur gwerthoedd g.e.m. cell yn un o'r **tasgau ymarferol penodedig**. Gall y rhain gynnwys amrywiaeth o fathau gwahanol o hanner celloedd. Er nad oes angen i chi wneud tasgau ymarferol gyda'r electrod hydrogen safonol, bydd angen i chi allu cofio sut mae'n cael ei greu a'i ddefnyddio.

Term Allweddol

Pont halwyn yw cyfarpar sy'n cysylltu'r hydoddiannau mewn dau hanner cell er mwyn cwblhau'r gylched a galluogi'r cerrynt i lifo heb i'r hydoddiannau gymysgu.

Celloedd a hanner celloedd

Nid proses ddamcaniaethol yn unig yw ysgrifennu adweithiau rhydocs fel dau hanner hafaliad – mae'n bosibl gwahanu'r ddwy broses fel bod ocsidiad yn digwydd mewn un man a rhydwythiad yn digwydd mewn man arall. I wneud hyn, mae angen i ni osod dau hanner cell, y naill ar gyfer yr ocsidiad a'r llall ar gyfer y rhydwythiad. Rydym yn eu cysylltu â'i gilydd i gwblhau'r gylched:

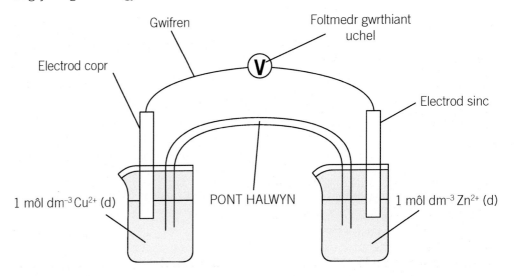

- Mae'r wifren yn gadael i electronau lifo o'r hanner cell lle mae ocsidiad yn digwydd i'r hanner cell lle mae rhydwythiad yn digwydd. Rydym yn aml yn cynnwys foltmedr gwrthiant uchel os ydym yn mesur y gwahaniaeth potensial yn y gell.

- Mae'r **bont halwyn** yn cwblhau'r gylched ac yn gadael i ïonau lifo heb i'r hydoddiannau gymysgu. Mae pont halwyn nodweddiadol yn cael ei gwneud o gel sy'n cael ei fwydo mewn hydoddiant potasiwm nitrad. Gallwch ddefnyddio pont halwyn symlach yn eich gwaith arbrofol, sef un wedi'i gwneud o bapur hidlo sy'n cael ei fwydo yn yr un hydoddiant.

- Yr enw ar y cyfarpar cyfan yw cell, a'r enw ar y ddwy ran yw hanner celloedd.

Hanner celloedd

Mae pob cell yn cynnwys dau hanner cell, a phob un yn cynnwys adweithyddion a chynhyrchion yr hanner hafaliad. Mae hyn yn golygu bod yn rhaid i'r hanner cell ar gyfer rhydwythiad ïonau Cu^{2+} i atomau copr gynnwys y ddau beth hyn. Mae hefyd yn cynnwys metel i adael i electronau lifo i'r hanner cell ac allan ohono. Mae gwahanol fathau o hanner cell gan ddibynnu ar gyflyrau ffisegol pob sylwedd yn yr adwaith.

Mae'n rhaid i chi fod yn ymwybodol o dri math pwysig o hanner cell electrocemegol:

1. Metel / ïonau metel

Mae'r hanner celloedd a ddisgrifiwyd hyd yn hyn yn cynnwys metelau mewn cysylltiad ag ïonau metel, gyda dwy enghraifft allweddol, sef yr hanner celloedd Zn (s) mewn cysylltiad â Zn^{2+} (d) a Cu (s) mewn cysylltiad â Cu^{2+} (d). Yn y ddau achos, mae gennym ddarn o fetel fel yr electrod, gyda hydoddiant o'r ïonau metel â chrynodiad 1 môl dm^{-3}. Yn achos sinc, nid oes newid lliw i'w weld, ond gyda chopr gall yr hydoddiant glas golli ei liw wrth i'r ïonau copr gael eu rhydwytho.

2. Nwy mewn cysylltiad â hydoddiant o ïonau anfetel, gydag electrod metel anadweithiol

Gan nad yw anfetelau'n ddargludyddion, mae'n rhaid i ni ddefnyddio electrod platinwm <u>anadweithiol</u> i adael i electronau lifo i'r hanner cell neu allan ohono. Mae hwn yn cael ei ddefnyddio'n aml ar gyfer electrod hydrogen (H_2 (n) | H^+ (d)) neu hanner celloedd ocsigen (O_2 (n) | OH^- (d)). Mae swigod o'r nwy'n cael eu gyrru dros yr electrod anadweithiol sy'n cael ei drochi yn hydoddiant yr ïonau. Nid yw'r newidiadau'n newid lliw'r hydoddiant.

3. Hydoddiant sy'n cynnwys ïonau metel mewn dau gyflwr ocsidiad gwahanol, gan ddefnyddio electrod metel anadweithiol unwaith eto

Unwaith eto nid oes dargludydd yn y system, ac felly mae'n rhaid i ni ddefnyddio electrod platinwm anadweithiol i adael i electronau lifo i'r hanner cell ac allan ohono. Mae hwn yn cael ei ddefnyddio'n aml ar gyfer y metelau trosiannol, lle gall y metel fod â sawl cyflwr ocsidiad. Enghreifftiau da yw Fe^{2+}/Fe^{3+} ac Mn^{2+}/MnO_4^-. Mae'r ddau hanner cell hyn yn achosi newidiadau lliw pan fydd ocsidiad neu rydwythiad yn digwydd. Mae Fe^{2+} yn wyrdd golau ac mae Fe^{3+} yn felyn/oren; mae Mn^{2+} yn ddi-liw ac mae MnO_4^- yn borffor.

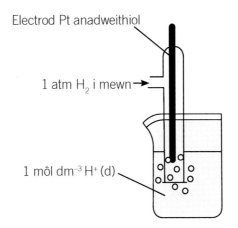

Electrod Pt anadweithiol

1 atm H_2 i mewn

1 môl dm^{-3} H^+ (d)

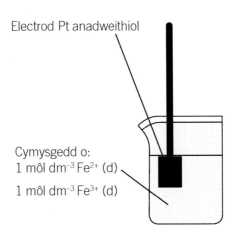

Electrod Pt anadweithiol

Cymysgedd o:
1 môl dm^{-3} Fe^{2+} (d)
1 môl dm^{-3} Fe^{3+} (d)

Dangos hanner celloedd

Gallwn ddefnyddio diagramau cell i ddangos hanner celloedd. Mae'r rhain yn rhestru'r holl sylweddau angenrheidiol sy'n bresennol mewn hanner cell, gan ddechrau gyda'r metel sy'n cael ei ddefnyddio i ddargludo electronau i'r hanner cell neu ohono. Yna, bydd pob sylwedd yn cael ei restru, gyda llinellau fertigol yn gwahanu sylweddau mewn cyflyrau ffisegol gwahanol (solid, hylif, nwy neu hydoddiant) a chomas yn gwahanu sylweddau yn yr un cyflwr ffisegol.

Mg (s) | Mg^{2+} (d)	Hanner cell metel/ion metel ar gyfer magnesiwm.
Pt (s) | H_2 (n) | H^+ (d)	Hanner cell nwy/hydoddiant sy'n cynnwys electrod platinwm anadweithiol. Gan ei fod ar gyfer hydrogen, dyma'r electrod hydrogen safonol os yw dan amodau safonol.
Pt (s) | Mn^{2+} (d), MnO_4^- (d)	Hanner cell hydoddiant sy'n cynnwys electrod platinwm anadweithiol. Yn yr achos hwn mae coma yn gwahanu'r ddau ïon sy'n cynnwys manganîs mewn hydoddiant dyfrllyd gan eu bod yn yr un cyflwr ffisegol.

◄ Yr enw ar y gell sydd ag electrodau copr a sinc yw cell Daniell ar ôl ei dyfeisiwr John Daniell.

Potensialau electrod safonol

Er ei bod yn bosibl cyflawni'n uniongyrchol yr adweithiau cemegol sy'n digwydd mewn celloedd electrocemegol, gallwn ddefnyddio'r celloedd hyn i gael gwybodaeth fanwl am yr adwaith. Gallwn fesur g.e.m. yr adwaith ac mae hyn yn dweud llawer wrthym am pa mor rhwydd y mae'n bosibl ocsidio neu rydwytho'r sylweddau ym mhob hanner cell. Y g.e.m. sy'n cael ei fesur yw'r gwahaniaeth rhwng grym rhydocs y ddau hanner cell. Rydym yn cael y gwerthoedd g.e.m. mwyaf wrth gysylltu hanner cell sy'n cynnwys rhywogaeth y mae'n bosibl ei hocsidio'n hawdd, fel magnesiwm, â hanner cell sydd â rhywogaeth y mae'n bosibl ei rhydwytho'n hawdd, fel manganad (VII).

Mae'r **Potensial Electrod Safonol, E^θ**, yn cael ei ddefnyddio i fesur gallu hanner cell i ennill neu golli electronau. Mae graddfa'r potensial electrod safonol yn defnyddio hydrogen fel sero, ac mae gan unrhyw rywogaeth y mae'n haws ei rhydwytho werth E^θ negatif a rhai y mae'n haws eu hocsidio werth E^θ positif. Yr enw ar yr hanner cell hydrogen yw'r **electrod hydrogen safonol**.

Yr electrod hydrogen safonol

Mae'n cynnwys electrod platinwm wedi'i araenu â gronynnau platinwm mân; yr enw ar hwn yw platinwm du. Mae'n cael ei ostwng i hydoddiant H^+ (d) â chrynodiad 1.0 môl dm^{-3}, asid hydroclorig fel arfer, ac mae nwy hydrogen yn cael ei yrru'n araf dros yr electrod ar wasgedd o 1 atmosffer a thymheredd o 298K.

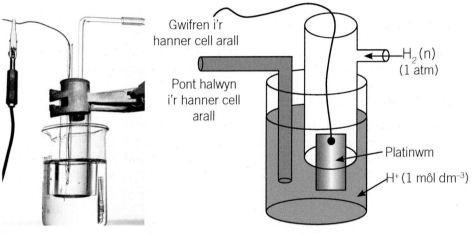

▲ electrod hydrogen safonol

Rydym yn mesur y potensial electrod safonol ar gyfer hanner cell drwy ei gysylltu â'r electrod hydrogen safonol. Mae hyn yn creu system fel yr un isod:

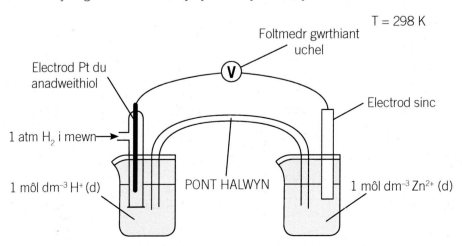

Potensial electrod safonol

Dyma'r gwahaniaeth potensial rhwng yr electrod hydrogen safonol ac unrhyw system arall lle mae crynodiad yr holl ïonau gweithredol yn yr hydoddiant yn 1.0 môl dm^{-3} ac mae pob nwy ar wasgedd o 1 atm a 298K (25 °C). Ei symbol yw E^{θ}.

I fesur potensial electrod safonol, mae'n rhaid i ni sefydlu hanner cell dan amodau safonol a'i gysylltu â'r electrod hydrogen safonol, e.e. Zn^{2+} (d) | Zn(s) wedi'i gysylltu â H^+| H_2 |Pt. Mae'r llinellau ym mhob un o'r systemau hyn yn cynrychioli newid cyflwr ffisegol. Os ydym yn cyfuno dau hanner cell â'i gilydd, rydym yn defnyddio llinell ddwbl rhyngddynt i gynrychioli pont halwyn a rhoi'r metelau ar y ddau ben, er enghraifft:

$$Pt\ (s)\ |\ H_2\ (n)\ |\ H^+\ (d)\ ||\ Zn^{2+}\ (d)\ |\ Zn\ (s)$$

Defnyddio potensialau electrod safonol

Y gwerth E^{θ} ar gyfer yr hanner cell sinc yw –0.76V. Mae'r arwydd negatif yn dangos bod potensial electrod Zn^{2+} | Zn yn fwy negatif na photensial yr electrod hydrogen safonol. Felly mae electronau'n llifo ar hyd y wifren o'r hanner cell sinc i'r electrod hydrogen safonol a'r electrod hydrogen yw'r electrod positif (h.y. mae Zn yn colli electronau'n fwy rhwydd na'r H_2).

- Yr electrod positif sydd â'r E^{θ} mwyaf positif.

- Mae'r electronau'n llifo i'r hanner cell sydd â'r E^{θ} mwyaf positif.

Y gwerth E^{θ} ar gyfer yr hanner cell copr (Cu^{2+} | Cu) yw +0.34 V. Mae'r arwydd plws yn dangos mai'r electrod hydrogen safonol sydd â'r potensial mwyaf negatif. Felly mae electronau'n llifo ar hyd y wifren o'r electrod hydrogen safonol i'r copr, a'r electrod hydrogen yw'r electrod negatif (h.y. mae H_2 yn colli electronau'n fwy rhwydd na'r Cu).

Gallwn ddefnyddio'r dull hwn i roi grym rhydwytho unrhyw set o hanner celloedd mewn trefn. Rydym bob amser yn eu disgrifio fel potensialau rhydwythiad, a gallwn weld bod trefn y potensialau hyn ar gyfer metelau'n adlewyrchu'r gyfres adweithedd, ac felly rydym weithiau yn ei galw yn gyfres electrocemegol. Mae gan y metelau mwyaf adweithiol yr E^{θ} mwyaf negatif ac mae gan yr anfetelau mwyaf adweithiol yr E^{θ} mwyaf positif, ac felly mae trefn y gyfres electrocemegol yr un peth â'r gyfres adweithedd.

Adwaith			E^{θ} / Folt
Na^+ (d) + e^-	$\rightleftharpoons$	Na (s)	–2.71
Mg^{2+} (d) + 2e^-	$\rightleftharpoons$	Mg (s)	–2.36
Zn^{2+} (d) + 2e^-	$\rightleftharpoons$	Zn (s)	–0.76
2H^+ (d) + 2e^-	$\rightleftharpoons$	H_2 (n)	0.00
Cu^{2+} (d) + 2e^-	$\rightleftharpoons$	Cu (s)	+0.34
I_2 (s) + 2e^-	$\rightleftharpoons$	2I^- (d)	+0.54
Fe^{3+} (d) + e^-	$\rightleftharpoons$	Fe^{2+} (d)	+0.77
Br_2 (h) + 2e^-	$\rightleftharpoons$	2Br^- (d)	+1.09
$Cr_2O_7^{2-}$ (d) + 14H^+ (d) + 6e^-	$\rightleftharpoons$	2Cr^{3+} (d) + 7H_2O (h)	+1.33
Cl_2 (n) + 2e^-	$\rightleftharpoons$	2Cl^- (d)	+1.36
MnO_4^- (d) + 8H^+ (d) + 5e^-	$\rightleftharpoons$	Mn^{2+} (d) + 4H_2O (h)	+1.51

Ymestyn a Herio

Os yw electronau'n gallu llifo, bydd hyn yn effeithio ar grynodiadau pob rhywogaeth. Mae'n bosibl defnyddio egwyddor Le Chatelier i ragfynegi effaith newid y crynodiad ar y potensial electrod safonol. Os ystyriwn Fe^{3+} (d) + e^- $\rightleftharpoons$ Fe^{2+} (d) sydd â photensial electrod safonol +0.77V, mae hyn yn golygu bod ganddo duedd fwy i ennill electronau na'r electrod hydrogen safonol. Os bydd electronau'n llifo, bydd rhydwythiad yn digwydd yn yr hanner cell hwn, gan gynyddu crynodiad Fe^{3+} a lleihau crynodiad Fe^{2+}. Byddai egwyddor Le Chatelier yn awgrymu y byddai hyn yn ceisio symud yr ecwilibriwm i'r chwith, gan leihau tuedd yr hanner cell i ennill electronau a thrwy hyn wneud y potensial electrod yn llai positif. Sylwch nad y potensial electrod safonol yw e nawr gan nad yw dan amodau safonol.

Gwirio gwybodaeth 3

Lluniwch a labelwch ddiagram sy'n dangos y gell Mg (s) | Mg^{2+} (d) || Zn^{2+} (d) | Zn (s) gan labelu'r electrodau positif a negatif a chyfeiriad llif yr electronau yn y wifren. Cyfrifwch g.e.m. y gell hon.

Gwirio gwybodaeth 4

Dosbarthwch y rhywogaethau canlynol yn rhydwyddyddion neu'n ocsidyddion. Rhowch yr ocsidyddion yn nhrefn pŵer ocsidio lleiaf:

Na^+, Cu, I_2, Cl^-, H_2, MnO_4^-, Mg.

▼ **Pwynt astudio**

Wrth gyfrifo potensial electrod safonol ar gyfer cell lawn, dylech gael gwerth positif bob amser.

Nid yw mesur potensial electrod safonol yr hanner cell Na | Na⁺ mor rhwydd ag yw mesur llawer o hanner celloedd metel/ïon metel eraill. Yn yr achos hwn, mae'r sodiwm yn adweithiol iawn a byddai'n adweithio â dŵr pe bai'n cael ei roi mewn hydoddiant dyfrllyd sy'n cynnwys ïonau Na⁺. Mae hyn yn wir ar gyfer unrhyw fetel Grŵp 1 neu'r metelau mwyaf adweithiol yng Ngrŵp 2, ac felly rydym yn defnyddio dulliau eraill i fesur y potensialau electrod safonol hyn.

DYLECH WYBOD › › ›

› › › sut i ddefnyddio potensialau electrod safonol i wybod a yw adwaith yn bosibl neu beidio

---

5 Gwirio gwybodaeth

Ysgrifennwch yr hafaliad ar gyfer yr adwaith sy'n digwydd pan fydd y parau canlynol o hanner celloedd yn cysylltu â'i gilydd:

a. Zn | Zn²⁺ â Fe²⁺, Fe³⁺ | Pt

b. Cl₂ | Cl⁻ | Pt a Cu²⁺ | Cu

Bydd angen i chi edrych ar y tabl o botensialau electrod safonol.

---

6 Gwirio gwybodaeth

Ydy'r adweithiau canlynol yn bosibl?

a. $2H^+ (d) + Zn (s) \rightarrow Zn^{2+} (d) + H_2 (n)$

b. $Cu (s) + Mg^{2+} (d) \rightarrow Cu^{2+} (d) + Mg (s)$

Bydd angen i chi edrych ar y tabl o botensialau electrod safonol.

Yn yr hafaliadau hyn, yr ocsidyddion yw'r sylweddau sy'n cael eu rhydwytho, er enghraifft Cl_2, I_2 neu Zn^{2+}. Yr ocsidyddion cryfaf yw'r rhai sydd â'r potensialau electrod safonol mwyaf positif. Mae'r rhydwythyddion cryfaf yn bresennol yn yr hanner hafaliadau sydd â'r potensialau electrod safonol mwyaf negatif, fel Mg, Zn neu H_2.

Cyfrifo g.e.m. cell electrocemegol

Pan fydd dau hanner cell yn cael eu cysylltu, bydd y foltmedr gwrthiant uchel yn rhoi darlleniad sy'n dangos g.e.m. y gell. Gwerth y g.e.m. yw'r gwahaniaeth rhwng potensialau electrod safonol y ddau hanner cell. Mae'r gwerth g.e.m. yn bositif.

Enghraifft wedi'i datrys

Cyfrifwch y g.e.m. ar gyfer cell sy'n cael ei chynrychioli gan y diagram cell isod:

Zn (s) | Zn²⁺ (d) || Cu²⁺ (d) | Cu (s)

Y ddau botensial electrod safonol yw −0.76 V a +0.34 V.

g.e.m. = +0.34 − (−0.76) = +1.10V

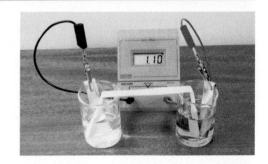

Dichonoldeb adweithiau

Pan fydd ocsidydd a rhydwythydd yn cael eu cymysgu, gall adwaith rhydocs ddigwydd, ond nid bob amser. Mae'n rhaid i'r ocsidydd fod yn ddigon cryf i ocsidio'r rhydwythydd. Mae'r potensialau electrod safonol yn rhoi gwybodaeth am gryfder ocsidyddion a rhydwythyddion ac yn eich galluogi i weithio allan a yw adwaith yn bosibl. Adwaith dichonadwy yw un sy'n gallu digwydd yn ddigymell. Bydd y rhan fwyaf o'r adweithiau hyn yn digwydd yn rhwydd, ond nid yw'r potensialau electrod safonol yn rhoi unrhyw wybodaeth am gyfradd yr adwaith, ac felly yn achos ambell adwaith gall y gyfradd fod yn rhy araf i fod yn effeithiol.

Cymharu'r potensialau electrod safonol

Os bydd darn o fetel magnesiwm yn cael ei roi mewn hydoddiant sy'n cynnwys ïonau Zn^{2+}, bydd adwaith rhydocs yn digwydd a bydd y magnesiwm yn ffurfio ïonau Mg^{2+} a'r Zn^{2+} yn cael ei rydwytho i fetel sinc. Gallwn brofi hyn drwy ddefnyddio gwerthoedd potensial electrod safonol.

			E^θ / V
$Mg^{2+} (d) + 2e^-$	⇌	Mg (s)	−2.36
$Zn^{2+} (d) + 2e^-$	⇌	Zn (s)	−0.76

Yn yr achos hwn, mae gennym un adweithydd o ochr chwith hanner hafaliad (yr ïonau Zn^{2+}) ac un o ochr dde hanner hafaliad (y metel magnesiwm). Er mwyn i'r adwaith cyfan ddigwydd, mae'n rhaid i'r Zn^{2+} fod yn ocsidydd cryfach nag Mg^{2+} er mwyn iddo allu ocsidio metel magnesiwm gan ffurfio ïonau Mg^{2+}. Yn yr achos hwn, Zn^{2+} yw'r ocsidydd cryfaf gan fod ganddo botensial electrod safonol mwy positif na'r hanner cell Mg^{2+}.

Gall fod yn haws cofio hyn fel y 'rheol wrthglocwedd':

1. Ysgrifennwch y ddau hanner hafaliad yn nhrefn potensialau electrod safonol cynyddol, h.y. gyda'r gwerth mwyaf negatif yn gyntaf.

2. Dechreuwch yn y gornel uchaf ar y dde a symudwch yn wrthglocwedd drwy'r hafaliadau. Mae hyn yn golygu, yn yr adwaith dichonadwy, fod yr adwaith uchaf yn mynd yn ôl a'r adwaith isaf yn mynd i'r cyfeiriad sydd wedi'i ysgrifennu.

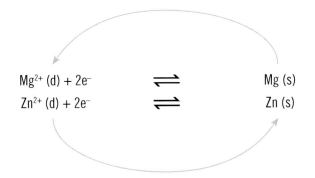

$$Mg^{2+} (d) + 2e^- \rightleftharpoons Mg (s)$$
$$Zn^{2+} (d) + 2e^- \rightleftharpoons Zn (s)$$

Felly'r adwaith dichonadwy yw $Mg (s) + Zn^{2+} (d) + 2e^- \rightarrow Mg^{2+} (d) + 2e^- + Zn (s)$

Mae canslo'r electronau sy'n bresennol ar ddwy ochr yr hafaliad yn rhoi'r adwaith dichonadwy canlynol:

$$Mg (s) + Zn^{2+} (d) \rightarrow Mg^{2+} (d) + Zn (s)$$

Cyfrifo'r g.e.m.

Mae adwaith cemegol yn ddichonadwy os yw'r g.e.m. ar gyfer y broses rhydocs yn bositif. Mae'n bosibl cyfrifo'r g.e.m. o'r potensialau electrod safonol ar gyfer dau hanner cell. I asesu dichonoldeb yr adwaith rhwng Zn^{2+} (d) a Cu (s), mae angen y ddau botensial electrod safonol isod.

				E^θ / Folt
$Zn^{2+} (d) + 2e^-$	$\rightleftharpoons$		Zn (s)	−0.76
$Cu^{2+} (d) + 2e^-$	$\rightleftharpoons$		Cu (s)	+0.34

I gael yr adwaith rhwng Zn^{2+} (d) a Cu (s), byddai angen i'r adwaith cyntaf ddigwydd fel y mae wedi'i ysgrifennu ac i'r ail fynd yn ôl. Mae hyn yn gwneud yr hafaliad cyntaf yn rhydwythiad a'r ail yn ocsidiad.

$Zn^{2+} (d) + 2e^-$	$\rightleftharpoons$		Zn (s)	RHYDWYTHIAD
Cu (s)	$\rightleftharpoons$		$Cu^{2+} (d) + 2e^-$	OCSIDIAD

G.e.m. ar gyfer yr adwaith = $E^\theta_{RHYDWYTHIAD} - E^\theta_{OCSIDIAD}$ = −0.76 − (+0.34) = −1.10V

Gan fod y gwerth yn negatif, nid yw'r adwaith yn bosibl.

▲ Car â chell danwydd hydrogen

DYLECH WYBOD › › ›

› › › o leiaf dwy fantais ac anfantais o gelloedd tanwydd hydrogen

Cyngor arholwr

Wrth drafod manteision ac anfanteision, dylech eu cysylltu â chysyniadau cemegol a rhesymau penodol. Dylech osgoi gorgyffredinoli a dweud pethau fel 'rhatach' neu 'yn well i'r amgylchedd'.

Celloedd tanwydd

Mae celloedd tanwydd wrthi'n cael eu datblygu fel dull o ryddhau egni yn effeithlon iawn o danwyddau fel hydrogen, methan neu fethanol. Dyma ddull electrocemegol o ryddhau'r egni, gan osgoi'r angen i losgi'r tanwydd ac yna defnyddio'r gwres i greu ehangiad a'i ddefnyddio i symud modur. Mae egni'n cael ei golli ar bob cam o'r broses draddodiadol, gyda llawer o'r egni sy'n cael ei ryddhau o'r tanwydd yn cael ei golli ar ffurf gwres yn y nwyon gwacáu.

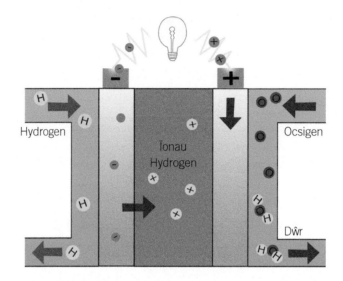

Mae system y gell danwydd yn gyrru tanwydd dros fetel platinwm sy'n gweithredu fel catalydd, ond hefyd fel electrod ar gyfer y system electrocemegol. Mae electronau'n cael eu tynnu o atomau hydrogen wrth un electrod:

$$H_2 \rightarrow 2H^+ + 2e^-$$

Mae'r protonau (H^+) yn tryledu drwy bilen ledathraidd i'r electrod arall lle maen nhw'n derbyn electronau a moleciwlau ocsigen gan ffurfio moleciwlau dŵr:

$$O_2 + 4H^+ + 4e^- \rightarrow 2H_2O$$

Yr adwaith cyfan yw $2H_2 + O_2 \rightarrow 2H_2O$ a'r foltedd sy'n cael ei gynhyrchu yw 1.23 V.

Mae arbenigwyr wedi rhoi sylw arbennig i'r celloedd hyn fel dull o storio egni cyn ei ryddhau fel trydan neu wres, er enghraifft wrth ddatblygu ceir 'allyriad sero' sy'n defnyddio hydrogen fel tanwydd ac sydd ddim yn rhyddhau unrhyw garbon deuocsid.

Manteision:

- Maen nhw'n ffordd gyfleus o storio a rhyddhau egni.

- Mae'r effeithlonrwydd egni'n llawer uwch na systemau tanwydd safonol (e.e. 36–45% ar gyfer cell danwydd o'i gymharu â 22% ar gyfer diesel).

- Mae'r allyriadadau o gelloedd tanwydd yn llai niweidiol na'r carbon deuocsid o beiriannau traddodiadol.

Anfanteision:

- Mae'n rhaid cynhyrchu'r tanwydd, sef hydrogen, yn rhywle arall; mae'r dull hwnnw o gynhyrchu'n debygol o ddefnyddio tanwydd ffosil fel ffynhonnell egni. Bydd y rhain yn allyrru carbon deuocsid a hefyd bydd egni'n cael ei golli yn y broses drawsnewid sydd ddim yn 100% effeithlon.

- Mae'n anodd storio'r nwyon sydd eu hangen o'u cymharu â thanwyddau hylifol.

- Mae'r celloedd tanwydd yn gweithredu ar dymereddau is (tua 80 °C), ac felly mae angen catalyddion effeithlon iawn sy'n defnyddio metelau drud.

Adweithiau rhydocs

Mae'n bosibl defnyddio adweithiau rhydocs i syntheseiddio amrywiaeth o sylweddau organig ac anorganig. Ar ôl cynhyrchu unrhyw sylwedd, mae'n bwysig sicrhau ei fod yn bur a'i bod yn bosibl mesur lefelau unrhyw amhuredd i wneud yn siŵr nad ydynt yn effeithio ar sut mae'r defnydd yn cael ei ddefnyddio. Mae'r labeli ar lawer o sylweddau cemegol sy'n cael eu gwerthu'n dangos symiau'r amhureddau – byddwch yn gweld labeli tebyg ar boteli o ddŵr mwynol.

Byddai adweithiau cemegol yn cael eu defnyddio ar un adeg i fesur pa mor bur oedd amrywiaeth o sylweddau ac roedd dulliau o sicrhau puredd ansoddol metelau drudfawr yn arbennig o bwysig. Heddiw, gallwn ddefnyddio adweithiau rhydocs i ddadansoddi metelau a'u cyfansoddion yn feintiol gan ddefnyddio titradiadau rhydocs. Yn y bennod hon, cewch weld sut mae'n bosibl mesur faint o gopr sydd mewn cyfansoddion, ond mae'n bosibl defnyddio dulliau tebyg ar gyfer amrywiaeth o fetelau oherwydd bod adweithiau rhydocs yn amlbwrpas. Mae'r dulliau hyn yn ein galluogi i gael gwerthoedd manwl gywir iawn, sy'n bwysig iawn pan fydd gwerth y metel dan sylw yn uchel.

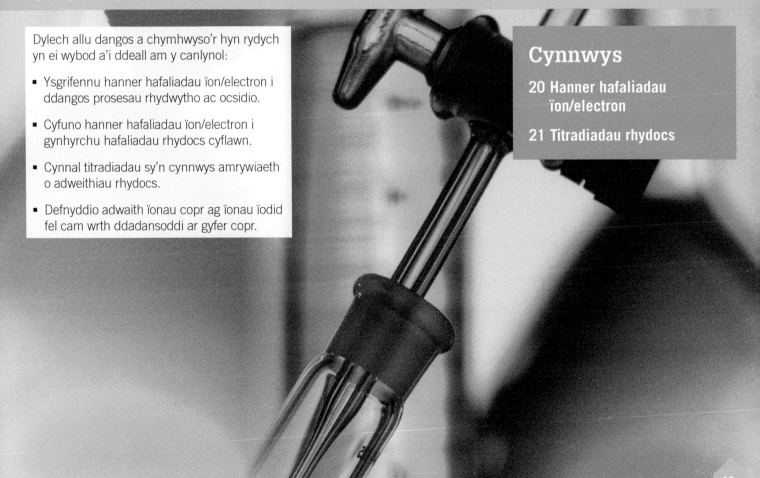

Dylech allu dangos a chymhwyso'r hyn rydych yn ei wybod a'i ddeall am y canlynol:

- Ysgrifennu hanner hafaliadau ïon/electron i ddangos prosesau rhydwytho ac ocsidio.

- Cyfuno hanner hafaliadau ïon/electron i gynhyrchu hafaliadau rhydocs cyflawn.

- Cynnal titradiadau sy'n cynnwys amrywiaeth o adweithiau rhydocs.

- Defnyddio adwaith ïonau copr ag ïonau ïodid fel cam wrth ddadansoddi ar gyfer copr.

Cynnwys

Cyswllt Hanner hafaliadau a hanner celloedd ar dudalen 14.

Cyngor arholwr

Pan gewch chi hafaliadau ïon/electron, byddan nhw'n cael eu hysgrifennu bob tro fel prosesau rhydwythiad, gydag electronau'n cael eu hennill. Pan fyddwch yn defnyddio hanner hafaliadau ïon/electron, gallwch eu hysgrifennu fel rhydwythiad neu ocsidiad, gan ddibynnu ar yr adwaith sy'n digwydd. Bydd un ocsidydd ac un rhydwythydd ym mhob adwaith.

Cyngor arholwr

Gallwch gyfrifo nifer yr electronau yn yr hafaliadau ïon/electron hyn drwy ddefnyddio cyflyrau ocsidiad. Yn rhydwythiad MnO_4^- i Mn^{2+}, mae'r cyflwr ocsidiad yn newid o +7 i +2. Mae newid o 5 yn y cyflwr ocsidiad yn golygu bod angen pum electron yn yr hanner hafaliad. Ar gyfer rhydwythiad $Cr_2O_7^{2-}$ i Cr^{3+}, bydd angen chwe electron yn yr hanner hafaliad gan fod pob atom cromiwm yn newid ei gyflwr ocsidiad o 3.

7

Gwirio gwybodaeth

Ysgrifennwch hanner hafaliadau ïon/electron ar gyfer y prosesau isod:

a. Rhydwythiad hydoddiant perclorad(VII), ClO_4^-, asidiedig i nwy clorin.

b. Rhydwythiad manganad(VII), asidiedig i fanganîs deuocsid, MnO_2.

Hanner hafaliadau ïon/electron

Rydym wedi trafod defnyddio hanner hafaliadau ïon/electron syml yn y testun diwethaf, ond mae'n bwysig eich bod yn gallu eu hysgrifennu ar gyfer amrywiaeth o ïonau syml a chyfansawdd. Yn achos elfennau lle mae cyflwr ocsidiad un atom yn newid, fel atom magnesiwm yn dod yn ïon Mg^{2+} neu ïon Fe^{3+} yn dod yn ïon Fe^{2+}, yna dim ond electronau sydd eu hangen i gydbwyso'r hanner hafaliad.

$$Mg\ (s) \rightarrow Mg^{2+}\ (d) + 2e^-$$

$$Fe^{3+}\ (d) + e^- \rightarrow Fe^{2+}\ (d)$$

Pan fydd ïonau cyfansawdd mewn hanner hafaliad ïon/electron, gall pethau fod yn fwy cymhleth. Mae ïonau fel deucromad(VI) a manganad(VII) yn cynnwys atomau ocsigen, ac mae angen dau ïon hydrogen ar gyfer pob atom ocsigen i gyfrannu at ffurfio dŵr yn y cynhyrchion:

$$MnO_4^- + 8H^+ + 5e^- \rightarrow Mn^{2+} + 4H_2O$$

$$Cr_2O_7^{2-} + 14H^+ + 6e^- \rightarrow 2Cr^{3+} + 7H_2O$$

Mae angen yr electronau i sicrhau bod pob hanner hafaliad yn gytbwys o ran gwefr, ac felly mae'n bosibl cyfrifo nifer yr electronau drwy gyfrif y gwefrau ar bob ochr i'r hanner hafaliad.

Enghraifft wedi'i datrys

Mae'n bosibl rhydwytho'r ïon bromad(V), BrO_3^-, i Bromin, Br_2, mewn hydoddiant asidig. Ysgrifennwch yr hanner hafaliad ïon/electron ar gyfer y broses hon.

CAM 1: Ysgrifennwch yr adweithyddion a'r cynhyrchion:

$$BrO_3^- \rightarrow Br_2$$

CAM 2: Cydbwyswch yr atomau sy'n bresennol:

$$2BrO_3^- \rightarrow Br_2$$

CAM 3: Ychwanegwch ddau ïon hydrogen i gyfuno â phob atom ocsigen i ffurfio dŵr.

$$2BrO_3^- + 12H^+ \rightarrow Br_2 + 6H_2O$$

CAM 4: Darganfyddwch gyfanswm y gwefrau ar y ddwy ochr i ddarganfod nifer yr electronau sydd eu hangen:

Cyfanswm y wefr ar y dechrau = 2– + 12+ = 10+

Cyfanswm y wefr ar y diwedd = 0 + 0 = 0

Newid mewn gwefr = 10, felly mae 10 electron yn yr hanner hafaliad ïon/electron.

$$2BrO_3^- + 12H^+ + 10e^- \rightarrow Br_2 + 6H_2O$$

Cyfuno hanner hafaliadau

Pan fydd adwaith rhydocs yn digwydd, bydd yr adwaith cyfan yn cyfuno'r hanner hafaliad ïon/electron ar gyfer y broses ocsidio â'r un ar gyfer y broses rydwytho.

Mae'n rhaid eu cyfuno yn ôl y gymhareb gywir i gael yr un nifer o electronau ym mhob hanner hafaliad.

Enghraifft wedi'i datrys

Gall ïonau bromad(V) weithredu fel ocsidydd, gyda'r hanner hafaliad ar gyfer y broses hon i'w weld isod. Gallwn ei ddefnyddio i ocsidio ïonau bromid i ffurfio moleciwlau bromin, Br_2.

$$2BrO_3^- + 12H^+ + 10e^- \rightarrow Br_2 + 6H_2O$$
$$2Br^- \rightarrow Br_2 + 2e^-$$

I gyfuno'r ddau hanner hafaliad uchod, mae angen i ni luosi'r ail â phump, gan roi deg electron.

$$2BrO_3^- + 12H^+ + 10e^- \rightarrow Br_2 + 6H_2O$$
$$10Br^- \rightarrow 5Br_2 + 10e^-$$

Yna rydym yn adio'r ddau hanner hafaliad hyn:

$$2BrO_3^- + 12H^+ + 10e^- + 10Br^- \rightarrow Br_2 + 6H_2O + 5Br_2 + 10e^-$$

Yna rydym yn canslo'r electronau ar ddwy ochr yr hafaliad ac yn adio'r ddwy set o foleciwlau bromin yn y cynnyrch at ei gilydd:

$$2BrO_3^- + 12H^+ + 10Br^- \rightarrow 6Br_2 + 6H_2O$$

Gan fod eilrifau o bob rhywogaeth, gallwn haneru'r hafaliad gan roi'r ateb terfynol isod.

$$BrO_3^- + 6H^+ + 5Br^- \rightarrow 3Br_2 + 3H_2O$$

Titradiadau rhydocs

Rydym yn cynnal titradiadau rhydocs yn yr un ffordd â thitriadau asid–bas. Rydym yn mesur 25.0 cm³ o hydoddiant gan ddefnyddio pibed safonol a'i roi mewn fflasg gonigol. Rydym yn ychwanegu ail hydoddiant o fwred fesul tipyn, gan chwyrlïo'r cymysgedd wrth wneud hynny. Rydym yn parhau i wneud hyn nes i ni weld y newid lliw sydd ei angen. Gyda llawer o ditradiadau rhydocs, nid oes angen dangosydd gan fod lliwiau'r adweithyddion yn aml yn ein galluogi i weld y diweddbwynt. Rydym yn mesur cyfaint yr hydoddiant a ychwanegwyd drwy ddefnyddio darlleniadau cychwynnol a therfynol y fwred.

Fel gyda phob titradiad, rydym yn ailadrodd y broses nes bod y darlleniadau yn ddigon agos at ei gilydd.

Cyswllt Cyfuno potensialau electrod safonol ar dudalen 17.

DYLECH WYBOD › › ›

› › › sut i gynnal titradiad rhydocs

› › › sut i gyfrifo crynodiadau gan ddefnyddio data titradiad rhydocs

Cyswllt Mae titradiadau rhydocs yn defnyddio'r un technegau â thitradiadau asid–bas yn Nhestun 1.7 UG sydd i'w weld ar dudalennau 71–74 yn y llyfr UG.

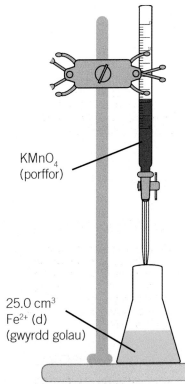

KMnO₄
(porffor)

25.0 cm³
Fe²⁺ (d)
(gwyrdd golau)

Enghreifftiau o ditradiadau rhydocs

Ïonau manganad (VII) asidiedig gydag ïonau haearn(II)

Yn achos titradiad gyda photasiwm manganad(VII), mae hydoddiant porffor yr ocsidydd hwn yn cael ei ychwanegu o'r fwred. Pan fydd yn adweithio â'r rhywogaeth sydd i'w hocsidio, mae'n ffurfio Mn^{2+}, sydd bron yn ddi-liw. Mae'r diweddbwynt wedi'i gyrraedd pan fydd yr hydoddiant yn troi'n binc golau. Mae hyn oherwydd bod swm bach iawn o'r MnO_4^- porffor yn aros ac mae'n ymddangos yn binc pan fydd yn wanedig yn y fflasg gonigol. Yr hanner hafaliad ar gyfer rhydwythiad y manganad (VII) yw:

$$① \quad MnO_4^- \text{ (d)} + 8H^+ \text{ (d)} + 5e^- \rightarrow Mn^{2+} \text{ (d)} + 4H_2O \text{ (h)}$$

Fel arfer mae'n anodd gweld yr hydoddiant yn newid lliw wrth i Fe^{2+} (gwyrdd golau) gael ei ocsidio i Fe^{3+} (melyn) oherwydd bod yr hydoddiannau fel arfer yn wanedig. Felly rydym yn defnyddio'r newid lliw sy'n gysylltiedig â manganad ar gyfer y diweddbwynt. Mae'r ïonau haearn yn cael eu hocsidio yn ôl yr hanner hafaliad:

$$② \quad Fe^{2+} \text{ (d)} \rightarrow Fe^{3+} \text{ (d)} + e^-$$

I gael yr hafaliad cyfan, mae angen i ni gyfuno'r ddau hanner hafaliad hyn gan gydbwyso'r electronau. Yn yr achos hwn, rydym yn cyfuno hafaliad ① + 5 × hafaliad ②, gan roi:

$$MnO_4^- \text{ (d)} + 8H^+ \text{ (d)} + 5Fe^{2+} \text{ (d)} \rightarrow Mn^{2+} \text{ (d)} + 4H_2O \text{ (h)} + 5Fe^{3+} \text{ (d)}$$

Mae'r 5 electron ar bob ochr i'r hafaliad yn gytbwys ac wedi'u canslo, ac felly nid ydynt yn ymddangos yn yr hafaliad cyfan. Mae'n **rhaid** i'r asid fod yn bresennol os yw'r adwaith hwn am ddigwydd a bydd yn cael ei ychwanegu fel arfer fel H_2SO_4.

Cyfrifiadau

Rydym yn gweithio allan y cyfrifiadau yn yr un ffordd ag yr ydym ar gyfer titradiadau eraill. O'r hafaliad cemegol, gallwn weld bod 1 MnO_4^- yn adweithio â 5Fe^{2+}. Y cyfrifiadau felly yw:

$$\frac{\text{Nifer y molau o } Fe^{2+}}{\text{Nifer y molau o } MnO_4^-} = \frac{5}{1}$$

Gan roi:

$$\frac{C_{Fe^{2+}} \times V_{Fe^{2+}}}{C_{MnO_4^-} \times V_{MnO_4^-}} = \frac{5}{1}$$

Gallwn ad-drefnu hyn i gyfrifo crynodiad un hydoddiant penodol, ac felly ar gyfer crynodiad Fe^{2+} rydym yn cael:

$$C_{Fe^{2+}} = \frac{5 \times C_{MnO_4^-} \times V_{MnO_4^-}}{1 \times V_{Fe^{2+}}}$$

Enghraifft wedi'i datrys

Cafodd samplau o hydoddiant haearn(II) sylffad asidiedig 25.0 cm³ eu titradu gan ddefnyddio hydoddiant potasiwm manganad(VII) â chrynodiad 0.0200 môl dm⁻³. Mae'r canlyniadau i'w gweld yn y tabl isod. Cyfrifwch grynodiad yr hydoddiant haearn(II) sylffad, gan roi eich ateb i nifer priodol o ffigurau ystyrlon.

	1	2	3	4
Darlleniad cychwynnol / cm³	0.00	0.55	0.20	0.75
Darlleniad terfynol / cm³	30.40	30.35	30.10	30.60

Yn gyntaf, cyfrifwch y cyfeintiau a ddefnyddiwyd ym mhob titradiad:

Cyfaint a ddefnyddiwyd / cm³	30.40	29.80	29.90	29.85

Mae'r cyfaint cyntaf yn afreolaidd, ac felly'r cyfaint cyfartalog yw (29.80 + 29.90 + 29.85) ÷ 3 = 29.85 cm³.

Cymhareb yr adwaith yw $5Fe^{2+}$ yn adweithio ag $1MnO_4^-$, ac felly gallwn ysgrifennu'r berthynas fel:

$$\frac{C_{Fe^{2+}} \times V_{Fe^{2+}}}{C_{MnO_4^-} \times V_{MnO_4^-}} = \frac{5}{1}$$

Mae ad-drefnu hyn yn rhoi:

$$C_{Fe^{2+}} = \frac{5 \times C_{MnO_4^-} \times V_{MnO_4^-}}{1 \times V_{Fe^{2+}}}$$

Felly

$$C_{Fe^{2+}} = \frac{5 \times 0.0200 \times 29.85}{1 \times 25.0}$$

$$C_{Fe^{2+}} = 0.1194 \text{ môl dm}^{-3}$$

Gan mai'r nifer lleiaf o ffigurau ystyrlon yn y mesuriadau yw tri (sef 25.0 a 0.0200), dylem roi'r ateb i dri ffigur ystyrlon:

$$C_{Fe^{2+}} = 0.119 \text{ môl dm}^{-3}$$

Ïonau deucromad(VI) asidiedig gydag ïonau haearn(II)

Bydd potasiwm deucromad(VI) mewn hydoddiant asidig yn ocsidio Fe^{2+} i Fe^{3+}, gyda newid lliw o oren tywyll $Cr_2O_7^{2-}$ i hydoddiant gwyrdd o Cr^{3+} yn ôl yr hanner hafaliad:

① $Cr_2O_7^{2-}$ (d) + $14H^+$ (d) + $6e^-$ $\rightarrow$ $2Cr^{3+}$ (d) + $7H_2O$ (h)

Mae'r haearn yn cael ei ocsidio eto yn ôl yr hanner hafaliad:

② Fe^{2+} (d) $\rightarrow$ Fe^{3+} (d) + e^-

I gael yr hafaliad cyfan mae angen cyfuno'r ddau hanner hafaliad hyn gan gydbwyso'r electronau. Yn yr achos hwn, rydym yn cyfuno hafaliad ① + 6 × hafaliad ② gan roi:

$Cr_2O_7^{2-}$ (d) + $14H^+$ (d) + $6Fe^{2+}$ (d) $\rightarrow$ $2Cr^{3+}$ (d) + $7H_2O$ (h) + $6Fe^{3+}$ (d)

Gwirio gwybodaeth 8

Ysgrifennwch hafaliad ïonig ar gyfer ocsidiad asid ocsalig (asid ethandeuoig), $C_2O_4H_2$, i garbon deuocsid gan botasiwm manganad(VII) asidiedig.

▼ Pwynt astudio

Wrth gyfuno hanner hafaliadau, dylech ganslo unrhyw rywogaeth sy'n ymddangos ar ddwy ochr yr hafaliad, nid electronau yn unig. Ymhlith y rhywogaethau a all fod yn bresennol, mae ïonau H^+ a moleciwlau H_2O.

GWAITH YMARFEROL

Mae titradiad rhydocs yn un o'r **tasgau ymarferol penodol**. Gallant gynnwys amrywiaeth o ocsidyddion a rhydwythyddion, a dylech fod yn gyfarwydd â'r newid lliw ym mhob achos. Dylech wybod nad oes angen dangosydd yn y rhan fwyaf o achosion.

Gwirio gwybodaeth 9

Mae hoelen fetel wedi'i gwneud o aloi sy'n cynnwys haearn. Mae sampl o 1.740g o'r aloi yn cael ei hydoddi mewn asid sy'n trawsnewid yr holl haearn yn Fe^{2+}. Mae'r cymysgedd yn cael ei wanedu gan ffurfio 250 cm³ o hydoddiant. Mae samplau o 25.0 cm³ ar gyfer titradiad yn cael eu cymryd gan ddefnyddio potasiwm manganad(VII) asidiedig â chrynodiad 0.0200 môl dm⁻³. Roedd angen 23.30 cm³ o'r potasiwm manganad(VII) ar gyfer adwaith cyflawn. Cyfrifwch ganran yr haearn yn yr aloi gwreiddiol.

Pwynt astudio

Ar gyfer pob titradiad rhydocs cyffredin, mae angen i chi ddysgu lliwiau'r rhywogaethau dan sylw. Mae hyn oherwydd bod y newidiadau lliw yn cymryd lle dangosyddion.

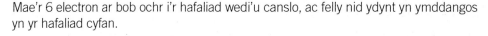

Mae'r 6 electron ar bob ochr i'r hafaliad wedi'u canslo, ac felly nid ydynt yn ymddangos yn yr hafaliad cyfan.

Cyfrifiadau

O'r hafaliad uchod,

$$\frac{\text{Nifer y molau o } Fe^{2+}}{\text{Nifer y molau o } Cr_2O_7^{2-}} = \frac{6}{1}$$

Gan roi:

$$\frac{C_{Fe^{2+}} \times V_{Fe^{2+}}}{C_{Cr_2O_7^{2-}} \times V_{Cr_2O_7^{2-}}} = \frac{6}{1}$$

SYLWCH:

Mae'n **rhaid** i'r asid fod yn bresennol er mwyn i'r adwaith hwn ddigwydd ac H_2SO_4 sy'n cael ei ddefnyddio fel arfer. Os bydd pH hydoddiant yn codi'n rhy uchel, mae'r ïon deucromad(VI) yn cael ei dorri'n ddau ïon cromad(VI).

$$Cr_2O_7^{2-}\text{ (d)} + H_2O\text{ (h)} \rightleftharpoons 2CrO_4^{2-}\text{ (d)} + 2H^+\text{ (d)}$$

Lliw oren tywyll — Melyn

Nid yw cyflwr ocsidiad cromiwm, sef +6, yn newid yn yr adwaith hwn: **nid adwaith rhydocs yw hwn**.

Yn ôl egwyddor Le Chatelier, bydd yr ecwilibriwm hwn yn symud i'r chwith os bydd yr asid yn cael ei ychwanegu ac i'r dde os bydd bas yn cael ei ychwanegu. Gallwn weld hyn fel newid lliw'r hydoddiant.

Cyngor arholwr

Wrth ddefnyddio cyflyrau ocsidiad i ddarganfod a yw adwaith yn un rhydocs, dylech gyfrifo cyflyrau ocsidiad pob atom ar y dechrau ac ar y diwedd. Os bydd unrhyw un o'r cyflyrau ocsidiad yn newid, yna mae'n adwaith rhydocs – mae'n rhaid i un cyflwr ocsidiad ddod yn fwy negatif (rhydwythiad) ac un yn fwy positif (ocsidiad).

Titradiad rhydocs ar gyfer ïonau copr (II)

Cyswllt Mae ïonau copr(II) mewn hydoddiant yn las ond mae ïonau copr(I) mewn CuI yn ddi-liw. Mae'r rhesymau dros y gwahaniaethau lliw hyn yn cael eu trafod ar dudalennau 45 a 46.

Nid yw'n hawdd dadansoddi hydoddiant ar gyfer ïonau copr(II) yn uniongyrchol, ac felly rydym yn defnyddio llwybr anuniongyrchol. Mae hydoddiant di-liw sy'n cynnwys ïonau ïodid, fel potasiwm ïodid, yn cael ei ychwanegu at hydoddiant glas sy'n cynnwys ïonau copr(II), gan ffurfio hydoddiant brown cymylog. Mae ïonau Cu^{2+} mewn hydoddiant yn adweithio ag ïonau ïodid gan gynhyrchu hydoddiant brown o ïodin; maen nhw'n cael eu rhydwytho i gopr(I) mewn gwaddod o CuI. Yr hafaliad ar gyfer y broses hon yw:

$$2Cu^{2+}\text{ (d)} + 4I^-\text{ (d)} \rightarrow 2CuI\text{ (s)} + I_2\text{ (d)}$$

Gallwn ditradu'r ïodin hwn â sodiwm thiosylffad er mwyn gweithio allan faint o gopr oedd yn bresennol ar y dechrau. Mae sodiwm thiosylffad yn rhydwythydd cyffredin ac mae'n gweithio yn ôl yr hanner hafaliad:

$$2S_2O_3^{2-}\text{ (d)} \rightarrow S_4O_6^{2-}\text{ (d)} + 2e^-$$

Un o adweithiau cyfarwydd ïonau thiosylffad yw'r un â moleciwlau ïodin (I_2), gan ffurfio ïonau ïodid (I^-):

$$I_2\text{ (d)} + 2e^- \rightarrow 2I^-\text{ (d)}$$

Brown — Di-liw

Mae hyn yn rhoi'r hafaliad cyfan:

$$2S_2O_3^{2-}\text{ (d)} + I_2\text{ (d)} \rightarrow S_4O_6^{2-}\text{ (d)} + 2I^-\text{ (d)}$$

Manylion arbrofol

- Ychwanegwch ormodedd o ïonau ïodid (e.e. KI) at Cu^{2+} (d) i sicrhau bod yr holl Cu^{2+} yn adweithio gan gynhyrchu I_2. Mae'r cymysgedd sy'n ffurfio yn hydoddiant brown cymylog.

▲ Ïonau copr(II) mewn hydoddiant　　▲ Y cymysgedd ar ôl ychwanegu potasiwm ïodid

- Titradwch yr I_2 (d) brown yn erbyn sodiwm thiosylffad ($Na_2S_2O_3$), nes bod y cymysgedd yn lliw gwellt.

- Ychwanegwch ddangosydd, sef startsh, sy'n troi'n ddulas, gan barhau i wneud hynny nes i'r lliw ddiflannu. Weithiau rydym yn disgrifio'r lliw fel lliw croen.

GWAITH YMARFEROL

Mae'r gwaddod CuI anhydawdd sy'n ffurfio pan fydd KI yn cael ei ychwanegu at yr ïonau copr(II) mewn hydoddiant yn aros drwy gydol yr arbrawf. Mae'n gwneud y cymysgedd yn gymylog drwy'r arbrawf. Mewn rhai achosion, mae'n well gadael i'r solid setlo er mwyn gweld lliw'r hydoddiant.

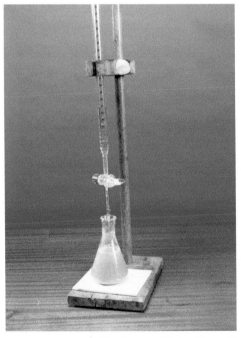 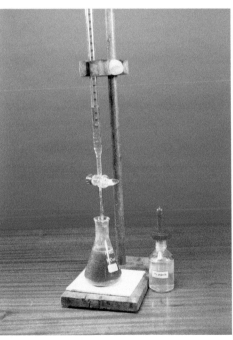

▲ Titradiad nes ei fod yn lliw gwellt　　▲ Y cymysgedd ar ôl ychwanegu dangosydd startsh

Cyswllt Cyfrifiadau titradiad ar dudalen 40 y llyfr UG.

Cyfrifiadau

Os edrychwn ar yr hafaliadau uchod, gwelwn fod dau ïon copr(II) yn gwneud un moleciwl ïodin: $2Cu^{2+} \equiv 1I_2$.

Gallwn weld hefyd fod un moleciwl ïodin yn adweithio â dau ïon thiosylffad: $1I_2 \equiv 2S_2O_3^{2-}$

Mae cyfuno hyn yn rhoi $2Cu^{2+} \equiv I_2 \equiv 2S_2O_3^{2-}$, ac felly $1Cu^{2+} \equiv 1 S_2O_3^{2-}$

Felly mae'r cyfrifiadau titradiad yn defnyddio:

$$\frac{C_{Cu^{2+}} \times V_{Cu^{2+}}}{C_{S_2O_3^{2-}} \times V_{S_2O_3^{2-}}} = \frac{1}{1}$$

Enghraifft wedi'i datrys

Mae cymhlygyn metel trosiannol yn cynnwys ïonau copr(II). Cafodd sampl o 4.242g o'r cymhlygyn ei hydoddi mewn 250 cm³ o ddŵr dadïoneiddiedig. Cymerwyd samplau o 25.0 cm³ o'r hydoddiant ac ychwanegwyd gormodedd o botasiwm ïodid at bob un. Cawsant eu titradu yn erbyn hydoddiant sodiwm thiosylffad â chrynodiad 0.0500 môl dm⁻³ ac roedd angen 28.35 cm³ ar gyfer adwaith cyflawn. Cyfrifwch M_r y cymhlygyn.

Nifer y molau o sodiwm thiosylffad a ddefnyddiwyd yn yr adwaith yw:

Molau thiosylffad = $0.0500 \times 28.35 \div 1000 = 14.175 \times 10^{-4}$ môl

Gan fod 1 thiosylffad $\equiv 1Cu^{2+}$, yna nifer y molau o $Cu^{2+} = 14.175 \times 10^{-4}$ môl mewn 25.0 cm³.

Y cyfaint cyfan oedd 250 cm³, a fyddai'n cynnwys deg gwaith nifer y molau = 0.014175 môl.

Oherwydd molau = màs ÷ M_r yna M_r = màs ÷ molau

$$= 4.242 \div 0.014175$$

$$= 299.3$$

Y Tabl Cyfnodol yw'r offeryn pwysicaf sydd gan gemegwyr. Mae patrymau ac ymddygiad tebyg ar draws cyfnodau ac i lawr grwpiau'n galluogi cemegwyr i wneud rhagfynegiadau. Mae'r esboniad ar gyfer y patrymau hyn wedi arwain at lawer o'r syniadau pwysig mewn cemeg.

Mae bloc p yn rhan fawr o'r Tabl Cyfnodol, o Grŵp 3 i Grŵp 0. Fel pob grŵp yn y Tabl Cyfnodol, mae tebygrwydd rhwng yr elfennau ym mhob grŵp ym mloc p; ond mae bloc p hefyd yn dangos patrymau sydd â gwahaniaethau pwysig. Mae'r gwahaniaethau a welwn yn rhai o briodweddau'r elfennau hyn, fel ymddygiad metelig/anfetelig neu eu cyflyrau ocsidiad cyffredin, yn gallu achosi i elfennau yn yr un grŵp ymddwyn yn wahanol iawn.

Dylech allu dangos a chymhwyso'r hyn rydych yn ei wybod a'i ddeall am y canlynol:

- Priodweddau asid/bas yr elfennau a'r ocsidau, gan gynnwys ymddygiad amffoterig.

- Yr amrywiad mewn cyflyrau ocsidiad wrth fynd i lawr grwpiau, gan gynnwys ehangu'r wythawd a'r effaith pâr anadweithiol.

- Diffyg electronau mewn cyfansoddion Grŵp 3, a ffurfio bondiau cyd-drefnol yn y cyfansoddion hyn.

- Y bondio a'r adeiledd mewn boron nitrid hecsagonol a boron nitrid ciwbig a sut mae'r rhain yn berthnasol i'w priodweddau a'r defnydd sy'n cael ei wneud ohonynt.

- Bondio, priodweddau ffisegol ac ymddygiad rhydocs ocsidau plwm a charbon.

- Newidiadau yn y mathau o fondio wrth fynd i lawr Grŵp 4, sy'n cael eu gweld yn y cloridau CCl_4, $SiCl_4$ a $PbCl_2$ a'u hadweithiau â dŵr.

- Adweithiau Pb^{2+} (d) ag NaOH, Cl^- ac I^- dyfrllyd.

- Adweithiau gwahanol Cl_2 ag NaOH dyfrllyd oer a chynnes a'r gwahanol adweithiau dadgyfraniad dan sylw, a'r defnydd sy'n cael ei wneud o gynhyrchion yr adweithiau.

- Y gwahaniaethau yn ymddygiad NaCl, NaBr ac NaI gydag asid sylffwrig crynodedig.

Trafodwyd cemeg Grŵp 7, rhan o'r bloc p, yn Nhestun 1.6 UG ar dudalennau 59–60 yn y llyfr UG.

Syniadau allweddol yng nghemeg y bloc p

Mae'r enw bloc p yn cael ei ddefnyddio oherwydd bod electronau allanol yr elfennau mewn is-blisg p (2p, 3p, 4p, etc.). Mae angen i chi allu ysgrifennu'r adeileddau electronig ar gyfer yr elfennau bloc p hyn yn yr ail a'r trydydd cyfnod, h.y. y rhai sydd ag electronau allanol yn yr is-blisg 2p neu 3p.

$1s^2$ $2s^2$ $2p^6$ $3s^2$ $3p^6$

Mae gan bob elfen bloc p is-blisgyn s llawn yn ei phlisgyn allanol, gyda rhwng 1 a 6 o electronau pellach yn ei his-blisgyn p.

- Mae 1 electron yn is-blisg p atomau Grŵp 3, h.y. yr electronau allanol yw s^2p^1.
- Mae 2 electron yn is-blisg p atomau Grŵp 4, h.y. yr electronau allanol yw s^2p^2.
- Mae 3 electron yn is-blisg p atomau Grŵp 5, h.y. yr electronau allanol yw s^2p^3.
- Mae 4 electron yn is-blisg p atomau Grŵp 6, h.y. yr electronau allanol yw s^2p^4.
- Mae 5 electron yn is-blisg p atomau Grŵp 7, h.y. yr electronau allanol yw s^2p^5.

Mae rhaniad yr electronau allanol rhwng electronau s ac electronau p yn cael effaith sylweddol ar gemeg yr elfennau hyn, ac felly mae'n bwysig eich bod yn gallu gwahaniaethu rhwng y setiau hyn o electronau.

▼ **Pwynt astudio**

Mae'n haws dysgu'r patrymau mewn cyflyrau ocsidiad na dysgu pob elfen ar wahân. Gyda phob elfen, mae'r cyflwr ocsidiad uchaf yn hafal i rif y grŵp, gydag ail gyflwr ocsidiad ddau yn is mewn llawer o achosion.

Cyflyrau ocsidiad

Mae elfennau yn y bloc p fel arfer yn dangos dau gyflwr ocsidiad – y cyflwr ocsidiad uchaf, sy'n hafal i rif y grŵp, a chyflwr ocsidiad is sydd ddau yn llai.

Grŵp 3		Grŵp 4		Grŵp 5	
B	**3**	C	2, **4**	N	**3, 5**
Al	**3**	Si	**4**	P	**3, 5**
Ga	1, **3**	Ge	2, **4**	As	**3**, 5
In	1, **3**	Sn	2, **4**	Sb	**3**, 5
Tl	**1**, 3	Pb	**2**, 4	Bi	**3**, 5

(Mae'r cyflwr ocsidiad mwyaf sefydlog yn cael ei nodi mewn **teip trwm**)

Yr effaith pâr anadweithiol

Mae sefydlogrwydd y cyflyrau ocsidiad isaf yn fwy wrth fynd i lawr y grŵp, fel sydd i'w weld uchod. Yr enw ar y duedd i'r elfennau trymaf ffurfio'r cyflwr ocsidiad isaf yw'r **effaith pâr anadweithiol**. Ar gyfer elfen yng Ngrŵp 4, yr adeiledd electronig allanol yw:

ns^2 np^2

- Pan fydd cyflwr ocsidiad yr elfen yn 4, mae'r bondio'n cynnwys pob un o'r pedwar electron.

- Pan fydd cyflwr ocsidiad yr elfen yn 2, nid yw'r ddau electron mewnol yn cymryd rhan ac rydym yn galw'r pâr ns^2 hwn yn bâr anadweithiol.

Mae'r duedd i'r pâr electron ns^2 ddod yn bâr anadweithiol yn digwydd yng Ngrwpiau 3, 4 a 5 yn y Tabl Cyfnodol. Dim ond aelodau isaf y grwpiau hyn sy'n dangos y duedd hon at y cyflyrau ocsidiad isaf: +1 ar gyfer Grŵp 3; +2 ar gyfer Grŵp 4 a +3 ar gyfer Grŵp 5. Yng Ngrwpiau 3 a 4, nid yw'r cyflwr ocsidiad isaf i'w weld yn y ddau aelod cyntaf ym mhob grŵp (heblaw am +2 mewn carbon monocsid) ond yng Ngrŵp 5 mae'r aelodau cyntaf (nitrogen a ffosfforws) yn dangos y cyflwr ocsidiad isaf yn amlach.

Ehangu'r wythawd

Mae gwahaniaethau mawr i'w gweld rhwng aelodau cyntaf y grwpiau yn y bloc p ac aelodau isaf y grwpiau hyn. Y nifer uchaf o electronau plisgyn allanol sy'n gallu amgylchynu'r atomau yn aelodau cyntaf pob grŵp (boron i neon, elfennau'r ail gyfnod) yw wyth – pedwar pâr o electronau. Mae hyn yn cyfyngu ar nifer y bondiau sy'n gallu cael eu ffurfio gan yr elfennau yn y rhes gyntaf:

- Boron: gall ffurfio 3 bond cofalent ac mae'n electron ddiffygiol.

- Carbon: gall ffurfio 4 bond cofalent.

- Nitrogen: gall ffurfio 3 bond cofalent ac un pâr unig.

- Ocsigen: gall ffurfio 2 fond cofalent a dau bâr unig.

Mae'r aelodau eraill ym mhob grŵp (3ydd cyfnod ac is) yn gallu defnyddio orbitalau d sydd ddim yn bresennol yn yr ail blisgyn. Mae hyn yn eu galluogi i '**ehangu eu hwythawd**' sy'n golygu y gall pob electron yn y plisgyn allanol gael ei ddefnyddio i ffurfio bond cofalent gan nad yw'r plisgyn allanol yn gyfyngedig i 8 electron erbyn hyn. Mae hyn yn effeithio ar nifer y bondiau sy'n gallu cael eu ffurfio ar gyfer elfennau yng Ngrwpiau 5, 6 a 7:

- Ffosfforws: gall ffurfio 5 bond cofalent, e.e. PCl_5.

- Sylffwr: gall ffurfio 6 bond cofalent, e.e. SF_6.

- Clorin: gall ffurfio hyd at 7 bond cofalent, e.e. ClO_4^-.

Ymestyn a Herio

Beth sy'n achosi'r effaith pâr anadweithiol?

Er mwyn i atom Grŵp 4 ffurfio pedwar bond, mae'n rhaid gwahanu'r pâr o electronau s ac mae angen egni i symud electron o'r is-blisgyn s i'r un p. Mae hyn yn dod yn fwy a mwy anodd wrth fynd i lawr y grŵp.

Mae'n rhaid i'r egni i'w gwahanu ddod o'r egni sy'n cael ei ryddhau wrth ffurfio bondiau ac wrth fynd i lawr y grŵp mae'r bondiau'n dod yn wannach, gan ryddhau llai o egni wrth iddynt ffurfio. Gyda'r aelodau ar waelod y grŵp, nid yw'r egni sy'n cael ei ryddhau drwy wneud dau fond ychwanegol yn ddigon i gydbwyso'r egni sydd ei angen i symud electron o'r is-blisgyn s i'r is-blisgyn p.

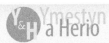

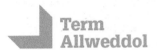

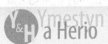

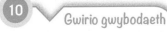

Priodweddau metelig

Yn y bloc p mae'r elfennau ar frig pob grŵp yn anfetelau, fel boron, carbon neu nitrogen, ond mae'r elfennau ar waelod pob grŵp yn fetelau, fel thaliwm, plwm neu Bismwth. Mae'r newid hwn mewn priodweddau'n achosi'r llinell igam-ogam rhwng metelau ac anfetelau.

1	2											3	4	5	6	7	0
				H													He
Li	Be											B	C	N	O	F	Ne
Na	Mg											Al	Si	P	S	Cl	Ar
K	Ca	Sc	Ti	V	Cr	Mn	Fe	Co	Ni	Cu	Zn	Ga	Ge	As	Se	Br	Kr
Rb	Sr	Y	Zr	Nb	Mo	Tc	Ru	Rh	Pd	Ag	Cd	In	Sn	Sb	Te	I	Xe
Cs	Ba	La	Hf	Ta	W	Re	Os	Ir	Pt	Au	Hg	Tl	Pb	Bi	Po	At	Rn

Metelau | *Rhai metelau a rhai anfetelau* | *Anfetelau*

Mae'r newid hwn mewn nodweddion metelig yn cael effaith fawr ar fondio a phriodweddau cyfansoddion y bloc p.

Ymddygiad amffoterig

Mae llawer o elfennau bloc p yn ffurfio ocsidau **amffoterig**, ac mae'r rhain fel arfer yn fetelau sy'n agos at y llinell rhwng y metelau a'r anfetelau. Maen nhw'n dangos priodweddau asidig a basig. I ddangos ymddygiad amffoterig, mae'n rhaid i ni ddangos bod elfen neu ei chyfansoddion yn adweithio ag asidau a hefyd â basau. Byddem yn dangos y sylwedd yn adweithio ag asid hydroclorig neu asid nitrig a sodiwm hydrocsid:

Ar gyfer ocsid neu hydrocsid alwminiwm:

$Al_2O_3 + 6HCl \rightarrow 2AlCl_3 + 3H_2O$ neu $Al(OH)_3 + 3H^+ \rightarrow Al^{3+} + 3H_2O$

$Al_2O_3 + 2NaOH + 3H_2O \rightarrow 2Na[Al(OH)_4]$ neu $Al(OH)_3 + OH^- \rightarrow [Al(OH)_4]^-$

Ar gyfer plwm(II) ocsid neu hydrocsid:

$PbO + 2HNO_3 \rightarrow Pb(NO_3)_2 + 2H_2O$ neu $Pb(OH)_2 + 2H^+ \rightarrow Pb^{2+} + 2H_2O$

$PbO + 2NaOH + H_2O \rightarrow Na_2[Pb(OH)_4]$ neu $Pb(OH)_2 + 2OH^- \rightarrow [Pb(OH)_4]^{2-}$

Mae hydoddiannau sy'n cynnwys cyfansoddion metelau amffoterig yn ffurfio gwaddodion pan fydd sodiwm hydrocsid yn cael ei ychwanegu at eu hydoddiannau. Hydrocsidau metelau yw'r gwaddodion hyn. Gan fod yr hydrocsidau'n gallu adweithio â rhagor o sodiwm hydrocsid, bydd y gwaddodion hyn yn ailhydoddi:

Ar gyfer alwminiwm:

$Al^{3+}(d) + 3OH^-(d) \rightarrow Al(OH)_3(s)$ yna $Al(OH)_3(s) + OH^-(d) \rightarrow [Al(OH)_4]^-(d)$

Ar gyfer plwm:

$Pb^{2+}(d) + 2OH^-(d) \rightarrow Pb(OH)_2(s)$ yna $Pb(OH)_2 + 2OH^-(d) \rightarrow [Pb(OH)_4]^{2-}(d)$

Ymestyn a Herio

Mae'r newid o anfetel i fetel wrth fynd i lawr y grŵp yn gysylltiedig ag egni ïoneiddiad yr elfennau. Mae'r egni ïoneiddiad yn lleihau wrth fynd i lawr grŵp, ac felly mae'n haws i'r atomau ffurfio ïonau positif. Mae hyn yn galluogi'r atomau i gyfrannu at fondio ïonig ag anfetelau ac yn helpu'r elfennau i ffurfio bondiau metelig, wrth i'r atomau ffurfio'n rhwydd ïonau positif a môr o electronau dadleoledig.

Term Allweddol

Mae sylweddau **amffoterig** yn adweithio ag asidau a hefyd â basau.

Pwynt astudio

Wrth ddysgu'r hafaliadau ar gyfer adweithiau asidau and alcalïau â metelau amffoterig, cofiwch fod gan yr hafaliadau ar gyfer pob metel sy'n ffurfio ïonau +2 fformiwlâu tebyg a'r un rhifau cydbwyso. Nid oes angen i chi ddysgu pob metel ar wahân gan fod sinc, plwm(II) a thun(II) yn ymddwyn mewn ffyrdd tebyg.

Ymestyn a Herio

Gallwn drin pob adwaith asid–bas fel adwaith cildroadwy, ac felly gallwn feddwl am adwaith sy'n cael ei ysgrifennu fel

$Pb^{2+}(d) + 2OH^-(d) \rightarrow Pb(OH)_2(s)$

fel un sy'n dangos Pb^{2+} yn gweithredu fel asid, gan ei fod yn adweithio ag ïonau hydrocsid. Gallwn hefyd feddwl amdano fel

$Pb(OH)_2 \rightarrow Pb^{2+} + 2OH^-$, sy'n dangos $Pb(OH)_2$ yn gweithredu fel bas.

10 Gwirio gwybodaeth

Ysgrifennwch ddau hafaliad cemegol i ddangos bod sinc ocsid yn ocsid amffoterig.

Cemeg Grŵp 3

Y ddwy elfen fwyaf cyffredin yng Ngrŵp 3 yw'r ddwy gyntaf yn y grŵp hwn, sef boron ac alwminiwm. Mae gan yr elfennau hyn briodweddau ffisegol gwahanol iawn gan fod y naill yn anfetel a'r llall yn fetel. Er bod alwminiwm yn fetel, mae ganddo electronegatifedd cymharol uchel, ac felly mae rhai o'i gyfansoddion yn gofalent ac yn dangos rhai priodweddau tebyg i gyfansoddion cydweddol boron.

Diffyg electronau

Atom electron ddiffygiol yw un sydd heb blisgyn allanol cyflawn, h.y. mae llai nag wyth electron yn ei blisgyn allanol. Pan fydd elfennau yng Ngrŵp 3 yn ffurfio cyfansoddion, byddan nhw'n aml yn ffurfio tri bond cofalent, er enghraifft mewn BF_3, BCl_3 ac $AlCl_3$. Ym mhob un o'r achosion hyn, mae'r tri electron o'r atom Grŵp 3 (sydd i'w gweld fel dotiau isod) yn ffurfio bondiau cofalent gydag atomau halogen.

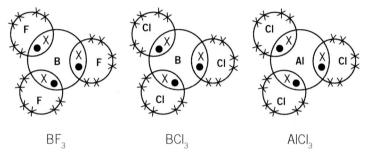

$$BF_3 \qquad BCl_3 \qquad AlCl_3$$

Er mwyn llenwi eu plisgyn allanol, bydd yr atomau hyn yn aml yn ffurfio bondiau cyd-drefnol i ennill parau electron ychwanegol (maen nhw'n **dderbynyddion electronau**). Gallant wneud hyn drwy adweithio â chyfansoddion eraill neu drwy ffurfio deumerau, er enghraifft mae $AlCl_3$ yn y wedd nwy'n ffurfio'r deumerau Al_2Cl_6.

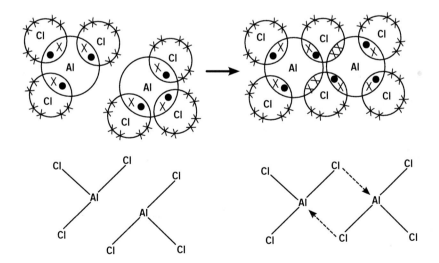

Yn yr achos hwn, mae pob atom alwminiwm electron ddiffygiol yn defnyddio pâr unig ar atom clorin i ffurfio bond cyd-drefnol.

Nid oes gan y deumer alwminiwm clorid unrhyw atomau electron ddiffygiol erbyn hyn gan fod wyth electron ym mhlisgyn allanol pob atom alwminiwm. Gall moleciwlau eraill hefyd ffurfio bondiau cyd-drefnol er mwyn cael gwared ar eu diffyg electronau. Mae'r cyfansoddion hyn yn cael eu dosbarthu fel cyfansoddion cyfrannydd–derbynydd, lle mae un moleciwl yn rhoi pâr unig a'r moleciwl arall yn ei dderbyn. Un enghraifft yw'r cyfansoddyn sy'n cael ei ffurfio rhwng BF_3, sy'n electron ddiffygiol a'r pâr unig ar NH_3. Unwaith eto, nid yw'r cyfansoddyn sy'n cael ei ffurfio yn electron ddiffygiol erbyn hyn.

DYLECH WYBOD ›››

››› effeithiau diffyg electronau ar gyfansoddion elfennau Grŵp 3

››› bondio, adeiledd a phriodweddau alotropau boron nitrid

Cyngor arholwr

Wrth drafod diffyg electronau yng nghyfansoddion Grŵp 3, dylech bob amser fod yn glir pa atom sy'n electron ddiffygiol. Nid yw ysgrifennu 'Mae alwminiwm clorid yn electron ddiffygiol' yn nodi mai'r atom alwminiwm yw'r un sy'n electron ddiffygiol.

Cyswllt Mae ffurfio bondiau cyd-drefnol mewn cyfansoddion fel y rhain yn cael ei drafod yn Nhestun 1.4 UG ar dudalen 47 yn y llyfr UG.

Gwirio gwybodaeth 11

Lluniwch ddiagram dot a chroes i ddangos y bondio yn y cyfansoddyn sy'n cael ei ffurfio pan fydd boron triclorid (BCl_3) yn cael ei gymysgu â ffosffin (PCl_3).

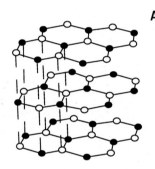

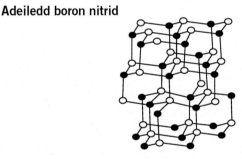

Boron nitrid

Mae boron yn ffurfio amrywiaeth eang o gyfansoddion â nitrogen ac mae'r rhain o ddiddordeb mawr oherwydd y cydweddiad rhwng y bond B–N a'r bond C–C. Yn y ddau achos, mae cyfanswm o 12 o electronau ar y ddau atom. Mae radiysau atomig yr holl atomau'n debyg, gyda radiws carbon bron yn hafal i gyfartaledd radiysau boron a nitrogen, ac â pherthynas debyg yn eu helectronegatifeddau. O ganlyniad i hyn, mae gan Boron nitrid, BN, sawl ffurf, sy'n debyg i'r gwahanol ffurfiau o garbon.

Adeiledd boron nitrid

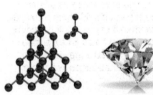

(a) Boron nitrid hecsagonol

Haenau lle mae atomau nitrogen a boron sydd wedi'u cyfuno mewn rhwydwaith hecsagonol yn cael eu gosod ar ben ei gilydd mewn adeiledd tebyg i graffit.

(b) Boron nitrid ciwbig

Mae atomau boron a nitrogen yn cyfuno mewn adeiledd tri dimensiwn yn lle atomau carbon mewn diemwnt.

Boron nitrid hecsagonol ('adeiledd graffit')

Mae boron nitrid yn gallu ffurfio haenau hecsagonol tebyg i'r rhai sydd i'w gweld mewn graffit, ond yn yr achos hwn mae'r atomau yn yr haenau gwahanol yn gorwedd yn union uwchben ei gilydd, gydag atom nitrogen yn union uwchben ac o dan bob atom boron. Mae hyn yn wahanol i graffit gan fod yr haenau mewn graffit wedi'u trefnu fel nad yw atomau ar haenau cyfagos yn union uwchben ei gilydd. Mae'r grymoedd rhwng haenau'n wan, ac felly mae'r haenau mewn boron nitrid, fel y rhai mewn graffit, yn gallu llithro dros ei gilydd, ac felly mae'n cael ei ddefnyddio fel iraid.

Mae priodweddau trydanol boron nitrid yn wahanol iawn i rai graffit gan nad oes electronau dadleoledig yn bresennol, gydag electronau wedi'u lleoli fel parau unig ar atomau nitrogen. Mae'r bondiau B–N yn bolar oherwydd bod electronegatifedd y ddau atom yn wahanol. Oherwydd hyn, mae BN yn ynysydd ac mae'n cael ei ddefnyddio mewn electroneg fel is-haen ar gyfer lled-ddargludyddion, ar gyfer ffenestri tryloyw i ficrodonnau ac fel defnydd adeileddol ar gyfer seliau, electrodau a chludwyr catalyddion mewn celloedd tanwydd a batrïau.

Boron nitrid ciwbig ('adeiledd diemwnt')

Fel diemwnt, mae boron nitrid ciwbig yn galed iawn ac mae ganddo ymdoddbwynt uchel gan fod angen torri bondiau cofalent er mwyn torri neu doddi'r solid. Oherwydd hyn, mae'n cael ei ddefnyddio fel araen wydn neu sgraffinydd diwydiannol.

Cyswllt Mae adeileddau diemwnt a graffit yn cael eu trafod yn Nhestun 1.5 UG ar dudalen 54 yn y llyfr UG.

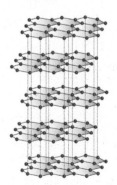

diemwnt

graffit

Cemeg Grŵp 4

Mae Grŵp 4 yn cynnwys cymysgedd o fetelau ac anfetelau ac mae'r rhan fwyaf yn gyfarwydd i gemegwyr ac i bawb arall. Yn wir, rydym yn gwybod am y rhan fwyaf o'r elfennau yn y grŵp hwn ers talwm iawn – mae carbon, tun a phlwm yn hysbys ers miloedd o flynyddoedd. Mae'r newidiadau wrth fynd o frig i waelod y grŵp ymhlith y mwyaf mewn unrhyw grŵp yn y Tabl Cyfnodol. Mae'r elfen gyntaf, sef carbon, yn anfetel sy'n ffurfio amrywiaeth enfawr o gyfansoddion cofalent gyda'r carbon yn y cyflwr ocsidiad +4, ond mae aelod sefydlog trymaf y grŵp, sef plwm, yn fetel sydd fel arfer yn ffurfio cyfansoddion ïonig a'i gyflwr ocsidiad +2 yw'r un mwyaf sefydlog.

Ocsidau carbon a phlwm: priodweddau rhydocs

Y cyflyrau ocsidiad sydd i'w gweld yng Ngrŵp 4 yw +2 a +4 ac mae sefydlogrwydd y cyflwr ocsidiad +2 yn cynyddu wrth fynd i lawr y grŵp wrth i'r effaith pâr anadweithiol gryfhau. Y cyflwr ocsidiad mwyaf sefydlog ar gyfer pob elfen yn y grŵp yw +4 heblaw am blwm; yn achos plwm, y cyflwr ocsidiad +2 yw'r mwyaf sefydlog. Mae sefydlogrwydd y cyflyrau ocsidiad hyn yn rheoli priodweddau rhydocs y cyfansoddion, ac mae ocsidau carbon a phlwm yn enghreifftiau da o hyn.

Carbon

Carbon deuocsid, CO_2, yw ocsid mwyaf sefydlog carbon. Carbon monocsid, CO, yw'r unig gyfansoddyn sefydlog i gynnwys carbon yn y cyflwr ocsidiad +2. Bydd CO yn gweithredu fel rhydwythydd gan ei bod yn hawdd ei ocsidio o +2 i +4. Mae carbon monocsid yn cael ei ddefnyddio fel rhydwythydd, yn enwedig ar gyfer echdynnu metelau o'u hocsidau. Er enghraifft:

Haearn $\quad Fe_2O_3 \text{ (s)} + 3CO \text{ (n)} \rightarrow 2Fe \text{ (s)} + 3CO_2 \text{ (n)}$

Copr $\quad CuO \text{ (s)} + CO \text{ (n)} \rightarrow Cu \text{ (s)} + CO_2 \text{ (n)}$

Mae'n bosibl defnyddio'r dull hwn ar gyfer ocsidau'r metelau lleiaf adweithiol yn unig. Mae ocsidau'r metelau mwyaf adweithiol (unrhyw beth uwchben sinc yn y gyfres adweithedd) yn rhy sefydlog, ac felly ni fyddan nhw'n adweithio.

Plwm

Plwm(II) ocsid, PbO, yw ocsid mwyaf sefydlog plwm. Bydd plwm(IV) ocsid, PbO_2, yn gweithredu fel ocsidydd gan ei bod yn hawdd ei rydwytho o +4 i +2. Mae pob un o gyfansoddion plwm(IV) yn ocsidyddion, ac felly mae'n bosibl defnyddio PbO at y diben hwn:

$$PbO_2\text{(s)} + 4HCl \text{ (crynodedig)} \rightarrow PbCl_2 \text{ (s)} + Cl_2 \text{ (n)} + 2H_2O \text{ (h)}$$

Ocsidau carbon a phlwm: priodweddau asid–bas

Yn gyffredinol, gallwn ddosbarthu ocsidau metelau fel ocsidau basig ac ocsidau anfetelau fel ocsidau asidig. Mae rhai metelau'n ffurfio ocsidau amffoterig sy'n gallu dangos priodweddau asidig a basig. Mae'r newid o anfetelau ar frig y grŵp i fetelau ar waelod y grŵp yn cael ei adlewyrchu ym mhriodweddau asid–bas yr ocsidau.

DYLECH WYBOD › › ›

››› priodweddau ocsidau carbon a phlwm

››› ymddygiad cloridau carbon a silicon

Cyngor arholwr

Wrth drafod unrhyw un o ocsidau carbon neu blwm, mae'n rhaid i chi ei gwneud yn hollol glir pa un rydych yn ei feddwl. Os byddwch yn cyfeirio at 'blwm ocsid', nid yw hynny'n debygol o fod yn ddigon penodol.

▼ **Pwynt astudio**

Gwnewch yn siŵr eich bod yn gallu ysgrifennu hafaliadau i ddangos ymddygiad rhydocs unrhyw ocsid.

Cyngor arholwr

Nid yw dweud bod ocsid yn asidig oherwydd ei fod yn ffurfio hydoddiannau asidig yn ddigon; mae angen i chi ddangos ei fod yn adweithio â basau. Yn yr un modd, mae ocsidau basig yn adweithio ag asidau. Bydd angen i chi allu ysgrifennu hafaliadau ar gyfer yr adweithiau hyn.

Ymestyn a Herio

Er ein bod yn canolbwyntio ar garbon a phlwm yma, mae'r patrymau hefyd yn berthnasol i'r elfennau rhyngddynt. Mae sefydlogrwydd y cyflwr ocsidiad +2 yn cynyddu wrth fynd i lawr y grŵp; ond, dim ond plwm sydd â +2 fel ei gyflwr ocsidiad mwyaf sefydlog. O ran priodweddau asid–bas, mae carbon deuocsid a silicon deuocsid yn asidig; ond, mae ocsidau germaniwm, tun a phlwm yn amffoterig.

Carbon

Nwy di-liw yw carbon deuocsid, sydd wedi'i wneud o foleciwlau cofalent bach. Mae'n ocsid asidig gan fod yr ocsid yn hydawdd mewn dŵr gan roi'r asid gwan iawn, asid carbonig:

$$CO_2 \text{ (n)} + H_2O \text{ (h)} \rightleftharpoons H^+ \text{ (d)} + HCO_3^- \text{ (d)}$$

Fel pob ocsid asidig, bydd carbon deuocsid yn adweithio ag alcalïau gan ffurfio halwyn. Mae pob halwyn sy'n cael ei gynhyrchu fel hyn yn garbonad neu'n hydrogencarbonad:

$$CO_2 \text{ (n)} + 2NaOH \text{ (d)} \rightarrow Na_2CO_3 \text{ (d)} + H_2O \text{ (h)}$$

$$CO_2 \text{ (n)} + NaOH \text{ (d)} \rightarrow NaHCO_3 \text{ (d)}$$

Plwm

Solid lliw oren yw plwm (II) ocsid, PbO, ac mae'r bondiau ynddo yn ïonig yn bennaf. Mae plwm (II) ocsid yn ocsid amffoterig, ac felly mae'n adweithio ag asidau a basau:

$$PbO \text{ (s)} + 2HNO_3 \text{ (d)} \rightarrow Pb(NO_3)_2 \text{ (d)} + H_2O \text{ (h)} \quad \text{Gweithredu fel bas}$$

$$PbO \text{ (s)} + 2NaOH \text{ (d)} + 2H_2O \text{ (h)} \rightarrow Na_2[Pb(OH)_4] \text{ (d)} \quad \text{Gweithredu fel asid}$$

Cloridau carbon, silicon a phlwm

Carbon a silicon

Cloridau sefydlog carbon a silicon yw'r tetracloridau, CCl_4 a $SiCl_4$. Mae'r ddau hyn yn hylifau di-liw sy'n cynnwys moleciwlau cofalent unigol. Mae'r ddau foleciwl yn detrahedrol, oherwydd yr 8 electron yn y plisgyn falens. Dyma'r adeiledd electronig ar gyfer CCl_4:

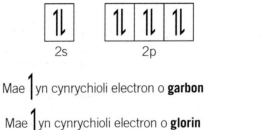

Mae ↿ yn cynrychioli electron o **garbon**

Mae ↿ yn cynrychioli electron o **glorin**

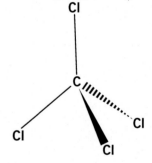

Adweithiau â dŵr

Nid yw CCl_4 yn adweithio â dŵr; mae'n ffurfio haen ar wahân o dan y dŵr. Ni all yr atom carbon gyfuno'n rhwydd â moleciwlau dŵr. Mae'r diffyg adweithedd hwn oherwydd absenoldeb orbitalau d yn y plisgyn falens sy'n golygu nad yw'n bosibl ehangu'r wythawd i alluogi'r moleciwlau dŵr i gyfuno â'r atom carbon.

Mae silicon tetraclorid, $SiCl_4$, yn adweithio'n gyflym iawn â dŵr mewn adwaith hydrolysis. Mae'r adwaith hwn yn cynhyrchu mygdarth o nwy hydrogen clorid a silicon deuocsid, SiO_2, fel gwaddod solet. Mae'r adwaith yn dod yn fwy grymus wrth fynd i lawr y grŵp wrth i'r bondiau yn y cyfansoddyn ddod yn wannach.

$$SiCl_4 \text{ (h)} + 2H_2O \text{ (h)} \rightarrow SiO_2 \text{ (s)} + 4HCl \text{ (n)}$$

Y rheswm dros y cynnydd mewn adweithedd yw bod gan silicon orbitalau 3d sydd ar gael yn ogystal â'r orbitalau 3s a 3p sy'n cael eu defnyddio i fondio â'r atomau clorin. Mae parau unig y moleciwl dŵr yn gallu ffurfio bondiau cyd-drefnol â'r orbitalau d gwag hyn, gan roi moleciwl cymhlyg sydd wedyn yn gallu dileu dau foleciwl HCl.

▲ Mygdarth silicon clorid mewn aer llaith wrth i ddŵr adweithio ag ef gan ryddhau mygdarth HCl asidig.

Term Allweddol

Ehangu'r wythawd yw gallu atom i ffurfio rhywogaethau â mwy nag wyth electron yn y plisgyn falens. Gall y rhain fod yn gyfansoddion sefydlog, fel SF_6, neu'n rhyngfoleciwlau mewn mecanwaith adwaith fel bondio cyd-drefnol rhwng dŵr ac $SiCl_4$.

Ymestyn a Herio

Mae cyfrifiadau egni'n awgrymu y dylai carbon tetraclorid adweithio'n rhwydd â dŵr gan ffurfio carbon deuocsid; ond, nid yw'r adwaith yn digwydd oherwydd byddai'n rhy araf – rydym yn dweud bod carbon tetraclorid yn dangos **sefydlogrwydd cinetig**.

Yna mae'r moleciwl hwn yn gallu dileu dau foleciwl pellach o HCl gan adael SiO_2.

Efallai y byddwch yn gweld cynnyrch yr adwaith yn cael ei nodi fel $Si(OH)_4$, gyda'r adwaith cyfan yn cael ei ysgrifennu fel:

$$SiCl_4 (h) + 4H_2O (h) \rightarrow Si(OH)_4 (s) + 4HCl (n)$$

Mae'r ddwy ffurf hyn yn dderbyniol, oherwydd nad yw natur y cynnyrch wedi'i ddiffinio'n glir. Mae gan silicon deuocsid hydradol ($SiO_2.2H_2O$) yr un cyfansoddiad â silicon hydrocsid ($Si(OH)_4$) ac nid yw dadansoddiad sbectrosgopig yn gwahaniaethu rhyngddynt.

Plwm

Plwm(II) clorid yw'r clorid plwm mwyaf sefydlog. Mae'n solid ïonig gwyn sy'n cynnwys ïonau Pb^{2+} a Cl^-. Gan ei fod yn gyfansoddyn ïonig, nid yw'n adweithio â dŵr, ond nid yw'n hydoddi mewn dŵr oer chwaith, er y gall hydoddi mewn dŵr poeth. Mae hyn yn wir yn achos y rhan fwyaf o gyfansoddion plwm(II), sy'n anhydawdd mewn dŵr oer.

Adweithiau hydoddiannau cyfansoddion plwm (II), Pb^{2+} (d)

Mae cyfansoddion plwm(II) yn gyfansoddion ïonig ac maen nhw bron i gyd yn anhydawdd mewn dŵr. Yr unig ddau gyfansoddyn sy'n hydoddi'n rhwydd mewn dŵr oer yw plwm nitrad, $Pb(NO_3)_2$, a phlwm ethanoad, $Pb(CH_3COO)_2$. Mae hydoddiannau'r halwynau hyn yn adweithio ag amrywiaeth o anionau ac yn cynhyrchu amryw o wahanol waddodion:

Hydoddiant a ychwanegir	Anionau sy'n bresennol	Arsylw/esboniad
NaOH (d)	OH⁻ (d)	Mae gwaddod gwyn yn cael ei ffurfio o $Pb(OH)_2$ i ddechrau: $$Pb^{2+} (d) + 2OH^- (d) \rightarrow Pb(OH)_2 (s)$$
gormodedd o NaOH (d)	OH⁻ (d)	Mae'r gwaddod gwyn yn ail-hydoddi mewn gormodedd o OH- (d) gan ffurfio'r ïon tetrahydrocsoplwmbad(II): $$Pb(OH)_2 (s) + 2OH^- (d) \rightarrow [Pb(OH)_4]^{2-} (d)$$
HCl (d)	Cl⁻ (d)	Mae gwaddod gwyn dwys yn cael ei ffurfio o blwm clorid, $PbCl_2$: $$Pb^{2+} (d) + 2Cl^- (d) \rightarrow PbCl_2 (s)$$
KI (d)	I⁻ (d)	Mae gwaddod melyn llachar dwys o blwm ïodid, PbI_2, yn cael ei ffurfio: $$Pb^{2+} (d) + 2I^- (d) \rightarrow PbI_2 (s)$$ **DYMA ARSYLW PWYSIG AR GYFER ADNABOD ÏONAU Pb^{2+}**

Cyswllt Mae'r rhesymau dros hydoddedd, neu ddiffyg hydoddedd, cyfansoddion ïonig yn cael eu trafod yn Nhestun 3.6 ar dudalen 62.

Cyngor arholwr

Mae dau waddod melyn i'w gweld yn aml mewn dadansoddi ansoddol, sef arian ïodid a phlwm ïodid; ond, mae'r lliwiau hyn yn wahanol iawn. Mae gwaddod plwm ïodid yn cael ei ddisgrifio'n aml fel melyn llachar neu felyn caneri, ond mae'r gwaddod arian ïodid yn felyn golau. Pan fydd sôn am waddod melyn llachar mewn dadansoddi ansoddol, mae hyn yn fan cychwyn da ar gyfer adnabod yr holl hydoddiannau sy'n bresennol.

▲ Mae gwaddod plwm ïodid yn felyn llachar.

DYLECH WYBOD › › ›

› › › sut mae pŵer ocsidio'r halogenau'n rheoli eu hadweithiau

› › › adweithiau halidau sodiwm ag asid sylffwrig crynodedig

› › › adweithiau clorin â sodiwm hydrocsid

Grŵp 7

Mae elfennau Grŵp 7 yn gyfarwydd i gemegwyr fel set o foleciwlau deuatomig, sy'n cynnwys elfennau ym mhob un o'r tri chyflwr ffisegol. Mae priodweddau cemegol yr elfennau'n debyg iawn. Mae'r holl elfennau'n anfetelau er bod amrywiaeth a sefydlogrwydd y cyflyrau ocsidiad yn dangos patrymau clir wrth fynd i lawr y grŵp.

Pŵer ocsidio halogenau

Mae gan yr halogenau bwerau gwahanol fel ocsidyddion, gyda'u pŵer ocsidio'n lleihau wrth fynd i lawr y grŵp. Gallwn fesur y gallu hwn i dynnu electronau o rywogaethau eraill drwy ddefnyddio'r potensialau electrod safonol ar gyfer yr halogenau. Dyma'r gwerthoedd ar gyfer clorin, bromin ac ïodin.

Adwaith			E^θ / Folt
Cl_2 (n) + 2e⁻	$\rightleftharpoons$	$2Cl^-$ (d)	+1.36
Br_2 (h) + 2e⁻	$\rightleftharpoons$	$2Br^-$ (d)	+1.09
I_2 (s) + 2e⁻	$\rightleftharpoons$	$2I^-$ (d)	+0.54

- Gan mai'r gwerth ar gyfer clorin yw'r mwyaf positif, mae'n ennill electronau'n rhwydd gan ffurfio ïonau clorid, Cl^-. Mae hyn hefyd yn dangos ei bod yn anodd ocsidio ïonau clorid yn foleciwlau clorin.

- Gan mai'r gwerth ar gyfer ïodin yw'r lleiaf positif, mae'n ennill electronau'n llai rhwydd na bromin a chlorin. Mae hyn hefyd yn dangos ei bod yn haws ocsidio ïonau ïodid nag ocsidio ïonau bromid neu glorid.

Enghraifft

Os ydym yn gyrru swigod o nwy clorin i hydoddiant sy'n cynnwys ïonau bromid, mae'r hydoddiant yn troi'n lliw oren, sy'n dangos bod bromin yn cael ei ffurfio.

$$Cl_2(n) + 2Br^-(d) \rightarrow Br_2(d) + 2Cl^-(d)$$

Mae hyn yn digwydd oherwydd bod clorin yn ocsidydd cryfach na bromin (mae ei botensial electrod safonol yn fwy positif). Mae hyn yn golygu bod clorin yn gallu ocsidio bromid gan ffurfio moleciwlau bromin.

Adweithiau asid sylffwrig crynodedig â halidau sodiwm

Mae asid sylffwrig crynodedig yn asid cryf ac yn ocsidydd. Mae'r ffaith ei bod yn haws ocsidio rhai ïonau halid na'i gilydd yn golygu bod adweithiau'r gwahanol halidau sodiwm yn wahanol iawn. Pan fydd unrhyw halid sodiwm yn cael ei ychwanegu at asid sylffwrig crynodedig, bydd yr halid hydrogen yn cael ei ffurfio fel nwy agerog.

Gall yr asid sylffwrig neu gynhyrchion sy'n cael eu ffurfio ganddo ocsidio'r halid yn yr halid hydrogen gan ffurfio'r halogen os yw'r halid yn gymharol hawdd ei ocsidio. Mae'r broses hon yn dod yn haws wrth fynd i lawr y grŵp.

Cyngor arholwr

Wrth drafod cemeg yr halogenau, mae'n rhaid gwahaniaethu rhwng halogen a halid. Mae myfyrwyr yn aml yn defnyddio'r termau fel pe baen nhw'n golygu'r un peth ond maen nhw'n golygu pethau gwahanol – ïon negatif yw halid bob amser ond mae'r term ïon halogen yn golygu ïon positif fel I⁺. Os oes amheuaeth, defnyddiwch y fformiwla bob amser i wneud eich ateb yn glir.

Cyswllt Mae potensialau electrod safonol yn cael eu trafod yn Nhestun 3.1 ar dudalen 14.

Cyngor arholwr

Bob tro y byddwch yn cymharu potensialau electrod safonol, defnyddiwch y termau mwy neu uwch neu lai negatif yn lle mwy neu uwch gan fod llawer o botensialau electrod safonol yn negatif. Mae'n bosibl ysgrifennu bod −1.27V yn fwy na −0.54V; ond, mae nodi bod −1.27V yn fwy negatif na −0.54V yn osgoi amwysedd.

Sodiwm clorid, NaCl

Mae ychwanegu asid sylffwrig at sodiwm clorid yn cynhyrchu nwy HCl. Mae'n anodd ocsidio'r asid hydroclorig ($E^\theta = +1.36$ V), ac felly nid yw'r asid sylffwrig yn achosi unrhyw adwaith rhydocs.

$$NaCl \text{ (s)} + H_2SO_4 \text{ (crynodedig)} \rightarrow NaHSO_4 \text{ (s)} + HCl \text{ (n)}$$

Arsylwadau: Mygdarth agerog HCl

Sodiwm bromid, NaBr

Mae ychwanegu asid sylffwrig at sodiwm bromid yn cynhyrchu nwy HBr.

$$NaBr \text{ (s)} + H_2SO_4 \text{ (crynodedig)} \rightarrow NaHSO_4 \text{ (s)} + HBr \text{ (n)}$$

Mae'r asid sylffwrig yn ocsidio rhywfaint o'r HBr gan ffurfio mygdarth brown o Br_2 a nwy SO_2. Mae ychydig yn haws ocsidio'r asid hydrobromig ($E^\theta = +1.09$ V), ac felly mae'r asid sylffwrig yn achosi'r adwaith rhydocs isod:

$$2HBr \text{ (s)} + H_2SO_4 \text{ (crynodedig)} \rightarrow SO_2 \text{ (n)} + Br_2 \text{ (n)} + 2H_2O \text{ (h)}$$

Mae sylffwr yn cael ei rydwytho o +6 mewn H_2SO_4 i +4 mewn SO_2.

Mae bromin yn cael ei ocsidio o −1 mewn Br^- i 0 mewn Br_2.

Arsylwadau: Mygdarth agerog o HBr; mygdarth lliw oren o Br_2.

Sodiwm ïodid, NaI

Mae ychwanegu asid sylffwrig at sodiwm ïodid yn cynhyrchu nwy HI i ddechrau.

$$NaI \text{ (s)} + H_2SO_4 \text{ (crynodedig)} \rightarrow NaHSO_4 \text{ (s)} + HI \text{ (n)}$$

Mae'r asid sylffwrig yn ocsidio'r HI yn rhwydd ($E^\theta = +0.54$ V) gan ffurfio cymysgedd cymhleth o gynhyrchion, gan gynnwys I_2 (s), SO_2 (n) ac H_2S (n). Mae'r adwaith isod yn digwydd:

$$2HI \text{ (s)} + H_2SO_4 \text{ (crynodedig)} \rightarrow SO_2 \text{ (n)} + I_2 \text{ (n)} + 2H_2O \text{ (h)}$$

Mae S yn cael ei rydwytho o +6 mewn H_2SO_4 i +4 imewn SO_2.

Mae I yn cael ei ocsidio o −1 mewn I^- i 0 mewn I_2.

Gall rhydwythiad pellach yr asid sylffwrig i S (cyflwr ocsidiad = 0) ac H_2S (cyflwr ocsidiad = −2) ddigwydd gan fod HI yn rhydwythydd cryfach na HBr neu HCl.

Arsylwadau: Mygdarth agerog HI, mygdarth porffor I_2 neu solid du / hydoddiant brown. Arogl wyau drwg (H_2S), solid melyn (S).

Adweithiau clorin â sodiwm hydrocsid

Rydym wedi gweld cyflyrau ocsidiad mwyaf cyffredin yr halogenau'n barod, sef 0 yn yr elfen a −1 yn yr ïonau halid, ond mae llawer o gyflyrau ocsidiad eraill yn bosibl, gan gynnwys +1 a +5. Mae'r cyflyrau ocsidiad uchaf yn dod yn fwy sefydlog wrth fynd i lawr y grŵp. Ni all fflworin gyrraedd unrhyw un o'r cyflyrau ocsidiad uchel, ond mae pob aelod arall o'r grŵp yn gallu ffurfio cyfansoddion â chyflyrau ocsidiad hyd at +5 gydag elfennau electronegatif iawn fel ocsigen neu fflworin. Byddwn yn edrych ar gemeg yr ïonau ClO⁻ (clorad(I), cyflwr ocsidiad +1) a ClO_3^- (clorad(V), cyflwr ocsidiad +5). Mae'r ïonau hyn yn cael eu ffurfio drwy adwaith yr elfennau ag alcali.

Gwirio gwybodaeth 12

Defnyddiwch y potensialau electrod safonol i esbonio pam mae clorin yn gallu ocsidio ïonau ïodid ac ysgrifennwch hafaliad ar gyfer y broses hon.

Gwirio gwybodaeth 13

Ysgrifennwch hafaliad ar gyfer adwaith asid sylffwrig ag HI gan gynhyrchu sylffwr ac I_2 fel y prif gynhyrchion, a hafaliad ar gyfer adwaith asid sylffwrig ag HI gan gynhyrchu H_2S ac I_2 fel y prif gynhyrchion.

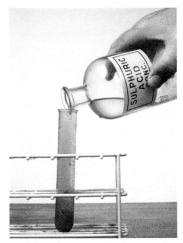

▲ Ychwanegu asid sylffwrig crynodedig at sodiwm bromid.

Ymestyn a Herio

Mae'r cyflyrau ocsidiad rydym yn eu hastudio yma ar gyfer yr halogenau yn cyrraedd +5; ond, mae'n bosibl ffurfio cyfansoddion gyda'r halogen yng nghyflwr ocsidiad +7, er enghraifft yr ïon perclorad (ClO_4^-). Gall cyfansoddion sy'n cynnwys yr ïonau hyn fod yn ansefydlog iawn ac mae llawer yn sensitif i sioc. Maen nhw'n dadelfennu'n ffrwydrol gan ffurfio cyfansoddion lle mae'r clorin mewn cyflwr ocsidiad llai positif.

Term Allweddol

Adwaith dadgyfraniad yw adwaith lle bydd yr un elfen yn cael ei hocsidio a hefyd ei rhydwytho, gan ffurfio cynhyrchion sy'n cynnwys yr elfen mewn dau gyflwr ocsidiad gwahanol.

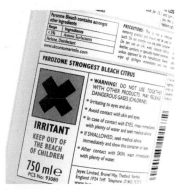

▲ Hydoddiant sodiwm clorad(I) mewn dŵr yw cannydd, fel arfer.

Cyswllt Defnyddio clorin i ddiheintio dŵr ar dudalen 60 yn y llyfr UG.

Pan fydd swigod o glorin yn cael eu gyrru drwy ddŵr, bydd adwaith cildroadwy'n digwydd:

$$Cl_2 \text{ (n)} + H_2O \text{ (h)} \rightleftharpoons HCl \text{ (d)} + HOCl \text{ (d)}$$

Yn yr adwaith hwn, mae'r clorin yn cael ei ocsidio a hefyd yn cael ei rydwytho: mae gan yr elfen gyflwr ocsidiad 0 ar y dechrau. Ar y diwedd mae gan glorin gyflwr ocsidiad −1 mewn HCl a +1 mewn HOCl. Yr enw ar broses lle mae elfen yn diweddu mewn dau gyfansoddyn gwahanol, y naill â chyflwr ocsidiad uwch a'r llall â chyflwr ocsidiad is, yw **adwaith dadgyfraniad**.

Adwaith ecwilibriwm yw hwn, ac mae'r ddau gynnyrch yn asidau. Os ydym yn defnyddio'r alcali sodiwm hydrocsid yn lle dŵr, bydd hyn yn gwthio'r ecwilibriwm i'r ochr dde:

$$Cl_2 \text{ (n)} + 2OH^- \text{ (d)} \rightarrow Cl^- \text{ (d)} + OCl^- \text{ (d)} + H_2O \text{ (h)}$$

Mae'r ïon ClO⁻ yn sefydlog yn yr hydoddiant ar dymheredd ystafell, ond pan fydd yn cael ei wresogi gyda sodiwm hydrocsid crynodedig, mae adwaith dadgyfraniad pellach yn digwydd:

$$3Cl_2 \text{ (n)} + 6OH^- \text{ (d)} \rightarrow 5Cl^- \text{ (d)} + ClO_3^- \text{ (d)} + 3H_2O \text{ (h)}$$

Mae hyn yn rhoi'r ïon clorad(V), lle mae clorin yng nghyflwr ocsidiad +5, ac i gydbwyso'r newid hwn o 0 → +5 mae'n rhaid i bum atom clorin newid eu cyflwr ocsidiad o 0 → −1.

Defnyddio clorin ac ïonau clorad

Mae'r ïonau sy'n cael eu ffurfio uchod yn ocsidyddion ac maen nhw'n cael eu rhydwytho yn y broses:

$$ClO^- \text{ (d)} + 2H^+ \text{ (d)} + 2e^- \rightarrow Cl^- \text{ (d)} + H_2O \text{ (h)}$$

Yn yr un modd, mae'r elfen clorin yn ocsidydd:

$$Cl_2 + 2e^- \rightarrow 2Cl^-$$

Pŵer ocsidio clorin ac ïonau clorad yw'r rheswm pam maen nhw'n cael eu defnyddio mewn cannydd, sydd yn aml yn cael ei labelu â hen enw'r cemegyn hwn, sef sodiwm hypoclorit.

Adwaith ocsidiad yw cannu lle mae ffurf ocsidiedig y defnydd lliw neu'r llifyn yn ddi-liw. Yn yr un modd, mae gallu ClO⁻ i ocsidio'n ei alluogi i ladd bacteria drwy ocsidio celloedd y microbau. Dyna pam mae cyflenwadau dŵr yn cael eu clorineiddio er mwyn eu diheintio.

Cemeg metelau trosiannol bloc d

Gallwn rannu'r Tabl Cyfnodol yn elfennau'r prif grwpiau (bloc s a bloc p) ac yn elfennau trosiannol sydd i'w gweld ym mloc d a bloc f. Mae'r elfennau trosiannol yn dangos nodweddion tebyg i elfennau eraill yn yr un bloc, a hefyd y nodweddion tebyg y byddwn yn disgwyl eu gweld yn yr un grŵp. Mae'r tebygrwydd mwyaf i'w weld yn y lanthanidau, sef set o elfennau trosiannol bloc f, ond mae'r bennod hon yn canolbwyntio ar gyfnod cyntaf bloc d. Mae'r elfennau hyn yn cynnig enghreifftiau o rai syniadau allweddol, e.e. cyflyrau ocsidiad amrywiol, cyfansoddion lliw a ffurfio cymhlygion, sy'n ein helpu i ddeall cemeg bloc d i gyd.

Dylech allu dangos a chymhwyso'r hyn rydych yn ei wybod a'i ddeall am y canlynol:

- Cyflyrau ocsidiad newidiol yn elfennau bloc d, gan gynnwys cyflyrau ocsidiad pwysig Cr, Mn, Fe, Co a Cu a lliwiau rhywogaethau pwysig sy'n cynnwys yr ïonau hyn.

- Y bondio mewn cymhlygion tetrahedrol a chymhlygion octahedrol.

- Tarddiad y lliw mewn cymhlygion octahedrol fel $[Cu(H_2O)_6]^{2+}$ a $[Fe(H_2O)_6]^{3+}$

- Enghreifftiau o gymhlygion tetrahedrol ac octahedrol sy'n cynnwys copr(II) a chobalt(II) a sut gall cyfnewid ligandau eu cyd-drawsnewid.

- Tarddiad priodweddau catalytig metelau trosiannol a'u cyfansoddion, gan gynnwys enghreifftiau homogenaidd a heterogenaidd.

- Adweithiau sodiwm hydrocsid dyfrllyd â Cr^{3+}, Fe^{2+}, Fe^{3+} a Cu^{2+}.

Cynnwys

Elfennau trosiannol bloc d

Mae **bloc d** yn cynnwys yr elfennau scandiwm i sinc, a hefyd elfennau tebyg yn y ddau gyfnod nesaf; ond, mae'r testun hwn yn canolbwyntio ar res gyntaf bloc d yn unig, gan ddangos sut mae cemeg yr elfennau hyn yn wahanol iawn i fetelau bloc s. Mae'r elfennau hyn yn cynnwys rhai o'r metelau mwyaf cyfarwydd, fel haearn, copr a sinc. Mae'r elfennau hyn yn fetelau caled, dwys sydd â rhai o'r ymdoddbwyntiau a'r berwbwyntiau uchaf ymhlith yr holl elfennau.

Rhif atomig	21	22	23	24	25	26	27	28	29	30
Symbol	Sc	Ti	V	Cr	Mn	Fe	Co	Ni	Cu	Zn
Enw	Scandiwm	Titaniwm	Fanadiwm	Cromiwm	Manganîs	Haearn	Cobalt	Nicel	Copr	Sinc

Termau Allweddol

Bloc d yw'r grwpiau o elfennau y mae eu helectronau allanol yn orbitalau d.

Elfen drosiannol yw metel sydd ag is-blisgyn d sydd wedi'i lenwi'n rhannol yn ei atom neu yn ei ïonau sefydlog.

neu elfen sydd â set anghyflawn o orbitalau d (handwritten)

Elfennau trosiannol yw'r metelau y mae eu horbitalau d wedi'u llenwi'n rhannol. Maen nhw'n cynnwys yr holl elfennau o scandiwm i nicel gan fod eu horbitalau d wedi'u llenwi'n rhannol yn y metelau sydd heb adweithio. Mae gan gopr fel metel set lawn o orbitalau d, ond rydym yn ei ystyried yn fetel trosiannol gan fod ei orbitalau d wedi'u llenwi'n rhannol yn y rhan fwyaf o'i gyfansoddion. Mae is-blisgyn d yn llawn mewn atom sinc a hefyd yn ei gyfansoddion. Gan nad yw ei is-blisgyn d byth wedi'i lenwi'n rhannol, nid yw sinc yn elfen drosiannol; ond, gallwn ddosbarthu'r holl elfennau eraill yn y bloc d fel elfennau trosiannol.

Adeileddau electronig ar gyfer yr elfennau

Wrth weithio allan adeileddau electronig elfennau y tu hwnt i argon, mae angen i ni lenwi orbitalau 3*d* a 4*s*. Fel y gwelsom yn yr unedau UG, mae'r orbitalau 3*d* yn cael eu llenwi cyn y rhai 4*s*. Er gwaethaf hyn, byddwn fel arfer yn ysgrifennu'r 'saethau mewn blychau' gyda'r orbitalau 3*d* yn gyntaf. Y drefn ar gyfer llenwi orbitalau ar gyfer yr elfennau hyn yw: 4*s* wedyn 3*d* wedyn 4*p*. Felly dyma'r adeileddau electronig, gan lenwi 4*s* yn gyntaf:

Potasiwm (Rhif atomig 19)

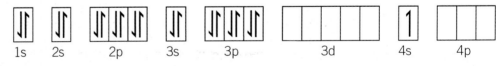

Calsiwm (Rhif atomig 20)

Yna rydym yn llenwi'r orbitalau d, gydag un electron yn mynd i bob un:

Scandiwm (Rhif atomig 21)

Manganîs (Rhif atomig 25)

Wedyn mae'r electronau'n ffurfio parau yn yr orbitalau d:

Sinc (Rhif atomig 30)

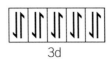

1s   2s   2p   3s   3p   3d   4s   4p

Ac yn olaf, rydym yn llenwi'r orbitalau 4p:

Galiwm (Rhif atomig 31)

1s   2s   2p   3s   3p   3d   4s   4p

Eithriadau i'r rheolau hyn

Nid yw dwy o'r elfennau trosiannol yn dilyn y rheolau uchod. *Mae'n rhaid i chi wybod yr eithriadau hyn.* Yr elfennau hyn yw cromiwm (Cr) a chopr (Cu); mae eu hadeileddau electronig i'w gweld isod:

Cromiwm, rhif atomig 24, $1s^2\,2s^2\,2p^6\,3s^2\,3p^6\,3d^5\,4s^1$.

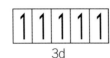

1s   2s   2p   3s   3p   3d   4s   4p

Copr, rhif atomig 29, $1s^2\,2s^2\,2p^6\,3s^2\,3p^6\,3d^{10}\,4s^1$.

1s   2s   2p   3s   3p   3d   4s   4p

Yn yr achosion hyn, gwelwn fod gennym un electron yn yr orbital 4s, er bod ei egni ychydig yn is na'r orbitalau 3d. Oherwydd bod y gwahaniaeth rhwng egni'r orbitalau 3d a 4s yn fach a bod angen egni ychwanegol i baru electronau, mae'r adeileddau hyn yn fwy sefydlog na'r adeileddau eraill, sef $3d^4\,4s^2$ a $3d^9\,4s^2$. **Gallwch gofio'r eithriadau hyn drwy feddwl bod plisg yn fwy sefydlog os ydynt yn llawn neu'n hanner llawn.**

Adeileddau electronig ar gyfer yr ïonau

Pan fydd adeileddau electronig atomau'r metelau trosiannol yn cael eu llenwi, mae'r adeileddau electronig yn awgrymu bod yr orbital 4s yn cael ei lenwi cyn yr orbitalau 3d. Pan fydd electronau'n cael eu tynnu, gan ffurfio ïonau positif, yr **electronau 4s sy'n cael eu colli yn gyntaf.** Mae hyn oherwydd bod egni'r orbitalau 4s a 3d yn agos iawn, ac felly mae'n fwy ffafriol o ran egni i golli'r electronau 4s hyn cyn yr electronau 3d. Os edrychwn ar atom haearn, yr adeiledd electronig yw:

[Ar] 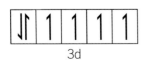 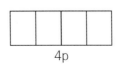

3d   4s   4p

Gwirio gwybodaeth 14

Ysgrifennwch adeileddau electronig yr elfennau trosiannol Ti, V, Fe.

Ïonau cyffredin haearn felly yw Fe^{2+} ac Fe^{3+}. I weithio allan adeiledd electronig yr ïonau hyn, mae angen i ni gofio tynnu'r electronau 4s yn gyntaf:

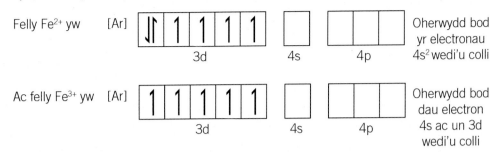

Felly Fe^{2+} yw [Ar] — 3d, 4s, 4p — Oherwydd bod yr electronau $4s^2$ wedi'u colli

Ac felly Fe^{3+} yw [Ar] — 3d, 4s, 4p — Oherwydd bod dau electron 4s ac un 3d wedi'u colli

Ymestyn a Herio

Wrth drafod trefniadau electronig atomau ac ïonau elfennau trosiannol, rydym yn dweud bod yr orbital 4s yn cael ei lenwi cyn yr un 3d ond bod yr electronau 4s yn cael eu hïoneiddio cyn y rhai 3d. Mae hyn yn gorsymleiddio, ond mae'n ffordd addas o gofio'r patrymau. Mewn gwirionedd, mae lefelau egni orbitalau 3d a 4s yn agos iawn ac mae ffactorau eraill fel gwrthyriad rhwng electronau yn yr un is-blisgyn ac egni paru ar gyfer electronau yn yr un orbital.

Cyflyrau ocsidiad ar gyfer yr elfennau trosiannol

Er ein bod wedi gweld metelau sy'n dangos mwy nag un cyflwr ocsidiad pan oeddem yn astudio'r bloc p, mae'r amrywiaeth o gyflyrau ocsidiad sydd i'w gweld yn y metelau trosiannol yn llawer mwy. Manganîs sy'n dangos y mwyaf, gyda 7 cyflwr ocsidiad positif gwahanol, yn amrywio o +1 i +7. Mae'r tabl isod yn rhestru'r holl gyflyrau ocsidiad posibl ar gyfer rhes flaen y metelau trosiannol, gan ddangos y cyflyrau ocsidiad sefydlog mwyaf cyffredin mewn **teip trwm**.

Sc	Ti	V	Cr	Mn	Fe	Co	Ni	Cu	Zn
	+1	+1	+1	+1	+1	+1	+1	**+1**	
	+2	**+2**	+2	**+2**	**+2**	**+2**	**+2**	**+2**	**+2**
+3	**+3**	**+3**	**+3**	+3	**+3**	**+3**	+3	+3	
	+4	**+4**	+4	**+4**	+4	+4	+4		
		+5	+5	+5	+5	+5			
			+6	**+6**	+6				
				+7					

[Nid oes angen i chi gofio'r cyflyrau ocsidiad hyn i gyd ond dylech fod yn gyfarwydd â'r cyflyrau ocsidiad cyffredin ar gyfer yr elfennau sy'n cael eu nodi mewn melyn.]

Mae'r elfennau hyn yn gallu ffurfio'r gwahanol gyflyrau ocsidiad hyn oherwydd bod egnïon yr orbitalau 4s a 3d yn debyg iawn, ac felly mae'r egni sydd ei angen i dynnu unrhyw un o'r electronau hyn yn debyg. Wrth i'r elfennau ffurfio cyfansoddion, mae egni yn cael ei ryddhau, naill ai drwy ffurfio bondiau cofalent neu pan fydd y ddellten ïonig yn ffurfio. Mae symiau'r egni sydd ei angen i gyrraedd y cyflyrau ocsidiad uwch a'r egni sy'n cael ei ryddhau wrth ffurfio cyfansoddyn yn debyg iawn i'w gilydd, gan alluogi amrywiaeth o gyflyrau ocsidiad i ffurfio.

Mae'r cyflwr ocsidiad sy'n cael ei ffafrio gan bob metel yn dibynnu ar lawer o ffactorau. Mae pŵer ocsidio'r atomau eraill yn y cyfansoddyn yn un o'r ffactorau, ac felly pan fydd haearn metelig yn adweithio â nwy clorin, y cynnyrch yw haearn(III) clorid, ond pan fydd yn adweithio ag anwedd ïodin, y cynnyrch yw haearn(II) ïodid. Mae'r ïodin yn ocsidydd llawer gwannach na chlorin, ac felly mae'n methu ocsidio'r haearn i'r cyflwr ocsidiad +3.

Cymhlygion metelau trosiannol

Mae ïonau metelau trosiannol yn fach a gallant fod â gwefrau positif mawr. Mae llawer o orbitalau ar gael iddynt ar gyfer bondio ac mae llawer o'r rhain yn wag. Mae parau unig gan foleciwlau sydd â llawer o electronau, ac felly mae'r rhain yn gallu ffurfio bondiau cyd-drefnol â'r orbitalau gwag ar ïonau'r metelau trosiannol:

 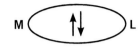

Mae gan y metel (M) orbital gwag, ac mae gan y ligand bâr unig o electronau.

Mae'r ddau orbital atomig yn gorgyffwrdd gan ffurfio orbital moleciwlaidd.

Mae bond cyd-drefnol yn cael ei ffurfio

Ligand yw moleciwl bach sydd â phâr unig sy'n gallu ffurfio bond â metel trosiannol, e.e. H_2O, NH_3, Cl^-, CN^-.

Yr enw ar gyfuniad o ïon metel trosiannol a'r ligandau yw **cymhlygyn**.

Mewn gwirionedd, mae'r rhan fwyaf o'r ïonau rydym wedi'u hysgrifennu fel ïonau syml yn gymhlygion â moleciwlau dŵr fel ligandau o amgylch atom neu ïon y metel trosiannol.

Yn nodweddiadol mae gan gymhlygion metelau trosiannol naill ai:

6 ligand wedi'u trefnu'n octahedrol o amgylch yr atom metel [MWYAF CYFFREDIN]

NEU

4 ligand wedi'u trefnu'n detrahedrol o amgylch yr atom metel [LLAI CYFFREDIN]

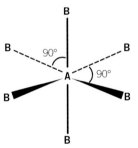 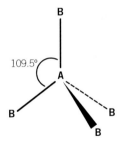

Enghreifftiau mewn hydoddiant:

$[Fe(H_2O)_6]^{2+}$, cymhlygyn gwyrdd golau

$[Fe(H_2O)_6]^{3+}$, cymhlygyn melyn

$[Cu(H_2O)_6]^{2+}$, cymhlygyn glas

$[Cr(H_2O)_6]^{3+}$, cymhlygyn gwyrdd tywyll

$[Co(H_2O)_6]^{2+}$, cymhlygyn pinc

Enghreifftiau:

$[CuCl_4]^{2-}$, cymhlygyn melyn neu wyrdd

$[CoCl_4]^{2-}$, cymhlygyn glas

Angen dysgu

Gallwn weld y ddau siâp ar gyfer yr un ïon metel trosiannol gyda ligandau gwahanol. Mae'r siâp sydd i'w weld yn dibynnu ar y metel, cyflwr ocsidiad y metel a'r ligandau, ac mae'r ffactorau hyn yn aml yn ffafrio'r cymhlygyn octahedrol sydd â chwe ligand o amgylch yr atom metel.

Cyngor arholwr

Mae angen i chi wybod lliwiau'r cymhlygion sy'n cael eu ffurfio gan yr ïonau canlynol mewn hydoddiant dyfrllyd: Fe^{2+}, Fe^{3+}, Co^{2+}, Cu^{2+} a Cr^{3+}. Mae'n bosibl ysgrifennu'r rhain fel yr ïonau eu hunain neu fel eu cymhlygion sy'n cynnwys chwe moleciwl dŵr fel ligandau. Os yw'r cwestiwn yn nodi nad oes ligandau, mae'r cyfansoddion yn aml yn ddi-liw, er bod Co^{2+}, heb ddŵr, yn las.

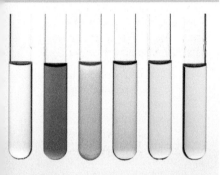

 Hydoddiannau sinc sylffad (ZnSO$_4$), cobalt(II) clorid (CoCl$_2$), haearn(II) sylffad (FeSO$_4$), haearn(III) clorid (FeCl$_3$), copr(II) sylffad (CuSO$_4$), copr(II) clorid (CuCl$_2$).

 **Cyswllt** Yn Nhestun 3.1 ar dudalennau 20–21, trafodwyd lliwiau'r ocsoanionau MnO$_4^-$ (porffor tywyll), Cr$_2$O$_7^{2-}$ (lliw oren) a CrO$_4^{2-}$ (melyn). Dylech allu cofio'r lliwiau hyn a hefyd y lliwiau sy'n cael eu trafod yn y testun hwn.

Ymestyn a Herio

Mae'r ecwilibria ligand-cymhlyg yn aml yn symleiddiadau oherwydd bydd llawer o wahanol gymhlygion yn cael eu ffurfio lle mae cymysgedd o ligandau, gyda gwahanol niferoedd o bob ligand. Mae'r cymysgeddau hyn yn egluro pam mae'r lliw sy'n disgrifio [CuCl$_4$]$^{2-}$ yn amrywio, oherwydd pan fydd y cymhlygyn yn cael ei ffurfio mewn hydoddiant, mae'n un rhan o gymysgedd cymhleth.

Cymhlygion metelau trosiannol nodweddiadol

Gallwn ddefnyddio cymhlygion copr i ddangos yr amrywiaeth mewn cymhlygion metelau trosiannol. Mae'r tri chymhlygyn [Cu(H$_2$O)$_6$]$^{2+}$, [Cu(NH$_3$)$_4$(H$_2$O)$_2$]$^{2+}$ a [CuCl$_4$]$^{2-}$ i gyd yn cynnwys ïonau Cu^{2+} ond mae ganddynt wahanol adeileddau a phriodweddau oherwydd eu gwahanol ligandau. Yn yr un modd, mae cobalt yn gallu ffurfio [Co(H$_2$O)$_6$]$^{2+}$ a [CoCl$_4$]$^{2-}$ ac mae'r ddau hyn yn cynnwys ïonau Co^{2+}.

[Cu(H$_2$O)$_6$]$^{2+}$ a [Co(H$_2$O)$_6$]$^{2+}$

Dyma'r cymhlygion sy'n bresennol yn y rhan fwyaf o hydoddiannau dyfrllyd Cu^{2+} a Co^{2+} gan roi lliwiau cyfarwydd yr hydoddiannau hyn a llawer o gyfansoddion copr (II) a chobalt (II). Mae'r cymhlygion yn octahedrol, gyda un pâr unig o bob atom ocsigen yn y moleciwlau dŵr yn bondio i'r ïon metel.

[Cu(NH$_3$)$_4$(H$_2$O)$_2$]$^{2+}$ → *Hydoddiant glas brenhinol*

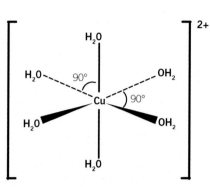

Mae ychwanegu amonia at hydoddiant sy'n cynnwys [Cu(H$_2$O)$_6$]$^{2+}$ yn achosi i bedwar moleciwl amonia gymryd lle moleciwlau dŵr, gan ffurfio hydoddiant glas brenhinol sy'n cynnwys ïonau [Cu(NH$_3$)$_4$(H$_2$O)$_2$]$^{2+}$. Mae'r cymhlygyn hwn yn octahedrol, ond oherwydd ei fod yn cynnwys dau ligand gwahanol mae dau drefniant gwahanol o ligandau'n bosibl, sef:

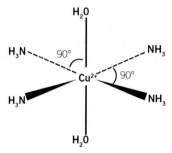

Isomer trans

Dau foleciwl dŵr *gyferbyn â'i gilydd.*
DYMA'R ISOMER CYFFREDIN

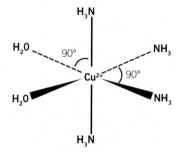

Isomer cis

Dau foleciwl dŵr *nesaf at ei gilydd.*

[CuCl$_4$]$^{2-}$ a [CoCl$_4$]$^{2-}$

Cymhlygion tetrahedrol yw'r rhain, gyda'r pedwar clorid i gyd ar 109.5° i'w gilydd. Bydd y cymhlygion yn cael eu ffurfio pan fydd ïonau copr(II) neu gobalt(II) yn adweithio ag asid hydroclorig crynodedig, sy'n cymryd lle'r moleciwlau dŵr. Mae newidiadau lliw clir i'w gweld gan fod y newidiadau yn y ligandau a'r geometreg cyd-drefnol i gyd yn cyfrannu at newidiadau yn y golau sy'n cael ei amsugno. Dyma'r newidiadau lliw:

- Mae copr(II) yn troi o las golau i felyn/gwyrdd.

- Mae cobalt(II) yn troi o binc i las.

Cyfnewid ligandau

Pan fydd ïon metel trosiannol mewn amgylchedd sy'n cynnwys cymysgedd o ligandau, fel hydoddiant dyfrllyd sy'n cynnwys ïonau clorid, mae'n bosibl cyfnewid ligandau gan ffurfio cymhlygyn newydd. Mae'n broses ecwilibriwm, ac felly mae crynodiadau ïonau'r metel ac unrhyw ligandau posibl yn bwysig ar gyfer adnabod y rhywogaethau a fydd yn bresennol yn yr hydoddiant.

$$[Cu(H_2O)_6]^{2+} + 4NH_3 \rightleftharpoons [Cu(H_2O)_2(NH_3)_4]^{2+} + 4H_2O$$

Yn ôl egwyddor Le Chatelier, bydd ychwanegu rhagor o amonia yn gyrru'r ecwilibriwm i'r dde, gan gynhyrchu mwy o'r $[Cu(H_2O)_2(NH_3)_4]^{2+}$. Bydd ychwanegu rhagor o ddŵr yn gyrru'r ecwilibriwm i'r chwith, gan gynhyrchu mwy o'r cymhlygyn $[Cu(H_2O)_6]^{2+}$. Mae hyn yn gysylltiedig â newid lliw, gan fod y cymhlygyn sy'n cynnwys amonia yn las brenhinol, o'i gymharu â lliw glas golau'r cymhlygyn gwreiddiol.

Gall yr ecwilibriwm rhwng cymhlygion newid y geometreg, gan ddibynnu ar y ligandau sy'n cael eu defnyddio. Mae'r ecwilibriwm isod yn dangos cyd-drawsnewid rhwng dau gymhlyg cobalt. Os ydym yn defnyddio llawer o glorid, er enghraifft drwy ychwanegu asid hydroclorig crynodedig, bydd yr ecwilibriwm yn symud o'r cymhlygyn octahedrol i'r cymhlygyn cloro tetrahedrol.

$$[Co(H_2O)_6]^{2+} + 4Cl^- \rightleftharpoons [CoCl_4]^{2+} + 6H_2O$$

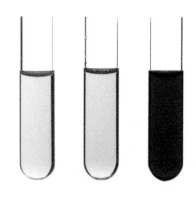

▲ Mae ïonau copr(II) (tiwb 1) yn newid lliw pan fydd asid hydroclorig crynodedig (tiwb 2) neu amonia (tiwb 3) yn cael eu hychwanegu.

Lliw yn ïonau a chymhlygion metelau trosiannol

Mae gan gymhlygion metelau trosiannol liw bron bob amser ac mae bron pob lliw i'w weld yn yr amrywiaeth eang o gymhlygion metelau trosiannol. Er ein bod yn gyfarwydd â'r lliwiau hyn, mae'n bwysig cofio mai *dim ond mewn* **cymhlygion** *y mae gan atomau metelau trosiannol liw*. Heb unrhyw ligandau o amgylch yr ïon metel, byddai'r cyfansoddyn yn ddi-liw.

Pan fydd ligandau'n cael eu gosod o amgylch ïon metel trosiannol, maen nhw'n cael effaith drawiadol ar yr orbitalau yn yr atom. Heb y ligandau, mae gan atom y metel trosiannol 5 orbital d dirywiedig, hynny yw 5 orbital d sydd â'r un egni. Mae siapiau'r rhain i'w gweld isod.

Ymestyn a Herio

Mae'r cysonyn ecwilibriwm, K_c, ar gyfer ecwilibriwm cyfnewid ligandau'n dangos sefydlogrwydd cymharol y cymhlygyn a'r ligandau ac ïonau metel rhydd. Os yw gwerth K_c yn fawr, mae'r cymhlygyn yn fwy sefydlog na'r ïon a'r ligandau rhydd.

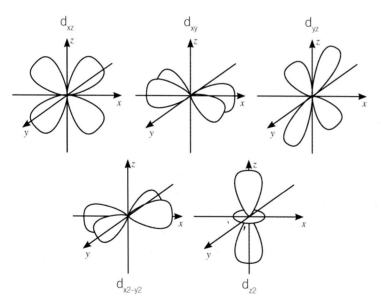

d_{xz} d_{xy} d_{yz}

d_{x2-y2} d_{z2}

Mae'r tri orbital cyntaf, d_{xz}, d_{xy} a d_{yz}, yn pwyntio rhwng pâr o echelinau: mae'r orbital cyntaf yn pwyntio rhwng yr echelinau X a Z.

Mae'r ddau orbital olaf, d_{x2-y2} a d_{z2} yn pwyntio ar hyd yr echelinau: yr un cyntaf ar hyd yr echelinau X ac Y, yr olaf ar hyd yr echelin Z.

Mewn cymhlygyn octahedrol, mae chwe ligand â gwefr negatif yn dod at yr ïon metel trosiannol ar hyd cyfeiriadau'r tair echelin. Mae'r gwefrau negatif hyn yn gwrthyrru'r electronau yn yr orbitalau sy'n pwyntio ar hyd yr echelinau hyn, sy'n gwneud yr orbitalau hyn yn llai sefydlog. Nid yw'r orbitalau sydd ddim yn pwyntio ar hyd yr echelinau yn llai sefydlog. Mae hyn yn golygu nad yw egnïon yr orbitalau yr un peth erbyn hyn, h.y. nid ydynt yn ddirywiedig.

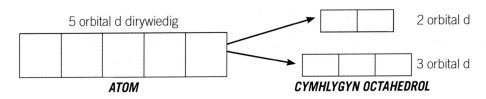

5 orbital d dirywiedig   2 orbital d   3 orbital d

ATOM   CYMHLYGYN OCTAHEDROL

Mae rhannu'r orbitalau d fel hyn yn rhoi dwy set o orbitalau sy'n agos at ei gilydd o ran egni. Mae electron yn un o'r orbitalau d yn gallu symud o'r set isaf i'r set uchaf o orbitalau, ond er mwyn gwneud hyn mae angen iddo ennill egni drwy ei amsugno ar ffurf golau. Dim ond un amledd (lliw) o olau sy'n cael ei amsugno, sy'n cyfateb i'r gwahaniaeth egni rhwng yr orbitalau. Mae'r berthynas rhwng yr egni a'r amledd sy'n cael ei amsugno'n cael ei roi gan yr hafaliad $E = hf$. Mae'r golau sy'n weddill yn rhoi ei liw nodweddiadol i'r cymhlygyn.

Golau ag egni hf yn cael ei amsugno

CYMHLYGYN OCTAHEDROL   CYMHLYGYN OCTAHEDROL

Mae'r trosiannau d–d hyn yn dibynnu ar faint mae'r orbitalau d yn ymrannu ac mae hyn yn amrywio rhwng ïonau o gymhlygion metelau trosiannol gwahanol. Gan fod yr ymrannu'n amrywio, felly hefyd amledd (lliw) y golau sy'n cael ei amsugno, ac oherwydd hynny mae gan wahanol gymhlygion wahanol liwiau. Mae cyfansoddion sy'n cynnwys y cymhlygyn [Cu(H$_2$O)$_6$]$^{2+}$ yn las fel arfer gan eu bod yn amsugno pob lliw heblaw glas, ond mae'r rhai sy'n cynnwys [Fe(H$_2$O)$_6$]$^{3+}$ yn felyn gan eu bod yn amsugno lliwiau eraill.

Mae gwahanol ligandau'n gwahanu orbitalau i wahanol raddau, ac felly maen nhw'n rhoi lliwiau gwahanol.

Beth yw effaith rhannu orbitalau ar yr adeiledd electronig?

I weithio allan sut mae'r electronau'n cael eu trefnu yn yr orbitalau hyn, mae'n rhaid i ni ddilyn yr un rheolau ag ar gyfer pob adeiledd electronig arall. Yn yr orbitalau rhanedig, bydd y tri orbital isaf yn cael eu llenwi'n gyntaf ag un electron yr un, cyn i'r electronau baru. Ar ôl i'r tri orbital hyn lenwi â chwe electron, bydd y ddau orbital uchaf yn cael eu llenwi.

Pam mae rhai cymhlygion yn ddi-liw?

Mae gan gymhlygion copr(I) adeiledd electronig ag is-blisgyn d llawn (d^{10}), sy'n golygu nad oes orbitalau gwag i adael i electronau symud rhwng lefelau egni. Oherwydd hyn, nid yw cymhlygion Cu(I) yn amsugno golau yn yr ystod weladwy ac maen nhw'n ymddangos yn ddi-liw. Yn yr un modd, mae gan ïonau Sc^{3+} is-blisgyn d gwag, ac felly nid oes electronau i symud rhwng orbitalau d.

Metelau trosiannol fel catalyddion

Mae metelau trosiannol a'u cyfansoddion yn cael eu defnyddio mewn diwydiant fel catalyddion ar gyfer ystod eang o brosesau cemegol. Dyma enghreifftiau o'r metelau eu hunain yn cael eu defnyddio.

Haearn	Proses Haber, i gynhyrchu amonia o nitrogen a hydrogen.
Nicel	Hydrogeniad olewau llysiau i ffurfio margarîn.
Platinwm	Ocsidiad amonia i ffurfio asid nitrig.

Mae cyfansoddion metelau trosiannol yn cael eu defnyddio yn y prosesau canlynol:

| Fanadiwm ocsid, V_2O_5 | Y broses gyffwrdd i gynhyrchu asid sylffwrig. |
| Manganîs deuocsid, MnO_2 | Dadelfeniad catalytig hydrogen perocsid. |

Mae metelau trosiannol yn cael eu defnyddio fel **catalyddion** mewn llawer o brosesau diwydiannol; ni fyddai'r prosesau hyn yn fuddiol yn economaidd hebddynt, ac felly mae'r catalyddion hyn yn hanfodol i'n heconomi heddiw: mae eu hangen i wneud bron pob plastig, ffibr gwneud, gwrtaith, ffrwydryn, asid ethanöig a'r rhan fwyaf o asidau eraill a hydoddyddion, gan gynnwys ethanal.

Mae gallu metelau trosiannol i weithredu fel catalyddion yn dibynnu ar eu priodweddau unigryw. Mae catalyddion yn gweithredu fel rhyng-gyfansoddion mewn adweithiau cemegol ac yn cynnig llwybr arall, â llai o egni actifadu, ar gyfer yr adwaith. Gallant wneud hyn am y rhesymau canlynol:

Mae eu horbitalau d wedi'u llenwi'n rhannol â digon o orbitalau gwag i gyfuno â moleciwlau eraill. Gall moleciwlau sydd â pharau unig ffurfio bondiau cyd-drefnol â'r atom metel gan ffurfio cymhlygion, a gall hyn gynyddu adweithedd y rhywogaeth sydd wedi'i bondio â'r metel neu ddod â dau foleciwl sy'n adweithio'n nes at ei gilydd. Mae hyn yn ei gwneud yn fwy tebygol y bydd adwaith yn digwydd, yn enwedig pan fydd arwyneb solet/ solid yn gallu cynnig ardal lle mae moleciwlau'n cael eu harsugno a'u dwyn yn agos at ei gilydd ar gyfer adwaith.

Mae *cyflyrau ocsidiad amrywiol* ïonau'r metel trosiannol yn galluogi'r ïon metel i weithredu fel catalydd mewn adweithiau rhydocs. Gall weithredu fel ocsidydd neu rydwythydd, drwy ocsidio neu rydwytho un o'r adweithyddion. Yna gall y metel trosiannol fynd yn ôl i'w gyflwr ocsidiad gwreiddiol drwy adweithio â moleciwl arall. Felly mae'n ymddangos heb ei newid ar ddiwedd yr adwaith.

Mae'r ffactorau allweddol yn dibynnu a yw'r catalydd yn homogenaidd neu'n heterogenaidd. Fel arfer mae **catalyddion heterogenaidd** yn solidau sy'n cynnig arwyneb lle gall moleciwlau gael eu harsugno a dod at ei gilydd mewn trefniant manteisiol. Fel arfer mae **catalyddion homogenaidd** yn defnyddio eu cyflyrau ocsidiad amrywiol i ocsidio/ rhydwytho adweithydd sy'n ei wneud yn llawer mwy adweithiol.

◀ Mae manganîs deuocsid yn catalyddu dadelfeniad hydrogen perocsid.

DYLECH WYBOD › › ›

› › › enghreifftiau o fetelau trosiannol fel catalyddion, e.e. haearn yn ystod proses Haber

› › › enghreifftiau o gyfansoddion metelau trosiannol fel catalyddion, e.e. fanadiwm (V) ocsid yn y broses gyffwrdd

Cyswllt Mae catalyddion a'u swyddogaethau'n cael eu trafod yn Nhestun 2.2 UG ar dudalennau 112–113 yn y llyfr UG.

Termau Allweddol

Mae **catalyddion** yn sylweddau sy'n cynyddu cyfradd adwaith cemegol drwy gynnig llwybr arall sydd ag egni actifadu is.

Mae **catalyddion homogenaidd** yn gatalyddion sydd yn yr un cyflwr ffisegol â'r adweithiau y maen nhw'n eu catalyddu.

Mae **catalyddion heterogenaidd** yn gatalyddion sydd mewn cyflwr ffisegol gwahanol i'r adweithiau y maen nhw'n eu catalyddu.

▼ Pwynt astudio

Bydd angen i chi gofio'r enghreifftiau o gatalyddion sydd ar y dudalen hon. Maen nhw i gyd yn heterogenaidd, ac felly mae arsugno'n gam pwysig yn y llwybr adwaith arall y maen nhw'n ei gynnig.

Gwirio gwybodaeth

Ysgrifennwch hafaliad ar gyfer ffurfio gwaddod wrth ychwanegu hydoddiant sodiwm hydrocsid at $[Cu(H_2O)_6]^{2+}$ (d).

▲ Mae ychwanegu hydoddiant sodiwm hydrocsid at Cr^{3+} (d) yn achosi i waddod llwyd-gwyrdd ffurfio.

Adweithiau ïonau metelau trosiannol ag ïonau hydrocsid

Mae ïonau metelau trosiannol mewn hydoddiant dyfrllyd yn bresennol fel y cymhlygion hydradol, $[M(H_2O)_6]^{n+}$. Oherwydd y dwysedd gwefr bositif uchel ar yr ïon cymhlyg, mae ïonau metel fel hyn yn aml yn asidig, gan golli ïonau H^+ yn rhwydd, e.e.:

$$[Cr(H_2O)_6]^{3+} \rightleftharpoons [Cr(H_2O)_5(OH)]^{2+} + H^+$$

Mae ychwanegu alcali yn tynnu'r H^+ fel H_2O, a gall yr adwaith fynd ymhellach i'r metel hydrocsid, sy'n anhydawdd:

$$[Cr(H_2O)_6]^{3+} + OH^- \rightleftharpoons [Cr(H_2O)_5(OH)]^{2+} + H_2O$$

$$[Cr(H_2O)_5(OH)]^{2+} + OH^- \rightleftharpoons [Cr(H_2O)_4(OH)_2]^+ + H_2O$$

$$[Cr(H_2O)_4(OH)_2]^+ + OH^- \rightleftharpoons [Cr(H_2O)_3(OH)_3] + H_2O$$

Mae'r ymddygiad hwn yn nodweddiadol o ïonau metelau trosiannol fel Cr^{3+}, Fe^{2+}, Fe^{3+} a Cu^{2+}. Mae'r holl adweithiau hyn yn gildroadwy, ac felly gallwn ychwanegu asid i'w cildroi ac atffurfio'r ïonau cymhlyg mewn hydoddiant.

Gyda chromiwm(III) mae ychwanegu gormodedd o alcali yn tynnu'r H^+ o rai o'r moleciwlau dŵr sy'n weddill, gan ffurfio cymhlygyn hydrocsid anionig:

$$[Cr(H_2O)_3(OH)_3] + 3OH^- \rightleftharpoons [Cr(OH)_6]^{3-} + 3H_2O$$

Rydym yn disgrifio cromiwm(III) hydrocsid fel amffoterig: gall adweithio fel asid a hefyd fel bas. Mae'r adwaith uchod yn dangos adwaith yr hydrocsid hwn fel asid gan ei fod yn rhoi H^+ i'r ïonau hydrocsid. Mae'n adweithio fel bas wrth gildroi'r adweithiau uchod:

$$[Cr(H_2O)_3(OH)_3] + H_2O \rightleftharpoons [Cr(H_2O)_4(OH)_2]^+ + OH^-$$

Yn yr hafaliad hwn mae'r hydrocsid yn gweithredu fel bas drwy dderbyn H^+ o'r dŵr.

Dyma'r arsylwadau sydd i'w gweld wrth ychwanegu sodiwm hydrocsid at hydoddiannau sy'n cynnwys pob cymhlygyn.

Ïon metel trosiannol	Ychwanegu OH^-	Ychwanegu gormodedd o OH^-
$[Cr(H_2O)_6]^{3+}$	Gwaddod llwyd-gwyrdd o $[Cr(H_2O)_3(OH)_3]$	Mae'r gwaddod yn hydoddi gan roi hydoddiant gwyrdd tywyll o $[Cr(OH)_6]^{3-}$
$[Fe(H_2O)_6]^{2+}$	Gwaddod gwyrdd tywyll o $[Fe(H_2O)_4(OH)_2]$	Dim adwaith pellach ar gyfer y rhan fwyaf (Rhywfaint o liw coch-brown i'w weld ar yr arwyneb oherwydd ocsidiad gan yr aer)
$[Fe(H_2O)_6]^{3+}$	Gwaddod coch-brown o $[Fe(H_2O)_3(OH)_3]$	Dim adwaith pellach
$[Cu(H_2O)_6]^{2+}$	Gwaddod glas golau o $[Cu(H_2O)_4(OH)_2]$	Dim adwaith pellach

Mae gan gemegwyr sawl ffordd o weithio allan a yw adweithiau cemegol yn bosibl neu beidio, ond mae hefyd yn bwysig gwybod am gyfradd adwaith. Os yw'r adwaith yn bosibl o ran egni, efallai ei fod yn rhy araf i fod yn ddefnyddiol neu efallai fod angen tymheredd rhy uchel i fod yn effeithiol. Mae'r testun hwn yn cynnwys rhagor o wybodaeth am ddulliau o astudio cyfradd adwaith cemegol a sut mae'r tymheredd yn effeithio ar y gyfradd.

Mae astudio'r ffordd y mae cyfraddau adwaith yn newid wrth i grynodiadau newid hefyd yn gallu rhoi gwybodaeth am fecanwaith adwaith. Mae'r testun hwn yn cynnwys dulliau o gynhyrchu hafaliad cyfradd a sut rydym yn gallu defnyddio hwnnw i wahaniaethu rhwng mecanweithiau gwahanol sy'n cael eu hawgrymu.

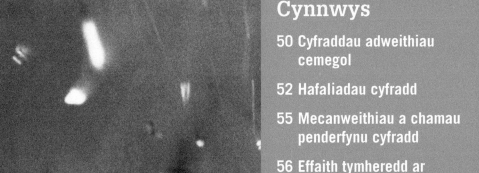

Dylech allu dangos a chymhwyso'r hyn rydych yn ei wybod a'i ddeall am y canlynol:

- Yr egwyddorion sy'n sail i fesur cyfradd adwaith, gan gynnwys drwy samplu a throchoeri.

- Ystyr gradd adwaith a sut mae'n cael ei chanfod o ganlyniadau arbrawf.

- Hafaliadau cyfradd a sut maen nhw'n cael eu cyfrifo a'u defnyddio.

- Camau penderfynu cyfradd ar gyfer adweithiau a sut maen nhw'n cysylltu'r gineteg â'r mecanwaith.

- Effaith tymheredd a chatalyddion ar gyfraddau adwaith; defnyddio hafaliad Arrhenius i gysylltu'r rhain.

Cynnwys

DYLECH WYBOD › › ›

› › › sut i fesur cyfradd amrywiaeth o adweithiau cemegol

› › › sut i gael cyfraddau cychwynnol o ddata arbrofol

Cyswllt Cyfraddau adwaith yn Nhestun 2.2 UG ar dudalen 106 yn y llyfr UG.

Cyngor arholwr

Wrth drafod y ffyrdd o fesur cyfradd adwaith cemegol, mae'n bwysig cyfeirio at fesur amser, gan fod hyn yn cael ei anghofio yn aml.

Termau Allweddol

Trochoeri yw stopio adwaith cemegol neu ei arafu'n sylweddol er mwyn gallu dadansoddi sampl heb i'r adwaith fynd ymhellach. Y ffordd arferol o wneud hyn yw oeri a gwanedu, er enghraifft drwy ychwanegu'r sampl at ddŵr rhewllyd.

Egni actifadu yw'r isafswm egni sydd ei angen i wrthdrawiad fod yn llwyddiannus.

Cyfraddau adweithiau cemegol

Astudiaeth o gyfraddau adweithiau cemegol yw cineteg gemegol. Yn Uned 2 y cwrs, cyflwynwyd cysyniadau sylfaenol cyfraddau adwaith, a hefyd rhai dulliau o astudio cyfraddau adweithiau cemegol. Yn y testun hwn byddwn yn edrych ar ddulliau eraill o astudio cyfraddau adweithiau; byddwn hefyd yn defnyddio cyfraddau mesuredig i roi gwybodaeth bwysig am fecanwaith adweithiau cemegol.

Mesur cyfraddau adwaith

I fesur cyfradd adwaith, mae angen i ni weithio allan faint o adweithydd sydd wedi'i ddefnyddio neu faint o gynnyrch sydd wedi'i gynhyrchu mewn cyfnod penodol o amser. Gallwn wneud hyn yn gyfleus drwy edrych ar un o briodweddau'r adwaith sy'n newid dros amser, fel màs adweithyddion, cyfaint neu wasgedd nwy, lliw neu amsugniad electromagnetig arall. Un enghraifft benodol yw adwaith y cloc ïodin, sy'n dangos newid lliw clir ar ôl i swm penodol o gyfansoddyn adweithio.

Samplu a throchoeri

Mae llawer o'r dulliau a drafodwyd yn Nhestun 2.2 yn ein galluogi i gasglu data am gynnydd yr adwaith drwy gydol yr adwaith cemegol. Nid yw hyn yn bosibl bob amser ac weithiau mae angen dull mwy llafurus, sef samplu a **throchoeri**. Mae swm bach o gymysgedd yr adwaith yn cael ei dynnu ar amserau rheolaidd (samplu) a'i roi ar unwaith mewn dŵr rhewllyd. Mae hyn yn oeri a gwanedu cymysgedd yr adwaith, sy'n arafu'r adwaith ac yn ei stopio i bob pwrpas. Dyma'r cam trochoeri.

Pan fydd y dull samplu a throchoeri yn cael ei ddefnyddio, mae'n rhaid defnyddio dull priodol i ddadansoddi'r samplau a byddwn yn aml yn defnyddio titradiad. Mae angen dadansoddi pob sampl yn unigol er mwyn cael gwybodaeth am gynnydd yr adwaith.

Manteision ac anfanteision:

- Mae'n bosibl defnyddio samplu a throchoeri ar gyfer ystod eang o adweithiau.

- Mae samplu a throchoeri yn llafurus ac yn araf gan fod angen dadansoddi pob sampl yn unigol, ac felly mae'r cyfnodau o amser sy'n cael eu defnyddio rhwng mesuriadau'n tueddu i fod yn hirach na phan fydd dulliau colorimetrig, sy'n gallu cael eu hawtomeiddio, yn cael eu defnyddio.

- Dim ond pan fydd cymysgedd adwaith yn homogenaidd y bydd samplu'n addas, er enghraifft adweithiau sydd i gyd mewn hydoddiant. Os nad yw cymysgedd adwaith yn homogenaidd, efallai nad yw'r sampl yn gynrychioladol o'r cymysgedd cyfan.

Os yw'r adwaith yn defnyddio catalydd heterogenaidd, mae'n bosibl samplu heb drochoeri. Pan fydd catalydd solet yn cael ei ddefnyddio mewn cymysgedd nwyol neu hylifol, bydd y catalydd yn cyflymu'r adwaith yn sylweddol. Mae tynnu sampl o'r nwy neu'r hylif yn mynd ag ef o'r catalydd, ac felly mae'r gyfradd adwaith yn arafu'n syth.

Os yw'r adwaith yn defnyddio catalydd homogenaidd, mae cymryd sampl hefyd yn cymryd sampl o'r catalydd gyda'r adweithyddion, ac felly bydd yr adwaith yn parhau. Mae angen trochoeri yn yr achos hwn ac mae'n bosibl ei wneud drwy ddefnyddio oeri a gwanedu fel unrhyw adwaith arall. Mae hefyd yn bosibl ei wneud drwy ddinistrio'r catalydd, er enghraifft mae'n bosibl niwtralu catalydd asidig drwy ddefnyddio alcali.

Cyfrifo cyfraddau adwaith

Ar ôl casglu data, mae'n rhaid cyfrifo cyfradd. Gyda'r rhan fwyaf o ddulliau, rydym yn cyfrifo'r gyfradd drwy ddefnyddio'r hafaliad:

$$\text{Cyfradd} = \frac{\text{Newid mewn crynodiad}}{\text{Amser a gymerwyd}}$$

uned Cy fradd :

môl dm⁻³ s

Y gyfradd sy'n cael ei chyfrifo fel hyn yw'r gyfradd gyfartalog dros y cyfnod amser. Mae'r crynodiadau'n newid wrth i'r adwaith fynd yn ei flaen, ac felly mae'n debyg y bydd y gyfradd hefyd yn newid, gan leihau wrth i grynodiadau'r adweithyddion leihau. I gyfrifo'r gyfradd gychwynnol, dylech blotio'r canlyniadau fel graff a thynnu tangiad i'r gromlin ar amser = 0, fel yn y graff isod sy'n dangos sut mae crynodiad cynnyrch adwaith yn newid gydag amser.

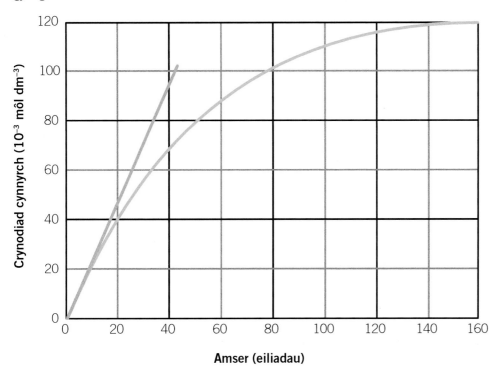

Mae'r tangiad pan fydd amser = 0 eiliad yn rhoi:

$$\text{Cyfradd adwaith} = \frac{44 \times 10^{-3} \text{ môl dm}^{-3}}{20\text{s}} = 2.2 \times 10^{-3} \text{ môl dm}^{-3} \text{ s}^{-1}$$

Gallwn fesur cyfraddau ar amserau gwahanol drwy blotio tangiad ar fannau gwahanol ar y gromlin. Gallwn ddefnyddio'r un dull pan fydd gennym graff sy'n dangos sut mae crynodiad adweithydd yn newid, er yn yr achos hwn bydd y crynodiad yn lleihau.

DYLECH WYBOD › › ›

› › › ystyr gradd adwaith

› › › sut i gyfrifo graddau adwaith, a thrwy hyn hafaliadau cyfradd, o ddata arbrofol

▼ Pwynt astudio

Ffordd arall o adnabod adwaith gradd un yw mesur hanner oes yr adwaith. Hanner oes yw'r amser y mae crynodiad adweithydd yn ei gymryd i haneru ac mae'n cael ei ddefnyddio'n aml wrth drafod ymbelydredd. Mae gan adwaith gradd un hanner oes cyson, ac felly os bydd crynodiad adweithydd yn syrthio o 2 môl dm^{-3} i 1 môl dm^{-3} mewn 85 eiliad, yna bydd yn syrthio o 1 môl dm^{-3} i 0.5 môl dm^{-3} mewn 85 eiliad pellach.

Hafaliadau cyfradd

Mae cyfradd adwaith cemegol mewn hydoddiant yn dibynnu ar grynodiad yr adweithyddion. Pan fydd crynodiad un o'r adweithyddion ([A] isod) yn cael ei ddyblu, mae gwyddonwyr wedi darganfod y gall cyfradd yr adwaith:

Aros yr un peth	Nid yw'r gyfradd mewn cyfrannedd â'r crynodiad	cyfradd $\propto$ [A]^0
Dyblu	Cyfradd mewn cyfrannedd â'r crynodiad	cyfradd $\propto$ [A]^1
Cynyddu bedair gwaith	Cyfradd mewn cyfrannedd â'r crynodiad wedi'i sgwario	cyfradd $\propto$ [A]^2

O ganlyniad i hyn mae gwyddonwyr wedi creu hafaliad cyfradd sy'n rhoi cyfradd adwaith cemegol ar wahanol grynodiadau adweithyddion.

Ar gyfer adwaith cyffredinol:

$$A + B \rightarrow \text{cynhyrchion}$$

Yr hafaliad cyfradd yw:

$$\text{Cyfradd} = k\,[A]^m[B]^n$$

k yw'r cysonyn cyfradd
m yw gradd yr adwaith mewn perthynas ag A
n yw gradd yr adwaith mewn perthynas â B

Ystyr geiriau

Cyfradd: Dyma gyfradd newid crynodiad, neu swm, adweithydd neu gynnyrch penodol.

Cysonyn cyfradd: Dyma gysonyn yn yr hafaliad cyfradd. Mae'n gyson ar gyfer adwaith penodol ar dymheredd penodol ac ni fydd newid crynodiadau'r adweithyddion yn ei newid. Nid yw'n gyson os ydym yn newid y tymheredd.

Gradd adwaith: Gradd adwaith, mewn perthynas ag adweithydd penodol, yw'r pŵer y mae'r crynodiad yn cael ei godi iddo yn yr hafaliadau cyfradd (m neu n yn yr hafaliad uchod).

Gradd gyffredinol adwaith yw swm yr holl raddau adwaith hyn, h.y. m+n ar gyfer yr adwaith uchod.

- Rydym yn disgrifio adwaith yn **radd sero** os yw'r cyfanswm yn 0.

- Rydym yn disgrifio adwaith yn **radd un** os yw'r cyfanswm yn 1.

- Rydym yn disgrifio adwaith yn **radd dau** os yw'r cyfanswm yn 2.

- Rydym yn disgrifio adwaith yn **radd tri** os yw'r cyfanswm yn 3.

Unedau'r cysonyn cyfradd

Yr unedau nodweddiadol ar gyfer cyfradd adwaith mewn hydoddiant yw môl dm^{-3} s^{-1}, sef y newid mewn crynodiad (môl dm^{-3}) bob eiliad. Mae'n rhaid i unedau'r cysonyn cyfradd sicrhau bod yr unedau yn yr hafaliad yn gytbwys.

Adwaith gradd sero, e.e. Cyfradd = k	Unedau cyfradd yw môl dm^{-3} s^{-1}.	**Unedau k yw môl dm^{-3} s^{-1}**
Adwaith gradd un, e.e. Cyfradd = k [A]	Unedau cyfradd yw môl dm^{-3} s^{-1}, Unedau crynodiad yw môl dm^{-3}.	**Unedau k yw s^{-1}**
Adwaith gradd dau, e.e. Cyfradd = k [A]^2	Unedau cyfradd yw môl dm^{-3} s^{-1}, Unedau crynodiad yw môl dm^{-3}.	**Unedau k yw môl^{-1} dm^3 s^{-1}**

Deillio hafaliadau cyfradd

Yr unig ffordd o ddeillio hafaliadau cyfradd yw drwy arbrawf, gan astudio effeithiau newid crynodiad pob adweithydd unigol. **Nid yw'n bosibl cael yr hafaliad cyfradd o hafaliad yr adwaith cyfan**.

Sut i ddeillio hafaliad cyfradd o ddata arbrofol

1. Edrychwch ar y wybodaeth sy'n cael ei rhoi i chi i weld dau arbrawf lle yr unig wahaniaeth rhyngddynt yw crynodiad un adweithydd.

2. Os nad yw dyblu crynodiad yr adweithydd hwn yn effeithio ar y gyfradd adwaith, y radd mewn perthynas â'r adweithydd hwn yw sero.

3. Os bydd dyblu crynodiad yr adweithydd hwn yn dyblu'r gyfradd adwaith, y radd mewn perthynas â'r adweithydd hwn yw un.

4. Os bydd dyblu crynodiad yr adweithydd hwn yn cynyddu'r gyfradd adwaith o ffactor o bedwar, y radd mewn perthynas â'r adweithydd hwn yw dau.

5. Gwnewch hyn eto ar gyfer pob adweithydd, i gael y radd mewn perthynas â phob un.

6. Gradd yr adwaith yw swm pob un o'r graddau hyn.

Gwirio gwybodaeth 19

Beth yw graddau'r adweithiau canlynol?

a) Cyfradd = k[H$_2$]^1[I$_2$]^1

b) Cyfradd = k[CH$_3$I]^1[Br$^-$]^0

c) Cyfradd = k[CH$_3$COOH]^1

ch) Cyfradd = k[CH$_3$CHO]

d) Cyfradd = k[C$_2$H$_4$]^1[Br$_2$]^2

Beth yw unedau'r cysonyn cyfradd yn (a) i (ch) uchod?

Ymestyn a Herio

Ni fydd y data cyfradd sy'n cael eu rhoi i chi bob amser yn cynnwys parau o setiau data lle mae un crynodiad yn unig wedi'i ddyblu. Gallai fod achosion lle bydd dwy set data gydag un crynodiad wedi'i newid mewn ffordd wahanol, er enghraifft ei gynyddu dair gwaith, bedair gwaith neu ddeg gwaith. Yn yr achos hwn, bydd adweithiau gradd un yn dangos cynnydd tebyg yn y gyfradd adwaith, gan fod y gyfradd mewn cyfrannedd â'r crynodiad. Bydd cyfradd adweithiau gradd dau yn cynyddu o'r newid mewn crynodiad wedi'i sgwario: pan fydd y crynodiad yn cynyddu bedair gwaith, bydd y gyfradd yn cynyddu o ffactor 16.

Enghraifft wedi'i datrys 1

Deilliwch hafaliad cyfradd ar gyfer adwaith Br$_2$ â bwtadeuen, C$_4$H$_6$ mewn hydoddiant.

Rhif arbrawf	Crynodiad cychwynnol Br$_2$ / môl dm^{-3}	Crynodiad cychwynnol bwtadeuen / môl dm^{-3}	Cyfradd gychwynnol ffurfio'r cynnyrch / môl dm^{-3} s^{-1}
1	6×10^{-3}	1×10^{-3}	3×10^{-3}
2	6×10^{-3}	2×10^{-3}	6×10^{-3}
3	6×10^{-3}	3×10^{-3}	9×10^{-3}
4	1×10^{-3}	6×10^{-3}	0.5×10^{-3}
5	2×10^{-3}	6×10^{-3}	2.0×10^{-3}
6	3×10^{-3}	6×10^{-3}	4.5×10^{-3}

I ddarganfod y radd mewn perthynas â $[Br_2]$, mae angen dwy set o ddata lle mae crynodiad Br_2 yn newid ond mae crynodiad bwtadeuen yn aros yr un peth. Yn yr achos hwn, mae arbrofion rhif 4 a 5 yn addas. Yn y rhain mae crynodiad Br_2 yn dyblu ac mae'r gyfradd yn cynyddu bedair gwaith. Mae hyn yn dangos bod yr adwaith yn radd dau mewn perthynas â Br_2.

I ddarganfod y radd mewn perthynas â $[C_4H_6]$, mae angen dwy set o ddata lle mae crynodiad C_4H_6 yn newid ond mae crynodiad bromin yn aros yr un peth. Yn yr achos hwn, mae arbrofion rhif 1 a 2 yn addas. Yn y rhain mae crynodiad bwtadeuen yn dyblu ac mae'r gyfradd yn dyblu. Mae hyn yn dangos bod yr adwaith yn radd un mewn perthynas â bwtadeuen.

Felly, yr hafaliad cyfradd yw: Cyfradd $= k[Br_2]^2[C_4H_6]^1$

Gradd gyffredinol yr adwaith yw: Gradd tri

Ar ôl gweithio allan yr hafaliad cyfradd, gweithiwch allan werth ar gyfer y cysonyn cyfradd, k. I wneud hyn, dewiswch unrhyw set o ddata a rhowch y gwerthoedd hyn yn yr hafaliad cyfradd.

$$k = \frac{Cyfradd}{[Br_2]^2[C_4H_6]} = \frac{4.5 \times 10^{-3}}{(3 \times 10^{-3})^2 \times (6 \times 10^{-3})}$$

$$k = 83.3 \times 10^3 \, môl^{-2} \, dm^6 \, s^{-1}$$

Cyswllt Effeithiau newid crynodiad ar gyfradd yn Nhestun 2.2 UG ar dudalen 108 yn y llyfr UG.

Enghraifft wedi'i datrys 2

Deilliwch hafaliad cyfradd ar gyfer adwaith X ag Y gan gynhyrchu XY_2.

$$X \,(d) + 2Y \,(d) \rightarrow XY_2 \,(d)$$

Rhif arbrawf	Crynodiad cychwynnol X / môl dm⁻³	Crynodiad cychwynnol Y / môl dm⁻³	Cyfradd gychwynnol ffurfio XY_2 / môl dm⁻³ s⁻¹
1	0.10	0.10	0.0001
2	0.10	0.20	0.0004
3	0.10	0.30	0.0009
4	0.20	0.10	0.0001
5	0.30	0.10	0.0001

Darganfyddwch radd yr adwaith mewn perthynas ag X. *Y radd yw sero.*

Darganfyddwch radd yr adwaith mewn perthynas ag Y. *Y radd yw 2.*

Ysgrifennwch hafaliad cyfradd cyffredinol. *Cyfradd $= k[X]^0[Y]^2 = k[Y]^2$*

Darganfyddwch werth ac unedau y cysonyn cyfradd.
$k = Cyfradd \div [Y]^2 = 0.0001 \div (0.1)^2 = 0.01 \, môl^{-1} \, dm^3 \, s^{-1}$

20 Gwirio gwybodaeth

Ysgrifennwch hafaliad cyfradd ar gyfer yr adwaith:

$$H_2O_2 \,(d) + 2I^- \,(d) + 2H^+ \,(d) \rightarrow I_2 \,(d) + 2H_2O \,(h)$$

Defnyddiwch y wybodaeth ganlynol:

Crynodiad H_2O_2 (d) / môl dm⁻³	Crynodiad cychwynnol I^- (d) / môl dm⁻³	Crynodiad cychwynnol H^+ (d) / môl dm⁻³	Cyfradd gychwynnol / 10^{-6} môl dm⁻³ s⁻¹
0.0010	0.10	0.10	2.8
0.0020	0.10	0.10	5.6
0.0020	0.10	0.20	5.6
0.0010	0.40	0.10	11.2

Darganfyddwch werth k yn yr adwaith hwn.

Mecanweithiau a chamau penderfynu cyfradd

Disgrifiad o'r gyfres o gamau sy'n digwydd yn ystod adwaith cemegol yw mecanwaith. Bydd pob cam mewn mecanwaith yn digwydd ar gyfradd wahanol, gyda'i hafaliad cyfradd ei hun. Mae cyfradd y cam arafaf yn cyfyngu ar gyfradd yr adwaith cyfan, a'r enw ar y cam hwn yw'r **cam penderfynu cyfradd**. Wrth astudio cineteg adwaith, rydym i bob pwrpas yn astudio cineteg y cam penderfynu cyfradd.

Y cam penderfynu cyfradd yw'r cam arafaf yn y mecanwaith.

Pa wybodaeth a gawn am y cam penderfynu cyfradd?

Mae damcaniaeth gwrthdrawiad yn dweud beth sydd ei angen er mwyn i adwaith ddigwydd:

1. Mae'n rhaid i'r gronynnau wrthdaro er mwyn adweithio.

2. Mae'n rhaid i'r gronynnau fod â digon o egni i adweithio (yr egni actifadu).

Mae'r hafaliad cyfradd yn dweud wrthym faint o ronynnau sy'n gorfod gwrthdaro yn y cam penderfynu cyfradd:

- Mewn adwaith gradd dau, mae'n rhaid i ddau ronyn wrthdaro.

- Mewn adwaith gradd tri, mae'n rhaid i dri gronyn wrthdaro.

- Mewn adwaith gradd un, un gronyn yn unig sydd yn y cam penderfynu cyfradd.

Felly os yr hafaliad cyfradd yw:	Dyma'r adweithyddion yn y cam penderfynu cyfradd:
Cyfradd = $k\,[C_3H_7I][Br^-]$	$C_3H_7I + Br^- \longrightarrow$ cynhyrchion
Cyfradd = $k\,[C_4H_9I]$	$C_4H_9I \longrightarrow$ cynhyrchion
Cyfradd = $k\,[CH_3COOCH_3][H^+]$	$CH_3COOCH_3 + H^+ \longrightarrow$ cynhyrchion

Nid yw'n bosibl nodi'n bendant beth yw cynhyrchion y cam penderfynu cyfradd ym mhob achos, ond mae'n bosibl awgrymu cynhyrchion. Mae'n rhaid iddynt gydbwyso, yn yr un ffordd ag unrhyw hafaliad arall, er enghraifft:

$$C_3H_7I + Br^- \longrightarrow C_3H_7Br + I^-$$

Mae'n rhaid i holl gamau'r mecanwaith, gan gynnwys y cam penderfynu cyfradd, gyfuno i ffurfio'r hafaliad cyfan.

Os dyma'r adweithyddion yn y cam penderfynu cyfradd:	Yr hafaliad cyfradd yw:
$C_3H_7I + Br^- \longrightarrow$ cynhyrchion	Cyfradd = $k\,[C_3H_7I][Br^-]$
$CH_3I \longrightarrow$ cynhyrchion	Cyfradd = $k\,[CH_3I]$

Gallwn ddefnyddio'r wybodaeth a gawn o gineteg adwaith i brofi bod mecanwaith adwaith yn gywir neu'n anghywir. O'r gineteg, gallwn weithio allan beth yw'r adweithyddion ar gyfer y cam penderfynu cyfradd. Os nad oes cam sydd â'r adweithyddion hyn yn y mecanwaith rydym yn ei awgrymu, ni all y mecanwaith fod yn gywir.

Term Allweddol

Y **cam penderfynu cyfradd** yw'r cam arafaf mewn mecanwaith adwaith.

Gwirio gwybodaeth 21

Ysgrifennwch hafaliadau ar gyfer y camau penderfynu cyfradd ar gyfer yr adweithiau cemegol sydd â'r hafaliadau cyfradd canlynol:

a) Cyfradd = $k[C_2H_4][Br_2]$

b) Cyfradd = $k[I_2]$

c) Cyfradd = $k[H_2O_2][I^-][H^+]$

▲ Svante Arrhenius

 Cyswllt Mae effeithiau tymheredd ar gyfraddau wedi'u hesbonio'n ansoddol yn y cwrs UG, Testun 2.2, ar dudalen 112 yn y llyfr UG. Mae'n defnyddio dosraniad Boltzmann.

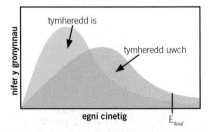

Cyngor arholwr

Byddwch yn ofalus gyda'r unedau y byddwch yn eu defnyddio yn eich cyfrifiadau. Mae unedau egni actifadu'n cael eu rhoi mewn kJ môl⁻¹ fel arfer, ond bydd gwerth R yn cael ei rhoi'n aml mewn J môl⁻¹ K⁻¹. Wrth gyfrifo, mae'n rhaid i chi eu trawsnewid i'r un unedau egni, naill ai drwy luosi'r egni actifadu â 1000 i'w drawsnewid yn J môl⁻¹, neu drwy rannu gwerth R â 1000 i roi kJ môl⁻¹ K⁻¹.

Mae unedau $Ae^{(-E_a/RT)}$ i gyd yn canslo, ac felly nid oes unedau ar gyfer y mynegiad hwn. Mae hyn yn golygu bod yn rhaid i unedau A fod yr un peth ag unedau'r cysonyn cyfradd.

Effaith tymheredd ar gyfraddau

Mae codi tymheredd adwaith yn achosi i'r gyfradd adwaith gynyddu. Gallwn ddefnyddio damcaniaeth gwrthdrawiad i esbonio hyn, gan y bydd gronynnau'n adweithio pan fyddan nhw'n gwrthdaro â digon o egni. Mae codi'r tymheredd yn golygu y bydd gan fwy o'r gwrthdrawiadau ddigon o egni i adweithio, a'r enw ar yr egni hwn yw'r egni actifadu.

Hafaliad Arrhenius

Yn nhermau'r hafaliad cyfradd, nid yw'r tymheredd yn effeithio ar grynodiadau pob sylwedd, ac felly'r cysonyn cyfradd sy'n cael ei effeithio pan fyddwn yn gwresogi neu'n oeri cymysgedd adwaith. Gallwn fesur effaith tymheredd ar y cysonyn cyfradd drwy ddefnyddio hafaliad Arrhenius:

$$k = Ae^{(-E_a/RT)}$$

k = Cysonyn cyfradd

A = Ffactor amlder, sy'n gysylltiedig ag amlder y gwrthdrawiadau rhwng gronynnau. Gallwn ei ystyried fel cysonyn dros ystod gyfyngedig o dymereddau, er ei fod yn newid os bydd y tymheredd yn newid yn sylweddol. Mewn llawer o achosion, mae gwerth y ffactor amlder yn cael ei gyfrifo o set o ddata ar un tymheredd ac wedyn yn cael ei ddefnyddio i gyfrifo'r cysonyn cyfradd ar dymheredd gwahanol.

e = Cysonyn mathemategol, sydd i'w gael ar bob cyfrifiannell gwyddonol.

E_a = Egni actifadu, mewn J môl⁻¹

R = Cysonyn nwy, sy'n cael ei roi ar y ddalen ddata yn yr unedau J K⁻¹ môl⁻¹. Ei werth yw 8.314 J K⁻¹ môl⁻¹.

T = Tymheredd mewn celfin (K)

Gallwn ystyried y mynegiad $e^{(-E_a/RT)}$ fel un sy'n dangos ffracsiwn y gwrthdrawiadau sydd â lefel egni uwch na'r egni actifadu. Gan fod y mynegiad yn cynnwys dau gysonyn (e, R) mae'n rhaid i dri o'r pedwar ffactor sy'n weddill (k, A, E_a a T) fod yn hysbys er mwyn cyfrifo gwerth ar gyfer y ffactor olaf. Mewn llawer o achosion, rydym yn cyfrifo gwerth y ffactor amlder o set o ddata ar un tymheredd.

Enghraifft wedi'i datrys

Cysonyn cyfradd yr adwaith rhwng ïodin a hydrogen i gynhyrchu HI yw

1.37×10^{-4} môl⁻¹ dm³ s⁻¹ ar dymheredd o 575 K. Yr egni actifadu ar gyfer yr adwaith hwn yw 157 kJ môl⁻¹. Cyfrifwch werth y ffactor amlder gan roi ei unedau. Defnyddiwch y gwerth hwn i gyfrifo'r cysonyn cyfradd ar dymheredd o 600 K.

CAM 1: Darganfyddwch werth A drwy ad-drefnu'r mynegiad.

$$k = Ae^{(-E_a/RT)} \quad \text{ac felly} \quad A = k \div e^{(-E_a/RT)}$$

Rydym yn trawsnewid y termau egni yn J felly $A = 1.37 \times 10^{-4} \div e^{(-157 \times 10^3/8.314 \times 575)}$

$$= 1.37 \times 10^{-4} \div e^{-32.84}$$
$$= 2.51 \times 10^{10} \text{ môl}^{-1} \text{ dm}^3 \text{ s}^{-1}$$

Mae gan y ffactor amlder yr un unedau â'r cysonyn cyfradd.

CAM 2: Darganfyddwch werth y cysonyn cyfradd ar 600 K.

$$k = Ae^{(-E_a/RT)}$$

Llenwch y gwerthoedd ar gyfer A, Ea, R a T ar 600 K.

$$k = 2.51 \times 10^{10} \times e^{(-157 \times 10^3/8.314 \times 600)}$$
$$k = 5.38 \times 10^{-4} \text{ môl}^{-1} \text{ dm}^3 \text{ s}^{-1}$$

Darganfod yr egni actifadu

Gallwn ddarganfod yr egni actifadu drwy ad-drefnu hafaliad Arrhenius os oes gennym wybodaeth am y ffactor amlder, ond byddwn gan amlaf yn darganfod gwybodaeth am y cysonyn cyfradd ar wahanol dymereddau. Gallwn ddefnyddio'r wybodaeth hon i ddarganfod y ffactor amlder a hefyd yr egni actifadu. Gallwn ad-drefnu hafaliad Arrhenius gan roi:

$$\ln k = \ln A - {}^{E_a}/_{RT}$$

Gallwn ddefnyddio'r fersiwn hwn o hafaliad Arrhenius i blotio graff llinell syth o $\ln k$ yn erbyn $1/T$, ac mae rhyngdoriad y graff hwn yn rhoi $\ln A$ gyda'r graddiant yn hafal i ${}^{-E_a}/_R$.

- $\ln k$ yw log y cysonyn cyfradd – mae'r logarithm yn addas ar gyfer yr ystod o werthoedd sydd i'w gweld ar gyfer y cysonyn cyfradd ar dymereddau gwahanol.

- Mae $1/T$ yn defnyddio'r tymereddau mewn celfin bob tro.

Mae'r pwynt rhyngdoriad hwn yn rhoi gwerth $\ln A$

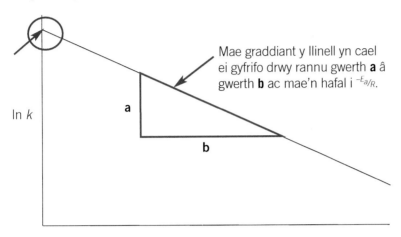

Mae graddiant y llinell yn cael ei gyfrifo drwy rannu gwerth **a** â gwerth **b** ac mae'n hafal i ${}^{-E_a}/_R$.

Mae'r graddiant yn cael ei gyfrifo ar unrhyw bwynt ar y llinell syth. Gwerth y graddiant yw ${}^{-E_a}/_R$, ac felly mae'n rhaid i ni ei luosi â -8.314 J K^{-1} môl^{-1} i ddarganfod gwerth ar gyfer yr egni actifadu. Mae E_a yn cael ei gyfrifo mewn J môl^{-1} yn yr achos hwn ac mae angen ei drawsnewid i kJ môl^{-1} drwy rannu â 1000.

Mae'r rhyngdoriad ar yr echelin fertigol yn rhoi gwerth ar gyfer $\ln A$. I ddarganfod gwerth A rydym yn cyfrifo $e^{\text{gwerth y rhyngdoriad}}$. Mae ei unedau yr un peth ag unedau'r cysonyn cyfradd.

Effaith catalyddion ar gyfradd

Mae catalyddion yn cynyddu cyfradd adweithiau cemegol drwy gynnig llwybrau eraill sydd ag egnïon actifadu is. Nid yw hyn yn effeithio ar y crynodiadau mewn hafaliad cyfradd, ac felly'r cysonyn cyfradd sy'n newid. O edrych ar hafaliad Arrhenius, gallwn weld bod lleihau'r egni actifadu'n cynyddu gwerth $e^{(-E_a/RT)}$ a thrwy hyn yn cynyddu'r cysonyn cyfradd. Gan fod llwybr yr adwaith yn newid, mae'n debyg y bydd gwerth y ffactor amlder hefyd yn newid, ond mae cyfuniad o'r ddau newid yn debygol o achosi cynnydd mawr yn y gyfradd adwaith.

Gwirio gwybodaeth 22

Cyfradd adwaith cemegol gradd un ar 300 K yw 0.0345 môl dm^{-3} s^{-1} pan fydd y crynodiad cychwynnol yn 0.100 môl dm^{-3}. Egni actifadu'r adwaith hwn yw 42 kJ môl^{-1}. Cyfrifwch gyfradd yr adwaith hwn ar 320K gyda chrynodiad cychwynnol o 0.150 môl dm^{-3}.

Uned 3

3.6
Newidiadau enthalpi ar gyfer solidau a hydoddiannau

Pan fydd sylweddau'n cael eu ffurfio neu eu newid, yn ffisegol neu'n gemegol, mae newidiadau egni'n digwydd. Mewn cemeg, mae'r newidiadau rhwng egni cemegol ac egni gwres yn aml o ddiddordeb i ni, ac mae dosbarthu newidiadau'n rhai ecsothermig ac yn rhai endothermig yn hollbwysig o ran deall sut mae cemegwyr yn disgwyl i adweithiau ddigwydd.

Mae gan gemegwyr sawl ffordd o ddisgrifio newidiadau egni penodol, ac mae enwi'r rhain yn gywir yr un mor bwysig ag enwi sylweddau cemegol yn gywir. Dylai newidiadau fel y rhai sy'n gysylltiedig ag enthalpïau ffurfiant a hylosgiad safonol fod yn gyfarwydd yn barod, ond yn yr adran hon byddwn yn trafod rhagor o newidiadau. Bydd y rhain yn ein galluogi i wneud rhagfynegiadau am briodweddau ffisegol a chemegol y sylweddau dan sylw, fel hydoddedd cyfansoddion ïonig.

Cynnwys

Dylech allu dangos a chymhwyso'r hyn rydych yn ei wybod a'i ddeall am y canlynol:

- Newid enthalpi atomeiddiad, ffurfio a thorri dellt, hydradiad a hydoddiant.

- Sut mae hydoddiant cyfansoddion ïonig mewn dŵr (newid enthalpi hydoddiant) yn dibynnu ar y cydbwysedd rhwng newid enthalpi torri dellt ac enthalpïau hydradiad yr ïonau.

- Y prosesau ynghlwm wrth ffurfiant cyfansoddion ïonig syml fel sy'n cael eu disgrifio mewn cylchred Born–Haber.

- Ecsothermigedd neu endothermigedd $\Delta_r H^\theta$ fel dangosydd ansoddol sefydlogrwydd cyfansoddyn.

Mae newidiadau enthalpi yn ffordd o fesur y newidiadau mewn egni yn ystod unrhyw newid cemegol neu ffisegol. Ar gyfer Safon Uwch, gallwch drin enthalpi ac egni fel pe baen nhw yr un peth. Mae gwybod am yr egni sydd ei angen neu sy'n cael ei ryddhau yn ystod adwaith cemegol yn hollbwysig wrth gynllunio proses gemegol mewn labordy ac yn fwy pwysig, hyd yn oed, wrth gynnal adweithiau cemegol ar raddfa ddiwydiannol.

Egwyddor cadwraeth egni

Mae'r holl syniadau am newidiadau egni mewn cemeg a'r holl wyddorau eraill yn seiliedig ar egwyddor cadwraeth egni:

Nid yw'n bosibl creu na dileu egni, dim ond ei drawsnewid o'r naill ffurf i'r llall.

O ran newidiadau cemegol, mae dau beth mawr yn dilyn:

- I fesur newid egni adwaith cemegol, gallwn fesur yr egni sy'n cael ei ryddhau yn yr adwaith. Mae'r lleihad yn egni'r cemegion yn hafal i'r egni sydd wedi cael ei ryddhau ar ffurf gwres neu ffurfiau eraill ar egni.

- Deddf Hess: Mae newid egni unrhyw adwaith cemegol yr un peth pa lwybr bynnag sy'n cael ei gymryd.

 Cyswllt Thermocemeg yn Nhestun 2.1 UG ar dudalennau 94–105 yn y llyfr UG.

Cylchredau egni

Yn aml, mae'n anodd mesur enthalpïau ffurfiant yn uniongyrchol, ond mae'n bosibl defnyddio egwyddor cadwraeth egni i gyfrifo'r enthalpïau o werthoedd y gallwn eu mesur yn haws. Mae'r dull hwn yn seiliedig ar *ddeddf Hess*, y gallwn ei fynegi fel:

'Os yw adwaith yn gallu digwydd ar hyd mwy nag un llwybr, bydd cyfanswm y newid egni ar gyfer pob llwybr yn hafal.'

Mae hyn yn ein galluogi i lunio cylchredau egni fel hwn:

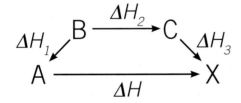

- Os oes gennym adwaith cemegol sy'n newid A yn X, y newid egni sydd i'w weld uchod yw ΔH.

- Os ydym yn newid A yn B yn C ac yna yn X, mae cyfanswm y newid egni yr un fath, h.y. $\Delta H = -\Delta H_1 + \Delta H_2 + \Delta H_3$.

- Os ydym yn gwybod tri o'r pedwar term yn y cylchred egni uchod, gallwn ddefnyddio'r wybodaeth hon i gyfrifo'r pedwerydd newid egni drwy ddefnyddio'r hafaliad hwn.

Mae'n bosibl gwneud cyfrifiadau am enthalpïau ffurfiant heb lunio cylchred egni. Os ydych yn cael enthalpïau ffurfiant **yn unig**, a bod angen i chi weithio allan enthalpi adwaith, mae dull haws o weithio allan y newid enthalpi. Oherwydd y cylchred egni, newid enthalpi unrhyw adwaith yw:

Newid enthalpi = $\Delta_f H^{\theta}$ (ar gyfer pob cynnyrch) – $\Delta_f H^{\theta}$ (ar gyfer pob adweithydd)

COFIWCH:

- Rydym yn cyfrifo'r newid enthalpi drwy ddefnyddio Cynhyrchion – Adweithyddion.

- Os oes gennych rifau cydbwyso yn yr hafaliad, mae'n rhaid i chi eu cynnwys. Er enghraifft, os bydd adwaith yn ffurfio 2NaCl, mae angen i chi gynnwys 2× enthalpi ffurfiant NaCl.

Newidiadau enthalpi safonol

Mae **newid enthalpi adwaith**, sydd â'r symbol **ΔH**, yn fesur o newid egni adwaith. Mae newidiadau enthalpi adwaith safonol, ΔH^θ, sy'n cynrychioli'r newid egni dan amodau safonol, i'w gweld yn amlach.

Amodau safonol yw: Tymheredd o 298K (25 °C)

Crynodiad o 1 môl dm⁻³ ar gyfer hydoddiannau.

Gwasgedd o 101 kPa, neu un atmosffer (1 atm), ar gyfer nwyon.

Cyflwr safonol yw cyflwr ffisegol sylwedd dan amodau safonol, fel nwy ocsigen, hylif dŵr neu sodiwm clorid solet.

Y **newid enthalpi adwaith safonol, ΔH^θ**, yw'r newid enthalpi sy'n digwydd mewn adwaith rhwng symiau molar o adweithyddion yn eu cyflyrau safonol dan amodau safonol.

Rydym yn rhoi enwau arbennig ar newidiadau enthalpi rhai adweithiau penodol ac fe gafodd enthalpïau ffurfiant a hylosgiad safonol eu trafod yn y gwaith UG. Mewn llawer o'r cyfrifiadau ar gyfer cyfansoddion ïonig, rydym yn llunio'r cylchredau egni gyda'r llwybr arall yn mynd drwy'r cyflwr nwyol. Mae hyn yn golygu bod termau egni a gysylltwn â thrawsnewid sylweddau yn atomau neu'n ïonau nwyol, ac yn ôl, yn cael eu defnyddio'n aml.

Newid enthalpi atomeiddiad safonol, $\Delta_{at}H^\theta$

Dyma'r newid enthalpi sy'n digwydd pan fydd un môl o atomau elfen yn y cyflwr nwyol yn cael ei ffurfio o'r elfen yn ei chyflwr safonol dan amodau safonol.

e.e. Na (s) $\rightarrow$ Na (n) neu ½ Cl_2 (n) $\rightarrow$ Cl (n) neu ¼ P_4 (s) $\rightarrow$ P (n)

Newid enthalpi ffurfio dellt safonol, $\Delta_{dellt}H^\theta$

Dyma'r newid enthalpi sy'n digwydd pan fydd un môl o gyfansoddyn ïonig yn cael ei ffurfio o ïonau o'r elfennau yn y cyflwr nwyol.

e.e. Na⁺ (n) + Cl⁻ (n) $\rightarrow$ NaCl (s) neu Ca²⁺ (n) + 2Cl⁻ (n) $\rightarrow$ $CaCl_2$(s)

Efallai y byddwch yn gweld enthalpi torri dellt, sef gwrthdro'r broses hon – y newid egni sy'n digwydd pan fydd un môl o gyfansoddyn ïonig yn cael ei dorri'n ïonau o'r elfennau yn y cyflwr nwyol.

e.e. NaCl (s) $\rightarrow$ Na⁺ (n) + Cl⁻ (n) neu $CaCl_2$ (s) $\rightarrow$ Ca²⁺ (n) + 2Cl⁻ (n)

Newid enthalpi hydradiad safonol, $\Delta_{hydradiad}H^\theta$

Dyma'r newid enthalpi sy'n digwydd pan fydd un môl o gyfansoddyn ïonig mewn hydoddiant yn cael ei ffurfio o ïonau o'r elfennau yn y cyflwr nwyol.

e.e. Na⁺ (n) + Cl⁻ (n) + dŵr $\rightarrow$ NaCl (d) neu Ca²⁺ (n) + 2Cl⁻ (n) + dŵr $\rightarrow$ $CaCl_2$ (d)

Affinedd electronol

Dyma'r newid enthalpi sy'n digwydd pan fydd un môl o ïonau negatif nwyol yn cael ei ffurfio o atomau nwyol sylwedd drwy ennill electron.

$$Cl (n) + e^- \rightarrow Cl^- (n) \text{ neu } O (n) + e^- \rightarrow O^- (n)$$

Egni ïoneiddiad

Dyma'r newid enthalpi sy'n digwydd pan fydd un môl o ïonau positif nwyol yn cael eu ffurfio o atomau nwyol sylwedd drwy golli electron.

$$Na (n) \rightarrow Na^+ (n) + e \text{ neu } Cu (n) \rightarrow Cu^+ (n) + e^-$$

Enthalpi hydoddiant a hydoddedd

Mae sylweddau ïonig yn cynnwys dellten o ïonau positif a negatif sy'n cael eu dal wrth ei gilydd gan rymoedd electrostatig. I hydoddi sylwedd, mae'n rhaid torri'r grymoedd rhwng yr ïonau a dim ond os bydd grymoedd eraill yn cael eu rhoi yn eu lle y gall hyn ddigwydd. Mae'r moleciwlau dŵr yn ddeupolar – mae'r atomau ocsigen yn $\delta-$ a'r atomau hydrogen yn $\delta+$. Mae'r atomau ocsigen yn amgylchynu'r ïonau positif a'r atomau hydrogen yn amgylchynu'r ïonau negatif – rydym yn dweud bod yr ïonau'n hydradol. Yn achos sodiwm clorid, yr ïonau yw Na$^+$ a Cl$^-$ fel sydd i'w weld isod.

DYLECH WYBOD › › ›

››› sut mae newidiadau enthalpi yn rheoli hydoddedd cyfansoddion ïonig

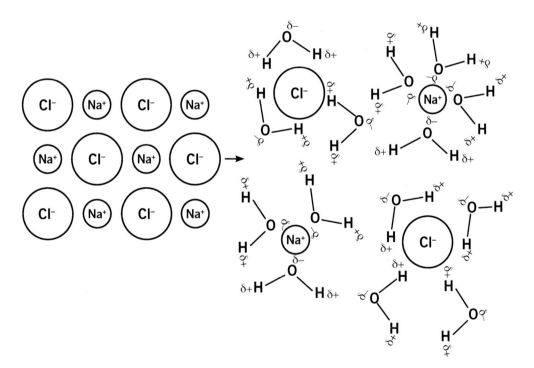

Gwirio gwybodaeth **23**

Newid enthalpi hydradiad safonol ïonau calsiwm yw -1650 kJ môl^{-1} a newid enthalpi hydradiad safonol ïonau clorid yw -364 kJ môl^{-1}. Os yw newid enthalpi torri dellt ar gyfer calsiwm clorid, CaCl$_2$, yn 2237 kJ môl^{-1}, cyfrifwch y newid enthalpi hydoddiant safonol ac esboniwch a ydych yn disgwyl y bydd calsiwm clorid yn hydawdd.

Yr enw ar y newid enthalpi yn ystod y broses hon yw'r newid enthalpi hydoddiant.

Newid enthalpi hydoddiant safonol $\Delta_{\text{hydoddiant}}H^{\theta}$

Dyma'r newid enthalpi sy'n digwydd pan fydd un môl o sylwedd yn hydoddi'n llwyr mewn hydoddydd dan amodau safonol gan ffurfio hydoddiant.

Yr enthalpi hydoddiant yw swm yr enthalpi torri dellt a'r enthalpi hydradiad:

$$M^+X^- (s) \longrightarrow M^+(n) + X^-(n) \longrightarrow M^+(d) + X^-(d)$$

- Mae'r enthalpi torri dellt yn endothermig.

- Mae'r enthalpi hydradiad yn ecsothermig.

Os yw'r enthalpi hydradiad yn fwy na'r enthalpi torri dellt, bydd yr halwyn yn hydoddi; ond, os yw'r enthalpi hydradiad yn llai na'r enthalpi torri dellt, ni fydd yr halwyn yn hydoddi fel arfer. Y mwyaf ecsothermig yw cyfanswm y gwerthoedd hyn, y mwyaf hydawdd y mae halwyn yn debygol o fod. Mae'r un ffactorau'n effeithio ar yr enthalpi torri dellt a'r enthalpi hydoddiant:

- Mae cynyddu'r wefr ar yr ïonau'n cynyddu'r ddau.

- Mae lleihau maint yr ïonau'n cynyddu'r ddau.

Mae hyn yn ei gwneud yn anodd iawn rhagfynegi hydoddedd o egwyddorion cyntaf, ac felly rydym yn defnyddio patrymau mewn hydoddedd i ragfynegi a yw halwynau arbennig yn hydawdd neu beidio.

Enghraifft wedi'i datrys

Defnyddiwch y data isod i esbonio pam mae'r arian clorid yn anhydawdd:

Enthalpi hydradiad safonol ïonau arian, Ag$^+$	–464 kJ mol^{-1}
Enthalpi hydradiad safonol ïonau clorid, Cl$^-$	–364 kJ mol^{-1}
Enthalpi torri dellt safonol ar gyfer AgCl	905 kJ mol^{-1}

Yr enthalpi hydoddiant safonol yw:

Enthalpi hydoddiant safonol = Enthalpi hydradiad safonol + Enthalpi torri dellt

$$= -464 - 364 + 905 = 77 \text{ kJ môl}^{-1}$$

Mae'r broses o hydoddi yn endothermig iawn, ac felly ni fydd yr arian clorid yn hydoddi.

Cylchredau Born–Haber

Cylchredau egni tebyg i'r rhai rydym yn eu gweld ar gyfer prosesau eraill yw cylchredau Born–Haber; ond, mae llawer mwy o gamau. Yn y cylchred egni, mae'r holl elfennau cychwynnol yn cael eu trawsnewid yn atomau yn y cyflwr nwyol, yna yn ïonau ac wedyn maen nhw'n cael eu cyfuno i ffurfio solid (gan ddefnyddio term enthalpi dellt) neu hydoddiant (gan ddefnyddio term enthalpi hydoddiant). Gallwn dorri'r newidiadau egni a gysylltir â'r rhain yn gyfres o gamau bach a'u dangos ar y cylchred Born–Haber (cylchred egni) isod.

DYLECH WYBOD › › ›

››› sut i ddefnyddio cylchredau Born–Haber i gyfrifo gwerthoedd enthalpi

››› sut i lunio cylchredau Born–Haber o ddata sy'n cael eu rhoi

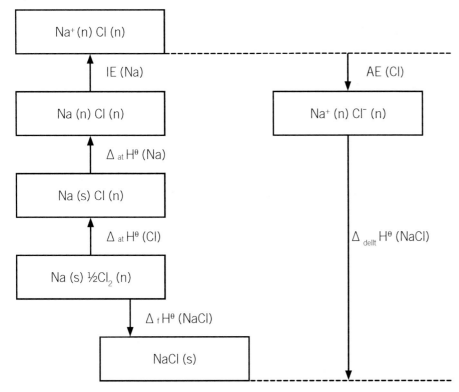

▲ Max Born a Fritz Haber, y gwyddonwyr a roddodd yr enw ar y cylchred Born–Haber

Mae pa mor hawdd yw ffurfio cyfansoddyn ïonig yn dibynnu ar y newidiadau egni sy'n gysylltiedig â phob cam yn y broses. Y camau hyn yw:

Ffurfio atomau yn y cyflwr nwyol: enthalpi atomeiddiad

Dyma'r egni sydd ei angen i ffurfio un môl o atomau elfen yn y cyflwr nwyol o'r elfen yn ei chyflwr safonol.

$$Na (s) \rightarrow Na (n) \quad a \quad \tfrac{1}{2} Cl_2 (n) \rightarrow Cl (n)$$

Ffurfio catïon: egni ïoneiddiad

I ffurfio catïon metel, mae angen i'r atom golli un neu ragor o electronau, ac mae angen rhoi egni yn yr atom i wneud hyn.

$$\text{Egni ïoneiddiad:} \qquad Na (n) \rightarrow Na^+ (n) + e^-$$

Mae'r broses hon yn endothermig bob amser gan fod angen egni i dynnu electron o atom.

▼ **Pwynt astudio**

Mae enthalpi atomeiddiad nwy deuatomig yn hanner yr enthalpi bond.

24 **Gwirio gwybodaeth**

Ysgrifennwch hafaliadau cemegol sy'n cyfateb i'r newidiadau enthalpi safonol canlynol:

(a) Egni ïoneiddiad cyntaf copr

(b) Egni bond Cl_2

(c) Atomeiddiad O_2

(ch) Ffurfio dellten Na_2O

(d) Affinedd electronol fflworin.

Ffurfio anionau

Pan fydd atom anfetel yn ennill electron gan ffurfio anion â gwefr –1, yr enw ar y newid egni yw'r affinedd electronol.

Affinedd electronol: $Cl\ (n) + e^- \rightarrow Cl^-\ (n)$

Mae'r broses hon weithiau'n ecsothermig, ond mae ail a thrydydd affinedd electronol (gan ffurfio ïonau â gwefr –2 a –3) yn endothermig fel arfer.

Enthalpi ffurfio dellt

Mae enthalpïau dellt yn cynrychioli'r egni sy'n cael ei ryddhau pan fydd yr ïonau positif a negatif mewn cyfansoddyn ïonig yn dod at ei gilydd gan ffurfio solid. Mae'r broses hon bob amser yn rhyddhau egni, a'r egni dellt hwn yw'r egni sy'n gyrru ffurfio cyfansoddion ïonig. Gan fod ffurfio catïonau yn endothermig bob amser, a bod ffurfio anionau'n aml yn endothermig, ni fyddai unrhyw gyfansoddion ïonig yn cael eu ffurfio oni bai bod rhyw egni arall yn eu gorbwyso. Mae'r newid egni hwn yn cael ei achosi gan yr ïonau sydd â gwefrau dirgroes yn dod at ei gilydd i ffurfio'r ddellten grisial:

$$Na^+\ (n) + Cl^-\ (n) \rightarrow NaCl\ (s)$$

Mae hyn bob amser yn ecsothermig, a'r mwyaf ecsothermig ydyw, y mwyaf sefydlog yw'r cyfansoddyn ïonig.

Cyfrifiadau yn defnyddio cylchredau Born–Haber sy'n cael eu rhoi

Wrth edrych ar y cylchred Born–Haber ar gyfer sodiwm clorid, y term sy'n 'anhysbys' fel arfer yw'r enthalpi ffurfio dellt, sef y newid o Na^+ (n) a Cl^- (n) i ffurfio NaCl (s), y saeth hiraf ar y diagram. Gallwn gyfrifo'r gwerth hwn drwy ddefnyddio llwybr arall o amgylch y cylchred. Y cyfrifiad yw:

$$\Delta_{\text{Dellt}}H^\theta = -AE\ (Cl) - E\ddot{I}\ (Na) - \Delta_{at}H^\theta\ (Cl) - \Delta_{at}H^\theta\ (Na) + \Delta_f H^\theta\ (NaCl)$$

Wrth ysgrifennu'r hafaliad hwn, rydym yn tynnu'r gwerth bob tro mae'r llwybr yn mynd yn groes i gyfeiriad y saeth ac yn adio'r gwerth bob tro mae'r llwybr yn mynd i gyfeiriad y saeth.

Llunio a defnyddio cylchredau Born–Haber syml

Os na fydd cylchred Born–Haber yn cael ei roi i chi, gallwch lunio un drwy ddefnyddio hafaliadau sy'n cael eu rhoi yn y cwestiwn. Yn yr achos hwn, dylech chwilio am hafaliadau sy'n cynnwys unrhyw sylweddau yn yr hafaliad cemegol a'u cysylltu â'i gilydd i ffurfio cylchred cyfan.

Enghraifft wedi'i datrys

Cyfrifwch yr enthalpi ffurfio dellt ar gyfer calsiwm hydrid, CaH_2 gan ddefnyddio'r data sy'n cael eu rhoi.

$$Ca\ (s) + H_2\ (n) \rightarrow CaH_2\ (s) \quad \Delta_f H^\theta = -189\ \text{kJ môl}^{-1}$$

	Newid enthalpi / kJ môl^{-1}
$Ca\ (s) \rightarrow Ca\ (n)$	193
$Ca\ (n) \rightarrow Ca^+\ (n) + e$	590
$Ca^+\ (n) \rightarrow Ca^{2+}\ (n) + e$	1150
$H_2\ (n) \rightarrow 2H\ (n)$	436
$H\ (n) + e \rightarrow H^-\ (n)$	–72

Yn yr achos hwn, dechreuwch gyda'r hafaliad sy'n cael ei roi ac ychwanegwch y gwerth anhysbys:

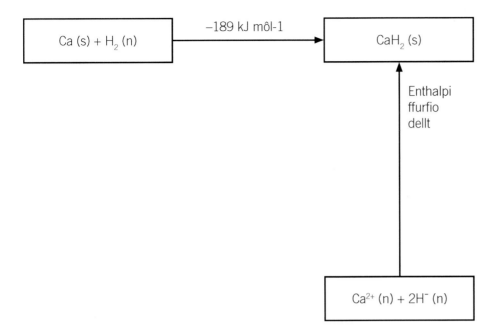

Nesaf, nodwch unrhyw newidiadau y gallwn eu cysylltu â'r cylchred Born–Haber sgerbydol hwn. Drwy edrych ar yr adweithyddion Ca (s) ac H_2(n), mae'n bosibl nodi adweithiau atomeiddio ar gyfer y ddau sylwedd o'r tabl data. Gallwch ychwanegu'r rhain at y cylchred.

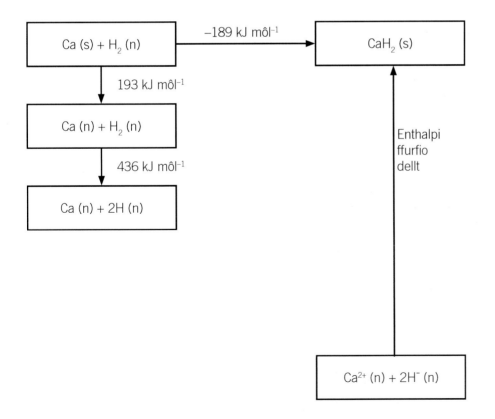

Nesaf, gallwn weld bod y tabl data'n cynnwys camau i ffurfio'r ïonau Ca^{2+} ac H^- o'r atomau hyn, ond mae angen i ni wneud yn siŵr bod y gwerthoedd ar gyfer H wedi dyblu gan fod dau ohonynt. Mae hyn yn ein galluogi i gwblhau'r cylchred.

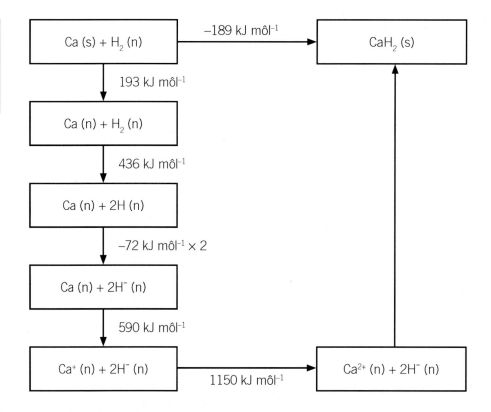

Nawr mae'n bosibl cwblhau'r cyfrifiad:

Enthalpi ffurfio dellt $= -(1150) - (590) - (2 \times -72) - (436) - (193) + (-189)$
$= -2414$ kJ môl^{-1}

Sefydlogrwydd cyfansoddion

Os yw newid enthalpi ffurfiant cyfansoddyn yn negatif, mae egni'n cael ei ryddhau wrth i'r cyfansoddyn gael ei ffurfio o'i elfennau. Mae hyn yn dweud wrthym fod y cyfansoddyn yn sefydlog o'i gymharu â'i elfennau. Y mwyaf negatif yw newid enthalpi cyfansoddyn, y mwyaf sefydlog yw e.

Os yw'r newid enthalpi ffurfiant yn bositif, yna mae'r cyfansoddyn yn ansefydlog o'i gymharu â'r elfennau sy'n ei ffurfio. Nid yw hyn yn golygu nad yw'r cyfansoddyn yn gallu bodoli, ond mae'n golygu bod angen egni i drawsnewid yr elfennau er mwyn ffurfio'r cyfansoddyn. Mae gan lawer o'r cyfansoddion sy'n bodoli newid enthalpi ffurfiant positif ond nid ydynt yn dadelfennu oherwydd bod y broses yn rhy araf.

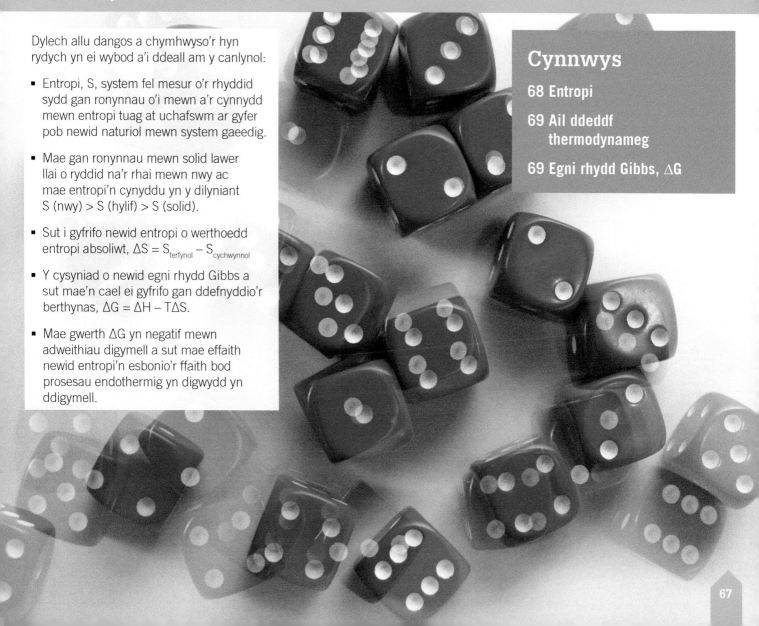
Entropi a dichonoldeb adweithiau

Mae angen i gemegwyr allu rhagfynegi a yw adwaith yn bosibl heb orfod rhoi cynnig ar bob un. Maen nhw'n defnyddio amrywiaeth o ddamcaniaethau a syniadau i ragfynegi dichonoldeb ac mae rhai o'r rhai a welsom hyd yn hyn, fel newid enthalpi adwaith, yn rhoi syniad bras yn unig a yw adwaith yn ddichonadwy.

Mae entropi yn un o brif gysyniadau gwyddoniaeth. Mae llawer o wahanol ffyrdd o'i ddisgrifio, ond mae ail ddeddf thermodynameg yn nodi y bydd cyfanswm yr entropi mewn unrhyw system yn cynyddu yn ystod unrhyw newid digymell. Mae hyn yn golygu bod deall entropi'n hanfodol ar gyfer rhagfynegi a yw adweithiau'n ddichonadwy.

Dylech allu dangos a chymhwyso'r hyn rydych yn ei wybod a'i ddeall am y canlynol:

- Entropi, S, system fel mesur o'r rhyddid sydd gan ronynnau o'i mewn a'r cynnydd mewn entropi tuag at uchafswm ar gyfer pob newid naturiol mewn system gaeedig.

- Mae gan ronynnau mewn solid lawer llai o ryddid na'r rhai mewn nwy ac mae entropi'n cynyddu yn y dilyniant S (nwy) > S (hylif) > S (solid).

- Sut i gyfrifo newid entropi o werthoedd entropi absoliwt, $\Delta S = S_{terfynol} - S_{cychwynnol}$

- Y cysyniad o newid egni rhydd Gibbs a sut mae'n cael ei gyfrifo gan ddefnyddio'r berthynas, $\Delta G = \Delta H - T\Delta S$.

- Mae gwerth ΔG yn negatif mewn adweithiau digymell a sut mae effaith newid entropi'n esbonio'r ffaith bod prosesau endothermig yn digwydd yn ddigymell.

Entropi

Mae entropi'n aml yn cael ei ddisgrifio fel yr anhrefn mewn system. Mae gan y bicer ar y chwith entropi isel ac mae gan y bicer ar y dde entropi uwch o lawer.

DYLECH WYBOD › › ›

› › › bod entropi'n mesur graddau rhyddid mewn system

› › › sut mae entropi'n amrywio rhwng cyflyrau ffisegol gwahanol

Ymestyn a Herio

Wrth ystyried entropi un sylwedd mewn cyflyrau ffisegol gwahanol, mae'r patrwm: S (solid) < S (hylif) < S (nwy) yn wir. Ond, wrth ystyried sylweddau gwahanol, mae graddau rhyddid yn y moleciwl. Bydd gan foleciwl mawr fel hecsan yn y cyflwr hylifol entropi mwy na moleciwl bach fel methan yn y cyflwr nwyol. Mae hyn oherwydd bod moleciwl hecsan yn gallu plygu mewn sawl ffordd, ac mae'r rhain yn cynyddu entropi'r moleciwl er ei fod yn hylif.

Nid y diffiniad hwn o entropi yw'r un sy'n cael ei ddefnyddio'n bennaf mewn cemeg. Mae cemegwyr yn ystyried entropi fel gradd o ryddid system – mae gan ronynnau sy'n gallu symud yn rhydd i unrhyw gyfeiriad entropi uwch o lawer na gronynnau sy'n cael eu cyfyngu.

- Os yw'r atomau mewn safleoedd sefydlog mewn system, heb unrhyw ryddid i symud, mae'r entropi yn isel. Mae hyn yn nodweddiadol o solid.

- Os yw'r atomau mewn system yn rhydd i symud i unrhyw gyfeiriad ond yn gorfod aros yn agos at ei gilydd, mae'r entropi'n fwy. Mae hyn yn nodweddiadol o hylif.

- Os yw'r atomau mewn system yn rhydd i symud i unrhyw gyfeiriad ac i symud i unrhyw safle, mae'r entropi'n uchel. Mae hyn yn nodweddiadol o nwy.

Y symbol ar gyfer entropi yw S, a'i unedau yw joule y celfin (J K^{-1}); mae entropïau safonol yn cael eu nodi mewn J K^{-1} môl^{-1}. Ar gyfer unrhyw sylwedd yn ei wahanol gyflyrau ffisegol, entropi'r nwy yw'r mwyaf ac entropi'r solid yw'r lleiaf:

$$S \text{ (solid)} < S \text{ (hylif)} < S \text{ (nwy)}$$

Newidiadau entropi

Mewn adwaith cemegol, mae'n bosibl cyfrifo'r newid entropi o entropi safonol y sylweddau dan sylw. Entropi safonol sylwedd yw entropi un môl mewn cyflwr ffisegol penodol dan amodau safonol. Mae tablau data ar gael sy'n eu rhestru ar gyfer nifer o sylweddau. Y cyfrifiad yw:

$$\Delta S = S \text{ (pob cynnyrch)} - S \text{ (pob adweithydd)}$$

Enghraifft wedi'i datrys

Cyfrifwch y newid entropi ar gyfer hylosgiad methan.

$$CH_4 (n) + 2O_2 (n) \rightarrow CO_2 (n) + 2H_2O (h)$$

Sylwedd	Cyflwr ffisegol	Entropi safonol / $J K^{-1} môl^{-1}$
Methan, CH_4	Nwy	186
Hecsan, C_6H_{14}	Hylif	204
Ocsigen, O_2	Nwy	205
Carbon deuocsid, CO_2	Nwy	214
dŵr, H_2O	Hylif	70
dŵr, H_2O	Nwy	189

Y newid entropi yw:

$$\Delta S = S(CO_2) + 2 \times S(H_2O) - S(CH_4) - 2 \times S(O_2)$$
$$= 214 + 140 - 186 - 410$$
$$= -4 \ J \ K^{-1} \ môl^{-1}$$

Sylwch mai'r gwerth a ddefnyddiwyd ar gyfer dŵr yw'r un ar gyfer y cyflwr hylifol oherwydd dyna beth sydd yn yr hafaliad cemegol.

Gwirio gwybodaeth 25

Cyfrifwch y newid entropi ar gyfer hylosgiad hecsan, gan dybio bod y dŵr yn cael ei gynhyrchu yn y cyflwr hylifol.

Ail ddeddf thermodynameg

Mae ail ddeddf thermodynameg yn nodi:

> Bydd entropi bob amser yn tueddu i gynyddu mewn unrhyw system arunig nad yw mewn ecwilibriwm.

Yn syml, mae hyn yn golygu, os ydych yn cymryd unrhyw system drefnus sydd ddim mewn ecwilibriwm, y bydd yn tueddu i gynyddu ei gradd o ryddid oni bai bod gwaith yn cael ei wneud iddi. Mae'n bwysig ein bod yn trafod cyfanswm yr entropi yn yr achos hwn – gall entropi leihau mewn rhannau o'r system ond dim ond oherwydd bod entropi'n cynyddu mewn rhannau eraill.

Gyda hylosgiad methan, mae'r newid entropi sy'n cael ei gyfrifo i'r sylweddau dan sylw yn negatif – mae entropi'r sylweddau'n lleihau. Mae'n ymddangos bod hyn yn groes i ail ddeddf thermodynameg. Ond, mae'r hylosgiad yn rhyddhau llawer o egni gwres i'r amgylchedd. Mae hyn yn cynyddu entropi'r amgylchedd, yn fwy felly na'r lleihad yn entropi'r sylweddau yn yr adwaith.

DYLECH WYBOD › › ›

› › › sut mae newidiadau entropi'n rheoli dichonoldeb unrhyw newidiadau

DYLECH WYBOD › › ›

› › › sut i gyfrifo egni rhydd Gibbs

› › › sut mae egni rhydd Gibbs yn gallu penderfynu a yw adweithiau'n ddichonadwy neu beidio

Egni rhydd Gibbs, ΔG

Yn y testun blaenorol, rydym wedi awgrymu bod adweithiau cemegol yn tueddu i ddigwydd pan fydd y newid egni'n negatif, h.y. maen nhw'n ecsothermig. Mae'n wir bod y rhan fwyaf o adweithiau cemegol yn ecsothermig, ond mae rhai adweithiau endothermig hefyd yn digwydd. I esbonio hyn, mae'n rhaid i ni ystyried enthalpi ac entropi gyda'i gilydd. Gallwn eu cyfuno yn egni rhydd Gibbs, ΔG. Y berthynas yw:

$$\Delta G = \Delta H - T\Delta S$$

Pwynt astudio

Wrth gyfrifo egni rhydd Gibbs, mae'n rhaid gwneud yn siŵr bod unedau enthalpi ac entropi yr un peth. Gan fod egni rhydd Gibbs fel arfer yn cael ei nodi mewn $kJ \ môl^{-1}$, mae'n well trawsnewid gwerthoedd entropi yn kJ drwy rannu gwerthoedd entropi â 1000.

- ΔG yw'r newid mewn egni rhydd Gibbs mewn kJ môl^{-1} neu J môl^{-1}.

- ΔH yw'r newid enthalpi mewn kJ môl^{-1} neu J môl^{-1}.

- ΔS yw'r newid entropi mewn kJ môl^{-1} K^{-1} neu J môl^{-1} K^{-1}. Mae'n rhaid defnyddio'r un unedau egni (J neu kJ) drwyddi draw.

- T yw'r tymheredd mewn celfin (K).

Os yw'r newid egni rhydd yn negatif, bydd adwaith yn digwydd yn ddigymell, ond os yw'r newid egni rhydd yn bositif, ni fydd yr adwaith yn digwydd yn ddigymell. Os oes gan adwaith newid egni rhydd positif, efallai y bydd yn bosibl achosi i'r adwaith ddigwydd drwy newid y tymheredd:

- Os yw ΔS yn bositif (cynnydd mewn entropi), er enghraifft os oes nwy'n cael ei gynhyrchu, bydd codi'r tymheredd yn gwneud $-T\Delta S$ yn fwy negatif nes bod y newid cyfan yn negatif.

- Os yw ΔS yn negatif (lleihad mewn entropi), er enghraifft os oes gwaddodi, bydd lleihau'r tymheredd yn gwneud $-T\Delta S$ yn is ac yn llai positif nes bod y newid cyfan yn negatif.

Oherwydd y bydd yr adwaith yn digwydd yn ddigymell os yw'r egni rhydd yn negatif, mae hyn yn golygu y bydd newid sydd â chynnydd mawr mewn entropi'n digwydd hyd oed os yw'n endothermig, gan y bydd yr entropi'n ddigon i wneud y newid egni rhydd Gibbs yn negatif. Gall newidiadau endothermig fod yn newidiadau ffisegol, fel berwi neu hydoddi neu newidiadau cemegol fel dadelfeniad thermol rhai halwynau lle mae nwyon yn cael eu cynhyrchu.

Enghraifft wedi'i datrys

Newid enthalpi hylosgiad methan yw -890 kJ môl^{-1} gyda newid entropi -4 J K^{-1} môl^{-1}. Dangoswch fod yr adwaith yn ddichonadwy ar 298 K.

$$\Delta G = \Delta H - T\Delta S$$

$$= -890 - (298 \times -4 \div 1000) \qquad \text{Mae} \div 1000 \text{ yn trawsnewid J yn kJ}$$

$$= -889 \text{ kJ môl}^{-1}$$

Gan fod y gwerth yn negatif, mae'r adwaith yn ddichonadwy ar 298K.

Mae rhai adweithiau'n ddichonadwy ar rai tymereddau ond nid ar rai eraill. Y tymheredd pan ddaw'r adwaith yn ddichonadwy yw'r un pan fydd gwerth ΔG yn newid o fod yn bositif i fod yn negatif. Ar y pwynt hwn $\Delta G = 0$. Gallwn ddefnyddio hyn i ddarganfod y tymheredd lleiaf pan ddaw adwaith yn ddichonadwy.

$$\Delta G = \Delta H - T\Delta S = 0 \qquad \text{felly} \qquad \Delta H = T\Delta S$$

Mae hyn yn ad-drefnu: $\qquad\qquad T = \Delta H \div \Delta S$

Enghraifft wedi'i datrys

Darganfyddwch y tymheredd isaf lle bydd adwaith yn digwydd pan fydd ΔH yn 46.0 kJ môl^{-1} a ΔS yn 140 J K môl^{-1}.

$$T = 46 \div 0.140 = 329 \text{ K}$$

Mae'r adwaith yn ddichonadwy ar dymereddau yn fwy na 329 K.

Ac mae rhoi'r gwerthoedd i mewn yn rhoi: K_c = (0.0235)^2/ (0.0035 × 0.0035) = 45.1

Oherwydd bod dau grynodiad ar linell uchaf y fformiwla a dau ar y llinell isaf, maen nhw'n canslo ac **nid oes gan K_c unedau**.

Os nad yw'r wybodaeth sy'n cael ei rhoi yn rhestru crynodiadau pob adweithydd a chynnyrch ar ecwilibriwm, mae angen i chi eu cyfrifo. Yn aml bydd y cwestiwn yn rhoi crynodiadau pob adweithydd ar ddechrau'r adwaith ac yn rhoi crynodiad *un* o'r cynhyrchion ar ecwilibriwm.

Cyngor arholwr

Wrth gyfrifo gwerthoedd crynodiadau ar ecwilibriwm, cofiwch nad yw nifer y molau o gyfansoddion yn cael ei gadw mewn adwaith. Mae'n bosibl cael mwy o folau o gynhyrchion na nifer y molau o adweithyddion.

Enghraifft wedi'i datrys

Mae hydoddiant yn cynnwys yr un nifer o folau o A a B a chrynodiad pob un yw 0.5 môl dm^{-3}. Mae'r hydoddiant yn cael ei adael i gyrraedd ecwilibriwm, pan fydd y cymysgedd yn cynnwys 0.2 môl dm^{-3} o D. Cyfrifwch werth K_c.

$$A + B \rightarrow 2C + D$$

	[A]	[B]	[C]	[D]
Ar y dechrau	0.5	0.5	0	0
Ar ecwilibriwm	0.3	0.3	0.4	0.2

Ar y dechrau, A a B yn unig sydd gennym, a chrynodiad pob un yw 0.5 môl dm^{-3}.

Ar ecwilibriwm, [D] = 0.2 sydd gennym, ac oherwydd bod 2C yn cael eu gwneud pan fydd pob D yn cael ei wneud, yna [C] = 0.4 môl dm^{-3}.

I wneud 0.2 D, mae'n rhaid i ni ddefnyddio 0.2 A a 0.2 B, gan adael 0.3 o bob un ar ôl.

Nawr, mae'n rhaid i ni ysgrifennu mynegiad ar gyfer K_c a rhoi'r gwerthoedd hyn ynddo i gael gwerth K_c.

$$K_c = \frac{[C]^2[D]}{[A][B]} = \frac{0.4^2 \times 0.2}{0.3 \times 0.3} = \textbf{0.36 môl dm}^{-3}$$

Mae tri therm crynodiad yn y rhifiadur a dau yn yr enwadur. Mae'r rhain yn canslo gan adael un set o unedau crynodiad ar gyfer y cysonyn ecwilibriwm.

Cyngor arholwr

Wrth ysgrifennu cysonion ecwilibriwm, dylech ysgrifennu pob gwefr y tu mewn i'r bachau petryal. Mae arholwyr yn aml yn gweld gwefrau'n cael eu rhoi y tu allan, er enghraifft [NH$_4$]$^+$, sy'n anghywir.

Defnyddio gwerthoedd K_c

Gallwn ddefnyddio cysonion ecwilibriwm i gyfrifo faint o'r gwahanol adweithyddion sy'n bresennol mewn cymysgedd. Os yw gwerth cysonyn ecwilibriwm yn cael ei roi i ni, mae'n bosibl cyfrifo canran pob sylwedd ar ecwilibriwm.

Enghraifft wedi'i datrys

Y cysonyn ecwilibriwm, K_c, ar gyfer yr adwaith isod yw 8 môl dm^{-3}. Os oes 2 môl dm^{-3} o N_2O_4 mewn cymysgedd ecwilibriwm, pa grynodiad o NO_2 sy'n bresennol?

$$N_2O_4 \text{ (n)} \rightleftharpoons 2NO_2 \text{ (n)}$$

Cam 1: Gweithio allan y mynegiad ar gyfer K_c yn nhermau crynodiad.

$$K_c = \frac{[NO_2]^2}{[N_2O_4]}$$

Cam 2: Rhoi'r rhifau i'r hafaliad:

$$8 = \frac{[NO_2]^2}{2} \quad \text{felly } [NO_2]^2 = 16 \quad \text{gan roi } \textbf{[NO}_2\textbf{] = 4 môl dm}^{-3}$$

▼ **Pwynt astudio**

Gallwn fesur gwasgedd mewn Pa, kPa, neu mewn atmosffer. Mae'r cyfrifiadau hyn yn gweithio ar gyfer pob un o'r tair uned hyn, ond mae'n rhaid i'r uned y byddwch yn ei defnyddio ar y diwedd gyfateb i'r unedau sy'n cael eu defnyddio. Os cewch werthoedd gwasgedd mewn unedau sy'n wahanol i'r rhai sydd eu hangen yn yr ateb, gwnewch y trawsnewidiad cyn rhoi'r rhifau mewn mynegiad ar gyfer K_p

29 Gwirio gwybodaeth

Cyfanswm gwasgedd cymysgedd o'r un nifer o folau o H_2 ac I_2 yw 101000 Pa. Mae'r cymysgedd yn cyrraedd ecwilibriwm dynamig, sy'n cynnwys HI â gwasgedd rhannol o 37500 Pa. Cyfrifwch werth K_p.

$$H_2 \text{ (n)} + I_2 \text{ (n)} \rightleftharpoons 2HI \text{ (n)}$$

▼ **Pwynt astudio**

Mae unedau'r cysonyn ecwilibriwm yn dibynnu ar unedau'r gwasgedd sy'n cael eu defnyddio. Os yw'r gwasgedd mewn Pascalau bydd unedau K_p mewn lluosrifau Pa – yn aml maen nhw'n Pa^{-2}, Pa^{-1}, Pa neu Pa^2. Gall yr unedau ar gyfer pob gwasgedd rhannol ar linell uchaf y mynegiad ganslo ag unrhyw rai ar y llinell isaf, gan adael unedau'r mynegiad. Os yw'r un nifer o foleciwlau ar ddwy ochr yr adwaith cildroadwy, bydd yr un niferoedd ar y llinell uchaf a'r llinell isaf a byddan nhw i gyd yn canslo gan adael dim unedau.

Cyfrifo a defnyddio cysonion ecwilibriwm, K_p

Os ydych yn gwybod beth yw gwasgeddau rhannol pob nwy mewn cymysgedd ecwilibriwm, mae'n bosibl cyfrifo gwerthoedd ar gyfer y cysonyn ecwilibriwm K_p hefyd. Mae'r gwasgedd rhannol yn cynrychioli'r rhan o gyfanswm y gwasgedd y mae'r nwy dan sylw'n ei roi.

Gwasgedd rhannol = % y nwy dan sylw × gwasgedd

Gwasgedd rhannol = Gwasgedd y nwy dan sylw mewn cymysgedd

Mewn cyfrifiad syml, bydd y cwestiwn yn rhoi gwasgeddau rhannol pob sylwedd sy'n bresennol mewn cymysgedd ecwilibriwm, a'r cyfan sydd angen ei wneud yw eu rhoi yn y mynegiad ar gyfer y cysonyn ecwilibriwm.

Enghraifft wedi'i datrys

Mae amonia'n cael ei gynhyrchu o nwyon hydrogen a nitrogen yn ystod proses Haber. Mae cymysgedd yn cynnwys nwyon hydrogen a nitrogen, pob un â gwasgedd rhannol o 300 Pa ac amonia â gwasgedd rhannol o 4230 Pa. Cyfrifwch werth K_p dan yr amodau hyn.

$$K_p = \frac{p_{NH_3}^2}{p_{N_2}\, p_{H_2}^3} \quad \text{lle mae } p_X \text{ yn cynrychioli gwasgedd rhannol X}$$

Mae amnewid y gwerthoedd uchod yn rhoi:

$$K_p = \frac{4230^2}{300 \times 300^3} = 2.2 \times 10^{-3} \text{ Pa}^{-2}$$

Wrth fesur a chyfrifo gwerth ar gyfer K_p mewn arbrawf, mae'n fwy tebygol y byddwch yn gwybod gwasgeddau cychwynnol y nwy(on) gan ei bod yn hawdd eu mesur. Yna bydd mesur un nwy yn y cymysgedd ecwilibriwm yn eich galluogi i gyfrifo gwasgeddau rhannol pob un a thrwy hyn gyfrifo K_p.

Enghraifft wedi'i datrys

Cafodd sampl o PCl_5 pur â gwasgedd rhannol o 1.01×10^6 Pa ei roi mewn llestr. Cafwyd yr ecwilibriwm isod, gyda gwasgedd rhannol o 4.02×10^4 Pa ar gyfer PCl_3.

$$PCl_5 \text{ (n)} \rightleftharpoons PCl_3 \text{ (n)} + Cl_2 \text{ (n)}$$

Cyfrifwch werth K_p ar y tymheredd hwn.

I ddechrau, mae'n rhaid cyfrifo'r gwerthoedd ar gyfer gwasgeddau rhannol PCl_5 a Cl_2.

Cl_2: Pan fydd un môl o PCl_3 yn cael ei gynhyrchu, bydd 1 môl o Cl_2 yn cael ei gynhyrchu hefyd, ac felly mae gwasgedd rhannol o 4.02×10^4 ar gyfer PCl_3 yn golygu bod gwasgedd rhannol Cl_2 yr un peth.

PCl_5: Pan fydd 4.02×10^4 Pa o PCl_3 yn cael ei gynhyrchu, mae'n rhaid bod 4.02×10^4 Pa o PCl_5 wedi dadelfennu, gan adael $1.01 \times 10^6 - 4.02 \times 10^4$ Pa $= 9.698 \times 10^5$ Pa.

Nesaf rydym yn rhoi'r ffigurau hyn yn y mynegiad ar gyfer K_p:

$$K_p = \frac{p_{Cl_2} \times p_{PCl_3}}{p_{PCl_5}} = \frac{4.02 \times 10^4 \times 4.02 \times 10^4}{9.698 \times 10^5} = 1666 \text{ Pa}$$

3.9
Ecwilibria asid–bas

Mae rhai asidau a basau ymhlith y cyfansoddion mwyaf cyfarwydd, ond mae amrywiaeth eang iawn o gyfansoddion asidig a basig. Maen nhw'n cynnwys asidau a basau cryf a rhai gwan ac mae priodweddau'r rhain yn gallu bod yn wahanol iawn. Mae asidau gwan fel asid ethanöig i'w cael mewn llawer o'n bwydydd, ond mae asidau cryf fel asid sylffwrig yn gallu bod yn gyrydol iawn ac yn niweidiol i bethau byw.

Gall adweithiau asid–bas fod yn gildroadwy a chreu ecwilibria dynamig. Mae'n bosibl cymhwyso cysyniadau ecwilibria cyffredinol i asidau a basau i ddarganfod sut bydd y sylweddau hyn yn ymddwyn. Yn y testun hwn byddwn yn astudio ecwilibria o asidau gwan, basau a byfferau.

Dylech allu dangos a chymhwyso'r hyn rydych yn ei wybod a'i ddeall am y canlynol:

- Damcaniaeth asidau a basau Lowry–Brønsted a'r gwahaniaethau mewn ymddygiad rhwng asidau a basau cryf a gwan, gan eu hesbonio yn nhermau'r cysonyn daduniad asid, K_a.

- Arwyddocâd lluoswm ïonig dŵr, $K_{dŵr}$ a sut i ddefnyddio pH, $K_{dŵr}$, K_a a pK_a mewn cyfrifiadau gydag asidau cryf a gwan a pH a $K_{dŵr}$ mewn cyfrifiadau gyda basau cryf.

- Siapiau cromliniau titradiadau ar gyfer systemau asid cryf/bas cryf, asid cryf/bas gwan, asid gwan/bas cryf ac asid gwan/bas gwan a sut mae dangosyddion addas yn cael eu dewis ar gyfer titradiadau asid–bas.

- Sut mae hydoddiannau byffer yn gweithio a sut i ddefnyddio pH, $K_{dŵr}$, K_a a pK_a mewn cyfrifiadau byffer.

- Pwysigrwydd hydoddiannau byffer mewn systemau byw a phrosesau diwydiannol.

- Asidedd a basigedd hydoddiannau rhai halwynau a'r cysyniad o hydrolysis halwynau asid cryf/bas cryf, asid cryf/bas gwan ac asid gwan/bas cryf.

Cynnwys

Cyswllt Trafodwyd ecwilibria asid–bas i ddechrau yn Nhestun 1.7 UG.

Termau Allweddol

Mae **crynodedig** yn golygu bod llawer o asid neu fas wedi hydoddi mewn cyfaint penodol o ddŵr.

Mae **gwanedig** yn golygu bod ychydig o asid neu fas wedi hydoddi mewn cyfaint penodol o ddŵr.

▼ **Pwynt astudio**

Termau yw **gwanedig** a **chrynodedig** sy'n cyfeirio at **GRYNODIAD**.

Termau yw **cryf** a **gwan** sy'n cyfeirio at y graddau y mae **DADUNIAD YN DIGWYDD**.

Cyngor arholwr

Peidiwch â drysu rhwng asid gwan ac asid gwanedig.

Peidiwch â drysu rhwng asid cryf ac asid crynodedig.

Asidau a basau

Mae sawl diffiniad o asidau a basau mewn cemeg, ond un o'r rhai mwyaf cyffredin a defnyddiol yw diffiniad Lowry–Brønsted.

Asid yw sylwedd sy'n rhyddhau neu'n rhoi ïonau H⁺, h.y. mae'n gyfrannydd H⁺.

Yn yr un ddamcaniaeth, dyma yw bas:

Bas yw unrhyw sylwedd sy'n tynnu neu'n derbyn ïonau H⁺, h.y. mae'n dderbynnydd H⁺.

Asidau a basau cryf a gwan

Trafodwyd y gwahaniaethau rhwng asidau cryf a gwan yn nhermau pH i ddechrau, ond ffordd well yw ystyried i ba raddau y mae'r asid yn daduno.

Asid cryf yw un sy'n daduno bron yn llwyr i ïonau H⁺ ac ïonau negatif mewn hydoddiant mewn dŵr, e.e. asid hydroclorig, HCl:

$$HCl\,(d) \rightarrow H^+\,(d) + Cl^-\,(d)$$

Asid gwan yw un sy'n daduno'n rhannol yn unig i ïonau H⁺ ac ïonau negatif mewn dŵr. Mae'r ïonau rhydd mewn ecwilibriwm â moleciwl yr asid sydd heb ddaduno, e.e. asid ethanöig, CH_3COOH:

$$CH_3COOH\,(d) \rightleftharpoons H^+\,(d) + CH_3COO^-\,(d)$$

Mae hyn yn achosi'r gwahaniaethau mewn pH, ac felly mae pH hydoddiant asid cryf â chrynodiad 1 môl dm⁻³ yn 0, ond mae pH hydoddiant asid gwan penodol â chrynodiad 1 môl dm⁻³ yn 4.0, sef 10000 gwaith llai o ïonau H⁺ rhydd.

Edrych ar pH

Fel arfer rydym yn nodi cryfderau asidau ar raddfa pH, sy'n rhedeg o 0 (asid cryf) i 14 (alcali cryf) drwy 7, sy'n niwtral. Gallwn fesur pH drwy ddefnyddio chwiliedydd pH, a fydd yn rhoi gwerth ar gyfer pH yr hydoddiant, neu'n symlach gallwn ddefnyddio dangosydd neu bapur pH i gael gwerth bras y pH.

| 0 | 1 | 2 | 3 | 4 | 5 | 6 | 7 | 8 | 9 | 10 | 11 | 12 | 13 | 14 |

| Asid cryf | | | | Asid gwan | | | Niwtral | | Alcali gwan | | | | Alcali cryf | |

Mae gan asidau werthoedd pH dan 7. Yn fras, y pellaf yw gwerth pH hydoddiant o dan niwtral (7), y cryfaf yw'r asid.

Mae gan alcalïau werthoedd pH dros 7. Yn fras, y pellaf yw gwerth pH hydoddiant dros niwtral (7), y cryfaf yw'r alcali.

Rydym yn cael y rhifau ar y raddfa pH gan grynodiad yr ïonau H⁺ (d).

$$pH = -\log[H^+\,(d)]$$ lle mae log yn golygu $\log_{10}$.

Sylwch: gwerth $\log[10^x]$ yw x, felly os $[H^+] = 10^{-7}$, fel y mae ar gyfer dŵr, pH $= -\log[10^{-7}] = 7$

Felly:

- Mae newid o un uned pH yn cyfateb i newid 10 gwaith mewn crynodiad H⁺, felly mae 2 uned pH yn cyfateb i 100 waith, mae 3 yn cynrychioli 1000 gwaith.

- Mae'r arwydd minws yn golygu bod pH uwch yn golygu crynodiad H⁺ is.

Cysonion daduniad asid, K_a

Pan fydd asid yn daduno, mae'n broses ecwilibriwm, ac felly mae ganddo gysonyn ecwilibriwm.

$$HA\,(d) \rightleftharpoons H^+\,(d) + A^-\,(d)$$

I'r ecwilibriwm uchod, $K_c = \dfrac{[H^+(d)][A^-(d)]}{[HA(d)]}$ Yr unedau ar gyfer hyn bob amser yw môl dm^{-3}

Os ydym yn anwybyddu'r dŵr, gallwn ysgrifennu'r cysonyn daduniad asid, K_a:

$$K_a = \dfrac{[H^+][A^-]}{[HA]}$$

Y mwyaf y mae'r asid yn daduno, y mwyaf o ïonau hydrogen ac anionau sy'n bresennol, ac felly'r mwyaf yw gwerth K_a.

Bydd gan asid gwan werth K_a isel.

Bydd gan asid cryf werth K_a uchel.

Gallwn ddefnyddio gwerth K_a asid i weithio allan a yw'r asid yn gryf neu'n wan. Mae'r tabl yn rhoi gwerthoedd K_a ar gyfer rhai asidau:

Asid	Fformiwla	K_a/ môl dm^{-3}
Asid nitrig	HNO$_3$	24
Asid sylffwrus	H$_2$SO$_3$	1.4×10^{-2}
Asid methanöig	HCOOH	1.8×10^{-4}
Asid ethanöig	CH$_3$COOH	1.7×10^{-5}
Asid carbonig	H$_2$CO$_3$	4.5×10^{-7}

Mae ystod gwerthoedd K_a yn fawr, ac felly rydym yn aml yn ysgrifennu'r gwerthoedd hyn ar ffurf gwerthoedd pK_a. Mae'r dull o gyfrifo hyn yn debyg i'r dull sy'n cael ei ddefnyddio i gyfrifo pH:

$$pK_a = -\log_{10}(K_a)$$

Ar gyfer rhai o'r asidau uchod, mae hyn yn rhoi gwerthoedd pK_a o −1.38 ar gyfer asid nitrig, 1.85 ar gyfer asid sylffwrus a 4.77 ar gyfer asid ethanöig.

Lluoswm ïonig dŵr, $K_{dŵr}$, a niwtraliad

Mae'n bosibl puro dŵr i dynnu'r holl amhureddau allan ohono a cheisio cael dŵr 100% yn bur. Hyd yn oed ar ôl yr holl brosesau puro, mae dŵr yn dal i allu dargludo ychydig o drydan, sy'n dangos bod rhai ïonau wedi'u hydoddi ynddo o hyd. Ni allwn ddileu'r ïonau hyn, gan mai'r dŵr ei hun sy'n eu cynhyrchu. Mae proses ecwilibriwm yn y dŵr, lle mae'r dŵr yn daduno gan ffurfio ïonau H$^+$ ac OH$^-$:

$$H_2O\,(h) \rightleftharpoons H^+\,(d) + OH^-\,(d)$$

Mae'r adwaith yn tueddu'n gryf at yr ochr chwith, ac felly mae bron y cyfan o'r dŵr yn bodoli fel moleciwlau dŵr, gydag ychydig iawn o ïonau. Cysonyn ecwilibriwm yr adwaith hwn yw:

$$K_c = \dfrac{[H^+][OH^-]}{[H_2O]}$$

Gwirio gwybodaeth 30

Cyfrifwch pH yr hydoddiannau canlynol:

a) Hydoddiant sy'n cynnwys ïonau H$^+$ â chrynodiad 0.2 môl dm^{-3}

b) Hydoddiant sy'n cynnwys ïonau H$^+$ â chrynodiad 0.03 môl dm^{-3}

c) Hydoddiant sy'n cynnwys ïonau H$^+$ â chrynodiad 10^{-3} môl dm^{-3}

ch) Hydoddiant sy'n cynnwys ïonau H$^+$ â chrynodiad 3×10^{-11} môl dm^{-3}.

Cyngor arholwr

Wrth ddisgrifio asidau gwan a chryf mewn arholiad, mae'n bwysig cysylltu'r cryfder â daduniad neu werth K_a. Nid yw cysylltu cryfder asid â pH yn ddigon.

Gwirio gwybodaeth 31

Cyfrifwch grynodiad ïonau H$^+$ yn yr hydoddiannau canlynol:

a) pH = 0.0

b) pH = 2.7

c) pH = 6.3

ch) pH = 10.5

e) pH = 14.0

Gwirio gwybodaeth 32

Ysgrifennwch fynegiadau ar gyfer y cysonion daduniad asid, K_a, ar gyfer HClO ac HCN.

Gwerth $K_{dŵr}$ yw 1.0×10^{-14} môl^2 dm^{-6} ar 25 °C a 5.5×10^{-14} môl^2 dm^{-6} ar 50 °C. Esboniwch pa wybodaeth y mae hyn yn ei rhoi am newid enthalpi'r adwaith.

Cyngor arholwr

Pan fyddwch yn ysgrifennu gwerth ar gyfer K_a a $K_{dŵr}$, mae'n rhaid i chi gynnwys yr unedau cywir, sydd bob tro yr un peth. Mae'r cysonion ecwilibriwm hyn yn wahanol i K_c a K_p gan fod yr unedau ar gyfer K_c a K_p yn wahanol ar gyfer gwahanol ecwilibria.

DYLECH WYBOD ›››

››› bod crynodiad ïonau H$^+$ mewn asid monobasig cryf yn hafal i grynodiad yr asid

››› sut i gyfrifo crynodiad ïonau H$^+$ ar gyfer asidau gwan a basau cryf

››› sut i ddefnyddio pH = - log [H$^+$] i gyfrifo'r pH ar gyfer unrhyw hydoddiant

Ymestyn a Herio

Gall asid deubasig roi dau ïon H$^+$ (H$_2$SO$_4$ er enghraifft) a gall asid tribasig roi tri ïon H$^+$ (H$_3$PO$_4$ er enghraifft). Yn yr achosion hyn bydd crynodiad yr ïonau H$^+$ yn uwch na chrynodiad yr asid. Os bydd pob ïon H$^+$ mewn asid deubasig yn cael ei ryddhau, bydd crynodiad H$^+$ ddwywaith crynodiad yr asid, ac felly [H$^+$] = 2 × [asid deubasig]. Nid yw hyn yn digwydd bob tro gan fod lefel daduniad pob H$^+$ yn gallu lleihau gyda phob un sy'n cael ei golli. Mae hyn yn golygu bod K_a ar gyfer pob proton yn mynd yn llai. Yn achos H$_2$SO$_4$, K_a ar gyfer yr H$^+$ cyntaf yw 1×10^3 môl dm^{-3} ac ar gyfer yr ail, mae'n 1×10^{-2} môl dm^{-3}.

Gan fod swm y dŵr sy'n daduno'n fach iawn, gallwn ystyried bod crynodiad y dŵr yn gyson a gallwn ei gyfuno â'r cysonyn ecwilibriwm ac ailenwi'r cysonyn ecwilibriwm yn $K_{dŵr}$, lluoswm ïonig dŵr.

$$K_{dŵr} = [H^+][OH^-] \qquad \text{Lluoswm ïonig dŵr}$$

Mae gwerth $K_{dŵr}$ yn gyson ar dymheredd penodol, ac ar 25 °C mae gwerth $K_{dŵr}$ tua 10^{-14} mol^2 dm^{-6}. Gan fod meintiau'r H$^+$ ac OH$^-$ yn gorfod bod yn hafal mewn dŵr pur, gallwn weithio allan grynodiad H$^+$ yn y dŵr pur.

Oherwydd $\qquad$ [H$^+$] = [OH$^-$], $\quad$ a $\quad K_{dŵr}$ = [H$^+$][OH$^-$]

Gallwn ysgrifennu $\qquad K_{dŵr}$ = [H$^+$]^2 = 10^{-14}

Felly $\qquad\qquad\qquad$ [H$^+$] = 10^{-7} môl dm^{-3}

Pan fydd asid yn adweithio â bas, yr adwaith yw cildro'r ecwilibriwm uchod ac mae hydoddiant niwtral yn cael ei gynhyrchu mewn adwaith niwtraliad. Yn ystod yr adwaith, mae'r ïonau H$^+$ rhydd yn adweithio ag ïonau OH$^-$ rhydd gan gynhyrchu dŵr:

$$H^+ (d) + OH^- (d) \rightarrow H_2O (h)$$

Dyma'r hafaliad ïonig ar gyfer yr adwaith sy'n digwydd ym mhob adwaith niwtraliad. Mae hafaliadau ïonig yn rhestru'r ïonau sy'n cymryd rhan yn yr adwaith yn unig, heb gynnwys yr ïonau sy'n aros ar y diwedd heb newid. Gan fod yr adwaith niwtraliad yr un peth ym mhob achos, mae'r newid egni yr un peth ym mhob achos, ac felly mae pob adwaith niwtraliad rhwng asidau a basau cryf yn achosi'r un cynnydd yn nhymheredd yr hydoddiant.

Cyfrifo pH

I gyfrifo pH unrhyw hydoddiant, mae angen darganfod crynodiad yr ïonau H$^+$ ac wedyn cymhwyso'r hafaliad ar gyfer pH. Ar gyfer pob hydoddiant, rhai asidig neu fasig, diffiniad pH yw:

$$pH = -\log_{10}[H^+]$$

pH asidau cryf

Ar gyfer asid cryf, mae'r holl ïonau hydrogen yn cael eu rhyddhau o foleciwlau'r asid, ac felly mae crynodiad yr asid yn rhoi crynodiad yr ïonau H$^+$.

e.e. $\qquad$ Mewn asid hydroclorig â chrynodiad 1.0 môl dm^{-3}, [H$^+$] = 1.0 môl dm^{-3}

$\qquad\qquad$ Mewn asid nitrig â chrynodiad 0.2 môl dm^{-3}, [H$^+$] = 0.2 môl dm^{-3}

Yna gallwn ddefnyddio hyn yn uniongyrchol gyda'r fformiwla ar gyfer pH.

Enghraifft wedi'i datrys

Beth yw pH hydoddiant asid hydroclorig â chrynodiad 0.05 môl dm^{-3}?

Mae crynodiad yr ïonau H$^+$ yn hafal i grynodiad yr hydoddiant HCl, sef 0.05 môl dm^{-3}, felly [H$^+$] = 0.05.

$$pH = -\log_{10}[H^+] = -\log_{10}(0.05) = 1.30$$

pH asidau gwan

Mewn asidau gwan, nid yw pob ïon hydrogen yn rhydd, ond gallwn ddefnyddio'r gwerthoedd K_a i gyfrifo crynodiad yr ïonau H^+. Ar gyfer asid ethanöig, gwerth K_a yw 1.7×10^{-5} môl dm^{-3}, ac felly i gyfrifo crynodiad yr ïonau H^+ mewn hydoddiant gwelwn fod:

$$K_a = \frac{[H^+][CH_3COO^-]}{[CH_3COOH]}$$

Gan fod pob moleciwl CH_3COOH sy'n daduno yn cynhyrchu un CH_3COO^- ac un H^+, mae'n rhaid i grynodiadau'r ddau ïon fod yn hafal. Yn y mynegiad uchod, gallwn nodi bod $[H^+] = [CH_3COOH]$ gan roi,

$$K_a = \frac{[H^+]^2}{[CH_3COOH]}$$

Gydag asid gwan, nid oes llawer o ddaduniad, ac felly gallwn dybio bod crynodiad y moleciwlau asid (CH_3COOH) sy'n bresennol yn hafal i'r crynodiad rydym wedi'i roi. Mae hyn yn ein galluogi i ad-drefnu'r hafaliad, gan roi:

$$[H^+] = \sqrt[2]{K_a \times [asid]}$$

Enghraifft wedi'i datrys

Beth yw pH hydoddiant asid ethanöig â chrynodiad 0.5 môl dm^{-3}? ($K_a = 1.7 \times 10^{-5}$ môl dm^{-3})?

$$[H^+] = \sqrt[2]{K_a \times [asid]}$$

$$[H^+] = \sqrt[2]{1.7 \times 10^{-5} \times 0.5}$$

$$[H^+] = \sqrt[2]{0.00292 \text{ môl } dm^{-3}}$$

Gan gymhwyso'r mynegiad ar gyfer pH $= -\log_{10}[H^+] = -\log_{10}(0.00292) = \underline{2.53}$

Cyfrifo gwerthoedd K_a ar gyfer asidau gwan

O wybod pH hydoddiant â chrynodiad hysbys, gallwn gyfrifo gwerth K_a. Rydym yn gwneud hyn drwy ad-drefnu'r mynegiad ar gyfer K_a mewn ffordd debyg i beth ddigwyddodd uchod.

Enghraifft wedi'i datrys

Beth yw K_a asid monobasig anhysbys os yw pH ei hydoddiant 2.0 môl dm^{-3} yn 4.5?

I ddechrau rydym yn trawsnewid y pH yn grynodiad ïonau H^+:

$$pH = -\log [H^+] \rightarrow [H^+] = 10^{(-pH)}$$

Yn yr achos hwn: $\quad [H^+] = 10^{-4.5} = 3.2 \times 10^{-5}$ môl dm^{-3}

Yna rydym yn defnyddio'r fformiwla ar gyfer K_a, gan gofio bod pob moleciwl asid sy'n daduno yn cynhyrchu un ïon hydrogen ac un anion, felly $[A^-] = [H^+]$.

$$K_a = \frac{[H^+][A^-]}{[HA]}$$

$$K_a = (3.2 \times 10^{-5})^2 / 2$$

$$K_a = 5.12 \times 10^{-10} \text{ môl } dm^{-3}$$

Pwynt astudio

Mae angen i chi fod yn ymwybodol o rai asidau cryf cyfarwydd, fel asid nitrig, asid sylffwrig ac asid hydroclorig a rhai asidau gwan fel asid ethanöig ac asidau carbocsylig eraill. Os cewch unrhyw asidau eraill, bydd angen i chi benderfynu a ydynt yn gryf neu'n wan drwy edrych ar y gwerth K_a neu efallai y bydd y cwestiwn yn dweud wrthych.

Gwirio gwybodaeth 34

1. Cyfrifwch pH yr hydoddiannau asid ethanöig canlynol ($K_a = 1.7 \times 10^{-5}$ môl dm^{-3})
   (a) 0.05 môl dm^{-3}
   (b) 2 môl dm^{-3}
   (c) 0.01 môl dm^{-3}

2. Cyfrifwch pH yr hydoddiannau asid clorig(I), HClO, hyn ($K_a = 2.9 \times 10^{-8}$ môl dm^{-3})
   (a) 1 môl dm^{-3}
   (b) 0.5 môl dm^{-3}
   (c) 5 môl dm^{-3}

3. Pa un o'r ddau asid hyn yw'r cryfaf? Esboniwch eich ateb yn nhermau K_a.

Cyngor arholwr

Gall cwestiwn roi cryfder asid ar ffurf K_a neu pK_a.

Mae'n bosibl cyfrifo K_a o pK_a drwy ddefnyddio $K_a = 10^{-pK_a}$.

Gwirio gwybodaeth 35

Cyfrifwch werthoedd K_a ar gyfer yr asidau gwan canlynol:

a) HB lle mae gan hydoddiant â chrynodiad 0.5 môl dm^{-3} werth pH o 2.9

b) HC sydd â gwerth pH 2.2 ar gyfer hydoddiant â chrynodiad 1 môl dm^{-3}

c) HD lle mae gan hydoddiant â chrynodiad 0.5 môl dm^{-3} werth pH o 3.5.

pH ar gyfer basau cryf

Pan fydd bas cryf yn hydoddi mewn dŵr, bydd yr holl ïonau OH^- posibl yn cael eu cynhyrchu, ac felly mae crynodiad y bas yn rhoi crynodiad yr OH^-.

e.e   Mewn sodiwm hydrocsid â chrynodiad 1.0 môl dm^{-3}, $[OH^-] = 1.0$ môl dm^{-3}

Mewn potasiwm hydrocsid â chrynodiad 0.2 môl dm^{-3}, $[OH^-] = 0.2$ môl dm^{-3}

Drwy ddefnyddio lluoswm ïonig dŵr, $K_{dŵr}$, gallwn ddefnyddio'r wybodaeth hon i gyfrifo crynodiad yr ïonau H^+ yn yr un hydoddiant.

$$K_{dŵr} = [H^+] \times [OH^-] \text{ felly } [H^+] = K_{dŵr} \div [OH^-]$$

Mae hyn yn rhoi gwerth ar gyfer crynodiad H^+, sy'n gallu cael ei ddefnyddio yn y mynegiad ar gyfer pH.

Enghraifft wedi'i datrys

Beth yw pH hydoddiant NaOH â chrynodiad 0.1 môl dm^{-3}?

Yn yr hydoddiant NaOH hwn, crynodiad yr ïonau OH^- yw 0.1 môl dm^{-3}. Gan ddefnyddio $K_{dŵr}$ gallwn ddweud:

$$[H^+][OH^-] = 10^{-14}$$

felly $[H^+] \times 0.1 = 10^{-14}$

felly $[H^+] = 10^{-13}$ môl dm^{-3}

Gallwn weithio allan y pH o'r gwerth hwn, sef pH $= -\log_{10}[H^+] = -\log(10^{-13}) = 13$

36   Gwirio gwybodaeth

Cyfrifwch pH hydoddiannau NaOH â'r crynodiadau canlynol:

a)   1.0 môl dm^{-3}

b)   0.2 môl dm^{-3}

c)   0.05 môl dm^{-3}

ch) 0.003 môl dm^{-3}

DYLECH WYBOD ›››

››› bod bod bod bod byfferau'n cadw'r pH yn gyson pan fydd ychydig o asid neu fas yn cael ei ychwanegu

››› sut i gyfrifo pH unrhyw hydoddiant byffer sy'n cael ei roi

Term Allweddol

Mae **byffer** yn gwrthsefyll newidiadau mewn pH wrth i ychydig o asid neu alcali gael ei ychwanegu.

▼ Pwynt astudio

Dim ond pan fydd symiau BACH o asid neu alcali'n cael eu hychwanegu y bydd byfferau'n gwrthsefyll newidiadau mewn pH. Nid yw'r pH yn aros yn gyson pan fydd llawer o asid neu alcali'n cael ei ychwanegu.

Byfferau

Byfferau yw hydoddiannau y mae eu pH yn aros yn eithaf cyson wrth i ychydig o asid neu alcali gael ei ychwanegu. Mae hydoddiant byffer yn cadw'r pH bron yn gyson drwy ddileu unrhyw H^+ neu OH^- sy'n cael ei ychwanegu.

Sut mae byfferau'n gweithio

Yn nodweddiadol, mae hydoddiant byffer wedi'i wneud o gymysgedd o:

- asid gwan, HA, e.e. CH_3COOH.

- halwyn o'r un asid gyda bas cryf, NaA, e.e. CH_3COONa. Mae hyn yn gweithredu fel ffynhonnell ar gyfer yr anion A^-.

Yn yr hydoddiant byffer, mae crynodiad yr anion yn uchel gan y bydd yr halwyn sodiwm yn daduno'n llwyr:

$$CH_3COONa \rightarrow CH_3COO^- + Na^+$$

Mae'r asid gwan yn daduno'n rhannol, ac mae'r adwaith cildroadwy isod yn creu ecwilibriwm.

$$CH_3COOH \text{ (d)} \rightleftharpoons H^+ \text{ (d)} + CH_3COO^- \text{ (d)}$$

Mae bron y cyfan o'r asid ethanöig heb ddaduno, gan fod yr holl ïonau CH_3COO^- sydd wedi'u rhyddhau gan ddaduniad yr sodiwm ethanoad yn gyrru'r ecwilibriwm i'r chwith.

Pan fydd asid yn cael ei ychwanegu at fyffer

Mae swm yr H^+ yn cynyddu, sy'n achosi i'r ecwilibriwm symud i'r chwith, gan ddileu'r ïonau H^+ gan yr adwaith â CH_3COO^-.

$$CH_3COOH \text{ (d)} \rightleftharpoons H^+ \text{ (d)} + CH_3COO^- \text{ (d)}$$

dileu ïonau H^+

Pan fydd alcali'n cael ei ychwanegu at fyffer

Mae swm yr OH^- yn cynyddu, ac mae hyn yn dileu rhai o'r ïonau H^+ sy'n bresennol. Mae hyn yn achosi i'r ecwilibriwm symud i'r dde, gan gynhyrchu ïonau H^+ a CH_3COO^- o CH_3COOH. Mae'r ïonau H^+ yn cymryd lle'r rhai a ddilëwyd gan yr adwaith â'r ïonau hydrocsid.

$$CH_3COOH \text{ (d)} \rightleftharpoons H^+ \text{ (d)} + CH_3COO^- \text{ (d)}$$

adfer ïonau H^+

Yn y ddau achos, nid yw pH yr hydoddiant yn aros yn hollol gyson ond mae'r byffer yn lleihau unrhyw newid pan fydd H^+ neu OH^- yn cael ei ychwanegu, ac mae'r newid mewn pH yn fach iawn. Os bydd mwy o asid neu alcali'n cael ei ychwanegu, gallai adweithio â swm mawr o'r ïonau ethanoad neu'r moleciwlau asid ethanöig gan achosi newid yn y pH y mae'n bosibl ei fesur.

Bydd b500ferau'n cael eu defnyddio lle mae'r pH yn bwysig iawn, rhywbeth sy'n gyffredin mewn systemau biolegol. Felly, byddan nhw'n cael eu defnyddio ar gyfer:

- defnyddio neu storio ensymau, i wneud yn siŵr bod y pH yn aros ar y gwerth optimwm

- storio moleciwlau biolegol, fel rhai fferyllol, sy'n cael eu dadnatureiddio ar y pH anghywir.

Mae rhai prosesau diwydiannol yn dibynnu ar foleciwlau biolegol. Gall y prosesau eplesu yn ystod pobi a bragu ddefnyddio byfferau i gadw'r amodau'n addas er mwyn i'r pethau byw oroesi. Mae'r byffro hwn yn aml yn defnyddio'r hydoddiannau sy'n cael eu ffurfio pan fydd carbon deuocsid yn hydoddi mewn dŵr ac sy'n asidau gwan. Mae'r broses lifo (*dyeing*) hefyd yn defnyddio byfferau gan fod pH y system yn gallu effeithio ar liw llifyn a sut mae'n cael ei amsugno.

Byfferau basig

Mae system byffro debyg ar gyfer cynnal pH alcalïaidd yn seiliedig ar gymysgedd o hydoddiant amoniwm clorid ac amonia. Mae'r amoniwm clorid yn daduno'n llwyr, gan ryddhau'r holl ïonau amoniwm.

$$NH_4Cl \text{ (d)} \rightarrow NH_4^+ \text{ (d)} + Cl^- \text{ (d)}$$

Yr ecwilibriwm allweddol yw:

$$NH_4^+ \rightleftharpoons NH_3 + H^+$$

- Mae ychwanegu bas yn dileu ïonau H^+ ac mae hyn yn achosi i'r ecwilibriwm symud i'r dde gan gynhyrchu rhagor o ïonau H^+.

- Mae ychwanegu asid yn achosi i'r ecwilibriwm symud i'r chwith ac mae hyn yn dileu'r ïonau H^+ ychwanegol y mae'r asid wedi'u cyflwyno.

Gwirio gwybodaeth 37

Cyfrifwch pH yr hydoddiannau byffer canlynol:

(a) Cymysgedd o CH_3COOH â chrynodiad 0.20 môl dm^{-3} ($K_a = 1.7 \times 10^{-5}$ môl dm^{-3}) a CH_3COONa â chrynodiad 0.10 môl dm^{-3}

(b) Cymysgedd o CH_3COOH â chrynodiad 0.20 môl dm^{-3} a CH_3COONa â chrynodiad 0.40 môl dm^{-3}

(c) Cymysgedd o CH_3COOH â chrynodiad 1.0 môl dm^{-3} a CH_3COONa â chrynodiad 0.2 môl dm^{-3}

(ch) Cymysgedd o H_2SO_3 â chrynodiad 0.20 môl dm^{-3} ($K_a = 1.6 \times 10^{-2}$ môl dm^{-3}) a $NaHSO_3$ â chrynodiad 0.10 môl dm^{-3}

▼ Pwynt astudio

Pan fydd bas cryf yn cael ei ychwanegu'n raddol at asid gwan, er enghraifft yn ystod titradiad, mae halwyn yn ffurfio. Er enghraifft, mae ychwanegu sodiwm hydrocsid at asid ethanöig yn cynhyrchu sodiwm ethanoad. Mae hyn yn golygu bod cymysgedd o asid gwan a halwyn o asid gwan wedi ffurfio. Mae byffer yn cael ei greu fel rhan o'r adwaith.

pH ar gyfer bytferau

I gyfrifo pH byffer, mae angen i ni wybod:

- gwerth K_a ar gyfer yr asid gwan

- cymhareb crynodiadau'r asid a'r halwyn.

Rydym yn defnyddio'r mynegiad:

$$K_a = \frac{[H^+][A^-]}{[HA]}$$

Drwy amnewid am werthoedd K_a a chymhareb $[A^-]/[HA]$, gallwn weithio allan grynodiad yr ïonau $[H^+]$. Yna gallwn ei drawsnewid yn werth pH.

Yn y cymysgedd byffer, bydd y cyfan o'r halwyn yn daduno ac ni fydd ond ychydig iawn o'r asid yn daduno. Mae hyn yn golygu y gallwn dybio bod $[HA]$ yn hafal i grynodiad yr asid sy'n cael ei ddefnyddio a bod $[A^-]$ yn hafal i grynodiad yr halwyn.

Enghraifft wedi'i datrys

Cyfrifwch pH byffer sy'n cynnwys crynodiadau cyfartal o asid ethanöig ($K_a = 1.7 \times 10^{-5}$ môl dm^{-3}) a sodiwm ethanoad.

Ateb

Gan ddefnyddio'r fformiwla uchod, rydym yn amnewid y gwerthoedd uchod:

$$K_a = [H^+]\frac{[CH_3COO^-]}{[CH_3COOH]} \qquad \frac{[CH_3COO^-]}{[CH_3COOH]} = 1 \text{ gan fod y ddau grynodiad yn gyfartal}$$

$$1.7 \times 10^{-5} = [H^+] \times 1$$
$$[H^+] = 1.7 \times 10^{-5} \text{ môl dm}^{-3}$$

Rydym yn trawsnewid hyn yn pH gan ddefnyddio
$$pH = -\log[H^+]$$
$$= -\log(1.7 \times 10^{-5})$$

pH = 4.77

Hafaliad Henderson–Hasselbalch

Mae'n bosibl cyfuno holl gamau'r cyfrifiad ar gyfer bytferau yn un mynegiad. Ei enw yw hafaliad Henderson–Hasselbalch:

$$pH_{byffer} = pK_a + \log\frac{[HALWYN]}{[ASID]}$$

Yn yr achos hwn, mae gwerth K_a (neu pK_a) a chrynodiadau'r halwyn a'r asid yn ein galluogi i gyfrifo pH y byffer. Pan fydd crynodiad yr halwyn yn hafal i grynodiad yr asid, gallwn symleiddio'r term logarithmig i log (1), sy'n hafal i sero.

Pan fydd crynodiad yr halwyn yn hafal i grynodiad yr asid, pH $= -\log_{10} K_a = pK_a$

Pan fydd crynodiadau'r halwyn a'r asid yn wahanol, gallwn ddefnyddio'r un dull ag uchod. Cymarebau'r ddau grynodiad hyn sy'n allweddol, yn lle gwerthoedd absoliwt y crynodiadau. Os yw crynodiad yr halwyn sodiwm ethanoad yn ddwbl crynodiad yr asid ethanöig, mae'r cyfrifiad yn rhoi:

$$1.7 \times 10^{-5} = [H^+] \times 2$$
$$[H^+] = 0.85 \times 10^{-5} \text{ môl dm}^{-3}$$

Gallwn drawsnewid hwn yn pH gan roi gwerth o 5.07.

Ymestyn a Herio

Er bod hafaliad Henderson–Hasselbalch a'r dulliau eraill o gyfrifo pH ar gyfer bytferau'n cynnwys brasamcanion, yr un brasamcanion sy'n bresennol ym mhob un, sef bod yr holl anionau'n dod o'r halwyn ac nad oes dim o'r asid wedi daduno. Mae'r rhain yn frasamcanion da iawn ac er gwaethaf eu presenoldeb, mae'r atebion a gyfrifir drwy eu defnyddio'n agos iawn at y gwerthoedd cywir fel arfer. Mae'r gwahaniaethau'n dod yn amlwg pan fydd yr asid gwan yn cael ei ddisodli gan asid cryfach (ond yn dal yn 'wan') neu pan fydd crynodiadau'r asid a'r halwyn yn isel iawn.

pH halwynau

Pan fydd halwynau'n cael eu hydoddi mewn dŵr, bydd llawer yn ffurfio hydoddiannau niwtral, ond mae rhai halwynau'n halwynau asidig ac eraill yn halwynau basig.

- Bydd halwyn sy'n cael ei gynhyrchu gan asid cryf ac alcali cryf yn ffurfio hydoddiannau niwtral, e.e. NaCl, sy'n halwyn niwtral.

- Bydd halwyn sy'n cael ei gynhyrchu gan asid cryf ac alcali gwan yn halwyn asidig, e.e. NH_4Cl.

- Bydd halwyn sy'n cael ei gynhyrchu gan asid gwan ac alcali cryf yn halwyn basig, e.e. CH_3COONa.

Pam rydym yn gweld yr effeithiau hyn?

Pan fydd amoniwm clorid, NH_4Cl, yn hydoddi, bydd yn cynhyrchu ïonau NH_4^+ a Cl^- rhydd. Gan fod amonia'n fas gwan, bydd yr ecwilibriwm canlynol i'w weld mewn hydoddiant:

$$NH_4^+ (d) \rightleftharpoons NH_3(d) + H^+ (d)$$

Mae hyn yn rhyddhau ïonau H^+ rhydd mewn hydoddiant, sy'n gwneud yr hydoddiant ychydig yn asidig. Wrth i grynodiad ïonau H^+ gynyddu, mae pH yr hydoddiant yn lleihau, ac felly mae ychydig yn is na 7.

Pan fydd sodiwm ethanoad, CH_3COONa, yn hydoddi, mae'n cynhyrchu CH_3COO^- a Na^+ rhydd. Gan fod yr asid ethanöig yn asid gwan, mae'r ecwilibriwm canlynol bob amser yn bresennol pan fydd yr ïon ethanoad mewn hydoddiant dyfrllyd.

$$H^+ (d) + CH_3COO^- (d) \rightleftharpoons CH_3COOH (d)$$

Yn yr achos hwn, mae'r ecwilibriwm yn dileu rhai ïonau H^+ o'r dŵr, gan gynhyrchu hydoddiant sydd ychydig yn alcalïaidd. Wrth i grynodiad yr ïonau H^+ leihau, mae'r pH yn cynyddu ychydig dros 7.

▲ Mae'r halwyn asidig amoniwm clorid yn ffurfio ar unwaith pan fydd y nwy amonia, sy'n fas gwan, yn cymysgu â'r nwy hydrogen clorid, sy'n asid cryf.

DYLECH WYBOD › › ›

› › › pa halwynau sy'n niwtral a pha rai sy'n asidig neu'n fasig

› › › sut i esbonio pam nad yw rhai halwynau'n ffurfio hydoddiannau niwtral

Gwirio gwybodaeth 38

Mae amoniwm sylffad yn cael ei ddefnyddio fel gwrtaith. Awgrymwch pH ar gyfer hydoddiant amoniwm sylffad gan esbonio eich rhesymau.

Cromliniau titradiad asid–bas

Pan fydd bas yn cael ei ychwanegu at asid, bydd adwaith niwtraliad yn digwydd, yn ôl yr hafaliad:

$$H^+ \text{(d)} + OH^- \text{(d)} \rightarrow H_2O \text{(h)}$$

Dyma'r adwaith sy'n digwydd yn ystod titradiadau asid–bas. Effaith hyn yw lleihau crynodiad yr ïonau H^+, ac felly cynyddu'r pH. Ond nid yw'r cynnydd mewn pH yn llinell syth, ac mae'r siâp yn dibynnu a yw'r asid a'r alcali'n gryf neu'n wan.

Asid cryf–bas cryf

Mae'r gromlin titradiad ar gyfer asid cryf gydag alcali cryf, e.e. HCl gyda NaOH, â'r un crynodiad, i'w gweld yn y graff isod.

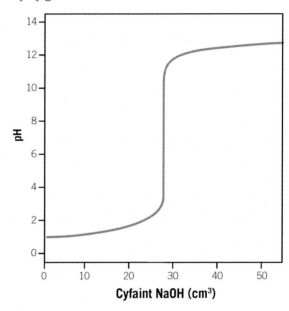

Yn yr achos hwn, mae hydoddiant NaOH â chrynodiad 0.1 môl dm^{-3} yn cael ei ychwanegu at 25 cm^3 o hydoddiant asid hydroclorig â chrynodiad 0.1 môl dm^{-3}.

- Mae'r graff yn dechrau ar pH 1, sef pH hydoddiant asid cryf â chrynodiad 0.1 môl dm^{-3}.

- Mae'r pH yn cynyddu'n raddol ac yn araf wrth i'r 20 cm^3 cyntaf gael ei ychwanegu.

- Mae cynnydd sydyn o tua pH 2 i pH 12 wrth i gyfaint bach iawn o fas gael ei ychwanegu ar tua 25 cm^3, ac mae'r graff bron yn fertigol – defnyddiwch bren mesur i lunio'r rhan hon.

- Yna mae'r pH yn cynyddu'n raddol ac yn araf wrth i'r 20 cm^3 olaf o fas gael ei ychwanegu.

- Mae'r graff yn gorffen ychydig o dan pH 13.

Mae rhanbarth fertigol y gromlin yn digwydd pan fydd nifer y molau o alcali a ychwanegwyd yn hafal i nifer y molau o asid yn yr hydoddiant gwreiddiol. Yr enw ar hyn yw'r pwynt cywerthedd – pan fydd crynodiadau'r ddau hydoddiant yn hafal, bydd yn digwydd pan fydd cyfaint yr alcali a ychwanegwyd yn hafal i gyfaint yr asid.

Mae'r patrwm yn debyg i hyn bob tro ar gyfer asid cryf gyda bas cryf, ond pan fydd asid gwan yn cael ei ddefnyddio, mae'r pedrant asid (o pH 0–7) yn newid a phan fydd alcali gwan yn cael ei ddefnyddio, mae'r pedrant alcali (pH 7–14) yn newid. Mae'r patrwm yn newid oherwydd nad yw'r moleciwlau wedi dadunio'n llwyr. Maen nhw'n rhoi patrymau gwahanol gyda'r cynnydd sydyn mewn pH yn llawer llai.

Asid gwan–bas cryf

Mae'r gromlin titradiad ar gyfer asid gwan gydag alcali cryf, e.e. asid ethanöig gyda NaOH â'r un crynodiad, i'w gweld yn y graff isod.

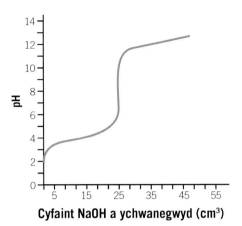

Cyfaint NaOH a ychwanegwyd (cm³)

Pwyntiau allweddol

Mae'r pH yn cynyddu'n raddol i tua 4, wrth i'r bas gael ei ychwanegu. Pan fydd cyfaint y sodiwm hydrocsid tua hanner cyfaint yr asid, ac felly nifer y molau o sodiwm hydrocsid yn hanner nifer y molau o asid, mae'r pH yn lefelu. Mae hyn oherwydd bod cymysgedd wedi'i ffurfio sy'n cynnwys yr asid sydd heb adweithio a'r halwyn sydd wedi'i ffurfio drwy niwtraliad yr asid, ac mae hyn yn gweithredu fel byffer. Felly mae'r pH yn lefelu ychydig dros ystod cyfaint o ryw 5 cm³.

Yna mae'r pH yn cynyddu'n raddol tuag at pH 7, pan fydd cyfaint y bas a ychwanegwyd yn hafal i gyfaint yr asid cyn cynyddu'n fertigol i tua pH 12. Mae'r pH yn cynyddu'n raddol hyd at tua rhwng 13 a 14.

Asid cryf–bas gwan

Mae'r gromlin titradiad ar gyfer asid cryf gydag alcali gwan, e.e. asid hydroclorig gydag amonia â'r un crynodiad, i'w gweld yn y graff isod.

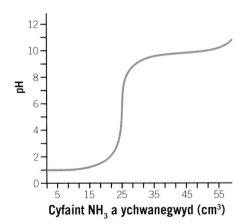

Cyfaint NH₃ a ychwanegwyd (cm³)

Pwyntiau allweddol

Mae'r pH hyd at 7 yn debyg i'r gromlin titradiad asid cryf–bas cryf uchod. Ar ôl pH 7, mae'r llinell yn dod yn fwy llyfn ac yna mae'n lefelu ar gyfaint o tua 35–45 cm³ oherwydd yr effaith byffer. Yna mae'r pH yn cynyddu'n raddol hyd at pH o tua 12.

▼ Pwynt astudio

Mae llawer o werslyfrau'n defnyddio'r termau 'pwynt cywerthedd' a 'diweddbwynt' fel pe baen nhw'n golygu'r un peth. Er eu bod yn debyg iawn, nid yr un peth ydyn nhw. Y **pwynt cywerthedd** yw'r pwynt lle mae nifer y molau o alcali sydd wedi'u hychwanegu yn hafal i nifer y molau o asid. Y **diweddbwynt** yw'r pwynt lle mae dangosydd yn newid lliw mewn titradiad.

Mae'r holl ddiagramau hyn wedi'u plotio ar gyfer crynodiadau asid a bas sy'n hafal i'w gilydd. Os byddwn yn cynnal titradiad gyda chrynodiadau asid a bas sy'n wahanol, bydd siâp y plot yr un peth, ond bydd y graff yn cael ei gywasgu ar hyd yr echelin cyfaint (os crynodiad y bas yw'r uchaf) neu'n cael ei estyn ar hyd yr echelin cyfaint (os crynodiad yr asid yw'r uchaf). Defnyddiwch y cyfaint lle mae'r rhanbarth fertigol yn digwydd i gael y pwynt cywerthedd. Bydd hyn yn dweud wrthych a yw crynodiadau'r ddau yr un peth, oherwydd, os felly, bydd yn digwydd ar yr un cyfaint o fas â'r cyfaint gwreiddiol o asid.

Ymestyn a Herio

Mae'r cromliniau uchod wedi'u llunio ar gyfer asidau monobasig yn unig, fel HCl neu HNO_3. Mae asidau deubasig fel H_2SO_4 yn colli pob hydrogen yn ei dro, ac felly mae dau bwynt cywerthedd ac mae asidau tribasig yn dangos tri phwynt cywerthedd. Mae'r graff isod yn dangos sut byddai'r patrwm yn edrych ar gyfer asid tribasig.

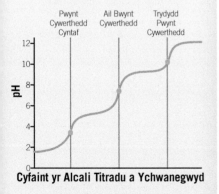

Cyfaint yr Alcali Titradu a Ychwanegwyd

Mae'r graff hwn yn ein galluogi i wirio ein cyfrifiadau, oherwydd dylai'r cyfaint sydd ei angen ar gyfer y pwynt cywerthedd cyntaf fod yn hanner y cyfaint ar gyfer yr ail a dylai'r trydydd gwerth fod yn dair gwaith yr un cyntaf.

Asid gwan–bas gwan

Mae'r gromlin titradiad ar gyfer asid gwan gydag alcali gwan, e.e. asid ethanöig gydag amonia â'r un crynodiad, i'w gweld yn y graff isod.

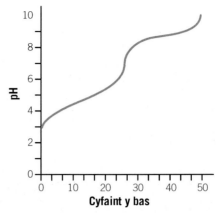

Titradiad bas gwan i asid gwan

Nid yw'r rhanbarth fertigol sy'n bresennol yn y graffiau eraill i'w weld yn y graff ar gyfer asidau gwan gyda basau gwan. Mae hyn yn ei gwneud yn llawer mwy anodd astudio adwaith fel hyn drwy ddefnyddio dangosydd mewn titradiad. Yn lle dangosydd, rydym yn defnyddio chwiliedydd pH, sy'n mesur y pH drwy'r titradiad. Rydym yn plotio'r data i gael hyd i'r pwynt cywerthedd, sy'n ymddangos fel pwynt ffurfdro.

Cael data o gromliniau titradiad

Pwyntiau cywerthedd

Mae'n bosibl defnyddio cromliniau titradiad i ddarganfod cyfaint yr alcali sydd ei angen i niwtralu'r asid. Gyda chromliniau titradiad sydd â rhanbarthau fertigol, mae'r rhain yn nodi'r cyfaint sydd ei angen ar gyfer niwtraliad. Gallwn ddefnyddio'r gwerth hwn mewn cyfrifiadau titradiad i ddarganfod crynodiad un o'r hydoddiannau.

pH yr halwyn sy'n cael ei ffurfio

Mae'n bosibl darganfod y pH ar ddiweddbwynt pob un o'r titradiadau hyn o ganolbwynt y rhanbarth fertigol. Yn achos asid cryf–bas cryf, mae'r pH yn 7, ond bydd yn symud o niwtral pan fyddwn yn defnyddio asid gwan neu fas gwan. Ar y diweddbwynt, mae'r hydoddiant yn cynnwys halwyn yn unig ac mae'r halwynau sy'n cael eu ffurfio o asidau gwan yn fasig, ond mae'r rhai sy'n cael eu ffurfio o alcaliau gwan yn asidig. Mae pH yr hydoddiant ar y pwynt niwtraliad yn hafal i pH hydoddiant yr halwyn.

pK_a asid gwan

Wrth drafod byfferau, nodwyd pH byffer fel:

$$pH_{byffer} = pK_a + \log \frac{[HALWYN]}{[ASID]}$$

Pan fydd hanner cyfaint y bas sydd ei angen ar gyfer niwtraliad wedi'i ychwanegu at yr asid, bydd hanner yr asid wedi'i drawsnewid yn halwyn. Mae hyn yn golygu bod crynodiad yr halwyn yn hafal i grynodiad yr asid, ac felly'r term logarithmig yw log (1) sy'n hafal i sero. Mae hyn yn symleiddio'r hafaliad uchod i:

$$pH_{byffer} = pK_a$$

Felly mae pK_a yn hafal i'r pH ar y pwynt lle mae hanner yr alcali ar gyfer niwtraliad wedi cael ei ychwanegu.

Dangosyddion

Sylweddau sy'n newid lliw wrth i'r pH newid yw **dangosyddion**. I wneud hyn, mae'n rhaid iddynt fod yn asidau gwan, gyda lliwiau'r moleciwl gwreiddiol a'r ïonau dadunedig yn wahanol.

Methyl oren (ffurf coch)
Mewn asid

Methyl oren (ffurf oren)
Mewn alcali

Mae hydoddiannau'r ïonau hyn yn newid lliw wrth i pH yr hydoddiant newid, oherwydd bod symiau cymharol y ddwy ffurf yn newid.

- Mewn asid, mae'r rhan fwyaf o'r dangosydd yn bodoli ar ffurf niwtral (HDang).

- Mewn alcali, mae'r rhan fwyaf o'r dangosydd yn bodoli ar ffurf yr anion (Dang⁻).

Nid yw'r dangosydd yn newid yn sydyn o'r naill ffurf i'r llall ar pH penodol – mae'n newid dros ystod o werthoedd pH. Mae'r ystod hon yn wahanol i bob dangosydd. Y rheswm rydym yn gweld newid lliw amlwg mewn titradiad yw'r ffaith bod pH yr hydoddiant yn newid yn fawr ar y diweddbwynt. I wneud yn siŵr bod y dangosydd yn addas, mae'n rhaid i ni wirio bod yr ystod lle mae'r dangosydd yn newid lliw yn gorwedd o fewn y cynnydd sydyn yn y gwerth pH.

Dangosydd	Ystod fras newid lliw
Ffenolffthalein	8.3–10.0
Bromothymol glas	6.0–7.5
Litmws	4.0–6.5
Methyl oren	3.2–4.4

Asid cryf–bas cryf

Asid cryf–bas cryf

Gydag asid cryf–bas cryf mae'r pH yn cynyddu'n sydyn o 2 i 12. Mae'r dangosyddion i gyd yn newid lliw'n llawn yn yr ystod hon, ac felly mae'n bosibl defnyddio unrhyw un ohonynt, er bod newid lliw amlwg ffenolffthalein yn golygu mai dyna'r un sy'n cael ei ddewis yn aml.

Termau Allweddol

Sylwedd sydd â lliwiau gwahanol mewn hydoddiannau â pH isel ac uchel yw **dangosydd**. Gallwn ddefnyddio hyn i wahaniaethu rhwng asid ac alcali ond nid yw'n gallu gwahaniaethu rhwng asidau â pH gwahanol nac alcalïau â pH gwahanol.

Hydoddiant sy'n dangos ystod o liwiau wrth i'r pH newid yw **dangosydd cyffredinol**. Felly gallwn ei ddefnyddio i ddarganfod pH yr hydoddiant dan sylw.

Cyswllt Titradiadau asid–bas yn Nhestun 1.7 UG.

Ymestyn a Herio

Mae asidau a basau deubasig yn dangos dau bwynt cywerthedd gwahanol ac mae gan y ddau ranbarthau fertigol bach. Gallwn ddewis dangosyddion sy'n cyfateb i'r ddau ranbarth fertigol ar wahân, sy'n ein galluogi i gynnal titradiad gydag un dangosydd i ddarganfod y pwynt cywerthedd cyntaf ac yna ychwanegu ail ddangosydd i ddarganfod yr ail bwynt cywerthedd. Mae'n bosibl defnyddio dull tebyg i ddadansoddi cymysgedd o asid cryf ac asid gwan (neu alcali cryf ac alcali gwan).

Asid gwan–bas cryf

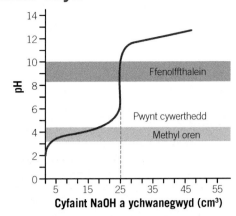

Cromlin titradiad pH asid gwan
(CH_3COOH) a bas cryf (NaOH)

Gydag asid gwan–bas cryf, mae'r pH yn cynyddu'n sydyn o 5 i 12, ac felly mae'n bosibl defnyddio ffenolffthalein neu fromothymol glas gan eu bod yn newid lliw'n gyfan gwbl yn yr ystod pH gywir. Ni fyddai methyl oren yn newid lliw o gwbl yn yr ystod fertigol hon – byddai wedi newid lliw cyn cyrraedd y pwynt hwn. Ffenolffthalein yw'r dangosydd sy'n cael ei ddefnyddio amlaf ar gyfer y math hwn o ditradiad.

Asid cryf–bas gwan

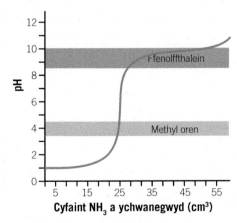

Gydag asid cryf–bas gwan, mae'r pH yn cynyddu'n sydyn o 2 i 8. Mae methyl oren, litmws a bromothymol glas yn newid yn llwyr yn yr ystod hon. Mae ffenolffthalein yn dechrau newid ar ddiwedd yr ystod hon, ond ni fydd yn newid yn llwyr, ac felly ni allwn ei ddefnyddio ar gyfer titradiad sy'n defnyddio alcali gwan. Methyl oren yw'r dangosydd sy'n cael ei ddefnyddio amlaf ar gyfer y math hwn o ditradiad.

Asid gwan–bas gwan

Nid oes rhanbarth fertigol clir sy'n dangos newid clir a sydyn mewn pH. Felly ni fyddai unrhyw ddangosydd yn gweithio ac mae'n rhaid defnyddio dulliau eraill ar gyfer titradiad. Fel arfer byddwn yn defnyddio chwiliedydd pH.

3.1

1 Diffiniwch y term 'ocsidiad'. [1]

2 Dangoswch fod yr adwaith rhwng clorin ac Fe^{2+} yn adwaith rhydocs. [2]

$$2Fe^{2+} (d) + Cl_2(n) \rightarrow 2Fe^{3+} (d) + 2Cl^- (d)$$

3 Nodwch beth yw'r ocsidydd yn yr adwaith isod gan roi rheswm dros eich ateb. [1]

$$2Na (s) + Br_2(n) \rightarrow 2Na Br (s)$$

4 Esboniwch ystyr yr electrod hydrogen safonol. [2]

5 Diffiniwch y potensial electrod safonol. [2]

6 Beth yw swyddogaeth y bont halwyn? [1]

7 (a) Lluniwch ddiagram sy'n dangos y cyfarpar sydd ei angen i fesur y potensial electrod safonol ar gyfer $Ni^{2+}(d)$ I $Ni(s)$. [3]

   Mae'r potensial electrod safonol ar gyfer y gell hon i'w weld yn y tabl isod.

(b) Labelwch gyfeiriad llif yr electronau ar eich diagram. [1]

(c) Labelwch yr electrod positif ar eich diagram. [1]

8 Mae'r tabl isod yn rhoi **potensialau electrod safonol**, E^{θ}, ar gyfer rhai systemau y mae eu hanner hafaliadau ïon/electron i'w gweld yma.

Hanner hafaliad	E^{θ} / V
$Fe^{2+} (d) + 2e^- \rightleftharpoons Fe (s)$	−0.44
$Ni^{2+} (d) + 2e^- \rightleftharpoons Ni (s)$	−0.25
$H^+ (d) + e^- \rightleftharpoons \frac{1}{2} H_2 (n)$	0.00
$Cu^{2+} (d) + 2e^- \rightleftharpoons Cu (s)$	0.34
$\frac{1}{2} I_2 (d) + e^- \rightleftharpoons I^- (d)$	0.54
$Ag^+ (d) + e^- \rightleftharpoons Ag (s)$	0.80

Gan ddefnyddio'r wybodaeth o'r tabl, atebwch y cwestiynau canlynol:

(a) Nodwch y rhydwythydd cryfaf. [1]

(b) Darganfyddwch y g.e.m. sy'n cael ei fesur pan fydd y celloedd $Fe^{2+}(d)$ I $Fe(s)$ ac $Ni^{2+}(d)$ I $Ni(s)$ yn cael eu cysylltu. [1]

(c) Nodwch bob rhywogaeth sy'n gallu cael ei hocsidio gan ïodin dyfrllyd. [1]

(ch) Nodwch, gan roi rheswm, a fyddech chi'n disgwyl i adwaith ddigwydd pe bai darn o nicel yn cael ei roi mewn hydoddiant dyfrllyd o gopr(II) sylffad. [2]

(d) Nodwch, gan roi rheswm, a fydd asid yn cyrydu metel nicel. [2]

9 Gall metel haearn gyrydu mewn dŵr ym mhresenoldeb aer drwy adwaith rhydocs.

$$2Fe\ (s) + O_2(n) + 2H_2O\ (h) \rightarrow 2Fe^{2+}\ (d) + 4OH^-\ (d)$$

(a) Defnyddiwch y newidiadau mewn rhifau (cyflyrau) ocsidiad i nodi pa adweithydd sy'n cael ei ocsidio a pha un sy'n cael ei rydwytho yn yr hafaliad uchod. [2]

(b) Mae'n bosibl ysgrifennu adwaith cyrydu cyfatebol ar gyfer arian, Ag:

$$4Ag\ (s) + O_2(n) + 2H_2O\ (h) \rightarrow 4Ag^+\ (d) + 4OH^-\ (d)$$

O wybod y potensialau electrod safonol isod, esboniwch pam mae'r adwaith cyrydu ar gyfer haearn yn digwydd ond nad yw arian yn cyrydu. [2]

$$Fe^{2+}\ (d) + 2e^- \rightarrow Fe\ (s) \qquad E = -0.44V$$
$$O_2(n) + 2H_2O\ (h) + 4e^- \rightarrow 4OH^-\ (d) \qquad E = +0.40V$$
$$Ag^+\ (d) + e^- \rightarrow Ag\ (s) \qquad E = +0.80V$$

10 Mae celloedd tanwydd hydrogen yn cael eu defnyddio mewn rhai cerbydau ac mae'r rhain yn cael eu hysbysebu fel rhai sy'n dda i'r amgylchedd. Rhowch reswm pam mae defnyddio celloedd tanwydd yn dda i'r amgylchedd ac un anfantais amgylcheddol wrth eu defnyddio. [2]

11 Mae ïonau deucromad(VI), $Cr_2O_7^{2-}$, yn adweithio ag ïonau haearn(II) mewn hydoddiant asidig yn ôl yr hafaliad canlynol.

$$Cr_2O_7^{2-}(d) + 14H^+\ (d) + 6Fe^{2+}\ (d) \rightleftharpoons 2Cr^{3+}\ (d) + 7H_2O\ (h) + 6Fe^{3+}\ (d)$$

Mae'n bosibl defnyddio'r adwaith hwn fel sail i gell electrocemegol lle mae potensialau electrod safonol y ddau hanner adwaith i'w gweld isod.

$$Fe^{3+}\ (d) + e^- \rightleftharpoons Fe^{2+}\ (d) \qquad +0.77V$$
$$Cr_2O_7^{2-}(d) + 14H^+\ (d) + 6e^- \rightleftharpoons 2Cr^{3+}\ (d) + 7H_2O\ (h) \qquad +1.33V$$

(a) Cyfrifwch g.e.m. y gell. [1]

(b) Mae electrodau platinwm yn cael eu defnyddio yn y gell. Esboniwch bwrpas yr electrodau platinwm hyn. [1]

(c) Lluniwch a labelwch ddiagram i ddangos adeiledd posibl ar gyfer y gell. Dylai eich labeli gynnwys:

- Y cyfarpar a ddefnyddir
- Yr adweithyddion
- Yr electrodau positif a negatif
- Cyfeiriad llif yr electronau yn y gylched. [5]

12 Mae fanadiwm(V)(d), ar ffurf VO_3^-, yn felyn a gall sinc ac asid dyfrllyd ei rydwytho gan gynhyrchu cyfres o hydoddiannau lliw nes i'r rhydwythiad ddod i ben gan ffurfio hydoddiant lliw fioled. Mae'r rhydwythydd yn cynnwys yr ecwilibriwm $Zn^{2+}(d) / Zn(s)$.

Cyflwr ocsidiad fanadiwm ar ddechrau adwaith	Adwaith	E^θ / V
+5	$VO_3^-\ (d) + 4H^+\ (d) + e^- \rightleftharpoons VO^{2+}\ (d) + 2H_2O\ (h)$	+1.00
+4	$VO^{2+}\ (d) + 2H^+\ (d) + e^- \rightleftharpoons V^{3+}\ (d) + H_2O\ (h)$	+0.34
+3	$V^{3+}\ (d) + e^- \rightleftharpoons V^{2+}\ (d)$	−0.26
+2	$V^{2+}\ (d) + 2e^- \rightleftharpoons V\ (s)$	−1.13
	$Zn^{2+}\ (d) + 2e^- \rightleftharpoons Zn\ (s)$	−0.76
	$Cu^{2+}\ (d) + 2e^- \rightleftharpoons Cu\ (s)$	+0.34

(i) Nodwch beth yw'r hydoddiant lliw fioled sy'n cynnwys fanadiwm ac sy'n cael ei gynhyrchu yn y rhydwythiad hwn. Defnyddiwch botensialau electrod safonol i esbonio eich ateb. [3]

(ii) Beth yw potensial electrod safonol cell sy'n cael ei ffurfio o electrod Zn^{2+}(d) / Zn(s) safonol ac electrod Cu^{2+}(d) / Cu(s) safonol? [1]

(iii) Ysgrifennwch yr hafaliad ecwilibriwm ar gyfer y newid sy'n digwydd ar yr electrod sinc gan ddangos y cyfeiriad y mae'r adwaith yn mynd iddo. [1]

(iv) Defnyddiwch egwyddor Le Chatelier i ragfynegi effaith cynyddu crynodiad Zn^{2+}(d) yn yr electrod ar botensial electrod yr electrod sinc. Esboniwch eich ateb. [2]

3.2

1 Ysgrifennwch hanner hafaliad ïon/electron ar gyfer rhydwythiad ïonau deucromad (VI) mewn hydoddiant asidig, gan nodi unrhyw newid lliw. [2]

2 Mae'n bosibl defnyddio potasiwm manganad(VII) i ocsidio ïonau ethandeuoad, $C_2O_4{}^{2-}$. Defnyddiwch y ddau hanner hafaliad ïon/electron isod i ysgrifennu hafaliad ïonig ar gyfer yr adwaith. [1]

$$MnO_4{}^- + 8H^+ + 5e^- \rightleftharpoons Mn^{2+} + 4H_2O$$
$$2CO_2 + 2e^- \rightleftharpoons C_2O_4{}^{2-}$$

3 Cafodd aloi sy'n cynnwys haearn ei ddadansoddi drwy ditradiad rhydocs. Cafodd sampl o 0·190 g o'r aloi ei drawsnewid yn hydoddiant ïonau haearn(II), Fe^{2+}, drwy ei hyddoli mewn asid. Roedd angen 26·80 cm^3 o hydoddiant yn cynnwys ïonau deucromad(VI), $Cr_2O_7{}^{2-}$, â chrynodiad 0·0162 môl dm^{-3}, i ocsidio'r holl ïonau Fe^{2+} yn yr hydoddiant i haearn(III), Fe^{3+}.

(a) Yr hanner hafaliad ïon/electron ar gyfer ocsidiad haearn(II) yw

$$Fe^{3+}(d) + e^- \rightleftharpoons Fe^{2+}(d)$$

Ysgrifennwch yr hanner hafaliad ïon/electron ar gyfer rhydwythiad yr ocsidydd $Cr_2O_7{}^{2-}$ mewn hydoddiant asidig. [1]

(b) Cyfrifwch ganran yr haearn yn ôl màs yn yr aloi i nifer priodol o ffigurau ystyrlon. [4]

4 Mae arsenig yn elfen wenwynig sydd wedi cael ei defnyddio yn y gorffennol ar ffurf yr ocsid As_4O_6 fel gwenwyn. Cafodd sampl yn cynnwys ocsidau arsenig ei ddadansoddi ymhlith defnyddiau eraill drwy geisio hydoddi 50.0 g mewn dŵr. Cafodd yr arsenig ocsid ei hyddoli gan adael y gweddill fel solid oedd heb hydoddi.

(a) Rhowch ddull o wahanu'r hydoddiant o'r solidau oedd heb hydoddi. [1]

(b) Cafodd yr hydoddiant oedd yn cynnwys yr arsenig ei wneud i fyny at 250 cm^3 a chafodd samplau eu titradu yn erbyn hydoddiant safonol yn cynnwys ïodin. Mae arsenig(III) ocsid yn adweithio ag ïodin yn ôl yr hafaliad canlynol gan roi hydoddiant asidig.

$$As_4O_6(d) + 4I_2(d) + 4H_2O(h) \rightarrow 2As_2O_5(d) + 8HI(d)$$

(i) Adweithiodd 20·0 cm^3 o hydoddiant ïodin safonol â chrynodiad 0·0500 môl dm^{-3} â 25·0 cm^3 o'r hydoddiant yn cynnwys arsenig. Cyfrifwch nifer y molau o arsenig (III) ocsid, As_4O_6, sy'n bresennol mewn 25·0 cm^3 o'r hydoddiant. [2]

(ii) Defnyddiwch yr ateb i ran (i) i gyfrifo cyfanswm nifer y molau o arsenig(III) ocsid, As_4O_6 sy'n bresennol a thrwy hyn ganran, yn ôl màs, yr arsenig(III) ocsid yn y sampl gwreiddiol â màs 50·0 g. Rhowch eich ateb i nifer priodol o ffigurau ystyrlon. [2]

5 Mae'n bosibl darganfod crynodiad Fe^{2+}(d) drwy ei ditradu yn erbyn hydoddiant potasiwm deucromad(VI) safonol. Mewn un arbrawf, cafodd sampl 25.0 cm^3 o hydoddiant yn cynnwys Fe^{2+} ei ditradu yn erbyn hydoddiant potasiwm deucromad(VI) â chrynodiad 0.0250 môl dm^{-3} mewn gormodedd o asid. Roedd angen 12.5 cm^3 o hydoddiant potasiwm deucromad(VI) i gyrraedd y diweddbwynt.

$$Cr_2O_7^{2-}(d) + 14H^+(d) + 6Fe^{2+}(d) \rightarrow 2Cr^{3+}(d) + 7H_2O(h) + 6Fe^{3+}(d)$$

Cyfrifwch, i nifer priodol o ffigurau ystyrlon, grynodiad yr hydoddiant Fe^{2+}(d). [3]

6 Mae sodiwm clorad(I) yn cael ei ddefnyddio mewn cannydd. Mae'n bosibl darganfod crynodiad sodiwm clorad(I) mewn cannydd domestig drwy adweithio'r cannydd â hydoddiant ïodid asidiedig gan ffurfio ïodin ac yna ei ditradu gyda hydoddiant thiosylffad.

(a) Enwch ddangosydd addas ar gyfer yr adwaith hwn. [1]

(b) Dyma'r hafaliad ar gyfer yr adwaith hwn:

$$ClO^-(d) + 2H^+(d) + 2I^-(d) \rightarrow I_2(d) + Cl^-(d) + H_2O(h)$$

Cafodd sampl o 25.00 cm^3 o gannydd domestig ei wanedu hyd at 250.0 cm^3 mewn fflasg safonol. Ychwanegwyd 25.00 cm^3 o'r hydoddiant hwn at ormodedd o botasiwm ïodid asidiedig ac adweithiodd yr ïodin a gynhyrchwyd â 20.40 cm^3 o sodiwm thiosylffad dyfrllyd â chrynodiad 0·09200 môl dm^{-3}.

(i) Ysgrifennwch hafaliad ar gyfer adwaith I_2 â hydoddiant sodiwm thiosylffad. [1]

(ii) Defnyddiwch yr hafaliad uchod, a hefyd eich hafaliad yn (b)(i), i gyfrifo crynodiad sodiwm clorad(I) yn y sampl gwreiddiol o gannydd i nifer priodol o ffigurau ystyrlon. [4]

7 Cafodd sampl o ffwngleiddiad sy'n cynnwys copr ei ddadansoddi er mwyn darganfod faint o gopr oedd ynddo. Yn gyntaf, fe adweithiodd â gormodedd o botasiwm ïodid:

$$2Cu^{2+} + 4I^- \rightarrow 2CuI + I_2$$

ac yna cafodd yr ïodin a gynhyrchwyd ei ditradu yn erbyn hydoddiant sodiwm thiosylffad.

$$I_2 + 2Na_2S_2O_3 \rightarrow 2NaI + Na_2S_4O_6$$

(i) Enwch y dangosydd a ddefnyddiwyd ar gyfer y titradiad a nodwch y newid lliw ar y diweddbwynt. [2]

(ii) Os oedd angen 12.25cm^3 o hydoddiant sodiwm thiosylffad, $Na_2S_2O_3$, â chrynodiad 0.100 môl dm^{-3}, i adweithio â'r ïodin a gafodd ei ryddhau o sampl o 31.2 g o'r ffwngleiddiad, cyfrifwch fàs y copr yn y sampl a thrwy hyn % y Cu yn ôl màs yn y ffwngleiddiad. [3]

8 Mae'n bosibl darganfod faint o haearn sydd mewn aloi drwy ditradiad rhydocs gan ddefnyddio hydoddiant potasiwm deucromad(VI) asidiedig, $K_2Cr_2O_7$. Cafodd darn o aloi â màs 1.870 g ei hydoddi'n llwyr mewn asid gan ffurfio ïonau Fe^{2+}, a chafodd yr hydoddiant ei wneud i fyny at 250.0 cm^3. Cafodd sampl o 25.00 cm^3 o'r hydoddiant hwn ei ditradu yn erbyn $K_2Cr_2O_7$ asidiedig. Roedd angen 23.80 cm^3 o hydoddiant $K_2Cr_2O_7$ â chrynodiad 0.0200 môl dm^{-3} ar gyfer adwaith cyfan.

(i) Yr hanner hafaliadau ar gyfer y prosesau sy'n digwydd yw:

$$Cr_2O_7^{2-} + 14H^+ + 6e^- \rightarrow 2Cr^{3+} + 7H_2O$$
$$Fe^{3+} + e^- \rightarrow Fe^{2+}$$

Ysgrifennwch **hafaliad ïonig** ar gyfer yr adwaith rhwng ïonau Fe^{2+} ac ïonau $Cr_2O_7^{2-}$ mewn hydoddiant asidig. [1]

(ii) Cyfrifwch nifer y molau o ïonau Fe^{2+} sy'n bresennol yn y sampl 25.00 cm^3 a ddefnyddiwyd yn y titradiad. [2]

(iii) Cyfrifwch ganran yr haearn yn y sampl aloi gwreiddiol. [2]

9 Mae halogenau hefyd yn gallu ffurfio cyfansoddion gydag amrywiaeth o gyflyrau ocsidiad. Mae rhai ohonynt, gan gynnwys cyfansoddion ïodad(V), IO_3^-, yn ymddwyn fel ocsidyddion.

Roedd myfyriwr yn ymchwilio i'r adwaith sy'n digwydd pan fydd ïodad(V) yn ocsidio ïonau ïodid gan gynhyrchu ïodin. Cafodd dau hafaliad posibl eu hawgrymu.

$$IO_3^- + 6H^+ + 5I^- \rightarrow 3I_2 + 3H_2O \qquad \textbf{hafaliad 1}$$

$$IO_3^- + 4H^+ + 4I^- \rightarrow IO^- + 2H_2O + 2I_2 \qquad \textbf{hafaliad 2}$$

Paratôdd y myfyriwr hydoddiant potasiwm ïodad(V) drwy hydoddi 0.978 g o KIO_3 mewn 250 cm^3 o hydoddiant. Pibedodd 25.0 cm^3 o'r hydoddiant hwn i fflasg gonigol, ychwanegodd ormodedd o botasiwm ïodid a thitradodd yr ïodin a gynhyrchwyd gyda hydoddiant sodiwm thiosylffad, $Na_2S_2O_3$ â chrynodiad 0.100 môl dm^{-3}. Roedd angen cyfaint o 27.40 cm^3 o'r hydoddiant hwn i adweithio â'r ïodad(V).

Dyma'r hafaliad ar gyfer adwaith thiosylffad ag ïodin:

$$2S_2O_3^{2-} + I_2 \rightarrow S_4O_6^{2-} + 2I^-$$

(i) Cyfrifwch nifer y molau o thiosylffad a ddefnyddiwyd i adweithio â'r ïodin. [1]

(ii) Diddwythwch nifer y molau o ïodin oedd yn bresennol yn y sampl 25.0 cm^3. [1]

(iii) Cyfrifwch nifer y molau o KIO_3 oedd yn bresennol mewn 250 cm^3 o'r hydoddiant gwreiddiol a thrwy hyn nifer y molau sy'n bresennol mewn 25.0 cm^3. [1]

(iv) Defnyddiwch eich canlyniadau o (ii) a (iii) i ddiddwytho pa un ai hafaliad 1 neu hafaliad 2 a awgrymwyd uchod sy'n dangos yn gywir beth sy'n digwydd pan fydd ïonau ïodad(V) yn ocsidio ïonau ïodid. Dangoswch, drwy gyfrifiad, sut daethoch i'r casgliad hwn. [2]

3.3

1 Mae'r tabl yn dangos rhan o'r Tabl Cyfnodol a hefyd y cofalens uchaf ar gyfer pob elfen. Y cofalens uchaf yw'r nifer mwyaf o fondiau cofalent y mae pob elfen yn eu ffurfio, **heblaw am** fondiau cyd-drefnol cofalent.

Grŵp 3	Grŵp 4	Grŵp 5	Grŵp 6
B	C	N	O
3	4	3	2
Al	Si	P	S
3	4	5	6

(a) Esboniwch pam mae B ac Al wedi'u cyfyngu i gofalens uchaf o 3 a pham mae eu cyfansoddion yn **electron ddiffygiol**. [2]

(b) Esboniwch pam mae gan N gofalens uchaf o 3 ond mae gan P, sydd yn yr un grŵp, uchafswm o 5. [2]

2 Mae alwminiwm ocsid, Al_2O_3, yn ocsid **amffoterig**. Esboniwch ystyr y term 'amffoterig' a rhowch **ddau** adwaith, gan gynnwys hafaliadau, sy'n dangos ymddygiad amffoterig alwminiwm ocsid. [4]

3 Gall elfennau Grŵp IV ddangos cyflyrau ocsidiad +2 a +4 yn eu cyfansoddion. Nodwch, gan roi enghreifftiau, sut mae sefydlogrwydd cymharol y cyflyrau ocsidiad yn newid wrth fynd i lawr y grŵp a rhowch reswm am y duedd hon. [3]

4 Ysgrifennwch hafaliadau cytbwys ar gyfer yr adweithiau canlynol:

(a) **Un** adwaith lle mae plwm(IV) ocsid yn ocsidydd. [1]

(b) Dau adwaith sy'n dangos ymddygiad amffoterig plwm neu un o'i gyfansoddion. [2]

(c) Un adwaith lle mae carbon monocsid yn rhydwythydd. [1]

5 Nodwch beth sy'n cael ei weld ym **mhob un** o'r achosion canlynol:

(a) Tetracloromethan, CCl_4, yn cael ei ychwanegu at ddŵr.

(b) Silicon(IV) clorid, $SiCl_4$, yn cael ei ychwanegu at ddŵr.

Esboniwch y gwahaniaeth rhwng ymddygiad y ddau. [3]

6 Mae boron nitrid, BN, a hefyd carbon, C, yn ffurfio adeileddau hecsagonol tebyg i graffit. Esboniwch pam mae:

- BN a C yn gallu mabwysiadu'r un adeiledd hecsagonol.
- BN a hefyd C yn dangos priodweddau iro.
- C yn ddargludydd trydan ond mae BN yn ynysydd ar dymheredd ystafell. [6]

7 Mae sodiwm clorid a sodiwm ïodid yn adweithio ag asid sylffwrig crynodedig. Mae'r arsylwadau sydd i'w gweld yn ystod y ddau adwaith yn wahanol iawn. Trafodwch yr adweithiau sy'n digwydd. Dylai eich ateb gynnwys:

- Yr arsylwadau sy'n cael eu gwneud yn ystod y ddau adwaith
- Enwau unrhyw gynhyrchion
- Y resymau dros unrhyw wahaniaethau yn yr adweithiau sy'n digwydd. [5]

8 Bydd haearn fel arfer yn cael ei echdynnu o haearn(III) ocsid, Fe_2O_3, mewn ffwrnais chwyth gan ddefnyddio carbon monocsid, CO, fel rhydwythydd a rhyddhau haearn metelig a'r nwy carbon deuocsid.

(i) Ysgrifennwch yr hafaliad cyfan ar gyfer yr adwaith hwn. [1]

(ii) Esboniwch yn nhermau cyflyrau ocsidiad pam rydym yn ystyried mai carbon monocsid yw'r rhydwythydd yn yr adwaith hwn. [2]

(iii) Esboniwch pam mae'n bosibl defnyddio carbon monocsid, CO, fel rhydwythydd ond nad yw'n bosibl defnyddio ocsid cyfatebol plwm, sef PbO. [2]

9 (a) Mae'r diagram yn dangos rhai o adweithiau cyfansoddion plwm.

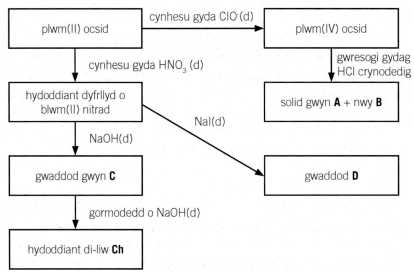

(a) (i) Nodwch swyddogaeth plwm(IV) ocsid yn yr adwaith gydag asid hydroclorig crynodedig. [1]

(ii) Enwch solid gwyn A a nwy B. [2]

(iii) Rhowch fformiwla'r rhywogaeth sy'n cynnwys plwm ac sy'n bresennol yn hydoddiant di-liw Ch. [1]

(iv) Nodwch liw gwaddod D. [1]

(v) Ysgrifennwch yr hafaliad ar gyfer ffurfio plwm(II) nitrad o blwm(II) ocsid. [1]

(b) Carbon yw'r elfen gyntaf yng Ngrŵp 4. Dau o'i alotropau yw diemwnt a graffit. Mae boron nitrid yn gyfansoddyn sy'n ffurfio adeileddau sy'n cyfateb i ddiemwnt a graffit.

(i) Disgrifiwch adeiledd graffit ac esboniwch pam mae gan foron nitrid hecsagonol yr un adeiledd ond priodweddau gwahanol o ran dargludedd trydanol. [4]

(ii) Nodwch un ffordd y mae adeiledd ciwbig boron nitrid yn cael ei ddefnyddio. [1]

3.4

1 (a) Nodwch adeileddau electronig llawn

(i) cromiwm metelig, Cr **(ii)** yr ïon cromiwm(III), Cr^{3+} [2]

(b) Mae'r ïon cymhlyg octahedrol $[Cr(H_2O)_6]^{3+}$ yn fioled. Esboniwch sut mae'r lliw'n digwydd yn yr ïon cymhlyg hwn. [4]

2 Un o nodweddion y metelau hyn yw'r gallu i ffurfio ïonau lliw.

(i) Rhowch adeiledd electronig ïonau copr(I), Cu^+, a nodwch pam nad oes gan gyfansoddion copr(I) liw fel arfer. [2]

(ii) Gall ïonau copr(II) ffurfio'r cymhlygion lliw canlynol:

$[Cu(H_2O)_6]^{2+}$ a $[CuCl_4]^{2-}$

I Nodwch y siâp a'r lliw ar gyfer **pob** cymhlygyn. [4]

II Disgrifiwch y bondio mewn cymhlygion copr(II). [2]

3 (a) Gan ddefnyddio'r confensiwn o roi saethau mewn blychau i gynrychioli electronau, rhowch adeiledd electronig plisgyn allanol ïon haearn(III), Fe^{3+}. [1]

(b) Mae grisialau hydradol haearn(III) clorid yn cynnwys yr ïon porffor $[Fe(H_2O)_6]^{3+}$, sydd â'r un siâp â'r ïon $[Cu(H_2O)_6]^{2+}$. Brasluniwch siâp yr ïon $[Fe(H_2O)_6]^{3+}$. [1]

(c) Esboniwch pam mae gan ïonau dyfrllyd fel $[Fe(H_2O)_6]^{3+}$ a $[Cu(H_2O)_6]^{2+}$ liw. [3]

(ch) Disgrifiwch beth sy'n cael ei **weld** pan fydd hydoddiant sodiwm hydrocsid dyfrllyd yn cael ei ychwanegu, fesul diferyn, at hydoddiant sy'n cynnwys ïonau Fe^{3+} (d) nes bod **gormodedd** o sodiwm hydrocsid yn bresennol.

Dylech roi hafaliad ar gyfer unrhyw adwaith sy'n digwydd. [3]

4 (a) Rhowch adeiledd electronig **lawn**

(i) atom haearn, Fe, **(ii)** catïon haearn(II), Fe^{2+}. [2]

(b) Mae haearn yn ffurfio ïonau Fe^{3+} ac Fe^{2+} hefyd. Esboniwch pam mae metelau trosiannol fel haearn yn ffurfio cyfansoddion â mwy nag un cyflwr ocsidiad. [2]

(c) Mae haearn yn ffurfio ïon cymhlyg octahedrol gwyrdd, $[Fe(H_2O)_6]^{2+}$. Disgrifiwch y bondio rhwng moleciwl dŵr, H_2O, a'r catïon Fe^{2+} yn yr ïon cymhlyg. [2]

4.1 Stereoisomeredd

- Y gwahaniaeth rhwng isomeredd adeileddol ac isomeredd optegol a'r ddau fath o stereoisomeredd

- Termau cyffredin sy'n cael eu defnyddio mewn isomeredd optegol

- Adnabod y nodweddion sy'n bresennol mewn fformiwlâu organig sy'n achosi isomeredd optegol

- Effaith enantiomerau ar olau plân polar

4.3 Alcoholau a ffenolau

- Y dulliau o ffurfio alcoholau cynradd ac eilaidd o halogenoalcanau a chyfansoddion carbonyl

- Adweithiau alcoholau cynradd ac eilaidd â halidau hydrogen, ethanoyl clorid ac asidau carbocsylig

- Asidedd ffenol a'i adweithiau â bromin ac ethanoyl clorid

- Y prawf ar gyfer ffenolau gan ddefnyddio haearn(III) clorid dyfrllyd

4.2 Aromatigedd

- Yr adeiledd a'r bondio mewn bensen ac arenau eraill

- Tuedd cyfansoddion aromatig, fel bensen, i wrthsefyll adweithiau adio

- Mecanwaith amnewid electroffilig, e.e. yr hyn sy'n digwydd yn nitradiad, halogeniad ac alcyleiddiad Friedel–Crafts bensen, fel yr adwaith sy'n nodweddiadol o arenau

- Y rhyngweithiad rhwng bensen a grwpiau amnewid fel mae'n cael ei enghreifftio gan y cynnydd yng nghryfder y bond C—Cl mewn clorobensen o'i gymharu â chloroalcan

4.4 Aldehydau a chetonau

- Ffurfio aldehydau a chetonau drwy ocsidio alcoholau cynradd ac eilaidd yn ôl eu trefn

- Sut mae'n bosibl gwahaniaethu rhwng aldehydau a chetonau drwy gymharu pa mor rhwydd yw eu hocsidio gan ddefnyddio adweithydd Tollens ac adweithydd Fehling

- Rhydwytho aldehydau a chetonau gan ddefnyddio sodiwm tetrahydridoborad(III)

- Mecanwaith adiad niwcleoffilig, er enghraifft adiad hydrogen cyanid at ethanal a phropanon

- Adwaith aldehydau a chetonau â 2,4-deunitroffenylhydrasin a sut mae'n cael ei ddefnyddio i brofi am grŵp carbonyl ac wrth adnabod aldehydau a chetonau penodol

- Y prawf triiodomethan (ïodofform) a sut mae'n cael ei ddefnyddio i adnabod grwpiau $CH_3C=O$ neu eu rhagsylweddion

t. 140

4.5 Asidau carbocsylig a'u deilliadau

- Asidedd cymharol asidau carbocsylig, ffenolau, alcoholau a dŵr
- Ffurfio asidau carbocsylig drwy ocsidio alcoholau ac aldehydau
- Rhydwytho asidau carbocsylig gan ddefnyddio LiAlH$_4$
- Ffurfio asidau carbocsylig aromatig drwy ocsidio ochr-gadwynau methyl
- Datgarbocsyleiddio asidau carbocsylig
- Trawsnewid asidau carbocsylig yn esterau a chloridau asid a hydrolysu'r cyfansoddion hyn
- Trawsnewid asidau carbocsylig yn amidau a nitrilau
- Ffurfio nitrilau o halogenoalcanau a hydrocsinitrilau o aldehydau a chetonau
- Hydrolysu nitrilau ac amidau
- Rhydwytho nitrilau gan ddefnyddio LiAlH$_4$

t. 158

4.7 Asidau amino, peptidau a phroteinau

- Fformiwlâu cyffredinol a dosbarthiad asidau amino α
- Natur amffoterig a switerïonig asidau amino a'u heffaith ar dymereddau ymdoddi a hydoddedd
- Cyfuno asidau amino α gan ffurfio deupeptidau
- Ffurfio polypeptidau a phroteinau
- Egwyddorion sylfaenol adeiledd proteinau cynradd, eilaidd a thrydyddol
- Swyddogaeth hanfodol proteinau mewn systemau byw, er enghraifft, fel ensymau

t. 150

4.6 Aminau

- Ffurfio aminau aliffatig cynradd o halogenoalcanau a nitrilau
- Ffurfio aminau aromatig o nitrobensenau
- Basigedd aminau
- Ethanoyleiddiad aminau cynradd gan ddefnyddio ethanoyl clorid
- Adwaith aminau cynradd (aliffatig ac aromatig) ag asid nitrig(III) oer
- Cyplu halwynau bensendeuasoniwm â ffenolau ac aminau aromatig
- Swyddogaeth y cromoffor –N=N– mewn llifynnau aso
- Tarddiad lliw yn nhermau tonfeddi'r golau gweladwy sy'n cael eu hamsugno

t. 165

4.8 Synthesis organig a dadansoddi

- Synthesis cyfansoddion organig drwy gyfres o adweithiau
- Yr egwyddorion sy'n sail i dechnegau trin, gwahanu a phuro sy'n cael eu defnyddio mewn cemeg organig
- Y gwahaniaeth rhwng polymeriad cyddwyso a pholymeriad adio
- Sut mae polyesterau a pholyamidau'n cael eu ffurfio
- Defnyddio tymheredd ymdoddi i ddarganfod puredd
- Defnyddio sbectra NMR ^{1}H cydraniad uchel (a hefyd y data eraill am sbectra sy'n cael eu nodi yn 2.8) wrth egluro adeiledd moleciwlau organig
- Defnyddio data cromatograffig o gromatograffaeth haen-denau (*TLC*)/papur, cromatograffaeth nwy (*GC*) a chromatograffaeth hylif perfformiad uchel (*HPLC*) i ddarganfod cyfansoddiad cymysgeddau

4.1
Stereoisomeredd

Mae moleciwlau cyfansoddion organig yn aml yn cynnwys llawer o atomau. Er enghraifft, mae moleciwl o'r ffrwydryn TNT, $C_6H_2(CH_3)(NO_2)_3$, yn cynnwys 21 atom o bedair elfen wahanol ac mae moleciwl o swcros, $C_{12}H_{22}O_{11}$, yn cynnwys 45 atom. Hyd yn oed yn y moleciwl symlaf sydd â'r fformiwla foleciwlaidd C_2H_6O, mae'n bosibl trefnu'r atomau i roi ethanol, C_2H_5OH neu eu bondio i'w gilydd gydag atom ocsigen canolog i roi methocsimethan, CH_3OCH_3. Yr enw ar gyfansoddion sydd â'r un fformiwla foleciwlaidd ond sy'n cael eu bondio'n wahanol yw isomerau adeileddol. Mae math arall o isomeredd lle mae'r gwahaniaethau'n digwydd oherwydd safleoedd gofodol yr atomau. Yr enw ar hyn yw stereoisomeredd. Ym mlwyddyn gyntaf y cwrs hwn, buom yn trafod isomeredd *E–Z* a nawr byddwn yn edrych ar ffurf arall ar stereoisomeredd, sef isomeredd optegol.

Dylech allu dangos a chymhwyso'r hyn rydych yn ei wybod a'i ddeall am y canlynol:

- sut mae stereoisomeredd yn wahanol i isomeredd adeileddol a bod stereoisomeredd yn cwmpasu isomeredd *E–Z* ac isomeredd optegol.

- Y termau 'craidd cirol', 'enantiomer', 'actifedd optegol' a 'chymysgedd racemig'.

- Isomeredd optegol yn nhermau atom carbon anghymesur.

- Effaith enantiomer ar olau plân polar.

Y gwahaniaeth rhwng isomeredd adeileddol ac isomeredd optegol a'r ddau fath o stereoisomeredd

Cyfansoddion sydd â'r un fformiwla foleciwlaidd ond lle mae'r atomau wedi'u trefnu'n wahanol yw isomerau adeileddol. Un o'r mathau symlaf yw isomeredd cadwynol lle mae'r cadwynau'n syth neu'n ganghennog.

CH₃CH₂CH₂CH₂CH₃

pentan

$$H_3C - \underset{\underset{CH_3}{|}}{\overset{\overset{CH_3}{|}}{C}} - CH_3$$

deumethylpropan

Os yw'r cyfansoddion yn cynnwys grŵp gweithredol, gall fod ar safleoedd gwahanol ar y gadwyn.

CH₃CH₂CH₂OH

propan–1–ol

CH₃CH(OH)CH₃

propan–2–ol

Gall y cyfansoddion fod â'r un fformiwla foleciwlaidd ond â grŵp gweithredol gwahanol yn bresennol. Er enghraifft, mae gan cylchohecsanol (alcohol eilaidd) a hecsanal (aldehyd) yr un fformiwla foleciwlaidd, sef $C_6H_{12}O$.

OH

cylchohecsanol

$$CH_3CH_2CH_2CH_2CH_2C\overset{\diagup H}{\underset{\diagdown O}{}}$$

hecsanal

Un ffurf ar stereoisomeredd yw isomeredd *E–Z*. Mae stereoisomeredd yn digwydd lle mae gan yr isomerau yr un fformiwla fyrrach ond mae trefniant yr atomau mewn gofod yn wahanol. Rydym yn astudio isomeredd *E–Z* yn ystod blwyddyn gyntaf y cwrs hwn. Mae'r math hwn o isomeredd i'w weld mewn alcenau. Mewn deucloroethen gall y ddau atom clorin fondio i'r un atom carbon neu gall pob atom carbon fondio i un atom clorin.

H₂C = CCl₂

1,1-deucloroethen

ClHC = CHCl

1,2-deucloroethen

Isomerau adeileddol yw'r ddau gyfansoddyn hyn. Ond, gall 1,2-deucloroethen fod wedi bondio fel bod pob clorin gyferbyn â'i gilydd neu fel bod y ddau atom ar yr un ochr i'r bond dwbl.

$$\underset{Cl}{\overset{H}{\diagdown}}C = C\underset{\diagdown H}{\overset{\diagup Cl}{}}$$

(E)–1,2-deucloroethen

$$\underset{H}{\overset{Cl}{\diagdown}}C = C\underset{\diagdown H}{\overset{\diagup Cl}{}}$$

(Z)–1,2-deucloroethen

Mae'r bond π yn cyfyngu ar gylchdroi o amgylch y bond dwbl ac oherwydd hynny mae 1,2-deucloroethen yn bodoli ar ddwy ffurf wahanol o'r enw isomerau *E–Z*.

Yr enw ar y math arall o stereoisomeredd yw isomeredd optegol ac mae'n digwydd lle mae'r ddau isomer yn cael effeithiau gwahanol ar olau plân polar.

Gwirio gwybodaeth

Mae fformiwla graffig methylcylchobwtan i'w gweld isod.

$$\underset{H}{\overset{H}{\diagdown}}C - \underset{H}{\overset{H}{|}}C - CH_3$$

Rhowch fformiwla graffig cyfansoddyn arall sydd â'r un fformiwla foleciwlaidd.

Ymestyn a Herio

Rhowch fformiwla graffig dau isomer sydd â'r fformiwla foleciwlaidd C_4H_8O ond sy'n cynnwys grwpiau gweithredol gwahanol.

Gwirio gwybodaeth

Olew ag arogl lemon yw citronelal, sy'n cael ei ddefnyddio mewn persawr.

$$(CH_3)_2C = CHCH_2CH_2\underset{\underset{H}{}}{\overset{\overset{CH_3}{|}}{CHCH_2C}}\overset{\diagup H}{\underset{\diagdown O}{}}$$

Nodwch a yw citronelal yn bodoli fel isomerau *E–Z* neu beidio gan roi rheswm am eich ateb.

▼ Pwynt astudio

Er mwyn i isomeredd *E–Z* ddigwydd, mae angen i'r atomau/grwpiau sy'n bondio i'r atomau carbon ar bob pen y bond dwbl carbon i garbon fod yn wahanol. Mae gan 1,1-deucloroethen ddau atom o'r un math wedi bondio i bob atom carbon yn y bond dwbl, ac felly nid yw'n bodoli ar ffurf isomerau *E–Z*.

Nid oes angen i'r atomau/grwpiau fod yr un peth ar bob ochr i'r bond dwbl. Mae gan

$$\underset{b}{\overset{a}{\diagdown}}C = C\underset{\diagdown d}{\overset{\diagup c}{}} \quad \text{a hefyd} \quad \underset{b}{\overset{a}{\diagdown}}C = C\underset{\diagdown d}{\overset{\diagup b}{}}$$

isomerau *E–Z*.

Termau Allweddol

Craidd cirol yw atom mewn moleciwl sy'n bondio i bedwar atom neu grŵp gwahanol.

Enantiomerau yw ffurfiau o'i gilydd sy'n ddrychddelweddau, nad yw'n bosibl eu harosod ar ei gilydd ac sy'n cylchdroi plân golau polar i gyfeiriadau dirgroes.

Mae **actifedd optegol** yn digwydd mewn moleciwlau sydd â chraidd/creiddiau cirol. Mae'r moleciwlau hyn yn cylchdroi plân golau polar.

Cymysgedd racemig yw cymysgedd sy'n cynnwys yr un nifer o folau o'r ddau enantiomer ac sydd ddim yn cylchdroi golau plân polar i'r naill gyfeiriad na'r llall.

! Cymorth Ychwanegol

Ni all atomau carbon sydd â bondiau lluosog weithredu fel creiddiau cirol gan na allant fondio i bedwar atom neu grŵp arall. Felly nid oes gan y cyfansoddion hyn graidd cirol.

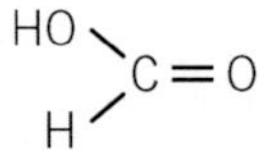

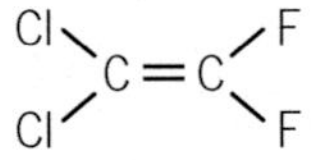

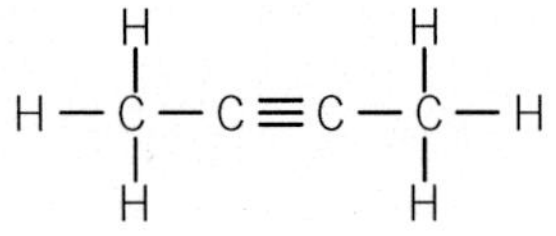

Ymestyn a Herio

Fformiwla 1,3-deucloropropan-2-ol yw

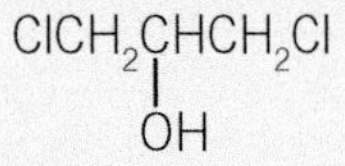

$$ClCH_2CHCH_2Cl$$
$$\mid$$
$$OH$$

Rhowch fformiwla graffig isomer arall sydd â'r fformiwla $C_3H_6Cl_2O$ ac sydd â chraidd cirol.

Rhai termau sy'n cael eu defnyddio mewn isomeredd optegol

Craidd cirol

Craidd cirol yw atom sy'n bondio i bedwar atom neu grŵp gwahanol. Mae'n atom carbon yn aml ac rydym yn ei alw'n atom carbon cirol. Mewn llyfrau hŷn, yr enw ar yr atomau carbon cirol oedd atomau carbon anghymesur. Mae'r pedwar atom neu grŵp gwahanol sy'n bondio i'r craidd cirol yn gallu bondio mewn dwy ffordd wahanol, sy'n ddrychddelweddau o'i gilydd.

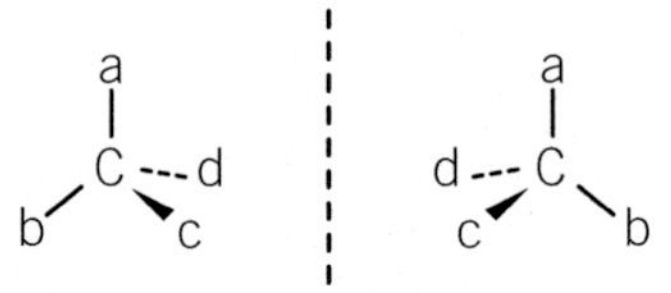

Mae'r llinellau toredig yn mynd am yn ôl i'r dudalen ac mae'r llinellau siâp saeth yn dod allan o'r dudalen tuag atoch. Un enghraifft gyffredin o gyfansoddyn sydd â chraidd cirol yw bwtan-2-ol, $CH_3CH_2CH(OH)CH_3$.

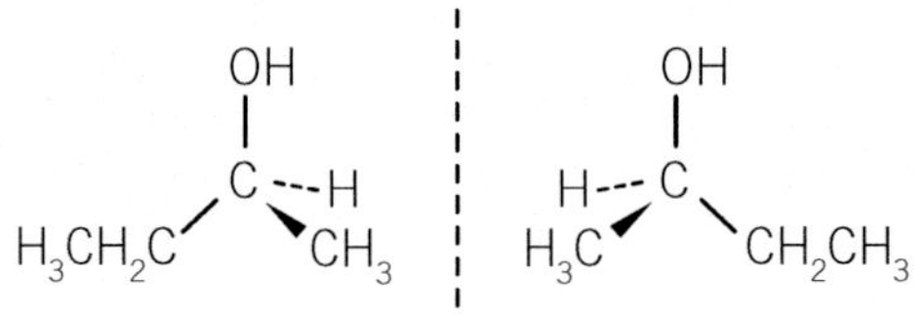

Enantiomer

Enantiomerau yw stereoisomerau sy'n ddrychddelweddau nad yw'n bosibl eu harosod ar ei gilydd. Enw arall arnynt yw isomerau optegol. Os oes gan gyfansoddyn ddau neu ragor o greiddiau cirol, mae'n bosibl cael stereoisomerau sydd ddim yn ddrychddelweddau o'i gilydd. Yr enw ar y rhain yw diastereoisomerau, ond nid ydynt yn y fanyleb hon. Ond, dylech allu adnabod creiddiau cirol yn y math hwn o foleciwl.

Mae'r diagram yn dangos fformiwla bwtan–1,2-deuol ac yn nodi'r creiddiau cirol â sêr.

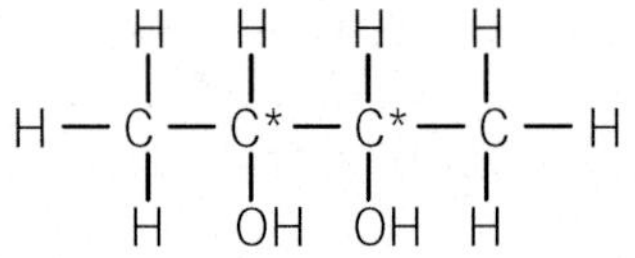

Actifedd optegol

Mae **actifedd optegol** i'w weld mewn moleciwlau sydd â chreiddiau cirol. Mae golau'n cynnwys tonnau sy'n dirgrynu ym mhob plân. Os bydd golau'n cael ei ddisgleirio drwy hidlen polaru (P) (e.e. darn o *Polaroid*), bydd y golau sy'n dod drwyddo'n dirgrynu mewn un plân yn unig. Yr enw ar olau fel hyn yw golau plân polar. Os bydd hydoddiant o enantiomer (R) yn cael ei roi mewn paladr o olau plân polar, mae'r paladr yn cael ei gylchdroi. Yr enw ar yr offeryn sy'n cael ei ddefnyddio i fesur faint o gylchdro sy'n digwydd yw polarimedr.

Mae maint cylchdro plân y golau polar yn dibynnu ar:

- Yr enantiomer dan sylw

- Crynodiad yr enantiomer yn yr hydoddiant

- Hyd y tiwb sy'n cynnwys yr hydoddiant y mae'r golau'n mynd drwyddo

- Mae hefyd angen ystyried amledd ffynhonnell y golau a'r tymheredd.

Gall enantiomer gylchdroi plân y golau polar i'r dde (+) neu i'r chwith (−). Os oes symiau cyfartal o'r ddau enantiomer mewn hydoddiant, nid oes cylchdro gan fod effaith cylchdro'r naill yn canslo effaith y llall. Mae'r effaith hon yn cael ei hachosi gan ddau gyfansoddyn gwahanol yn ffurfio cymysgedd ac yn gwrthsefyll effeithiau ei gilydd. Yr enw ar y cymysgedd hwn o'r un nifer o folau o'r ddau yw **cymysgedd racemig**.

Cafodd y cyffur lleddfu poen *ibuprofen* ei wneud am y tro cyntaf ym 1961.

Mae *ibuprofen* yn cynnwys craidd cirol ac mae'n cael ei werthu ar ffurf cymysgedd racemig. Gan fod systemau biolegol fel arfer yn ymateb i un enantiomer yn y ffordd sydd ei hangen ac nid i'r llall, mae perygl y gallai'r ffurf 'nad oes mo'i heisiau' achosi sgil effeithiau difrifol a niweidiol. Byddai gwahanu'r ddau enantiomer (yr enw ar hyn yw cydrannu) yn anodd a drud.

Pan fydd rhywun yn cymryd *ibuprofen*, mae un o'r enantiomerau'n llawer mwy actif yn fiolegol na'r llall, ond yn ffodus mae ensym yn y corff yn trawsnewid y ffurf lai actif gan ffurfio'r enantiomer arall, sy'n fwy actif.

Gwirio gwybodaeth 3

Esboniwch pam gallwn ddisgrifio cymysgedd racemig fel cymysgedd sy'n cynnwys yr un nifer o folau neu'r un meintiau o'r ddau enantiomer.

Gwirio gwybodaeth 4

Mae asid malig i'w gael mewn afalau anaeddfed. Ei enw cyfundrefnol yw asid 2-hydrocsibwtandeuöig. Ysgrifennwch y fformiwla graffig ar gyfer asid malig a nodwch unrhyw graidd cirol sy'n bresennol yn ei fformiwla.

Gwirio gwybodaeth 5

Esboniwch pam mae'r asid annirlawn sydd â'r fformiwla $CH_3(CH_2)_7CH=CH(CH_2)_7COOH$ yn bodoli ar ffurf isomerau *E–Z*.

4.1
Aromatigedd

Mae blwyddyn gyntaf y cwrs hwn yn cynnwys gwaith ar gyfansoddion aliffatig ac aligylchol. Yn draddodiadol, rydym yn dosbarthu cyfansoddion lle mae'r atomau carbon yn ffurfio cadwynau agored, yn lle cylchoedd, yn gyfansoddion aliffatig. Mae gan gyfansoddion aligylchol gylch yn eu hadeiledd ond maen nhw'n adweithio fel pe baen nhw'n gyfansoddion aliffatig. Yn ail flwyddyn y cwrs hwn, rydym yn cwrdd â chyfansoddion aromatig. Mae'r gair 'aromatig' yn dod o'r gair Ladin 'aroma' sy'n golygu arogl. Nid oes gan bob cyfansoddyn aromatig arogl dymunol ond maen nhw i gyd yn cynnwys cylch aromatig. Y cyfansoddyn aromatig symlaf yw bensen, sydd â'r fformiwla C_6H_6.

Cynnwys

Dylech allu dangos a chymhwyso'r hyn rydych yn ei wybod a'i ddeall am y canlynol:

- Yr adeiledd a'r bondio mewn bensen ac arenau eraill

- Tuedd cyfansoddion aromatig, fel bensen, i wrthsefyll adweithiau adio

- Mecanwaith amnewid electroffilig, e.e. yr hyn sy'n digwydd yn nitradiad, halogeniad ac alcyleiddiad Friedel–Crafts bensen, fel yr adwaith sy'n nodweddiadol o arenau

- Y rhyngweithiad rhwng bensen a grwpiau amnewid fel mae'n cael ei enghreifftio gan y cynnydd yng nghryfder y bond C—Cl mewn clorobensen o'i gymharu â chloroalcanau

Adeiledd bensen ac arenau eraill, a'r bondio ynddynt, a'u tuedd i wrthsefyll adweithiau adio

Ym 1825, arunigodd Michael Faraday hylif fflamadwy di-liw o olew morfil wrth ddatblygu nwy addas i oleuo'r strydoedd.

Darganfu mai CH oedd fformiwla empirig yr hylif fflamadwy hwn. Naw mlynedd yn ddiweddarach, darganfuwyd bod gan yr hylif, oedd wedi'i enwi'n fensen, fàs moleciwlaidd cymharol 78 a'r fformiwla foleciwlaidd C_6H_6. Darganfu eraill fod bensen yn bresennol mewn col-tar, a dyna oedd ei ffynhonnell am flynyddoedd. Ym 1865 awgrymodd Kekulé mai cylch â chwe atom carbon oedd adeiledd bensen, gan gynnwys bondiau carbon-i-garbon sengl a dwbl bob yn ail.

Yn anffodus, nid yw model Kekulé ar gyfer adeiledd bensen yn esbonio rhai o adweithiau bensen. Er enghraifft, dylai adweithio fel alcen, a chyflawni'r adweithiau adio'n rhwydd, fel yr adwaith â bromin dyfrllyd, lle mae'r bromin yn cael ei ddadliwio. Ond, nid yw'n adweithio fel hyn. I esbonio'r anghysondeb hwn, awgrymodd Kekulé fod gan fensen ddwy ffurf a bod y naill ffurf yn newid i'r llall mor gyflym fel na fyddai gan foleciwl sy'n agosáu ddigon o amser i adweithio drwy adiad.

Michael Faraday.

Gwirio gwybodaeth 6

Edrychwch ar yr adeiledd Kekulé isod ar gyfer bensen.

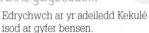

Pam gallai golli marc yn yr arholiad?

▲ August Kekulé

Gwirio gwybodaeth 7

Dewiswch y gosodiad cywir am adeiledd bensen.

(a) Mae pob atom carbon yn bondio i ddau atom hydrogen ac un atom carbon.

(b) Onglau'r bondiau C–C–C yw 120°.

(c) Mae hyd y bond C=C yn hirach na hyd y bond C–C.

(ch) Y lleiaf yw'r egni cyseiniant, y mwyaf sefydlog yw'r moleciwl.

Egni cyseiniant ∝ Sefydlogrwydd

∴ *Cyraeddau ∝ Cyraeddau*

Mae ethen yn adweithio â photasiwm manganad(VII) dyfrllyd gwanedig oer gan gynhyrchu ethan-1,2-deuol, CH_2OHCH_2OH. Awgrymwch pam nâ all bensen adweithio mewn ffordd debyg gan roi'r deuol isod.

Pe bai bensen yn bodoli yn y ffurfiau Kekulé uchod, byddai dau hyd bond gwahanol rhwng atomau carbon yn y moleciwl. Ar ddechrau'r 20fed ganrif, dangosodd grisialograffaeth pelydrau X fod hyd pob bond carbon-i-garbon yn gyfartal, sef 0.140 nm. Mae'r pellter hwn rhwng hyd bond dwbl carbon-i-garbon, sef 0.135 nm, a hyd bond sengl carbon-i-garbon, sef 0.147 nm.

Pan fydd cylchohecsen yn cael ei hydrogenu, yr egni sy'n cael ei ryddhau yw 120 kJ môl^{-1}.

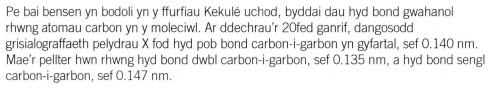

Pe bai bensen yn bodoli yn ffurfiau Kekulé a phe bai'r tri bond dwbl i gyd yn cael eu hydrogenu, y newid enthalpi fyddai −360 kJ môl^{-1}. Ond, pan fydd bensen yn cael ei hydrogenu'n llawn, y newid enthalpi yw −208 kJ môl^{-1}.

Mae hyn 152 kJ môl^{-1} yn llai na'r disgwyl, sy'n awgrymu bod bensen yn fwy sefydlog nag adeiledd Kekulé ac mae'n awgrymu bod adeiledd Kekulé yn anghywir. Yr enw ar y gwahaniaeth hwn yn y gwerthoedd egni yw'r egni cyseiniant.

Model bondiau dadleoledig bensen

Mae astudiaethau modern ar fensen yn dangos ei fod yn foleciwl planar a bod yr onglau rhwng tri atom carbon cyfagos yn 120°. Mewn moleciwl ethen, C_2H_4, mae pob atom carbon yn bondio i ddau atom hydrogen ac atom carbon drwy fondiau sigma (σ). Mae electronau p allanol eraill pob atom carbon yn gorgyffwrdd uwchben ac o dan blân y moleciwl, gan roi orbital pi (π) lleoledig.

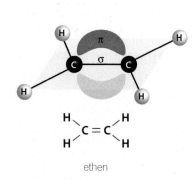

ethen

Mewn bensen, mae pob atom carbon yn bondio i ddau atom carbon arall ac atom hydrogen drwy fondiau sigma. Mae pedwerydd electron plisgyn allanol atom carbon mewn orbital 2p, uwchben plân yr atomau carbon ac odano. Mae'r orbitalau p hyn yn gorgyffwrdd gan roi adeiledd electronau dadleoledig, uwchben ac o dan blân yr atomau carbon. Rydym yn aml yn llunio cylch y tu mewn i hecsagon y cylch carbon i gynrychioli'r adeiledd electronau π dadleoledig hwn.

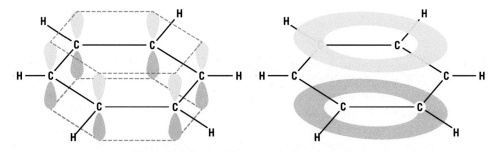

Y math symlaf o system aromatig yw cyfansoddion sy'n cynnwys un cylch bensen, ond mae nifer o systemau eraill sydd â chylchoedd aromatig, rhai lle mae ochrau'n cael eu rhannu rhwng dau gylch. Mae'r rhain yn cynnwys naffthalen ac anthrasen. Mae rhai cyfansoddion aromatig hefyd sydd â chylchoedd sy'n cynnwys atomau heblaw carbon, er enghraifft pyridin, C_5H_5N.

naffthalen anthrasen

pyridin

Pe bai bensen yn cynnal adwaith adio, byddai'r broses yn aflonyddu'r system sefydlog o electronau dadleoledig a byddai'r cynnyrch yn llai sefydlog. Mae'n bosibl gorfodi bensen i adweithio drwy adiad, ond mae angen amodau mwy eithafol. Rydym wedi gweld yn barod ei bod yn bosibl hydrogenu bensen gan roi cylchohecsan, ond mae angen tymereddau uwch i'r adwaith a chatalydd nicel neu blatinwm. Bydd bensen hefyd yn adweithio â chlorin mewn adwaith adio gan roi hecsaclorocylchohecsan, $C_6H_6Cl_6$. Dyma adwaith radical sydd angen heulwen llachar i fod yn effeithiol. Cafodd un isomer â'r fformiwla $C_6H_6Cl_6$, sef γ-hecsaclorocylchohecsan, ei gynhyrchu dan yr enw masnachol *Lindane*© a'i ddefnyddio fel pryfleiddiad. Mae cyfyngiadau heddiw ar ddefnyddio *Lindane*© gan ei fod yn wenwynig ac yn aros yn hir iawn yn yr amgylchedd. Mae bensen fel arfer yn adweithio drwy adweithiau amnewid sy'n cadw'r system o electronau dadleoledig.

Mecanwaith amnewid electroffilig, e.e. yr hyn sy'n digwydd yn nitradiad, halogeniad ac alcyleiddiad Friedel–Crafts bensen, fel yr adwaith sy'n nodweddiadol o arenau

Term Allweddol

Electroffil yw rhywogaeth electron ddiffygiol sy'n gallu derbyn pâr unig o electronau.

Mae gan fensen gylch o electronau dadleoledig uwchben ac o dan blân yr atomau carbon. Mae'r rhanbarth hwn o ddwysedd electron uchel yn ei wneud yn agored i ymosodiad gan **electroffil**. Mae'r electroffil yn dod i mewn ac yn cymryd lle atom hydrogen (sy'n gadael fel H^+). Yr enw ar y math hwn o fecanwaith adwaith yw amnewid electroffilig. Er mwyn i electroffil X gymryd lle atom hydrogen, mae angen aflonyddu ar sefydlogrwydd y cylch, gan greu rhyng-gyfansoddyn ansefydlog (sy'n cael ei alw'n rhyng-gyfansoddyn Wheland), sydd wedyn yn colli ïon hydrogen, H^+, mewn cam cyflym.

DYLECH WYBOD › › ›

› › › mecanwaith amnewid electroffilig ar gyfer nitradiad, halogeniad ac alcyleiddiad Friedel–Crafts bensen

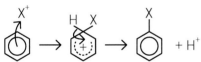

rhyng-gyfansoddyn

Nitradiad

Mewn adwaith nitradu, mae grŵp nitro, NO_2, yn cymryd lle atom hydrogen. Yr electroffil yw'r catïon nitryl (neu ïon nitroniwm), NO_2^+, ac mae'n cael ei gynhyrchu drwy adwaith asid nitrig crynodedig ac asid sylffwrig(VI) crynodedig (sydd weithiau'n cael ei alw'n gymysgedd nitradu). Mae'r catïon nitryl yn adweithio â bensen gan roi nitrobensen, $C_6H_5NO_2$, fel y cynnyrch organig.

Cymorth Ychwanegol

Yn nitradiad bensen, mae'r anion hydrogensylffad yn gweithredu fel bas drwy dynnu proton o'r rhyng-gyfansoddion. Y pâr unig o electronau ar atom ocsigen yw cyfrannydd y pâr unig.

$$HNO_3 + 2H_2SO_4 \rightleftharpoons NO_2^+ + H_3O^+ + 2HSO_4^-$$

Un mecanwaith ar gyfer y nitradiad yw

Yr adwaith cyfan yw

Hylif melyn yw nitrobensen sy'n cael ei rydwytho i ffenylamin, $C_6H_5NH_2$, drwy ddefnyddio tun metelig ac asid hydroclorig.

Os yw tymheredd y nitradiad yn fwy na 50 °C, mae rhywfaint o 1,3-deunitrobensen hefyd yn cael ei gynhyrchu.

Mae bensen yn adweithio ag asid sylffwrig(VI) drwy amnewid electroffilig gan roi asid bensensylffonig, $C_6H_6O_3S$, lle mae'r atom sylffwr yn bondio'n uniongyrchol i'r cylch bensen. Diddwythwch fformiwla adeileddol asid bensensylffonig a rhowch yr hafaliad ar gyfer adwaith bensen ag asid sylffwrig(VI) i gynhyrchu'r asid hwn.

! **Cymorth Ychwanegol**

Mewn amnewid aromatig electroffilig, ni ddylai'r llinell doredig yn fformiwla'r rhyng-gyfansoddyn sydd â gwefr bositif estyn yr holl ffordd o gwmpas y cylch. Ni ddylai gyrraedd yr atom carbon lle mae amnewid yn digwydd.

▼ **Pwynt astudio**

Wrth roi hafaliad cyfan ar gyfer halogeniad bensen, dylech ddangos hefyd gynnyrch arall yr adwaith (HBr neu HCl fel arfer).

8 ▼ Gwirio gwybodaeth

Gofynnwyd i fyfyriwr roi dau reswm pam roedd yn gwybod bod haearn(III) bromid yn gweithredu fel catalydd ym mromineiddiad bensen. Beth oedd ei atebion cywir, yn eich barn chi?

Halogeniad

Nid yw bensen a bromin yn adweithio â'i gilydd oni bai bod catalydd fel naddion haearn, haearn(III) bromid neu alwminiwm bromid yn bresennol.

Nid yw'r system electronau π yn ddigon niwcleoffilig i bolaru'r moleciwl bromin i unrhyw raddau i roi $Br^{\delta+}$– $Br^{\delta-}$. Ym mhresenoldeb haearn(III) bromid, mae'r moleciwl bromin yn dod yn fwy polar.

Os bydd naddion haearn yn cael eu defnyddio, maen nhw'n adweithio â bromin gan roi haearn(III) bromid. Un ffordd o ddangos amnewid electroffilig bromin i'r cylch yw

Swyddogaeth gatalytig sydd gan yr haearn(III) bromid – mae'n gwneud y bond Br–Br yn fwy polar fel y gall ymosodiad ar y cylch electronau ddigwydd, ond mae'n cael ei atffurfio ar ddiwedd yr adwaith.

Mae'n bosibl clorineiddio bensen mewn ffordd debyg ac mae alwminiwm clorid anhydrus neu haearn(III) clorid yn aml yn cael ei ddefnyddio fel catalydd. Os oes gormodedd o glorin, bydd cymysgedd o 1,2-deuclorobensen ac 1,4-deuclorobensen yn cael ei gynhyrchu.

Mewn diwydiant, mae bensen yn cael ei glorineiddio mewn proses barhaus, gan leihau unrhyw duedd i bolyclorineiddio.

Mae clorobensen yn bwysig mewn diwydiant; mae'n cael ei nitradu ac mae'r cyfansoddion nitro- sy'n deillio ohono'n cael eu trawsnewid yn 2-nitroffenol a 2-nitroffenylamin. Mae'n bosibl cynhyrchu'r pryfleiddiad *DDT* drwy adwaith clorobensen â thricloroethanal.

$$2\ C_6H_5Cl + Cl_3CCHO \xrightarrow{-H_2O} Cl_3C - C \begin{smallmatrix} C_6H_4Cl \\ - H \\ C_6H_4Cl \end{smallmatrix}$$
DDT

Mae cyfyngiadau llym ar ddefnyddio *DDT* heddiw oherwydd problemau â'i wenwyndra, y ffaith ei fod yn aros yn hir yn yr amgylchedd a'i bresenoldeb yn y gadwyn fwyd.

Alcyleiddiad Friedel–Crafts

Mae'r dull hwn yn rhoi ffordd o greu bond carbon-i-garbon newydd, gan roi deilliadau alcyl o fensen fel methylbensen, $C_6H_5CH_3$. Mae'r adwaith yn debyg i halogeniad bensen, ond mae'n defnyddio halogenoalcan yn lle'r halogen. Mae alwminiwm clorid anhydrus yn cael ei ddefnyddio'n aml fel catalydd.

Defnyddiwch yr hafaliad ar gyfer alcyleiddiad Friedel–Crafts bensen ac 1-cloropropan i awgrymu fformiwla'r prif gynnyrch organig pan fydd bensen yn adweithio ag 1-cloro-3-methylbwtan.

Un broblem gyda'r adwaith hwn yw'r ffaith bod cyflwyno grŵp alcyl i'r cylch yn gwneud y cylch yn fwy agored i alcyleiddiad pellach. Oherwydd hyn, gall y cynnyrch gynnwys 1,2- ac 1,4-deuethylbensen hefyd. Er mwyn lleihau'r tebygolrwydd o unrhyw bolyalcyleiddiad, mae'r halogenoalcan yn cael ei ychwanegu'n araf at y bensen a'r catalydd. Problem arall a allai godi yw y gall carbocation cynradd sy'n ffurfio yn ystod yr adwaith ad-drefnu gan ffurfio carbocation eilaidd.

$$\text{e.g. } CH_3CH_2\overset{+}{C}H_2 \longrightarrow CH_3\overset{+}{C}HCH_3$$

Mae adwaith 1-cloropropan â bensen yn rhoi (1-methylethyl)bensen yn bennaf yn lle 1-propylbensen fel y cynnyrch organig.

Mae cloridau asid, fel ethanoyl clorid, hefyd yn adweithio â bensen mewn adwaith Friedel–Crafts tebyg, gan roi ceton.

Proses ddiwydiannol bwysig sy'n defnyddio adwaith tebyg i Friedel–Crafts yw cynhyrchu ffenylethen (styren), $C_6H_5CH=CH_2$.

Rhowch enw cyfundrefnol y cloroalcan a fydd yn adweithio â bensen i roi

⬡—C(CH₃)₃

Mae cyfansoddyn M yn cynnwys bondiau C–Cl aliffatig ac aromatig. Wrth gael ei wresogi gyda sodiwm hydrocsid dyfrllyd, mae'n rhoi cyfansoddyn newydd â'r fformiwla $C_7H_5Cl_5O$. Diddwythwch fformiwla adeileddol cyfansoddyn M, gan roi rhesymau am eich ateb.

9

Cafodd sampl o 1-bromo-4-(bromomethyl)bensen ei wresogi dan adlifiad gyda sodiwm hydrocsid dyfrllyd. Rhowch fformiwla graffig y cynnyrch organig mwyaf tebygol.

Cryfder cymharol bondiau C–Cl mewn clorobensen a chloroalcanau

Mae cloroalcanau fel 1-clorohecsan yn adweithio â sodiwm hydrocsid dyfrllyd wrth gael eu gwresogi dan adlifiad, gan roi hecsan–1-ol fel y prif gynnyrch organig.

$$CH_3(CH_2)_4 CH_2Cl + NaOH \longrightarrow CH_3(CH_2)_4CH_2OH + NaCl$$

Y mecanwaith ar gyfer yr adwaith amnewid niwcleoffilig hwn yw

Mae bensen yn tueddu i adweithio drwy amnewid electroffilig. Nid oes ganddo fawr o duedd i adweithio â niwcleoffilau, gan eu bod yn cael eu gwrthyrru gan y system sefydlog o electronau π.

Mae egnïon a hydoedd bondiau carbon-i-glorin mewn cyfansoddion aliffatig ac aromatig i'w gweld yn y tabl.

Bond	Hyd bond / nm	Egni bond / kJ môl^{-1}
C — Cl aliffatig	0.177	346
C — Cl aromatig	0.169	399

Y rheswm pam mae'r bond rhwng carbon a chlorin mewn clorobensen yn gryfach (ac yn fyrrach) yw fod pâr electron p sydd heb fod mewn bond ond sydd ar yr atom clorin yn gorgyffwrdd â system electronau π y cylch. Mae angen llawer mwy o egni i dorri'r bond sy'n ffurfio o ganlyniad ac mae'n gryfach na bond C–Cl aliffatig. Felly mae angen amodau eithafol i gynhyrchu ffenol o glorobensen.

Nid yw'r adwaith hwn yn ddull gwerthfawr o gynhyrchu ffenol yn fasnachol o safbwynt yr amgylchedd. Mewn diwydiant, mae ffenol yn cael ei gynhyrchu fel arfer o (1-methylethyl)bensen (cwmen). Un o fanteision y dull hwn yw fod yr adwaith yn cynhyrchu propanon fel cyd-gynnyrch defnyddiol.

Mae cyflwyniad i gemeg alcoholau'n rhan o'r cwrs UG ac yn cael ei astudio yn Nhestun 2.7. Mae alcoholau'n cynnwys y grŵp –OH yn bondio i atom carbon, ac rydym yn astudio'r rhain yn fanylach yn yr adran hon. Mae'r cwrs U2 yn rhoi cyflwyniad i gemeg aromatig ac mae'r adran hon hefyd yn trafod ffenolau lle mae grŵp –OH yn bondio'n uniongyrchol i gylch bensen.

Dylech allu dangos a chymhwyso'r hyn rydych yn ei wybod a'i ddeall am y canlynol:

- Y dulliau o ffurfio alcoholau cynradd ac eilaidd o halogenoalcanau a chyfansoddion carbonyl.

- Adweithiau alcoholau cynradd ac eilaidd â halidau hydrogen, ethanoyl clorid ac asidau carbocsylig.

- Asidedd ffenol a'i adweithiau â bromin ac ethanoyl clorid.

- Y prawf ar gyfer ffenolau gan ddefnyddio haearn(III) clorid dyfrllyd.

Cynnwys

Term Allweddol

Niwcleoffilau yw ïonau neu gyfansoddion sydd â phâr unig o electronau sy'n gallu chwilio am safle cymharol bositif (atom carbon δ+ yn aml). Ymhlith y niwcleoffilau cyffredin, mae ⁻OH, ⁻CN ac NH₃.

Ymestyn a Herio

Mae'n hawdd cynhyrchu asid laefwlinig, CH₃COCH₂CH₂COOH, drwy wresogi ffrwctos neu glwcos gydag asid hydroclorig crynodedig. Ysgrifennwch fformiwla'r cyfansoddyn organig sy'n cael ei gynhyrchu pan fydd asid laefwlinig yn adweithio â hydoddiant dyfrllyd o NaBH₄.

Ymestyn a Herio

Enwch yr alcohol sy'n cael ei gynhyrchu pan fydd

$$HOOC-CH_2-\overset{\overset{\displaystyle O}{\|}}{C}-CH_2-COOH$$

yn cael ei rydwytho gan lithiwm tetrahydridoalwminad(III).

Ymestyn a Herio

Mae 0.200 môl o 2-bromobwtan, CH₃CH₂CHBrCH₃, yn cael ei adlifo gyda photasiwm hydrocsid wedi'i hydoddi mewn cymysgedd 50:50 o ethanol a dŵr.

(i) Rhowch fformiwla adeileddol y ddau alcen sy'n cael eu cynhyrchu.

(ii) Cynnyrch gwirioneddol y bwtan-2-ol yw 0.095 môl. Cyfrifwch gynnyrch canrannol bwtan-2-ol.

(iii) Beth ddylai gael ei wneud i gynyddu cynnyrch y bwtan-2-ol?

Ffurfio alcoholau cynradd ac eilaidd

Y gwahaniaeth rhwng alcoholau cynradd ac eilaidd yw mai dim ond un atom carbon sy'n bondio'n uniongyrchol i'r atom carbon yn y grŵp C–OH mewn alcoholau cynradd. Mae dau atom carbon yn bondio i'r atom carbon yn y grŵp C–OH mewn alcoholau eilaidd. Mae pob alcohol cynradd yn cynnwys y grŵp –CH₂OH ond mae pob alcohol eilaidd yn cynnwys y grŵp –CH(OH). Mae alcoholau trydyddol i'w cael hefyd, e.e. 2-methylpropan-2-ol, (CH₃)₃COH.

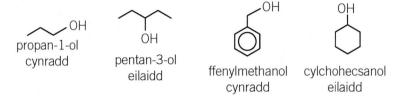

propan-1-ol
cynradd

pentan-3-ol
eilaidd

ffenylmethanol
cynradd

cylchohecsanol
eilaidd

Mae dau ddull cyffredin o ffurfio alcoholau cynradd ac eilaidd:

- halogenoalcanau drwy adwaith amnewid

- Drwy rydwytho aldehydau, cetonau neu asidau carbocsylig.

O halogenoalcan

Bydd yr adwaith hwn yn cael ei gynnal drwy adlifo'r halogenoalcan a hydoddiant **dyfrllyd** o alcali (sodiwm neu botasiwm hydrocsid fel arfer) gyda'i gilydd.

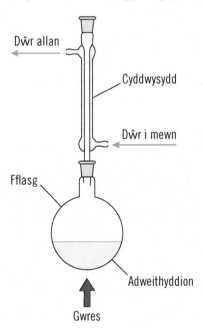

Dŵr allan

Cyddwysydd

Dŵr i mewn

Fflasg

Adweithyddion

Gwres

Er enghraifft, mae'n bosibl cynhyrchu bwtan-1-ol o 1-bromobwtan.

$$CH_3CH_2CH_2CH_2Br + NaOH \rightarrow CH_3CH_2CH_2CH_2OH + NaBr$$

Mae angen gwahanu cynhyrchion yr adwaith. Mae'r adweithydd organig a hefyd y cynnyrch, bwtan-1-ol, yn hylifau, ond mae ganddynt dymereddau berwi gwahanol (100 °C a 118 °C yn ôl eu trefn). Mae'n bosibl defnyddio distyllu ffracsiynol i wahanu bwtan-1-ol o 1-bromobwtan sydd heb adweithio.

Mecanwaith yr adwaith hwn yw amnewid niwcleoffilig lle mae'r ïon hydrocsid (⁻OH) yn gweithredu fel **niwcleoffil** ac yn ymosod ar yr atom carbon cymharol bositif ($\delta+$) yn y bond C–Br.

$$CH_3 - CH_2 - CH_2 \overset{\delta+}{\underset{\substack{|\\ H}}{\overset{|}{C}}} \overset{\delta-}{Br} \longrightarrow CH_3 - CH_2 - CH_2 - \overset{\substack{H\\|}}{\underset{\substack{|\\H}}{C}} - \ddot{O} - H$$

$$+ \, \ddot{B}r^-$$

Yn gyffredinol, mae cyfradd yr hydrolysis yn dilyn patrwm C–I > C–Br > C–Cl ac mae cynnyrch alcoholau cynradd yn uwch fel arfer na chynnyrch alcoholau eilaidd, gan fod rhai alcenau'n ffurfio yn yr adwaith hwnnw. Mae'n bwysig cofio, os yw crynodiad yr alcali'n rhy uchel neu os bydd hydoddiant ethanolig o'r alcali'n cael ei ddefnyddio, bydd cynnyrch yr alcohol yn llai wrth i fwy o alcenau ffurfio.

Drwy rydwythiad cyfansoddyn carbonyl

Mae'n bosibl rhydwytho aldehydau i alcoholau cynradd a chetonau i alcoholau eilaidd drwy ddefnyddio hydoddiant dyfrllyd o sodiwm tetrahydridoborad(III) (sodiwm borohydrid), $NaBH_4$. Mewn hafaliad, mae'n dderbyniol, ac yn arfer cyffredin, defnyddio [H] i gynrychioli'r rhydwythydd.

$$CH_3 - \overset{\substack{\\|\\O}}{\underset{}{C}} - CH_2 - CH_3 + 2[H] \longrightarrow CH_3 - \overset{\substack{H\\|}}{\underset{\substack{|\\OH}}{C}} - CH_2 - CH_3$$

bwtan-2-ol

$$\text{(bensen ring)} - \overset{\substack{\\|}}{\underset{\substack{|\\O}}{C}} \overset{H}{} + 2[H] \longrightarrow \text{(bensen ring)} - \overset{\substack{H\\|}}{\underset{\substack{|\\H}}{C}} - OH$$

ffenylmethanal   ffenylmethanol
(bensaldehyd)

Nid yw sodiwm tetrahydridoborad(III) yn ddigon cryf i rydwytho asidau carbocsylig ac mae'n bosibl defnyddio'r rhydwythydd cryfach lithiwm tetrahydridoalwminad (III) (lithiwm alwminiwm hydrid neu 'lithal'), $LiAlH_4$, wedi'i hydoddi mewn ethocsiethan yn ei le.

$$O=C(OH)-(CH_2)_4-C(=O)(OH) + 8[H] \longrightarrow HOCH_2-(CH_2)_4-CH_2OH + 2H_2O$$

asid hecsan-1,6-deuoig   hecsan-1-6-deuol

Yn gyffredinol, mae'r rhydwythiad sy'n defnyddio sodiwm tetrahydridoborad(III) yn llawer mwy diogel gan ei bod yn anodd gwaredu gormodedd o lithiwm tetrahydridoalwminad(III) ac mae'r hydoddydd ethocsiethan yn fflamadwy iawn. I gael cynnyrch da o'r alcohol, rydym yn defnyddio gormodedd o'r rhydwythydd. Gallwn ddileu'r gormodedd o rydwythydd drwy ychwanegu asid gwanedig. Mae angen gwahanu'r cynnyrch organig o'r cymysgedd dyfrllyd. Rydym yn gwneud hyn gan ddefnyddio twndish gwahanu os yw'r alcohol sy'n cael ei gynhyrchu'n anghymysgadwy â dŵr, neu drwy ychwanegu hydoddydd organig fel ethocsiethan a defnyddio'r dechneg o echdynnu â hydoddydd.

Adweithiau alcoholau cynradd ac eilaidd â halidau hydrogen, ethanoyl clorid ac asidau carbocsylig

Adwaith â halidau hydrogen

Mae halogenoalcanau'n cael eu cynhyrchu drwy adweithio alcoholau cynradd neu eilaidd â halidau hydrogen. Yn anffodus, nid yw mor syml ag y mae'r frawddeg hon yn ei awgrymu. Mae'r adweithiau hyn fel arfer yn araf a childroadwy ac yn aml yn rhoi cynnyrch gwael. Mae'r dull mwyaf addas yn dibynnu ar ba halogen sydd i'w amnewid.

Clorineiddiad Un dull yw gyrru nwy hydrogen clorid drwy'r alcohol ym mhresenoldeb sinc clorid anhydrus, sy'n gweithredu fel catalydd.

$$CH_3CH_2CH_2CH_2OH \xrightarrow[\substack{ZnCl_2 \\ gwres}]{HCl} CH_3CH_2CH_2CH_2Cl$$

Cam cyntaf y broses hon yw protoneiddio'r alcohol.

$$CH_3CH_2CH_2CH_2-\ddot{O}-H \longrightarrow CH_3CH_2CH_2CH_2-\overset{+}{O}-H + \ddot{Cl}^-$$

(gyda $H-\ddot{Cl}$ isod a H isod)

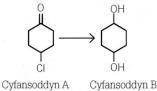

12 *Gwirio gwybodaeth*

Awgrymwch synthesis dau gam i wneud cyfansoddyn B o gyfansoddyn A.

Cyfansoddyn A   Cyfansoddyn B

! *Cymorth Ychwanegol*

Os oes disgwyl i chi roi hafaliad ar gyfer adwaith mewn cemeg organig, dylech roi fformiwlâu pob adweithydd a chynnyrch. Weithiau mae'n dderbyniol rhoi'r adweithydd sy'n adweithio dros saeth yr hafaliad. Os bydd moleciwl bach o gynnyrch o'r adwaith yn cael ei golli, er enghraifft H_2O neu HCl, gallwch ei ddangos dan y saeth gan roi arwydd minws o'i flaen.

Dull arall yw adweithio'r alcohol â ffosfforws(V) clorid.

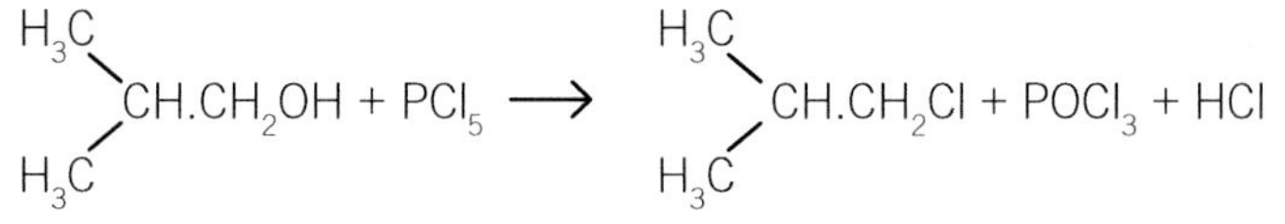

$$H_3C\!\!-\!\!CH.CH_2OH + PCl_5 \longrightarrow H_3C\!\!-\!\!CH.CH_2Cl + POCl_3 + HCl$$

1-cloro-2-methylpropan

Un broblem gyda'r adwaith hwn yw fod ffosfforws(V) ocsid triclorid, $POCl_3$, yn hylif a bod angen ei dynnu o'r cymysgedd adwaith. Os oes gan yr halogenoalcan dymheredd berwi tebyg i $POCl_3$, mae'n anodd eu gwahanu.

Dull arall yw adweithio'r alcohol â sylffwr(VI) ocsid deuclorid (thionyl clorid), $SOCl_2$.

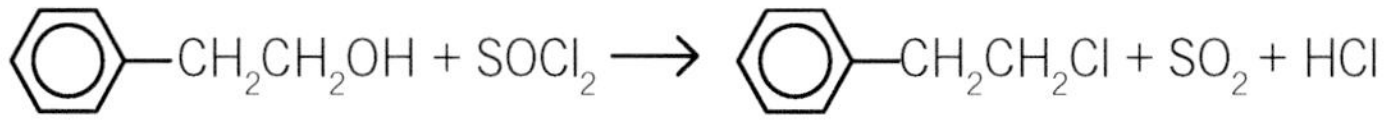

$$\bigcirc\!\!-\!\!CH_2CH_2OH + SOCl_2 \longrightarrow \bigcirc\!\!-\!\!CH_2CH_2Cl + SO_2 + HCl$$

Un o fanteision y dull hwn yw'r ffaith bod y cyd-gynhyrchion sylffwr(VI) ocsid a hydrogen clorid yn nwyon ac mae'n hawdd eu colli o'r cymysgedd adwaith, ac felly gwahanu'r cynhyrchion.

Bromineiddiad Y ffordd symlaf o gynhyrchu bromoalcan o alcohol cynradd neu eilaidd yw cynnal adwaith *in situ*. Mae un dull yn gwresogi cymysgedd o'r alcohol, potasiwm bromid ac asid sylffwrig(VI) 50%. Mae'r asid sylffwrig(VI) yn protoneiddio'r alcohol ac wedyn mae'n adweithio â'r ïonau bromid o'r potasiwm bromid. Yr hafaliad cyfan ar gyfer paratoi 1-bromobwtan fel hyn yw

$$CH_3CH_2CH_2CH_2OH + KBr + H_2SO_4 \longrightarrow CH_3CH_2CH_2CH_2Br + KHSO_4 + H_2O$$

Ïodineiddiad Y dull arferol yw cynhesu ffosfforws coch llaith ac ïodin gyda'i gilydd i ffurfio ffosfforws(III) ïodid, PI_3, sydd wedyn yn adweithio â'r alcohol sy'n bresennol.

$$2P + 3I_2 \longrightarrow 2PI_3$$

$$3CH_3CH_2CH_2OH + PI_3 \longrightarrow 3CH_3CH_2CH_2I + H_3PO_3$$

Adwaith ag ethanoyl clorid

Mae alcohol yn adweithio'n gyflym ag ethanoyl clorid gan roi **ester**. Yn ystod yr adwaith hwn, mae mygdarth niwlog o hydrogen clorid i'w weld. Mae'r dull hwn yn rhoi cynnyrch gwell o'r ester na defnyddio asid carbocsylig, gan nad yw'r adwaith yn gildroadwy. Ond, mae cost cloridau asid yn golygu nad yw hon yn broses gost-effeithiol mewn diwydiant.

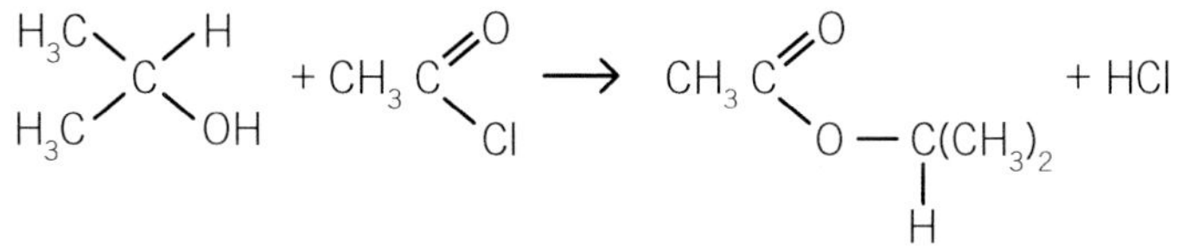

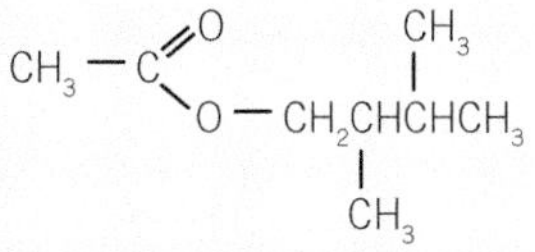

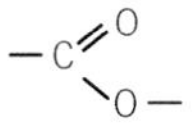

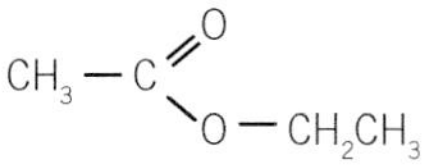

$$H_3C\!\!-\!\!C(H)\!\!-\!\!OH + CH_3COCl \longrightarrow CH_3C(O)O\!\!-\!\!C(CH_3)_2H + HCl$$

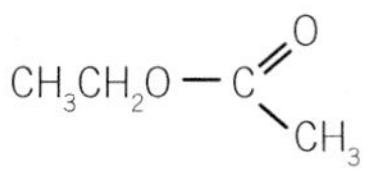

1-methylethyl ethanoad

Adwaith ag asidau carbocsylig

Mae alcoholau cynradd ac eilaidd yn adweithio ag asidau carbocsylig gan roi esterau.

$$\text{alcohol} + \text{asid carbocsylig} \longrightarrow \text{ester} + H_2O$$

Cyswllt ag esteriad asidau carbocsylig, tudalen 145 a llyfr UG, Adran 2.7.

Ymestyn a Herio

Mae asid bwtan-1,4-deuöig yn adweithio â gormodedd o fethanol. Rhowch fformiwla **empirig** yr ester sy'n deillio o'r adwaith.

13 Gwirio gwybodaeth

Adweithiodd myfyriwr alcohol cynradd **A** ag asid ethanöig. Dangosodd sbectrwm màs yr ester a gynhyrchwyd ïon moleciwlaidd ar m/z 130. Nodwch enw alcohol cynradd **A**.

14 Gwirio gwybodaeth

Mae ester, sy'n cynnwys un grŵp ester, yn cynnwys 36.4% ocsigen yn ôl màs. Dangoswch y gallai'r ester fod yn ethyl ethanoad.

Ymestyn a Herio

Ysgrifennwch enw a fformiwla adeileddol yr ester sy'n isomerig ag asid ethanöig.

15 Gwirio gwybodaeth

Fformiwla foleciwlaidd ester yw $C_6H_{12}O_2$. Mae'r ester hwn yn cael ei gynhyrchu o alcohol sydd â'r fformiwla foleciwlaidd C_3H_8O. Ysgrifennwch fformiwla graffig ar gyfer yr ester.

DYLECH WYBOD › › ›

› › › y dulliau gwahanol sydd eu hangen i osod halogen penodol yn lle'r grŵp hydrocsid mewn alcohol

› › › sut i gynhyrchu esterau o alcohol a chlorid asid neu asid carbocsylig

Mae'r adwaith yn gildroadwy ac yn y diwedd bydd y cymysgedd yn cyrraedd safle ecwilibriwm. I gynyddu cynnyrch yr ester, mae ychydig o asid sylffwrig(VI) crynodedig yn cael ei ychwanegu at gymysgedd yr alcohol a'r asid carbocsylig a bydd y cymysgedd yn cael ei wresogi dan adlifiad. Yna mae'n bosibl distyllu'r cynhyrchion a chasglu'r ester ar ei dymheredd berwi. Mae'r distyllad fel arfer yn cynnwys yr ester a dŵr, a hefyd ychydig o alcohol ac asid carbocsylig sydd heb adweithio. Mae llawer o esterau'n anghymysgadwy â dŵr ac yn aml mae'r distyllad yn cynnwys dwy haen. Mae twndish gwahanu'n cael ei ddefnyddio i echdynnu'r ester, sydd wedyn yn cael ei ysgwyd gyda hydoddiant sodiwm hydrogencarbonad i ddileu unrhyw asid carbocsylig sy'n weddill. Yna mae'r ester yn cael ei sychu gyda chalsiwm clorid anhydrus, sy'n adweithio ag unrhyw alcohol sy'n weddill. Yna mae'n bosibl distyllu'r ester eto i roi cynnyrch pur.

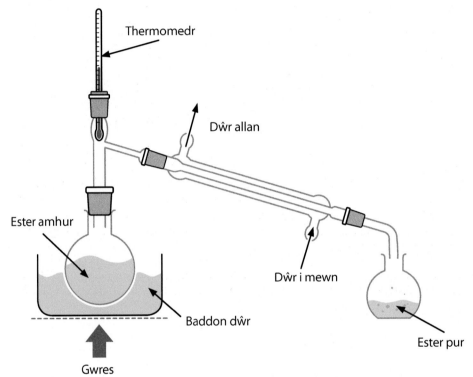

Mae'n bosibl gwneud 1-bwtyl ethanoad fel hyn o fwtan-1-ol ac asid ethanöig.

Mae llawer o esterau i'w cael yn naturiol ac maen nhw'n cael eu defnyddio'n eang yn y diwydiant cosmetig mewn persawrau. Mae esterau hefyd yn bwysig fel hydoddyddion, er enghraifft mewn farnais ewinedd.

Asidedd ffenol a'i adweithiau â bromin ac ethanoyl clorid

 Cymorth Ychwanegol

Term yw pK$_a$ sy'n cael ei ddefnyddio i ddangos i ba raddau mae cyfansoddyn wedi daduno i'w anion ac ïonau hydrogen.

$$R — OH_{(d)} \rightleftharpoons RO^-_{(d)} + H^+_{(d)}$$

Asidedd ffenol

Cyfansoddion aromatig yw ffenolau lle mae grwpiau –OH yn bondio'n uniongyrchol i gylch bensen

ffenol

thymol
(2-isopropyl-5-methylffenol)

'PCMX'
y cynhwysyn actif mewn *Dettol©*
(4-cloro-3,5-deumethylffenol)

 Ymestyn a Herio

Mae'r tabl yn dangos pK$_a$ rhai ffenolau.

Ffenol	pK$_a$
2,4,6-tricloroffenol	6.0
4-nitroffenol	7.2
2-methylffenol	10.2

Nodwch pa gyfansoddyn/ gyfansoddion sy'n asidau cryfach na ffenol, gan roi rheswm am eich dewis.

Mae adweithedd ffenolau'n wahanol iawn i adweithedd alcoholau. Mae hyn yn rhannol oherwydd y gall un o barau unig yr atom ocsigen orgyffwrdd â'r system π ddadleoledig gan ffurfio system ddadleoledig ehangach. Oherwydd hynny, mae'r bond C–O mewn ffenolau'n fyrrach ac yn gryfach nag mewn alcohol. Mae hyn yn ei gwneud yn fwy anodd torri'r bond C–O mewn ffenol nag mewn alcohol. Mae'r dadleoliad ehangach hwn yn creu dwysedd electron uwch yn y cylch ac yn gwneud adeiledd y cylch yn fwy agored i ymosodiad gan electroffilau.

Mae ffenolau'n llawer mwy asidig nag alcoholau. Mae hyn yn golygu bod ffenol yn asid cryfach nag ethanol ond yn llawer gwannach nag asid ethanöig. Mae ïoneiddiad ffenol yn rhoi'r ïon ffenocsid, C$_6$H$_5$O$^-$.

Mae dadleoliad y wefr negatif ar yr ïon hwn yn rhoi mwy o sefydlogrwydd i'r anion ffenocsid. Nid yw ffenol ei hun yn hydawdd iawn mewn dŵr, gan fod y grŵp –OH yn rhan fach o foleciwl eithaf hydroffobig. Ond, mae'n hydoddi'n rhwydd mewn sodiwm hydrocsid dyfrllyd gan roi hydoddiant o sodiwm ffenocsid.

Dyma enghraifft o ffenol yn adweithio fel asid, gan golli proton i'r ïon hydrocsid dyfrllyd sy'n bresennol o'r sodiwm hydrocsid. Mae presenoldeb grwpiau a amnewidiwyd ar y cylch bensen yn effeithio ar asidedd ffenol. Mae pK$_a$ y cynhwysyn actif mewn *Dettol©* yn debyg i pK$_a$ ffenol, ond mae pK$_a$ 2,4-deunitroffenol, sef 4.30, yn dangos ei fod yn fwy asidig oherwydd presenoldeb y ddau grŵp nitro.

Er mai asid gwan yw ffenol, nid yw'n ddigon cryf i adweithio â sodiwm carbonad neu sodiwm hydrogencarbonad i gynhyrchu carbon deuocsid. Prawf syml i wahaniaethu rhwng asid aliffatig syml, e.e. asid ethanöig, a ffenol yw ychwanegu hydoddiant sodiwm carbonad. Bydd yr asid ethanöig yn adweithio gan gynhyrchu swigod o garbon deuocsid ond ni fydd ffenol yn gwneud hyn.

Cymorth Ychwanegol

Wrth ddefnyddio bromin dyfrllyd i brofi ar gyfer ffenol, mae'r bromin yn cael ei ddadliwio i ddechrau ac yna pan fydd rhagor o fromin yn cael ei ychwanegu, mae gwaddod gwyn o 2,4,6-tribromoffenol i'w weld. Pe bai ffenol yn cael ei ychwanegu at fromin dyfrllyd, byddai'n fwy anodd gweld y bromin yn cael ei ddadliwio ar y dechrau.

 **Ymestyn a Herio**

Esboniwch pam mae 2,4,6-tribromoffenol yn dangos dau signal singled yn unig yn ei sbectrwm NMR ^{1}H.

Ymestyn a Herio

Mae ffenol yn adweithio ag asid nitrig gwanedig gan roi cynnyrch o 70% 2-nitroffenol a 30% 4-nitroffenol. Awgrymwch ddau reswm a allai esbonio'r gyfran hon, sef tua 2:1 o'r cynhyrchion.

Adwaith ffenol â bromin

Mae presenoldeb grŵp –OH wedi'i fondio'n uniongyrchol i gylch bensen yn actifadu'r cylch i fod yn agored i ymosodiad gan electroffilau. Mae pob safle'n cael ei actifadu ar gyfer ymosodiad, ond safleoedd 2, 4 a 6 yn arbennig. Felly mae amnewidyn yn fwy tebygol o ddisodli atom hydrogen ar un neu ragor o'r safleoedd hyn. Er enghraifft, pan fydd ffenol yn cael ei drin ag asid nitrig gwanedig, mae 2- a hefyd 4-nitroffenol yn ffurfio.

Pan fydd ffenol yn adweithio â bromin, mae'r dwysedd electron mwy yn y cylch yn polaru'r moleciwlau bromin gan roi $Br^{\delta+}-Br^{\delta-}$. Mae bromin dyfrllyd (dŵr bromin) yn adweithio â ffenol gan gynhyrchu gwaddod gwyn o 2,4,6-tribromoffenol.

Gan fod bromin dyfrllyd yn hydoddiant lliw oren a chynhyrchion yr adwaith yn hydoddiant di-liw a gwaddod gwyn, mae'r lliw oren yn diflannu – 'mae bromin yn cael ei ddadliwio'. Mae'n bosibl defnyddio'r adwaith hwn fel prawf ar gyfer ffenol. Mae'r canlyniad hwn yn wahanol i adwaith bromin ag alcen, gan fod yr adwaith â ffenol yn dadliwio bromin gan ffurfio gwaddod gwyn yn ogystal. Y mecanwaith ar gyfer yr adwaith hwn â ffenol yw amnewid electroffilig lle $Br^{\delta+}$ yw'r electroffil. Mae bromin yn adweithio â dŵr gan roi rhywfaint o HOBr ac HBr

$$Br_2 + H_2O \rightleftharpoons H-\overset{\delta-}{O}-\overset{\delta+}{Br} + HBr$$

ond mae crynodiad y $Br^{\delta+}$ o HOBr yn fach iawn gan fod y safle ecwilibriwm ymhell i'r chwith.

Os yw safleoedd 2,4 neu 6 mewn ffenol wedi'u blocio gan amnewidyn yn barod, mae'r bromin fel arfer yn disodli'r hydrogen yn y safleoedd 2,4 neu 6 sy'n weddill. Er enghraifft, mae 2-methylffenol yn rhoi 4,6-deubromo-2-methylffenol,

ond mae 3-methylffenol yn rhoi 2,4,6-tribromo-3-methylffenol.

Mewn 2,4-deunitroffenol, dim ond safle 6 sy'n rhydd ar gyfer yr amnewid hwn a 6-bromo-2,4-deunitroffenol yw'r cynnrych.

Adwaith ffenol ag ethanoyl clorid

Mae alcoholau a ffenolau'n gallu adweithio fel niwcleoffilau drwy ddefnyddio eu parau unig ocsigen. Ond, mae dadleoliad pâr electron o'r atom ocsigen mewn ffenol yn golygu ei bod yn fwy anodd i ffenol adweithio fel niwcleoffil, e.e. mewn adwaith ag asid carbocsylig gan roi ester. Felly nid yw asidau carbocsylig yn adweithyddion addas ar gyfer gwneud ester gyda ffenol, er bod adwaith ffenol ag ethanoyl clorid yn eithaf araf ar dymheredd ystafell.

$$\text{C}_6\text{H}_5\text{-OH} + \text{CH}_3\text{C}\overset{O}{\underset{Cl}{<}} \xrightarrow{\text{pyridin}} \text{CH}_3\text{C}\overset{O}{\underset{O-\text{C}_6\text{H}_5}{<}} + \text{HCl}$$

Mae'n bosibl ychwanegu bas, fel pyridin, C_5H_5N, i gyflymu'r adwaith hwn. Mae'r pyridin yn adweithio â'r cyd-gynnyrch, sef hydrogen clorid, gan roi pyridiniwm clorid, $C_5H_5NH^+Cl^-$. Mae ethanoyl clorid yn adweithydd drud a bydd ethanöig anhydrid yn cael ei ddefnyddio'n aml yn ei le.

$$\text{C}_6\text{H}_5\text{-OH} + (\text{CH}_3\text{CO})_2\text{O} \longrightarrow \text{CH}_3\text{C}\overset{O}{\underset{O-\text{C}_6\text{H}_5}{<}} + \text{CH}_3\text{COOH}$$

Os bydd ffenol yn adweithio a chlorid acyl llai adweithiol, fel bensoyl clorid, C_6H_5COCl, mae'n bosibl defnyddio amodau dyfrllyd gan nad yw'r clorid acyl ond yn cael ei hydrolysu'n araf gan ddŵr. Yn yr adwaith hwn mae ffenol yn cael ei ychwanegu at sodiwm hydrocsid dyfrllyd a bydd y cymysgedd yn cael ei ysgwyd.

$$\text{C}_6\text{H}_5\text{-OH} + \text{C}_6\text{H}_5\text{-C}\overset{O}{\underset{Cl}{<}} \xrightarrow{\text{NaOH}} \text{C}_6\text{H}_5\text{-C}\overset{O}{\underset{O-\text{C}_6\text{H}_5}{<}} + \text{H}_2\text{O} + \text{NaCl}$$

Profi ar gyfer ffenolau gyda haearn(III) clorid dyfrllyd

Bydd ffenol yn adweithio â haearn(III) clorid gan gynhyrchu lliw porffor yn yr hydoddiant dyfrllyd. Mae'r lliw'n cael ei gynhyrchu wrth i gymhlygyn ffurfio rhwng y ddau adweithydd. Bydd unrhyw gyfansoddyn sy'n cynnwys grŵp –OH wedi'i fondio'n uniongyrchol i gylch bensen yn rhoi cymhlygyn â lliw llachar wrth adweithio â haearn(III) clorid – fel arfer eu lliwiau yw porffor, glas neu wyrdd.

4.4
Aldehydau a chetonau

Mae aldehydau a chetonau'n gyfansoddion carbonyl (rhai sy'n cynnwys bond C=O). Mae cyfansoddion organig eraill, fel asidau carbocsylig ac esterau, hefyd yn cynnwys grŵp carbonyl, ond mewn ceton mae'r grŵp carbonyl yn bondio'n uniongyrchol i ddau atom carbon, yn lle atom ocsigen. Mewn aldehyd, mae'r grŵp carbonyl yn bondio i atom hydrogen ac i atom hydrogen arall neu atom carbon. Mae aldehydau a chetonau'n gyffredin ym myd natur ac maen nhw'n bwysig yn y cartref ac mewn diwydiant. Natur bolar y bond carbonyl hwn sy'n achosi i aldehydau a chetonau adweithio mewn ffordd wahanol i'r alcenau, sy'n cynnwys bond C=C.

Cynnwys

Dylech allu dangos a chymhwyso'r hyn rydych yn ei wybod a'i ddeall am y canlynol:

- Ffurfio aldehydau a chetonau drwy ocsidio alcoholau cynradd ac eilaidd yn ôl eu trefn.

- Sut mae'n bosibl gwahaniaethu rhwng aldehydau a chetonau drwy gymharu pa mor rhwydd yw eu hocsidio gan ddefnyddio adweithydd Tollens ac adweithydd Fehling.

- Rhydwytho aldehydau a chetonau gyda sodiwm tetrahydridoborad(III).

- Mecanwaith adiad niwcleoffilig, fel adiad hydrogen cyanid at ethanal a phropanon.

- Adwaith aldehydau a chetonau â 2,4-deunitroffenylhydrasin a sut mae'n cael ei ddefnyddio i brofi am grŵp carbonyl ac adnabod aldehydau a chetonau

- Prawf triiodomethan (ïodofform) a sut mae'n cael ei ddefnyddio i adnabod grwpiau $CH_3C=O$ neu eu rhagsylweddion.

Adeiledd ac enwau aldehydau a chetonau

Mae aldehydau a chetonau ill dau'n cynnwys y grŵp polar $C^{\delta+}=O^{\delta-}$. Mae'n bolar oherwydd bod gan yr atom ocsigen yn y bond hwn electronegatifedd uwch na'r atom carbon, gan adael yr atom carbon ychydig yn electron ddiffygiol. Mae'r bond dwbl yn cynnwys bond σ a bond π uwchben ac o dan blân y bond sigma, oherwydd gorgyffwrdd orbitalau p-p, fel mewn alcen. Mewn aldehyd, mae'r atom carbon yn y grŵp carbonyl yn bondio i o leiaf un atom hydrogen. Mae enw aldehyd yn diweddu ag -al ac mae enw ceton yn diweddu ag -on.

$$H_2C=O \qquad H_3C{-}CH=O \qquad H_5C_6{-}CH=O$$

methanal   ethanal   bensaldehyd
(bensencarbaldehyd)

Mewn ceton, mae'r atom carbon yn y grŵp carbonyl yn bondio'n uniongyrchol i ddau atom carbon arall.

propanon   ffenylethanon   1,5–deucloropentan–3–on

Mae aldehydau a chetonau'n gyffredin iawn mewn fflora a ffawna. Er enghraifft, mae môr-wlithen y Môr Tawel *Navanax intermis* yn ysgarthu fferomon braw sy'n cynnwys Navenon B.

Navenon B

Ffurfio aldehydau a chetonau drwy ocsidio alcoholau

Rydym wedi astudio rhywfaint o gemeg alcoholau yn ystod blwyddyn gyntaf y cwrs hwn, gan gynnwys eu hocsidiad. Yr ocsidydd arferol yw potasiwm (neu sodiwm) deucromad asidiedig, sy'n cael ei ddangos fel [O] mewn hafaliad. Mae alcoholau cynradd yn cael eu hocsidio yn aldehyd ac yna, wrth gael eu hocsidio ymhellach, i asid carbocsylig. Mae lliw oren ïonau deucromad(VI) dyfrllyd yn troi'n wyrdd wrth i ïonau Cr^{3+}(d) gael eu cynhyrchu.

$$CH_3CH_2OH + [O] \longrightarrow CH_3{-}CHO + H_2O$$

$$CH_3{-}CHO + [O] \longrightarrow CH_3{-}COOH$$

> **DYLECH WYBOD** › › ›
>
> › › › y gwahaniaeth rhwng fformiwlâu aldehydau a chetonau
>
> › › › y gall alcoholau cynradd gael eu hocsidio yn aldehydau'n gyntaf ac yna yn asidau carbocsylig, ond bod alcoholau eilaidd yn cael eu hocsidio yn geton cyfatebol yn unig

Gwirio gwybodaeth 18

Mae'n bosibl hydrogenu bond dwbl (C=C) i gynhyrchu bond sengl C–C. Pa adweithydd sy'n cael ei ddefnyddio i gynnal yr adwaith hwn?

Gwirio gwybodaeth 19

Edrychwch ar fformiwla fferomon y fôr-wlithen, Navenon B. Os bydd y bondiau C=C yn y cyfansoddyn hwn i gyd yn cael eu hydrogenu, nodwch fformiwla foleciwlaidd y cynnyrch.

Gwirio gwybodaeth 20

Mae cylchohecsanol yn cael ei ocsidio gan ddeucromad asidiedig i gylchohecsanon. Cwblhewch yr hafaliad ar gyfer yr adwaith hwn.

 + [O] $\longrightarrow$

Ymestyn a Herio

(a) Disgrifiwch brawf lle bydd cyfansoddyn E yn rhoi canlyniad cadarnhaol i ddangos ei fod yn aldehyd.

Cyfansoddyn E

(b) Rhowch fformiwla adeileddol isomer o $C_4H_8O_2$ na fydd yn gwneud yr adwaith rydych wedi'i ddisgrifio ar gyfer yr isomer yn rhan (a).

▼ Pwynt astudio

Mae'n bosibl rhydwytho aldehydau, cetonau ac asidau carbocsylig yn alcoholau. Bydd sodiwm tetrahydridoborad(III) yn rhydwytho aldehydau a chetonau, ond nid asidau carbocsylig. Bydd y rhydwythydd cryfach, lithiwm tetrahydridoalwminad(III), yn rhydwytho asidau carbocsylig ac aldehydau a chetonau hefyd.

⚠ Cymorth Ychwanegol

Wrth lunio diagram sy'n dangos distyllu, fel yr un ar y dudalen hon, mae'n bwysig gwneud yn siŵr nad yw'r lluniad yn dangos system gaeedig. Os yw'n system gaeedig, bydd yn ffrwydro wrth gael ei gwresogi! Ond, mae gwir berygl o dân yn aml gan fod llawer o'r sylweddau sy'n cael eu distyllu yn fflamadwy iawn. Awgrym defnyddiol yw llunio'r fflasg sy'n derbyn yr anwedd gyda gwlân cotwm yng ngwddf y fflasg. Mae hyn yn lleihau'r risg y bydd anwedd fflamadwy'n dianc, ond mae'n gadael i nwyon ehangu pan fydd y system yn cael ei gwresogi. Mae defnyddio baddon iâ hefyd yn golygu y bydd llai o gynhyrchion anweddol fel ethanal yn anweddu.

Yn yr un modd, mae alcohol eilaidd yn cael ei ocsidio yn geton.

$$CH_3 \underset{CH_3}{\overset{H}{\underset{|}{\overset{|}{C}}}} OH + [O] \longrightarrow \underset{CH_3}{\overset{CH_3}{C}} = O + H_2O$$

Dan amodau arferol, nid yw'n bosibl ocsidio ceton ymhellach drwy'r dull hwn. Mae'n bosibl defnyddio potasiwm manganad(VII) asiedig hefyd fel yr ocsidydd – mae'n colli lliw porffor yr ïon manganad(VII) ac mae hydoddiant di-liw sy'n cynnwys ïonau manganîs(II) dyfrllyd yn weddill. Os oes angen aldehyd, mae'n rhaid ei dynnu o'r cymysgedd adwaith cyn iddo gael ei ocsidio ymhellach yn asid carbocsylig. Un dull cyffredin wrth gynhyrchu'r aldehyd yw ychwanegu'r ocsidydd yn araf at yr alcohol.

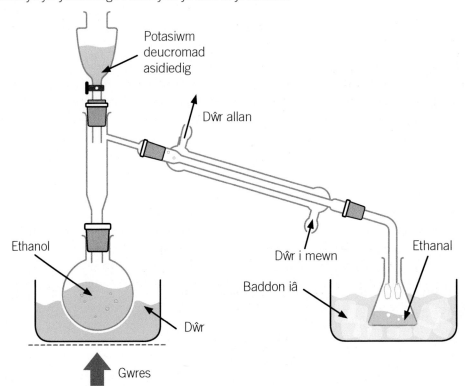

Mae'r tymheredd a pha mor gyflym y mae'r ocsidydd yn cael ei ychwanegu'n cael eu rheoli fel bod anwedd ethanal yn cyrraedd brig y golofn ac yna'n cyddwyso ac yn cael ei gasglu mewn fflasg sy'n cael ei hoeri.

Gwahaniaethu rhwng aldehydau a chetonau

Mae'n bosibl ocsidio aldehydau ymhellach yn asidau carbocsylig, ond mae'n fwy anodd ocsidio cetonau ymhellach. Os bydd ocsidydd ysgafn yn cael ei ychwanegu at aldehyd, bydd yr aldehyd yn cael ei ocsidio a'r ocsidydd yn cael ei rydwytho. Mae sawl prawf syml yn dangos pa un ai ceton neu aldehyd yw cyfansoddyn. Mae un o'r profion hyn yn defnyddio adweithydd Tollens (sydd weithiau'n cael ei alw'n arian nitrad amonaidd). Mae'n cael ei wneud drwy ychwanegu sodiwm hydrocsid dyfrllyd at hydoddiant arian nitrad nes i waddod brown o arian(I) ocsid ffurfio. Yna mae amonia dyfrllyd yn cael ei ychwanegu nes bydd yr arian(I) ocsid prin yn ailhydoddi. Yna mae'r cyfansoddyn a allai fod yn aldehyd yn cael ei ychwanegu at yr adweithydd hwn ac mae'r tiwb yn cael ei gynhesu'n ofalus mewn bicer o ddŵr. Os yw'r cyfansoddyn yn aldehyd, bydd drych arian yn araenu tu mewn y tiwb wrth i'r ïonau Ag+ gael eu rhydwytho yn arian. Mae aldehydau llai hydawdd, fel bensaldehyd, yn llai tebygol o adweithio fel hyn. Ni fydd ceton yn rhydwytho adweithydd Tollens.

Ocsidydd ysgafn arall fydd yn adweithio ag aldehyd (ond nid ceton) yw adweithydd Fehling. Mae'r prawf hwn hefyd yn dangos presenoldeb grŵp aldehyd mewn siwgrau sy'n gallu bod yn rhydwythyddion fel glwcos. Datblygwyd y prawf hwn gan Hermann von Fehling, cemegydd o'r Almaen, ym 1849. Mae'r adweithydd yn cael ei baratoi'n ffres drwy gymysgu dau hydoddiant, Fehling A a Fehling B. Hydoddiant copr(II) sylffad dyfrllyd yw Fehling A. Hydoddiant potasiwm sodiwm tartrad dyfrllyd yw Fehling B, sy'n cael ei wneud yn alcalïaidd gyda sodiwm hydrocsid. Pan fydd y ddau hydoddiant yn cael eu cymysgu, mae hydoddiant glas tywyll sy'n cynnwys ïon cymhlyg copr(II) yn cael ei gynhyrchu. Os bydd aldehyd yn cael ei ychwanegu at yr hydoddiant glas tywyll a'r cymysgedd yn cael ei gynhesu mewn baddon dŵr, mae'r aldehyd yn rhydwytho'r ïonau cymhlyg copr(II), ac yn lle'r hydoddiant glas tywyll mae gwaddod lliw oren-coch o gopr(I) ocsid i'w weld.

Mae hydoddiant Fehling yn dadelfennu'n rhwydd, ac felly rydym yn cymysgu'r ddau hydoddiant pan fydd eu hangen. Mae adweithydd Benedict yn debyg; mae'n cynnwys ïon cymhlyg copr(II) ac yn cael ei rydwytho yn yr un modd yn gopr(I) ocsid. Mae gan yr hydoddiant hwn y fantais ei fod yn sefydlog ac yn fwy diogel gan ei fod yn llai alcalïaidd. Mae'r prawf sy'n defnyddio'r hydoddiannau hyn yn effeithiol o ran adnabod aldehydau aliffatig ond nid yw'n adweithio ag aldehydau aromatig fel bensaldehyd, (C_6H_5CHO).

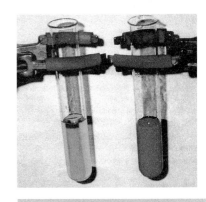

DYLECH WYBOD › › ›

› › › y profion lle mae aldehydau'n rhoi canlyniadau cadarnhaol ond nid felly cetonau

Cyswllt Paratoi alcoholau drwy rydwythiad ar dudalen 127.

Rhydwytho aldehydau a chetonau

Mae'n bosibl rhydwytho aldehydau yn alcoholau cynradd a chetonau yn alcoholau eilaidd. Y rhydwythyddion sy'n cael eu defnyddio yw sodiwm tetrahydridoborad(III), $NaBH_4$, neu lithiwm tetrahydridoalwminad(III), $LiAlH_4$. O'r ddau adweithydd hyn, $NaBH_4$ sy'n cael ei ddewis gan amlaf am ei fod yn fwy diogel ac mae'n bosibl ei ddefnyddio mewn hydoddiannau dyfrllyd. Wrth ysgrifennu hafaliadau i ddangos y rhydwythiad hwn, mae'n dderbyniol defnyddio [H] i gynrychioli fformiwla'r rhydwythydd.

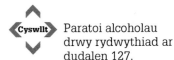

$$\underset{O}{\overset{H}{\diagdown}}C{=}CCH_2CH_2CH_2C\underset{O}{\overset{H}{\diagup}} + 2[H] \longrightarrow HOCH_2CH_2CH_2CH_2CH_2OH$$

Mae rhagor o fanylion am yr adwaith hwn i'w gweld yn Nhestun 4.3 ar alcoholau.

DYLECH WYBOD › › ›

› › › bod rhydwythyddion fel $NaBH_4$ a $LiAlH_4$ yn gallu rhydwytho aldehydau a chetonau

Adweithiau adio niwcleoffilig aldehydau a chetonau

Mae aldehydau a chetonau'n cynnwys bond carbonyl polar, $C^{\delta+} = O^{\delta-}$. Mae'n bosibl i niwcleoffilau, fel ïonau cyanid, ^-CN, ymosod ar yr atom carbon sy'n gymharol electron-ddiffygiol. Mae adwaith propanon â hydrogen cyanid yn enghraifft o'r adwaith hwn.

$$\underset{H_3C}{\overset{H_3C}{\diagdown}}C{=}O + H{-}C{\equiv}N \longrightarrow \underset{H_3C}{\overset{H_3C}{\diagdown}}C\underset{C{\equiv}N}{\overset{OH}{\diagup}}$$

2-hydrocsi-2-methylpropannitril

Yn ymarferol, nid yw'r adwaith mor syml ag y mae'r hafaliad yn ei awgrymu. Mae hydrogen cyanid yn asid gwan iawn ac mae crynodiad yr ïonau cyanid sy'n bresennol yn gymharol isel.

$$H{-}C{\equiv}N \rightleftharpoons H^+_{(d)} + {}^-C{\equiv}N_{(d)}$$

Mae'r adwaith yn dibynnu ar ïonau cyanid yn ymosod ar bropanon i ddechrau. Mae'r cymysgedd adwaith yn cynnwys propanon a hefyd sodiwm neu botasiwm cyanid dyfrllyd, sy'n rhoi ïonau cyanid. Yna mae asid sylffwrig yn cael ei ychwanegu'n araf at y cymysgedd sydd wedi'i droi. Rydym yn disgrifio'r mecanwaith ar gyfer yr adwaith hwn fel adiad niwcleoffilig, gan fod y niwcleoffil ⁻CN yn ymosod a bydd HCN yn cael ei adio ar draws y bond C=O.

Mae'r adwaith hwn yn bwysig gan ei fod yn rhoi dull o estyn hyd y gadwyn garbon. Mae'n bosibl hydrolysu'r hydrocsinitril sy'n cael ei gynhyrchu gan yr adiad hwn, drwy ei adlifo gydag asid gwanedig, gan roi asid hydrocsi.

asid 2–hydrocsi–2–methylpropanöig

Defnyddio 2,4-deunitroffenylhydrasin i adnabod aldehydau a chetonau

Mae llawer o aldehydau a chetonau cyffredin yn hylifau ar dymheredd a gwasgedd ystafell. Mae'n bosibl adnabod cyfansoddyn a allai fod yn aldehyd neu'n geton drwy fesur ei dymheredd berwi, ond mae rhai o'r tymereddau berwi'n rhy debyg i'w gilydd neu'n rhy isel neu'n rhy uchel, sy'n ei gwneud yn anodd eu hadnabod. Os yw aldehyd neu geton yn adweithio ag adweithydd addas gan roi solid sydd â thymheredd ymdoddi pendant o fewn ystod tymheredd dderbyniol, mae'n haws ei adnabod. Un adweithydd sy'n cael ei ddefnyddio i gynhyrchu solid addas yw 2,4-deunitroffenylhydrasin, $C_6H_3(NO_2)_2NHNH_2$. Mae hwn yn cael ei hydoddi mewn asid i roi hydoddiant o'r enw adweithydd Brady. Mae ei gymysgu â sylwedd a all fod yn aldehyd neu'n geton yn rhoi solid lliw oren-coch, sy'n cael ei hidlo i ffwrdd a'i buro. Mae ffurfio'r gwaddod hwn yn dangos bod y sylwedd yn aldehyd neu'n geton. Mae tymheredd ymdoddi'r cynnyrch wedi'i buro (2,4-deunitroffenylhydrason) yn cael ei fesur a'i gymharu â thabl o werthoedd hysbys er mwyn adnabod yr aldehyd neu'r ceton sy'n bresennol. Yr enw ar y broses hon yw 'gwneud deilliad' neu 'deillio'.

Nid yw mecanwaith yr adwaith hwn yn rhan o'r fanyleb hon, ond mae'r adwaith yn digwydd drwy ymosodiad niwcleoffilig gan bâr unig o electronau nitrogen ar yr atom carbon carbonyl ac wedyn drwy ddileu moleciwl dŵr. Mae'r mecanwaith hwn yn cael ei ddisgrifio fel adiad-dilead niwcleoffilig. Weithiau mae'n cael ei alw'n adwaith **cyddwyso**. Mae'r tymereddau ymdoddi ar gyfer rhai 2,4-deunitroffenylhydrasonau i'w gweld yn y tabl.

Ymestyn a Herio

Diddwythwch fformiwla graffig cyfansoddyn carbonyl:

(a) sydd ddim yn rhoi drych arian gydag adweithydd Tollens

(b) sy'n rhoi gwaddod melyn wrth gael ei drin gydag iodin alcaliaidd

(c) sy'n adweithio â hydrogen cyanid gan roi cynnyrch sy'n cael ei hydrolysu'n asid sy'n cynnwys 6 atom carbon ym mhob moleciwl.

GWAITH YMARFEROL

Mae adnabod aldehyd neu geton drwy ei adwaith â 2,4-deunitroffenylhydrasin yn un o'r **tasgau ymarferol penodol**.

DYLECH WYBOD › › ›

››› bod llawer o aldehydau a chetonau'n hylifau â thymereddau berwi isel a bod deilliad solet yn cael ei wneud i'n helpu i'w hadnabod

Cyfansoddyn	Fformiwla	Tymheredd berwi / °C	Tymheredd ymdoddi 2,4–deunitroffenylhydrason / °C
propanon	CH_3 CH_3 $C=O$	56	187
bwtanon	CH_3CH_2 CH_3 $C=O$	80	111
pentan–2–on	$CH_3CH_2CH_2$ CH_3 $C=O$	102	143
pentan–3–on	CH_3CH_2 CH_3CH_2 $C=O$	102	156

Yn draddodiadol, rydym yn galw adnabod aldehydau a chetonau fel hyn yn ddull 'gwlyb'. Mae defnyddio cromatograffaeth nwy/sbectromedreg màs (GC/MS) a chyseiniant magnetig niwclear (NMR) wedi gwneud adnabod y cyfansoddion hyn yn haws a chyflymach.

Adwaith triiodomethan (ïodofform)

Mae triiodomethan (enw traddodiadol "ïodofform"), CHI_3, yn solid melyn sydd weithiau'n cael ei ddefnyddio fel antiseptig. Mae ffurfio'r solid melyn hwn yn brawf i adnabod presenoldeb grŵp $CH_3C=O$ (sy'n cael ei alw weithiau'n grŵp methyl carbonyl), neu grŵp $CH_3CH(OH)$ mewn moleciwl. Mae'r cyfansoddyn organig yn cael ei gynhesu gyda hydoddiant ïodin di-liw mewn sodiwm hydrocsid dyfrllyd ('ïodin alcalïaidd') neu gyda chymysgedd dyfrllyd o botasiwm ïodid a sodiwm clorad(I), NaOCl. Mae'r adweithyddion hyn yn cael eu cynrychioli gan I_2/NaOH ac I^-/OCl$^-$. Nid yw'r adwaith hwn yn gyfyngedig i gyfansoddion carbonyl sy'n cynnwys y grŵp hwn yn unig. Er enghraifft, mae ethanol hefyd yn rhoi'r adwaith hwn. Mae hyn oherwydd bod yr adweithydd yn gymysgedd sy'n ocsidio a bydd yn ocsidio'r grŵp $CH_3CH(OH)$ mewn ethanol i ethanal, sy'n cynnwys grŵp $CH_3C=O$.

Dyma hafaliad ar gyfer adwaith propanon ag ïodin alcalïaidd:

$$CH_3COCH_3 + 3I_2 + 4\ NaOH \longrightarrow CHI_3 + CH_3COO^-Na^+ + 3NaI + 3H_2O$$

Ond, mae'r adwaith yn fwy cymhleth nag y mae'r hafaliad yn ei awgrymu ac mae nifer o sgil adweithiau hefyd yn digwydd.

Gwirio gwybodaeth 21

Fformiwla 2,4-deunitroffenylhydrason ceton yw

O_2N——N—N=C with H on N, CH_2CH_3, $CHCH_3$, CH_3, NO_2

Nodwch enw'r ceton gwreiddiol.

Gwirio gwybodaeth 22

Pa rai o'r cyfansoddion hyn fydd yn dangos adwaith triiodomethan?

(a) Hecsan-2-on

(b) Cylchohecsanon

(c) 1-Ffenylethanol

(ch) 2-Methylpropan-2-ol

DYLECH WYBOD › › ›

› › › y prawf ar gyfer methyl cetonau a'u rhagsylweddion

! Cymorth Ychwanegol

Mae cyfansoddion cyffredin sy'n dangos adwaith triiodomethan yn cynnwys ethanol, ethanal, propan-2-ol, propanon, bwtanon, bwtan-2-ol a ffenylethanon.

Ymhlith y cyfansoddion y mae'n bosibl eu hadnabod oherwydd **nad** ydynt yn dangos adwaith triiodomethan, mae methanol, propan-1-ol a phropanal.

Prawf positif efo strwythur:

R—C with =O and CH_3 neu   R—C with OH and CH_3

Rhoi lliw mellyn uachar

Uned 4

4.5
Asidau carbocsylig a'u deilliadau

Mae asidau carbocsylig yn cynnwys grŵp –COOH, lle mae'r atom carbon mewn grŵp C=O hefyd yn bondio i grŵp O–H. Mae llawer o asidau carbocsylig yn sylweddau cyfarwydd, er enghraifft, asid ethanöig yw'r cynhwysyn actif mewn finegr, asid citrig mewn lemonau ac asid malig mewn afalau. Mae'n bosibl rhoi clorin yn lle'r grŵp –OH sy'n bresennol mewn asid carbocsylig, gan roi clorid asid, sydd, yn ei dro, yn gallu cael ei drawsnewid yn amid lle mae grŵp –NH$_2$ wedi cymryd lle'r grŵp –OH. Mae deilliadau asidau carbocsylig hefyd yn cynnwys esterau lle mae grŵp –OR wedi cymryd lle grŵp–OH

Dylech allu dangos a chymhwyso'r hyn rydych yn ei wybod a'i ddeall am y canlynol:

- Asidedd cymharol asidau carbocsylig, ffenolau, alcoholau a dŵr.
- Ffurfio asidau carbocsylig drwy ocsidio alcoholau ac aldehydau.
- Rhydwytho asidau carbocsylig gan ddefnyddio LiAlH$_4$.
- Ffurfio asidau carbocsylig aromatig drwy ocsidio ochr-gadwynau methyl.
- Datgarbocsyleiddio asidau carbocsylig.
- Trawsnewid asidau carbocsylig yn esterau a chloridau asid a hydrolysu'r cyfansoddion hyn.
- Trawsnewid asidau carbocsylig yn amidau a nitrilau.
- Ffurfio nitrilau o halogenoalcanau a hydrocsinitrilau o aldehydau.
- Hydrolysis nitrilau ac amidau.
- Rhydwytho nitrilau gan ddefnyddio LiAlH$_4$.

Adeiledd ac enwau asidau carbocsylig

Mae pob asid carbocsylig yn cynnwys o leiaf un grŵp –COOH. Wrth enwi asidau carbocsylig, rydym yn cyfrif yr atom carbon yn y grŵp hwn neu'r atomau carbon yn y grwpiau hyn, yn y gadwyn garbon. Felly asid propanöig yw CH_3CH_2COOH yn lle $CH_3CH_2CH_2COOH$ (sydd â thri atom carbon yn y gadwyn **alcyl** ond sydd â'r enw asid bwtanöig). Os oes grwpiau gweithredol eraill yn bresennol yn yr asid, cânt eu henwi fel deilliadau o'r asid dan sylw.

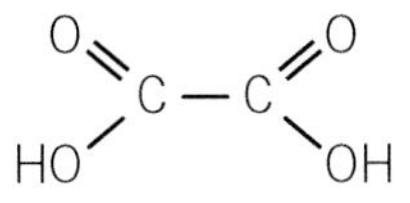

> **DYLECH WYBOD › › ›**
>
> › › › sut i enwi asidau carbocsylig os byddwch yn cael y fformiwla a sut i ysgrifennu'r fformiwla os byddwch yn cael yr enw

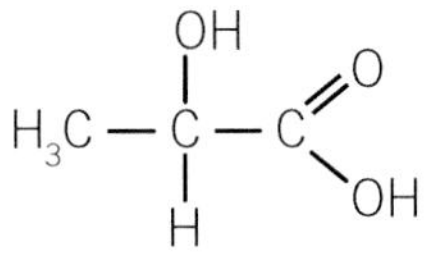

asid ethandeuöig

asid 2–hydrocsipropanöig

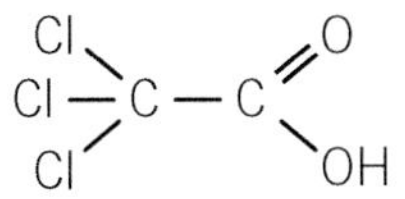

asid tricloroethanöig

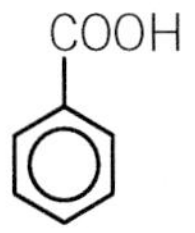

asid bensöig
(asid bensencarbocsylig)

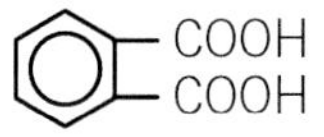

asid bensen–1,2–deucarbocsylig

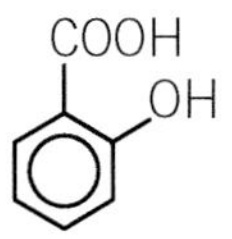

asid 2–hydrocsibensencarbocsylig

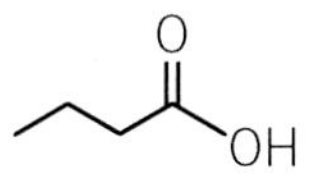

asid bwtanöig

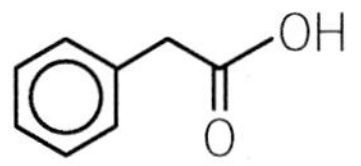

asid ffenylethanöig

Gwirio gwybodaeth 23

Rhowch fformiwlâu sgerbydol:

(a) asid 2-methylbwtanöig

(b) asid 2-hydrocsipropanöig

(c) asid hecsan-1,6-deuöig.

Asidedd cymharol asidau carbocsylig

Mae asidau carbocsylig yn asidau gwan ac mae lefel eu hïoneiddiad mewn hydoddiant dyfrllyd yn fach iawn.

$$CH_3C{\overset{O}{\underset{OH_{(d)}}{\Big<}}} + H_2O_{(h)} \rightleftharpoons CH_3C{\overset{O}{\underset{O^-_{(d)}}{\Big<}}} + H_3O^+_{(d)}$$

Ar 25 °C mewn hydoddiant asid ethanöig dyfrllyd â chrynodiad 0.1 môl dm⁻³, dim ond tua 0.4% o'r asid sydd wedi daduno'n ïonau. Mae asidau carbocsylig yn asidau cryfach na'r rhan fwyaf o ffenolau, fodd bynnag. Yn gyffredinol trefn gymharol asidedd yw

asidau carbocsylig > ffenolau > dŵr / alcoholau

Cyswllt Adran 4.4.3, tudalen 131.

Gwirio gwybodaeth 24

Enwch yr asid carbocsylig sy'n cael ei rydwytho i roi alcohol digangen sydd â'r fformiwla $C_5H_{12}O$.

Gallwn ddangos y gwahaniaeth cymharol hwn mewn asidedd drwy eu hadwaith â hydoddiant sodiwm hydrogencarbonad. Dim ond asidau carbocsylig sy'n asidau digon cryf i gynhyrchu swigod di-liw o nwy carbon deuocsid. Gall presenoldeb grwpiau eraill a amnewidiwyd newid asidedd yr asid carbocsylig neu'r ffenol yn fawr. Mae rhoi atom clorin yn lle un o'r atomau hydrogen mewn asid ethanöig, gan roi asid cloroethanöig, $ClCH_2COOH$, yn cynyddu daduniad yr asid yn ïonau ganwaith. Mae asid tricloroethanöig, Cl_3CCOOH, yn asid cymharol gryf. Yn yr un modd, mae cloroffenolau a nitroffenolau'n asidau cryfach na ffenol ei hun.

Ffurfio asidau carbocsylig drwy ocsidio alcoholau ac aldehydau

Mae'n bosibl ocsidio alcoholau cynradd yn aldehydau'n gyntaf ac wedyn eu hocsidio ymhellach yn asidau carbocsylig.

$$R - CH_2OH \xrightarrow{[O]} R - C{\overset{O}{\underset{H}{}}} \xrightarrow{[O]} R - C{\overset{O}{\underset{OH}{}}}$$

Mae'n bosibl defnyddio potasiwm deucromad asidiedig fel yr ocsidydd ac mae'n newid lliw o ïonau $Cr_2O_7^{2-}$ oren i ïonau Cr^{3+} gwyrdd wrth i ocsidiad yr alcohol fynd yn ei flaen. Ocsidydd arall y mae modd ei ddefnyddio yw hydoddiant potasiwm manganad(VII) alcalïaidd, o fod yn hydoddiant porffor sy'n cynnwys ïonau MnO_4^-, i fod yn llaid brown-du o fanganîs(IV) ocsid wrth iddo gael ei rydwytho gan yr alcohol. Mae aldehydau'n fwy anweddol na'r asid carbocsylig cyfatebol ac er mwyn gwneud yn siŵr bod ocsidiad pellach yn mynd yn ei flaen i'r asid carbocsylig, mae angen gofalu nad ydynt yn dianc o'r cymysgedd adwaith dan adlifiad. Mae alcoholau eilaidd yn cael eu hocsidio yn getonau ac nid oes unrhyw ocsidiad pellach i asid carbocsylig fel hyn.

Rhydwytho asidau carbocsylig

Mae asidau carbocsylig yn gyfansoddion cymharol sefydlog ac mae angen defnyddio'r rhydwythydd cryf lithiwm tetrahydridoalwminad(III), $LiAlH_4$, i'w rhydwytho yn alcohol cynradd. Mae'r adweithydd hwn yn adweithio'n ffyrnig â dŵr, ac felly hydoddydd ethocsiethan sy'n cael ei ddefnyddio i gynnal y rhydwythiad hwn. Mae sodiwm tetrahydridoborad(III), $NaNH_4$, yn rhydwythydd ysgafnach ac er y bydd yn rhydwytho aldehydau a chetonau, ni fydd yn rhydwytho asid carbocsylig.

Gallwn ddangos yr hafaliad ar gyfer y rhydwythiad hwn gan ddefnyddio [H] i gynrychioli'r rhydwythydd lithiwm tetrahydridoalwminad(III).

$$CH_3C{\overset{O}{\underset{OH}{}}} + 4[H] \longrightarrow CH_3CH_2OH + H_2O$$

25 Gwirio gwybodaeth

Rhowch yr hafaliad cytbwys ar gyfer ocsidiad ffenylmethanol, $C_6H_5CH_2OH$, yn asid bensöig, C_6H_5COOH, gan ddefnyddio [O] i gynrychioli fformiwla'r ocsidydd.

Cymorth Ychwanegol

Mae ocsidyddion ysgafnach yn gallu ocsidio aldehydau. Mae'r rhain yn cynnwys adweithydd Tollens ac adweithydd Fehling. Cynnyrch organig yr adweithiau hyn yw anion yr asid carbocsylig, gan fod yr adwaith yn cael ei gynnal dan amodau basig. Byddwn yn trafod yr adweithiau hyn ymhellach yn yr adran aldehydau a chetonau.

Cyswllt Adran 4.4.4, tudalen 137.

Ymestyn a Herio

Nodwch yr adweithydd(ion) sy'n cael ei ddefnyddio / eu defnyddio i gynnal yr adweithiau ocsidio isod.

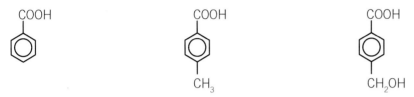

propan–1,3–deuol

asid 3–hydrocsipropanöig

Gwneud asidau carbocsylig aromatig

Mewn asid carbocsylig aromatig, mae'n rhaid i'r grŵp asid fondio'n uniongyrchol i'r cylch bensen.

asid bensencarbocsylig   asid 4–methylbensencarbocsylig   asid (4–hydrocsimethyl) bensencarbocsylig

Mae ocsidiad alcohol cynradd neu aldehyd gan ddefnyddio hydoddiant potasiwm deucromad asidiedig neu botasiwm manganad(VII) asidiedig yn cynhyrchu'r asid carbocsylig.

$$2[O] \rightarrow + H_2O$$

Dull arall yw ocsidio ochr-gadwyn methyl. Un ffordd o wneud hyn yw gwresogi'r cyfansoddyn gyda hydoddiant potasiwm manganad(VII) alcalïaidd.

Mae hyn yn cynrychioli'r hafaliad cyfan. Y cynnyrch cyntaf yw halwyn sodiwm/ potasiwm asid bensencarbocsylig. Wedyn mae'r cymysgedd adwaith yn cael ei asidio, gan gynhyrchu'r asid ei hun. Un o gynhyrchion eraill y rhydwythiad yw llaid brown-du o fanganîs(IV) ocsid. Mae rhywfaint o fensaldehyd yn cael ei gynhyrchu hefyd. Asid bensencarbocsylig yw'r cynnyrch ar ddiwedd yr ocsidiad hwn, waeth beth yw hyd yr ochr-gadwyn garbon. Er enghraifft, mae ethylbensen hefyd yn cynhyrchu asid bensencarbocsylig.

 Cymorth Ychwanegol

Pan fydd asid bensencarbocsylig (asid bensöig) yn cael ei gynhyrchu drwy ocsidio methylbensen gyda hydoddiant potasiwm manganad(VII) alcalïaidd, ac wedyn pan fydd y cynnyrch yn cael ei asidio, un broblem ymarferol yw gwahanu'r asid carbocsylig solet o'r llaid brown-du o fanganîs(IV) ocsid. Un dull yw gwresogi'r cymysgedd, pan fydd yr asid carbocsylig yn hydoddi. Mae'r cymysgedd yn cael ei hidlo pan fydd yn boeth ac yna mae'r hidlif yn cael ei oeri, gan gynhyrchu grisialau gwyn o asid bensencarbocsylig (asid bensöig).

Ymestyn a Herio

Mae hydrogen, ym mhresenoldeb catalydd nicel, yn rhydwythydd arall sy'n rhydwytho aldehydau a chetonau yn alcoholau cynradd ac eilaidd yn ôl eu trefn. Nid yw'n bosibl rhydwytho asidau carbocsylig yn y modd hwn. Ond, mae hydrogen, ym mhresenoldeb catalydd nicel, yn gallu rhydwytho asidau annirlawn gan roi'r asid dirlawn cyfatebol. Er enghraifft, mae'n gallu rhydwytho asid olëig i gynhyrchu asid stearig.

$$CH_3(CH_2)_7CH=CH(CH_2)_7COOH$$

Bydd rhydwythiad aldehyd annirlawn gan hydrogen a nicel yn rhoi'r alcohol cynradd cyfatebol.

$$CH_3CH_2CH_2CH_2OH$$

Ymestyn a Herio

Mae asid bensen-1,2-deucarbocsylig yn cael ei gynhyrchu drwy ocsidio hydrocarbon gyda hydoddiant potasiwm manganad(VII) asidiedig. Mae'r hydrocarbon yn cynnwys 89.1% carbon yn ôl màs. Defnyddiwch y wybodaeth hon i awgrymu fformiwla graffig ar gyfer yr hydrocarbon.

26 Gwirio gwybodaeth

Nodwch enw'r asid carbocsylig sy'n cynhyrchu propan pan fydd yn cael ei wresogi'n gryf gyda chalch soda.

27 Gwirio gwybodaeth

Màs 0.40 môl o amid $RCONH_2$ (lle R yw grŵp alcyl) yw 29.2g. Diddwythwch fformiwla graffig yr amid.

28 Gwirio gwybodaeth

Rhowch enw'r nitril sydd â'r fformiwla

$$H_3C - \overset{\overset{\displaystyle CH_3}{|}}{\underset{\underset{\displaystyle CH_3}{|}}{C}} - C \equiv N$$

29 Gwirio gwybodaeth

Awgrymodd myfyriwr ei bod yn bosibl defnyddio potasiwm cyanid neu sodiwm cyanid i adweithio ag 1-bromobwtan i gynhyrchu pentannitril. Esboniwch pam mae'r awgrym hwn yn gywir.

! Cymorth Ychwanegol

Mewn adweithiau datgarbocsyleiddio lle mae calch soda'n cael ei ddefnyddio, mae'n bosibl defnyddio'r asid neu ei halwyn (yr halwyn sodiwm fel arfer). Er bod y dull hwn yn ymddangos yn ddefnyddiol ar gyfer lleihau hyd y gadwyn garbon, mae'r adwaith yn gymhleth a'r cynnyrch yn aml yn wael ac mae nifer o sgil gynhyrchion hefyd i'w cael.

Nodwch enw'r asidau y mae eu halwynau calsiwm, wrth gael eu cynhesu, yn cynhyrchu
(a) pentan-3-on a
(b) 1,7-deuffenylheptan-4-on.

Datgarbocsyleiddio asidau carbocsylig

Yr enw ar ddileu carbon deuocsid o gyfansoddyn yw datgarbocsyleiddio. Gan fod carbon deuocsid yn ocsid asidig, bydd yn adweithio â bas. Mewn adweithiau datgarbocsyleiddio, y cyfansoddyn sy'n cael ei ddefnyddio gan amlaf yw calch soda, sef cymysgedd o galsiwm hydrocsid yn bennaf gydag ychydig o sodiwm/potasiwm hydrocsid. Mae'n amsugno carbon deuocsid a dŵr ond yn aros ar ffurf solid.

$$Ca(OH)_2 \text{ (s)} + CO_2 \text{ (n)} \longrightarrow CaCO_3 \text{ (s)} + H_2O$$

Mewn adwaith datgarbocsyleiddio, mae'r asid organig neu ei halwyn sodiwm yn cael ei wresogi gyda chalch soda. Mae hydrocarbon yn cael ei gynhyrchu sy'n cynnwys un atom carbon yn llai yn y gadwyn na'r defnydd cychwynnol. Dyma un o'r dulliau o leihau hyd cadwyn garbon (mynd i lawr y gyfres homologaidd). Gallwn ddangos yr hafaliad ar gyfer datgarbocsyleiddio gyda chalch soda, gan ddefnyddio calsiwm hydrocsid, calsiwm ocsid neu sodiwm hydrocsid.

$$CH_3COOH + Ca(OH)_2 \longrightarrow CH_4 + CaCO_3 + H_2O$$

$$\text{C}_6\text{H}_5\text{—COO}^-\text{Na}^+ + NaOH \longrightarrow \text{C}_6\text{H}_5 + Na_2CO_3$$

$$\text{C}_6\text{H}_5\text{—CH}_2\text{COOH} + CaO \longrightarrow \text{C}_6\text{H}_5\text{—CH}_3 + CaCO_3$$

Yn yr adweithiau hyn, mae'r cynnyrch organig yn alcan neu'n aren.

Mae datgarbocsyleiddio hefyd yn digwydd os bydd halwyn calsiwm yr asid yn cael ei wresogi heb galch soda, gan gynhyrchu ceton. Ond yn yr adwaith hwn, mae hyd y gadwyn yn cynyddu o ddeilliad o asid ethanöig, sydd â dau atom carbon yn y gadwyn, i geton sy'n cynnwys tri atom carbon.

$$(CH_3COO)_2Ca \xrightarrow{\text{gwres}} CH_3 - \overset{\overset{\displaystyle O}{\|}}{C} - CH_3 + CaCO_3$$

Mae calsiwm bensencarbocsylad (bensoad) yn cael ei ddatgarbocsyleiddio yn yr un modd wrth gael ei wresogi, gan gynhyrchu deuffenylmethanon.

$$(C_6H_5COO)_2Ca \longrightarrow C_6H_5COC_6H_5 + CaCO_3$$

Mae adweithiau datgarbocsyleiddio hefyd yn digwydd os bydd halwynau asidau deucarbocsylig yn cael eu gwresogi gyda chalch soda. Er enghraifft, mae deusodiwm pentandeuoad yn cynhyrchu propan.

$$Na^+OOC - CH_2 - CH_2 - CH_2 - COO^-Na^+ + 2NaOH \longrightarrow CH_3 - CH_2 - CH_3 + 2Na_2CO_3$$

Mae'n bosibl datgarbocsyleiddio asidau carbocsylig aromatig a amnewidiwyd hefyd mewn modd tebyg drwy eu gwresogi gyda chalch soda.

$$H_2N\text{—}\text{C}_6\text{H}_4\text{—COOH} + 2NaOH \longrightarrow H_2N\text{—}\text{C}_6\text{H}_5 + Na_2CO_3 + H_2O$$

$$\underset{NO_2}{\text{C}_6\text{H}_4}\text{— COO}^-\text{Na}^+ + NaOH \longrightarrow \underset{NO_2}{\text{C}_6\text{H}_5} + Na_2CO_3$$

Esterau a chloridau asid a hydrolysu'r cyfansoddion hyn

Gwneud esterau o asidau carbocsylig a'u hydrolysu

Mae'n bosibl trawsnewid asidau carbocsylig yn esterau drwy wresogi'r asid carbocsylig gydag alcohol ym mhresenoldeb ychydig o asid sylffwrig, sy'n protoneiddio'r asid carbocsylig i ddechrau.

$$CH_3C\diagup_{OH}^{\diagdown O} + CH_3CH_2CH_2OH \rightleftharpoons CH_3C\diagup_{OCH_2CH_2CH_3}^{\diagdown O} + H_2O$$

Mae arbrofion sy'n defnyddio methanol, gyda rhai o'i atomau ocsigen yn isotop ^{18}O, wedi dangos bod yr ester yn cynnwys yr holl atomau ocsigen ^{18}O a oedd yn y methanol. Felly'r grŵp –OH o'r asid sy'n cael ei golli ac nid y grŵp –OH o'r alcohol.

$$C_6H_5C\diagup_{OH}^{\diagdown O} + HOCH_3 \longrightarrow C_6H_5-C\diagup_{OCH_3}^{\diagdown O} + H_2O$$

Mae manylion arbrofol paratoi esterau'n cael eu trafod yn yr adran ar alcoholau yn y llyfr hwn.

Adwaith cildroadwy yw esteriad ac mae'n bosibl hydrolysu esterau dan amodau basig neu asidig. Mewn hydrolysis dan amodau basig, mae'r ester yn cael ei wresogi i adlifo gyda sodiwm hydrocsid dyfrllyd ac wedyn mae'r cymysgedd yn cael ei ocsidio i gynhyrchu'r asid carbocsylig.

$$C_6H_5-C\diagup_{OCH_3}^{\diagdown O} + NaOH \longrightarrow C_6H_5C\diagup_{O^-Na^+}^{\diagdown O} + CH_3OH$$

HCl gwanedig

$$\longrightarrow C_6H_5C\diagup_{OH}^{\diagdown O} + NaCl$$

Mae cyfradd yr hydrolysis yn dibynnu ar ba ester sy'n cael ei ddefnyddio a chrynodiad yr alcali. Wrth wneud sebon, mae esterau'r alcohol trihydrig glyserol (propan–1,2,3-triol) yn cael eu hydrolysu. Dyma hafaliad wedi'i symleiddio ar gyfer hydrolysis esterau glyseryl:

$$CH_3(CH_2)_{15}C\diagup_{O-CH_2}^{\diagdown O}$$
$$CH_3(CH_2)_{15}C\diagup_{O-CH}^{\diagdown O} + 3NaOH \longrightarrow 3CH_3(CH_2)_{15}C\diagup_{O^-Na^+}^{\diagdown O} + CH_2OH$$
$$CH_3(CH_2)_{15}C\diagup_{O-CH_2}^{\diagdown O}$$

'sebon' sodiwm heptadecanoad

CHOH

CH₂OH

glyserol (propan–1,2,3–triol)

Yn ymarferol, mae'r tri grŵp asid carbocsylig yn yr ester glyseryl yn aml yn wahanol.

! Cymorth Ychwanegol

Mae fformiwlâu esterau fel arfer yn cael eu llunio gyda 'rhan yr asid', yn gyntaf, yn groes i drefn yr enw. Ond, weithiau maen nhw'n cael eu llunio fel arall. Er enghraifft, mae'n bosibl ysgrifennu fformiwla ethyl propanoad fel

neu

Gwirio gwybodaeth 30

Rhowch fformiwla empirig ester deuethyl asid ethandeuöig.

Cyswllt Adwaith ag asidau carbocsylig, tudalennau 129–130.

▼ Pwynt astudio

Mae pob ester yn cynnwys yr adeiledd

lle mae R yn cynrychioli grŵp alcyl neu aryl a

$$-C\diagup_{O-}^{\diagdown O}$$

yw'r cysylltedd ester.

! Cymorth Ychwanegol

Seboneiddiad yw'r gair am wneud sebon o esterau glyseryl. Gall yr esterau hyn fod yn frasterau neu'n olewau. Mae olewau'n tueddu i fod yn fwy annirlawn na brasterau. Mae moleciwlau sebon yn cynnwys un pen sy'n hydawdd mewn dŵr, –COO⁻Na⁺, a chadwyn alcyl hir sy'n hydawdd mewn braster.

Gwneud cloridau asid o asidau carbocsylig a hydrolysis y cyfansoddion hyn

I wneud clorid asid o asid carbocsylig, mae angen amnewid grŵp –OH yr asid am atom –Cl. Mae cloridau asid yn gyfansoddion adweithiol ac mae'n hawdd eu hydrolysu os oes dŵr yn bresennol, ac felly mae angen dull o'u cynhyrchu heb ddŵr. Mae'r adweithyddion y mae'n bosibl eu defnyddio ar gyfer yr adwaith hwn yn cynnwys ffosfforws triclorid, ffosfforws pentaclorid a sylffwr deuclorid ocsid, $SOCl_2$.

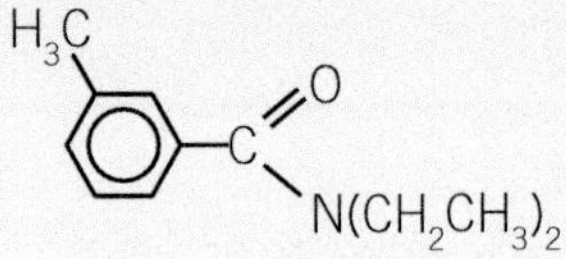

$$3CH_3COOH + PCl_3 \rightarrow 3CH_3COCl + H_3PO_3$$
$$CH_3COOH + PCl_5 \rightarrow CH_3COCl + POCl_3 + HCl$$
$$CH_3COOH + SOCl_2 \rightarrow CH_3COCl + SO_2 + HCl$$

Mae'r dull sy'n defnyddio ffosfforws triclorid yn cynhyrchu ychydig o gyfansoddion organig ffosfforws. Os bydd ffosfforws pentaclorid yn cael ei ddefnyddio, bydd ffosfforws triclorid ocsid, $POCl_3$, hefyd yn cael ei gynhyrchu ac mae angen ei wahanu o'r clorid asid. Y trydydd dull, sy'n defnyddio sylffwr deuclorid ocsid, yw'r dewis yn aml gan fod y ddau gyd-gynnyrch, sylffwr deuocsid a hydrogen clorid, yn nwyon.

Mewn clorid asid, mae'r atom carbon carbonyl yn electron ddiffygiol ($\delta+$) gan ei fod yn bondio i'r atomau clorin ac ocsigen sy'n fwy electronegatif. Oherwydd hyn, mae cloridau asid yn agored iawn i ymosodiad gan niwcleoffilau, fel yr atomau ocsigen mewn dŵr ac alcoholau a'r atomau nitrogen mewn amonia ac aminau.

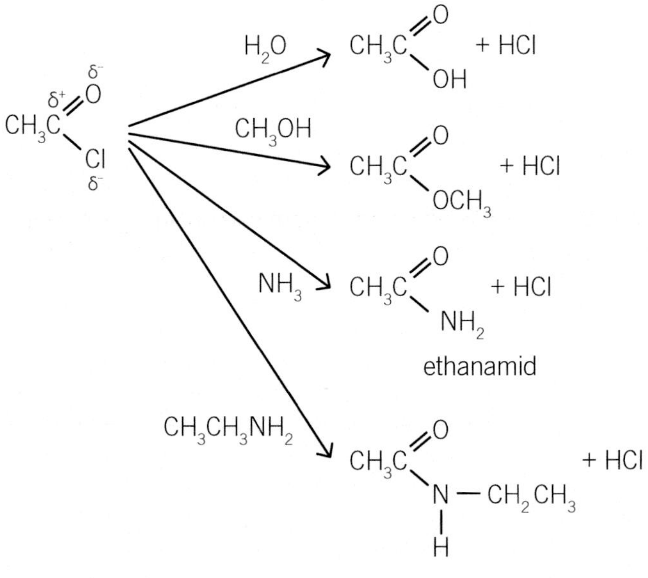

ethanamid

N–ethylethanamid

Mae'r adwaith rhwng cloridau asid sydd â moleciwlau bach fel ethanoyl clorid a dŵr yn rymus iawn, gan ffurfio'r asid carbocsylig a hydrogen clorid. Dyma un ffordd o ddangos mecanwaith yr hydrolysis:

Mae'r adwaith rhwng cloridau asid sydd â moleciwlau bach fel ethanoyl clorid a dŵr yn rymus iawn, gan ffurfio'r asid carbocsylig a hydrogen clorid. Dyma un ffordd o ddangos mecanwaith yr hydrolysis:

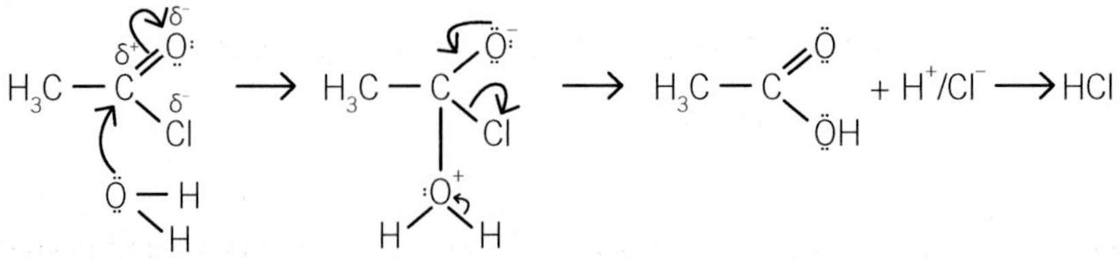

Mae bensoyl clorid, C_6H_5COCl, yn adweithio â dŵr yn llawer arafach ac mae'n bosibl cynnal ei adweithiau mewn amodau dyfrllyd, ond mae angen cwpwrdd gwyntyllu ac amodau anhydrus er mwyn defnyddio ethanoyl clorid.

Amidau a nitrilau o asidau carbocsylig

Mae asidau carbocsylig, fel asid ethanöig, yn adweithio ag amonia gan roi halwyn amoniwm yr asid. Pan fydd yr halwyn hwn yn cael ei wresogi, bydd dŵr yn cael ei golli a'r amid yn cael ei gynhyrchu.

$$CH_3COOH \underset{-CO_2}{\overset{NH_3}{\rightleftharpoons}} CH_3COONH_4 \xrightarrow{gwres} CH_3C\underset{NH_2}{\overset{O}{=}} + H_2O$$

$$(NH_4)_2CO_3$$

ethanamid

Mae gwresogi'r asid neu ei halwyn amoniwm gydag wrea ar 120 °C yn ddull gwell.

$$CH_3C\overset{O}{\underset{OH}{=}} + H_2N-\overset{O}{\underset{||}{C}}-NH_2 \longrightarrow CH_3C\overset{O}{\underset{NH_2}{=}} + CO_2 + NH_3$$

wrea

Mae'n bosibl dadhydradu amidau drwy eu gwresogi gyda ffosfforws(V) ocsid, P_4O_{10} gan roi'r nitril cyfatebol.

$$CH_3C\overset{O}{\underset{NH_2}{=}} \xrightarrow[\substack{gwres \\ -H_2O}]{P_4O_{10}} CH_3C \equiv N$$

Wrth enwi nitrilau, mae'n bwysig cofio bod yr atom carbon yn y grŵp nitril yn cael ei gyfrif fel rhan o'r gadwyn garbon. Er enghraifft, CH_3CH_2CN yw propannitril ond CH_3CH_2Br yw bromoethan. Fformiwla bensonitril yw C_6H_5CN.

Ffurfio nitrilau a hydrocsinitrilau

Ffurfio nitrilau o halogenoalcanau

Mae'n bosibl gwneud nitrilau o halogenoalcanau drwy eu hadwaith â photasiwm cyanid gan ddefnyddio cymysgedd o alcohol a dŵr fel hydoddydd.

$$CH_3(CH_2)_3CH_2Br + KCN \longrightarrow CH_3(CH_2)_3CH_2CN + KBr$$

1–bromopentan   hecsannitril

Dyma adwaith amnewid niwcleoffilig, lle mae'r ïon cyanid yn gweithredu fel y niwcleoffil.

$$CH_3(CH_2)_3\overset{\delta+}{\underset{H}{\overset{H}{C}}}-\overset{\delta}{Br} \longrightarrow CH_3(CH_2)_3\overset{H}{\underset{H}{C}}-C\equiv N + Br^-$$
$$C\equiv N$$

Ni fydd clorobensen yn adweithio ag ïonau cyanid gan nad yw'r atomau carbon yn y cylch yn agored i ymosodiad niwcleoffilig.

Gwirio gwybodaeth 31

Ysgrifennwch fformiwla graffig yr amid a fydd yn cynhyrchu ffenylethannitril pan fydd yn cael ei wresogi gyda ffosfforws(V) ocsid.

Gwirio gwybodaeth 32

Mae nitril sydd â chadwyn alcyl syth, R–CN, yn cynnwys 14.4% nitrogen yn ôl màs. Darganfyddwch fformiwla graffig y nitril.

! Cymorth Ychwanegol

Wrth ysgrifennu fformiwla'r ïon cyanid, gwnewch yn siŵr eich bod yn rhoi'r wefr negatif ar yr atom carbon. Mae hyn yn golygu bod gan yr atom carbon bâr unig o electronau a'i fod wedi defnyddio tri electron yn y bond triphlyg i'r atom nitrogen.

Cyswllt Adweithiau adio niwcleoffilig aldehydau a chetonau, tudalennau 137–138.

Ffurfio hydrocsinitrilau o aldehydau a chetonau

Bydd aldehydau a rhai cetonau syml yn adweithio â hydrogen cyanid ym mhresenoldeb sodiwm neu botasiwm cyanid gan gynhyrchu hydrocsinitril.

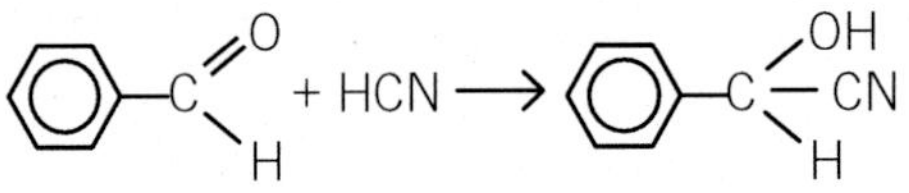

Rydym wedi trafod mecanwaith yr adwaith hwn o dan aldehydau a chetonau.

33 Gwirio gwybodaeth

Cwblhewch yr hafaliad ar gyfer adwaith y clorid asid hwn â dŵr.

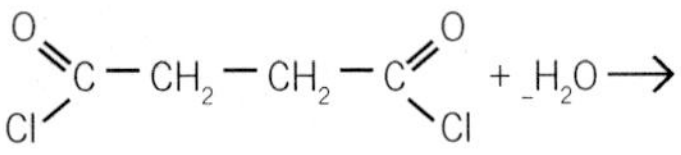

Hydrolysu nitrilau ac amidau

Hydrolysu nitrilau

Pan fydd nitril yn cael ei wresogi dan adlifiad gydag asid gwanedig, mae'n cael ei hydrolysu, gan roi asid carbocsylig.

$$CH_3CH_2CN \xrightarrow{H_2SO_{4(d)}} CH_3CH_2COOH$$

Mae'r atom nitrogen yn y grŵp cyanid yn dod yn rhan o grŵp amoniwm. Os bydd asid sylffwrig dyfrllyd yn cael ei ddefnyddio, y cynnyrch sy'n cynnwys y nitrogen yw hydoddiant amoniwm sylffad. Mae'n bosibl cynnal yr hydrolysis hefyd drwy wresogi'r nitril dan adlifiad gydag alcali, er enghraifft sodiwm hydrocsid, gan roi anion yr asid carbocsylig. Mae asidio'r cymysgedd yn cynhyrchu'r asid carbocsylig.

Hydrolysu amidau

Pan fydd amid yn cael ei wresogi dan adlifiad gyda bas, fel sodiwm hydrocsid dyfrllyd, bydd yr amid yn cael ei hydrolysu wrth i'r bond carbon i nitrogen gael ei dorri, gan gynhyrchu nwy amonia.

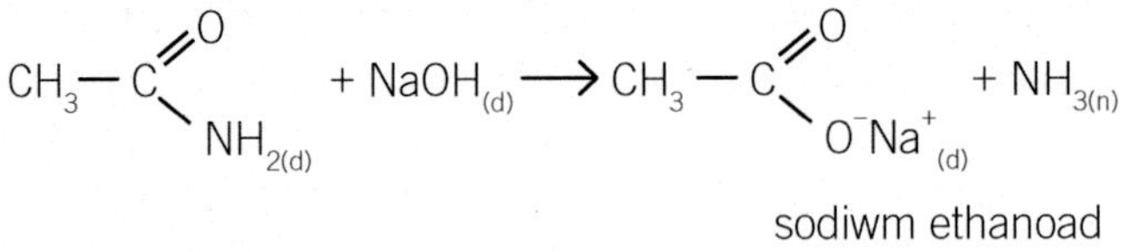

sodiwm ethanoad

Mae adwaith tebyg yn digwydd os bydd amid ag amnewidyn ar yr atom N yn cael ei hydrolysu, gan roi amin fel un o'r cynhyrchion.

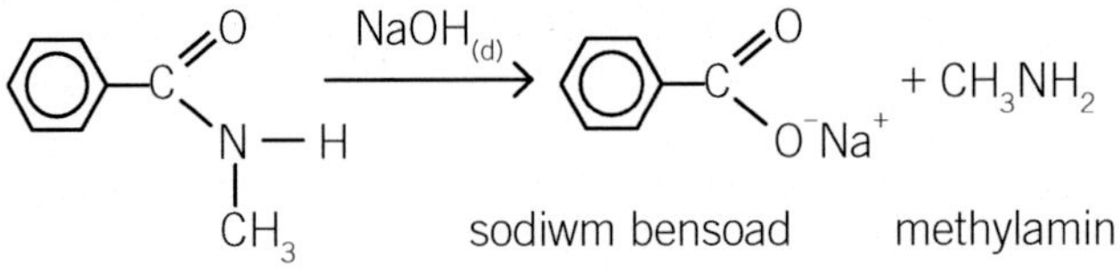

sodiwm bensoad   methylamin

DYLECH WYBOD › › ›

››› bod alcoholau cynradd yn cael eu hocsidio yn aldehydau ac wedyn yn asidau carbocsylig

››› bod angen lithiwm tetrahydridoalwminad(III) (nid sodiwm tetrahydridoborad(III)) i rydwytho asid carbocsylig

››› ei bod yn bosibl hydrolysu esterau gan ddefnyddio naill ai alcalïau dyfrllyd (er enghraifft NaOH) neu asidau dyfrllyd (er enghraifft HCl)

››› yr adweithyddion sy'n cael eu defnyddio i hydrolysu amidau a nitrilau yn asidau carbocsylig

Rhydwytho nitrilau

Bydd cynhesu nitril gyda hydoddiant lithiwm tetrahydridoalwminad(III) mewn ethocsiethan yn ei rydwytho yn amin cynradd.

$$CH_3CH_2C \equiv N \xrightarrow[\text{ethocsiethan}]{LiAlH_4} CH_3CH_2CH_2NH_2$$
$$\text{propylamin}$$

Mae'n bosibl defnyddio rhydwythyddion eraill, gan gynnwys hydrogen a chatalydd nicel, a metel sodiwm/ethanol. Mae ffurfio nitril, ac yna ei rydwytho, yn cynhyrchu cyfansoddion â chadwynau carbon hirach.

Rhydwythiad nitril gyda lithiwm alwminiwm hydrid yw'r dull dewisol fel arfer, gan fod y cynnyrch yn uwch. Mae'r rhydwythyddion eraill hyn yn cynhyrchu'r amin eilaidd fel sgil gynnyrch.

$$CH_3CH_2C \equiv N \xrightarrow[\text{ethanol}]{\text{sodiwm}} CH_3CH_2CH_2NH_2 + (CH_3CH_2CH_2)_2 NH$$

Mae lithiwm alwminiwm hydrid yn rhydwytho nitrilau aromatig fel bensonitril yn yr un modd.

Mae tymereddau berwi bensonitril a ffenylmethylamin yn debyg iawn ac nid yw'n bosibl gwahanu'r cynnyrch drwy ddistyllu. Mae aminau cynradd, fel ffenylmethylamin, yn fasau (edrychwch ar dudalen 153) ac os bydd asid hydroclorig yn cael ei ychwanegu at y cymysgedd adwaith, bydd ffenylmethylamin yn adweithio â'r asid gan ffurfio halwyn sy'n hydawdd mewn dŵr, ac un y mae'n bosibl cael yr amin rhydd ohono drwy ychwanegu alcali. Mae ffenylmethylamin, yn wahanol i fensonitril, yn hydawdd mewn dŵr. Felly dull arall o'u gwahanu yw echdynnu cynhyrchion yr adwaith â dŵr y byddai'r amin yn hydoddi ynddo.

Mae lithiwm alwminiwm hydrid yn gallu rhydwytho hydrocsinitrilau (edrychwch ar dudalen 138) yn yr un modd. Er enghraifft, mae'n rhydwytho 2-hydrocsipropannitril i 1-aminopropan-2-ol,

Image: Diagram showing CH₃—C(H)(OH)—C≡N reacting with LiAlH₄ in ethocsiethan to form CH₃—C(H)(OH)—CH₂NH₂

sy'n cynnwys craidd cirol (edrychwch ar dudalen 116). Mae 2-hydrocsipropannitril yn cael ei rydwytho yn yr un modd yn 1-amino-2-methylpropan-2-ol, sydd ddim yn cynnwys craidd cirol.

Image: Diagram showing (CH₃)₂C(O—H)(C≡N) reacting with LiAlH₄ in ethocsiethan to form (CH₃)₂C(OH)(CH₂NH₂)

Mae 'hydrolysis' yn golygu dadelfeniad gan ddŵr, ond mewn llawer o adweithiau defnyddir sodiwm hydrocsid dyfrllyd neu asid hydroclorig neu sylffwrig gwanedig ar gyfer hydrolysis, gan achosi adwaith cyflymach.

4.6
Aminau

Cyfansoddion organig yw aminau cynradd sy'n cynnwys grwp –NH_2 sy'n bondio'n uniongyrchol i grŵp alcyl neu aryl, gan roi R–NH_2. Gallwn eu hystyried fel deilliadau o amonia, NH_3, lle mae grŵp –R wedi cymryd lle un o'r atomau hydrogen. Mae amnewid yr atomau hydrogen sy'n weddill yn rhoi amin eilaidd, R_2NH, ac amin trydyddol, R_3N. Mae'r atom nitrogen mewn aminau'n cadw'r pâr unig o electronau, gan adael i aminau adweithio fel basau, drwy roi pâr electron. Mae aminau'n gyfansoddion adweithiol iawn a gallant gymryd rhan mewn adweithiau lle mae'r bond C–N yn cael ei dorri gan roi, er enghraifft, alcoholau a ffenolau. Gallant hefyd adweithio gan gadw'r bond C–N, gan roi, er enghraifft, gyfansoddion gyda chysyllteddau peptid a llifynnau aso.

Cynnwys

Dylech allu dangos a chymhwyso'r hyn rydych yn ei wybod a'i ddeall am y canlynol:

- Ffurfio aminau aliffatig cynradd o halogenoalcanau a nitrilau.

- Ffurfio aminau aromatig o nitrobensenau.

- Basigedd aminau.

- Ethanoyleiddiad aminau cynradd gan ddefnyddio ethanoyl clorid.

- Adwaith aminau cynradd (aliffatig ac aromatig) ag asid nitrig(III) oer.

- Cyplu halwynau bensendeuasoniwm gyda ffenolau ac aminau aromatig.

- Swyddogaeth y cromoffor –N=N– mewn llifynnau aso.

- Tarddiad lliw yn nhermau tonfeddi'r golau gweladwy sy'n cael ei amsugno.

Adeiledd ac enwau aminau

Mae pob amin yn cynnwys atom nitrogen yn bondio'n uniongyrchol i atom carbon mewn grŵp alcyl neu aryl. Os yw'r atom nitrogen hwn yn bondio i un atom carbon yn unig, mae'r cyfansoddyn yn amin cynradd. Mewn aminau eilaidd, mae'r atom nitrogen yn bondio'n uniongyrchol i ddau atom carbon ac os yw'r atom nitrogen yn bondio'n uniongyrchol i dri atom carbon, mae'n amin trydyddol. Rydym yn defnyddio'r gadwyn garbon hiraf i enwi'r amin gan ddangos nifer yr atomau carbon yn y ffordd arferol ac ychwanegu –amin ar y diwedd.

$CH_3CH_2CH_2CH_2NH_2$

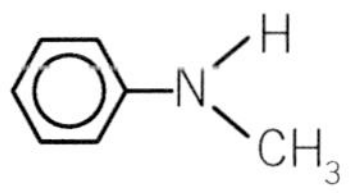

bwtylamin

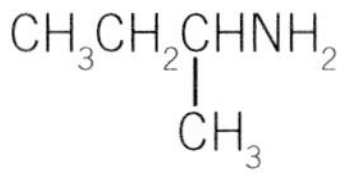

$CH_3CH_2CHNH_2$
$\quad\quad\quad |$
$\quad\quad\quad CH_3$

1–methylpropylamin

Mewn aminau aromatig, mae'r atom nitrogen yn bondio'n uniongyrchol i'r cylch bensen.

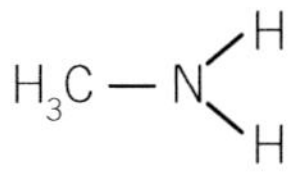

methylamin 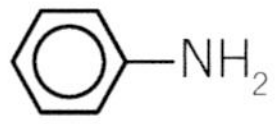   ffenylamin 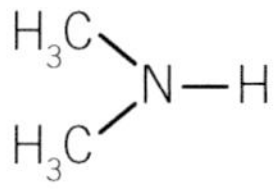   deumethylamin

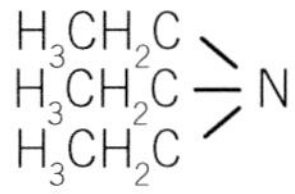

triethylamin 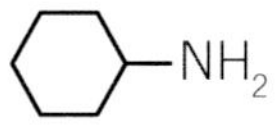   cylchohecsylamin   2–aminoethanol

$H_2N—CH_2(CH_2)_4CH_2—NH_2$

hecsan–1,6-deuamin

N-methylffenylamin

Ffurfio aminau aliffatig cynradd

Gwneud aminau aliffatig cynradd o halogenoalcanau

Mae adwaith halogenoalcan ag amonia gan ddefnyddio hydoddydd dŵr/ethanol yn cynhyrchu amin.

$$CH_3CH_2CH_2Br + NH_3 \longrightarrow CH_3CH_2CH_2NH_2 + HBr$$

Darlun wedi'i symleiddio yw hwn oherwydd, os bydd y cymysgedd yn cael ei gynhesu, mae'n colli nwy amonia, gan leihau'r cynnyrch. Mae rhai dulliau'n rhoi'r adweithyddion mewn tiwb wedi'i selio a'i gynhesu'n ysgafn. Fel arfer, mae gormodedd o amonia'n cael ei ddefnyddio. Mae'n adweithio â'r nwy asidig hydrogen bromid, gan roi amoniwm bromid. Os bydd gormodedd o'r halogenoalcan yn cael ei ddefnyddio, gall amnewid pellach ddigwydd, gan roi amin eilaidd, sef deupropylamin yn yr enghraifft hon.

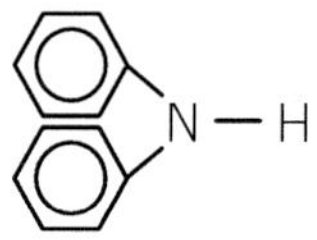

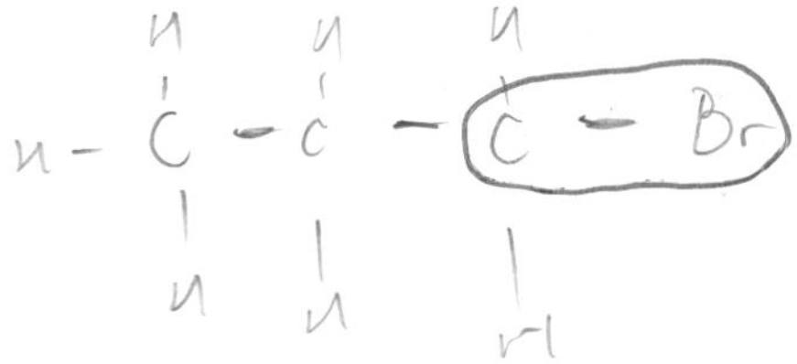

36 **Gwirio gwybodaeth**

Esboniwch pam rydym yn disgrifio'r adwaith rhwng 1-cloropropan a methylamin fel amnewid niwcleoffilig.

37 **Gwirio gwybodaeth**

Ysgrifennwch fformiwla fyrrach yr halwyn amin sy'n cael ei gynhyrchu pan fydd 2-ffenylethylamin yn adweithio â hydrogen bromid.

38 **Gwirio gwybodaeth**

Ysgrifennwch yr hafaliad ar gyfer adwaith methylamoniwm bromid ag ionau hydrocsid.

39 **Gwirio gwybodaeth**

Gwnaeth myfyriwr fwtan–1,4-deuamin drwy rydwytho nitril gyda lithiwm tetrahydridoalwminad(III). Ysgrifennwch fformiwla graffig y nitril.

Cyswllt Rhydwythiad nitrilau, tudalen 149.

$$CH_3CH_2CH_2NH_2 + CH_3CH_2CH_2Br \longrightarrow (CH_3CH_2CH_2)_2NH + HBr$$

Mae'r adwaith pellach hwn yn digwydd oherwydd bod yr amin, fel amonia, yn adweithio fel bas ac yn ymosod ar yr atom carbon δ+ yn y bond C–Br. Yr enw ar y math hwn o fecanwaith yw amnewid niwcleoffilig.

Gan ddibynnu ar yr amodau sy'n cael eu defnyddio, y cynnyrch fel arfer yw halwyn yr amin, nid yr amin rhydd.

$$CH_3CH_2CH_2NH_2 + HBr \longrightarrow CH_3CH_2CH_2{}^+NH_3\ Br^-$$

propylamoniwm bromid

Mae propylamoniwm bromid yn amoniwm bromid (NH_4Br) a amnewidiwyd, gyda grŵp propyl yn lle un o'r atomau hydrogen. Os bydd halwyn amoniwm yn cael ei wresogi gyda bas, bydd amonia'n cael ei gynhyrchu. Yn yr un modd, pan fydd propylamoniwm bromid yn cael ei wresogi gyda sodiwm hydrocsid dyfrllyd, bydd propylamin yn ffurfio.

$$CH_3CH_2CH_2{}^+NH_3Br^- + NaOH \longrightarrow CH_3CH_2CH_2NH_2 + NaBr + H_2O$$

Gwneud aminau aliffatig cynradd o nitrilau

Mae'n bosibl rhydwytho nitrilau gyda rhydwythydd addas. Y rhydwythydd arferol yw lithiwm tetrahydridoalwminad(III) (sy'n cael ei ddangos fel [H] yn yr hafaliad) wedi hydoddi mewn ethocsiethan fel hydoddydd.

$$CH_3CH_2CHC \equiv N + 4[H] \longrightarrow CH_3CH_2CHCH_2NH_2$$
$$\quad\quad\ \ |\quad\quad\quad\quad\quad\quad\quad\quad\quad\quad\ |$$
$$\quad\quad CH_3 \quad\quad\quad\quad\quad\quad\quad\quad CH_3$$

2–methylbwtylamin

Rydym wedi trafod yr adwaith hwn yn yr adran ar aldehydau a chetonau.

Ffurfio aminau aromatig cynradd

Nid yw'n hawdd i niwcleoffilau fel amonia ymosod ar fensen, gan fod y cylch electronau'n gwrthyrru niwcleoffilau ond yn atynnu electroffilau. Rydym yn gwneud ffenylamin, $C_6H_5NH_2$, drwy rydwytho nitrobensen. Dyma hafaliad cyffredinol ar gyfer y rhydwythiad hwn:

Y rhydwythydd traddodiadol ar gyfer yr adwaith hwn yw metel tun ac asid hydroclorig. Ar ôl i'r adwaith cyflym cychwynnol orffen, rydym yn cynhesu'r cymysgedd i 100 °C am 30 munud. Nid ffenylamin yw'r cynnyrch nawr ond mae'n cynnwys halwyn tun(IV) cymhlyg â'r fformiwla $(C_6H_5NH_3)_2SnCl_6$. Ar ôl oeri'r cymysgedd, mae sodiwm hydrocsid dyfrllyd yn cael ei ychwanegu i ddadelfennu'r halwyn i ffenylamin, sodiwm clorid a

Ymestyn a Herio

Un o'r rhyng-gyfansoddion wrth baratoi ffenylamin, gan ddefnyddio tun ac asid hydroclorig yn y labordy, yw $(C_6H_5NH_3)_2SnCl_6$. Mae'r cyfansoddyn hwn yn cael ei ddadelfennu drwy ei wresogi gydag alcali. Cwblhewch a chydbwyswch yr hafaliad ar gyfer yr adwaith hwn.

$(C_6H_5NH_3)_2SnCl_6 + \_\_NaOH \rightarrow$

thun(IV) ocsid. Wedyn mae'r cymysgedd yn cael ei ddistyllu ag ager gan gynhyrchu distyllad sy'n cynnwys ffenylamin a dŵr. Mae'r ffenylamin anghymysgadwy'n cael ei wahanu, ei sychu i ddileu unrhyw ddŵr ac yna ei ddistyllu eto i gynhyrchu ffenylamin pur (tymheredd berwi 185 °C). Mae'r dull hwn o dun ac asid hydroclorig yn digwydd yn y labordy fel arfer. Mae angen defnyddio rhydwythyddion rhatach i wneud ffenylamin yn fasnachol. Mae'r rhain yn cynnwys hydrogen a chatalydd nicel neu haearn ac asid hydroclorig. Mae'n bosibl rhydwytho deilliadau nitrobensen mewn modd tebyg.

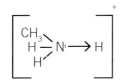

Gwirio gwybodaeth 40

Rhowch fformiwla fyrrach yr halwynau sy'n cael eu cynhyrchu rhwng

(a) ethylamin ac asid hydroclorig

(b) ffenylamin ac asid sylffwrig

Basigedd aminau

Fel amonia, mae gan aminau bâr unig o electronau ar yr atom nitrogen. Gallant dderbyn proton drwy fond cyd-drefnol.

$$\begin{bmatrix} CH_3 \\ H - N: \longrightarrow H \\ H \end{bmatrix}^+$$

Pwysig

ïon methylamoniwm

Gallwn weld natur fasig aminau drwy adwaith aminau 'llai' â dŵr.

$$CH_3NH_2 + H_2O \rightleftharpoons \left[CH_3NH_3 \right]^+ + {}^-OH$$

Mae aminau'n fasau gwan ac mae safle ecwilibriwm yr hafaliad hwn ymhell i'r chwith – mae arogl cryf o 'amonia pysgodol' yn dangos bod methylamin rhydd yn bresennol yn yr hydoddiant. Mae pH hydoddiant methylamin dyfrllyd â chrynodiad 0.1 môl dm^{-3} tua 11.8 ond mae pH hydoddiant amonia â'r un crynodiad tua 11.1. Mae methylamin ac aminau alcyl eraill yn fasau cryfach nag amonia oherwydd bod y grwpiau alcyl yn 'gwthio' electronau ychydig tuag at yr atom nitrogen, gan ei wneud yn fwy δ^- o'i gymharu ag amonia. Mae ffenylamin yn fas llawer gwannach nag amonia neu aminau alcyl gan fod y pâr unig o electronau sydd gan nitrogen yn dod yn rhan o'r system π ddadleoledig i ryw raddau ac mae hyn yn gwneud y nitrogen yn llai δ^- mewn cymhariaeth. Fodd bynnag mae ffenylamin yn fwy agored i amnewid electroffilig i'r cylch na bensen oherwydd effaith pâr unig nitrogen. Er y gall y grŵp –NH$_2$ mewn aminau ffurfio bondiau hydrogen gyda dŵr, nid yw ffenylamin ond ychydig yn hydawdd mewn dŵr oherwydd effaith hydroffobig y cylch bensen. Bydd ffenylamin, fel aminau alcyl, yn adweithio ag asidau gan ffurfio halwynau.

$$\text{©}-NH_2 + HCl \longrightarrow \left[\text{©}-NH_3 \right]^+ Cl^-$$

ffenylamoniwm clorid

DYLECH WYBOD ›››

››› bod aminau'n fasau oherwydd y pâr unig o electronau ar yr atom nitrogen

››› bod aminau sydd â moleciwlau llai yn cynhyrchu hydoddiannau alcalïaidd mewn dŵr

››› y gallai aminau sydd â moleciwlau mwy fod yn anhydawdd mewn dŵr ond eu bod yn gweithredu fel basau drwy eu hadwaith gydag asidau

Gwirio gwybodaeth 41

Rhowch fformiwla empirig

Ethanoyleiddiad aminau cynradd

Mae'r pâr unig ar y nitrogen yn galluogi aminau i adweithio fel niwcleoffilau. Maen nhw'n ymosod ar yr atom carbon δ+ yn y grŵp carbonyl mewn clorid asid.

N-methylethanamid

Y cynnyrch organig yw N-methylethanamid. Mae'r llythyen 'N' yn golygu bod y grŵp methyl yn bondio i'r atom nitrogen. Mae'r cyfansoddyn yn ddeilliad o ethanamid, CH_3CONH_2, gydag amnewidyn ar yr atom N. Mae ffenylamin yn adweithio mewn modd tebyg i gynhyrchu N-ffenylethanamid.

Mae'r —N—C— yn cael ei alw'n gysylltedd peptid neu'n fond peptid ac mae hefyd yn bresennol mewn peptidau, polypeptidau a phroteinau. Mae polyamidau fel *Nylon*, hefyd yn cynnwys y cysylltedd. Un cyfansoddyn cyfarwydd sy'n cynnwys y cysylltedd peptid yw'r cyffur lleddfu poen *Paracetamol*.

Adwaith aminau cynradd ag asid nitrig(III) oer

Mae asid nitrig(III) (neu asid nitrus), HNO_2, yn gyfansoddyn ansefydlog sy'n cael ei wneud pan fydd ei angen drwy adwaith asid gwanedig (e.e. HCl) ar sodiwm nitrad(III) (nitrit), $NaNO_2$.

$$NaNO_2 + HCl \longrightarrow HNO_2 + NaCl$$

Mae amin aliffatig cynradd yn adweithio ag asid nitrig(III) gan gynhyrchu nwy nitrogen. Dyma un hafaliad ar gyfer yr adwaith hwn:

$$R–NH_2 + HNO_2 \longrightarrow R–OH + N_2 + H_2O$$

Mae hwn yn edrych fel pe bai'n rhoi llwybr defnyddiol i baratoi alcohol cynradd o amin cynradd. Er bod cynnyrch y nitrogen yn feintiol, mae cynnyrch yr alcohol yn wael. Er enghraifft, mae ethylamin yn rhoi cynnyrch o ryw 60% yn unig o ethanol, ond mae propylamin yn rhoi cynnyrch 7% o bropan-1-ol, 32% o bropan-2-ol a 28% o bropen ymhlith cynhyrchion eraill. Mae'r cynhyrchion hyn yn awgrymu bod 1-propylcarbocation, $CH_3CH_2CH_2^+$, yn cael ei ffurfio fel rhyng-gyfansoddyn. Gall hwn isomeru i 2-propylcarbocation neu golli H^+ gan roi'r alcen. Gallai'r adwaith ffurfio ïon deuasoniwm alcyl, $R–N^+ \equiv N:$, sydd wedyn yn colli nitrogen i roi'r carbocation cynradd.

Mae'r adwaith cyfatebol ag amin aromatig cynradd, er enghraifft ffenylamin, hefyd yn mynd drwy ryng-gyfansoddyn deuasoniwm, ond mae'n fwy sefydlog nag ïon deuasoniwm alcyl ac, os yw'r tymheredd rhwng 0 °C a 10 °C, mae hydoddiant sy'n cynnwys yr ïon bensendeuasoniwm yn cael ei gynhyrchu.

$$\text{C}_6\text{H}_5-\text{NH}_2 \xrightarrow[\text{HCl}_{(d)}]{\text{NaNO}_2} \text{C}_6\text{H}_5-\text{N}^+\equiv\text{N Cl}^-$$

bensendeuasoniwm clorid

Os bydd asid sylffwrig dyfrllyd yn cael ei ddefnyddio yn lle asid hydroclorig, y rhyng-gyfansoddyn yw bensendeuasoniwm hydrogensylffad yn lle bensendeuasoniwm clorid. Dros 10 °C, mae'r cyfansoddyn bensendeuasoniwm yn dadelfennu, gan roi ffenol.

$$\text{C}_6\text{H}_5-\text{N}^+\equiv\text{N Cl}^- + \text{H}_2\text{O} \longrightarrow \text{C}_6\text{H}_5-\text{OH} + \text{N}_2 + \text{HCl}$$

Os bydd yr adwaith yn cael ei gynnal ar dymereddau o dan 0 °C, mae'r cyfansoddyn bensendeuasoniwm yn cael ei gynhyrchu'n rhy araf.

DYLECH WYBOD › › ›

› › › y gall aminau aromatig cynradd gael adweithiau lle mae'r nitrogen yn cael ei golli

› › › bod aminau aromatig cynradd hefyd yn cael adweithiau lle mae'r atom nitrogen yn cael ei gadw

Adweithiau cyplu halwynau bensendeuasoniwm

Mae cyfansoddion bensendeuasoniwm yn adweithiol iawn ac mae'n bosibl eu defnyddio fel rhyng-gyfansoddion i ffurfio llawer o gyfansoddion eraill. Wrth ffurfio ffenol o fensendeuasoniwm clorid, mae'r atomau nitrogen yn cael eu colli fel nwy nitrogen wrth i'r ïon ansefydlog ddadelfennu. O dan 10 °C mae cyfansoddion bensendeuasoniwm yn adweithio â ffenolau ac aminau aromatig gan gynhyrchu cyfansoddion lle mae'r grŵp aso –N=N– yn cael ei gadw. Mae'r ïon bensendeuasoniwm yn electroffil gwan a bydd yn bondio, drwy amnewid electroffilig, gyda chyfansoddion aromatig lle mae'r cylch wedi cael ei actifadu gan bresenoldeb grwpiau –OH neu –NH$_2$. Mae gan y cyfansoddyn sy'n cael ei gynhyrchu liw llachar, melyn, oren neu goch fel arfer, ac rydym yn ei alw'n **llifyn aso**. Mae'r adwaith hwn yn aml yn cael ei alw'n adwaith cyplu ac mae'n cael ei gynnal mewn hydoddiant alcalïaidd. Mae cyplu'n aml yn digwydd yn safle 4 ond gall ddigwydd yn safle 2 mewn perthynas â'r grŵp –OH neu NH$_2$.

$$\text{C}_6\text{H}_5-\text{N}^+\equiv\text{N Cl}^- + \text{C}_6\text{H}_5-\text{OH} \xrightarrow{\text{NaOH}_{(d)}} \text{C}_6\text{H}_5-\text{N}=\text{N}-\text{C}_6\text{H}_4-\text{OH} + \text{NaCl} + \text{H}_2\text{O}$$

(4–ffenylaso)ffenol

$$\text{C}_6\text{H}_5-\text{N}_2^+ + \text{C}_6\text{H}_5-\text{N}(\text{CH}_3)_2 \xrightarrow{\text{OH}^-_{(d)}} \text{C}_6\text{H}_5-\text{N}=\text{N}-\text{C}_6\text{H}_4-\text{N}(\text{CH}_3)_2 + \text{H}_2\text{O}$$

Gall cyplu ddigwydd gyda systemau aromatig eraill hefyd, er enghraifft gyda nafftthalen-2-ol.

nafftthalen-2-ol   (1–ffenylaso)nafftthalen-2-ol

Mae'r llifyn aso hwn hefyd yn ffurfio fel solid coch ac yn cael ei ddenyddio dan yr enw Sudan 1. Mae wedi cael ei ddefnyddio i liwio powdr cyri ond mae'r defnydd hwn wedi cael ei wahardd yn y Deyrnas Unedig.

Term Allweddol

Mae **llifyn aso** yn cynnwys y grŵp Ar–N=N–Ar lle mae Ar yn system cylch aromatig.

Ymestyn a Herio

Fformiwla llifyn aso yw

Rhowch enwau cyfundrefnol yr amin aromatig a'r ffenol a ddefnyddiwyd i gynhyrchu'r llifyn aso hwn mewn adwaith deuasoteiddiad.

Swyddogaeth y cromoffor –N=N– mewn llifynnau aso a tharddiad lliw yn nhermau'r tonfeddi sy'n cael eu hamsugno

Uned adeileddol mewn moleciwl yw **cromoffor** sy'n gyfrifol yn bennaf am amsugno pelydriad â thonfedd benodol, fel arfer yn y rhanbarth gweladwy neu uwchfioled. Os yw'r amsugniad yn y rhanbarth gweladwy, y lliw sydd ddim yn cael ei amsugno yw'r lliw sy'n cael ei weld. Bydd union donfeddi'r golau sy'n cael ei amsugno'n dibynnu ar grwpiau eraill sy'n bresennol yn y moleciwl.

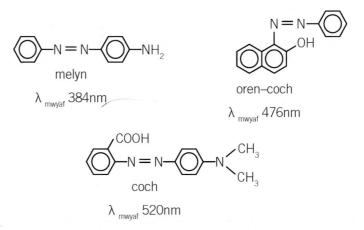

melyn

λ_{mwyaf} 384nm

oren–coch

λ_{mwyaf} 476nm

coch

λ_{mwyaf} 520nm

Mae dwysedd y lliw sy'n cael ei weld mewn hydoddiant yn dibynnu ar grynodiad y cyfansoddyn sy'n bresennol, a dyma sail colorimetreg. Mae'r hecsagon lliwiau'n dangos y lliw sy'n cael ei amsugno a'r lliw sy'n cael ei drawsyrru (heb ei amsugno) pan fydd golau yn cael ei ddisgleirio drwy'r sampl.

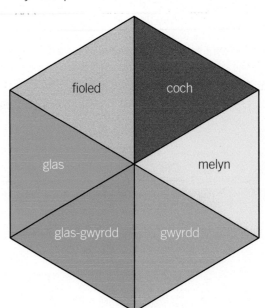

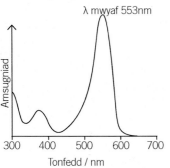

Er enghraifft, mae gan hydoddiant Sudan 1 ei amsugniad gweladwy mwyaf (λ_{mwyaf}) ar 476 nm sydd yn y rhanbarth glas-gwyrdd. Y lliw gyferbyn â glas-gwyrdd yn yr hecsagon yw coch, sef lliw Sudan 1. Dyma ystod fras tonfeddi'r lliwiau:

Lliw	Tonfedd/nm
Fioled	380–430
Glas	430–490
Gwyrdd	490–560
Melyn	560–580
Oren	580–620
Coch	620–750

Dyma sbectrwm gweladwy methylen glas:

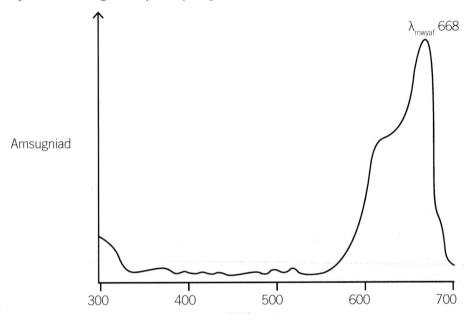

Mae'r sbectrwm yn dangos bod ei amsugniad mwyaf ar 668 nm, sydd yn rhanbarth coch y sbectrwm. Mae lliw glas methylen glas gyferbyn â choch yn yr hecsagon lliwiau.

4.7
Asidau amino, peptidau a phroteinau

Mae asidau amino, peptidau a phroteinau'n gyfansoddion nitrogen y mae pob organeb fyw'n dibynnu arnynt. Asidau carbocsylig sydd hefyd yn cynnwys y grŵp gweithredol amino, $-NH_2$ yw asidau amino. Mae cyddwysiad dau foleciwl asid amino'n rhoi deupeptid. Mae cyddwysiadau pellach rhwng moleciwlau asid amino'n creu polypeptidau a phroteinau. Mae'r testun hwn hefyd yn trafod y syniadau sylfaenol y tu ôl i adeiledd cynradd, eilaidd a thrydyddol proteinau.

Dylech allu dangos a chymhwyso'r hyn rydych yn ei wybod a'i ddeall am y canlynol:

- Fformiwlâu cyffredinol a dosbarthiad asidau amino α.

- Natur amffoterig a switerïonig asidau amino a'u heffaith ar dymhereddau ymdoddi a hydoddedd.

- Cyfuno asidau amino α gan ffurfio deupeptidau.

- Ffurfio polypeptidau a phroteinau.

- Egwyddorion sylfaenol adeiledd proteinau cynradd, eilaidd a thrydyddol.

- Swyddogaeth hanfodol proteinau mewn systemau byw, er enghraifft, fel ensymau.

Fformiwla gyffredinol a dosbarthiad asidau amino α

Mae asid amino α yn cynnwys y grŵp –NH_2 wedi'i fondio i'r atom carbon sydd nesaf at y grŵp asid carbocsylig. Yr enw ar yr atom carbon hwn yw'r atom carbon α. Dyma fformiwla gyffredinol yr asidau amino α hyn

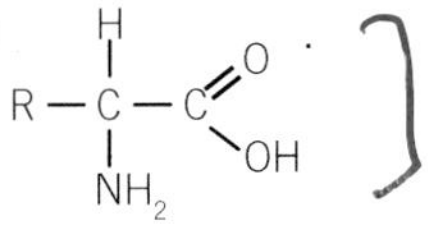

Yr asid amino α symlaf yw asid aminoethanöig, H_2NCH_2COOH, lle R = H. Gall R hefyd fod yn grŵp alcyl syml neu'n grŵp sy'n cynnwys carbon ac a allai hefyd gynnwys grŵp –OH, –SH neu grŵp –NH_2 neu –COOH arall. Mae gan asidau amino α cyffredin enwau traddodiadol sy'n dal i gael eu defnyddio, yn enwedig mewn bioleg a biocemeg.

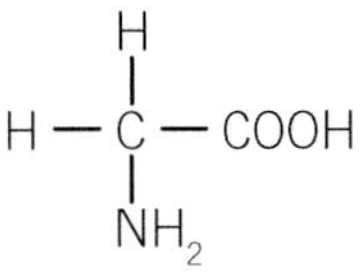

asid aminoethanöig
(glycin)

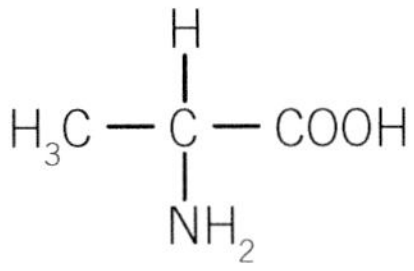

asid 2–aminopropanöig
(alanin)

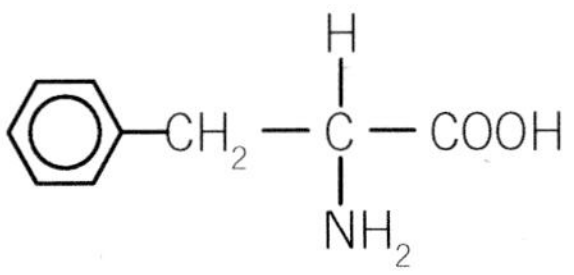

asid 2–amino–3–ffenylpropanöig
(ffenylalanin)

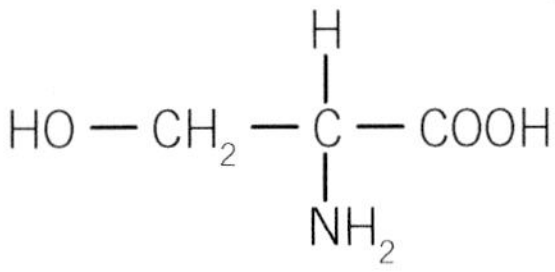

asid 2–amino–3–hydrocsipropanöig
(serin)

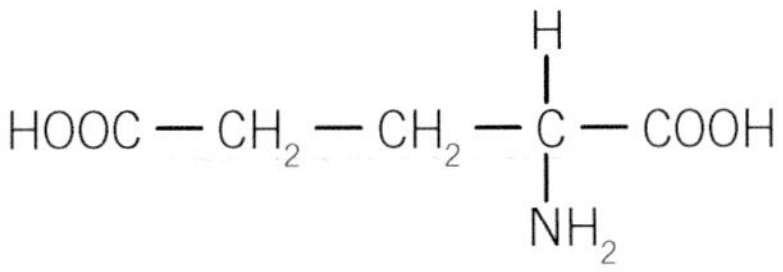

asid 2–aminopentandeuöig
(asid glwtamig)

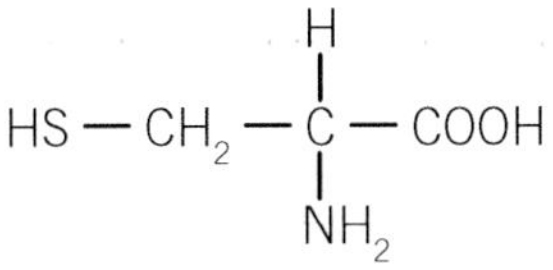

asid 2–amino–3–sylffhydrylpropanöig
(cystein)

Heblaw am asid aminoethanöig, mae pob asid amino α yn cynnwys un neu ragor o greiddiau cirol (sy'n cael eu nodi â *).

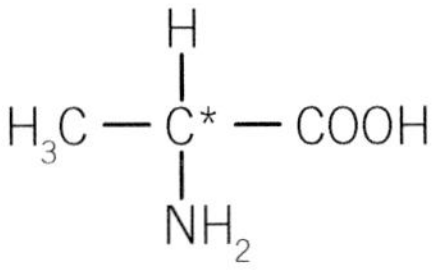

asid 2–aminopropanöig
(alanin)

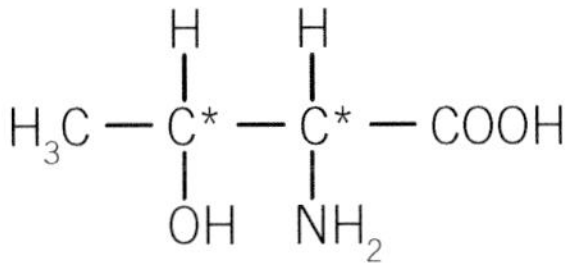

asid 2–amino–3–hydrocsibwtanöig
(threonin)

Mae'n bosibl dangos dau isomer optegol asid 2-aminopropanöig (alanin) ar ffurf drychddelweddau:

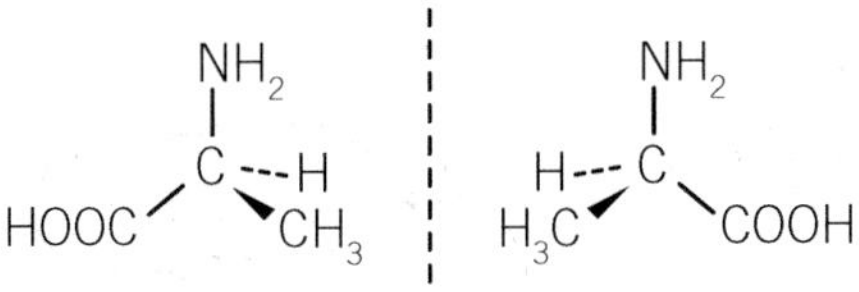

DYLECH WYBOD ›››

››› sut i ysgrifennu fformiwlâu asidau amino α

››› sut i adnabod creiddiau cirol mewn cyfansoddion

››› sut i ysgrifennu ffurfiau drychddelwedd o asidau amino α

Gwirio gwybodaeth 44
Rhowch fformiwla graffig asid 2-amino-3-methylpentanöig.

Ymestyn a Herio
Rhowch fformiwla foleciwlaidd yr asid amino α, tryptoffan.

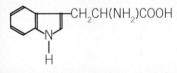

Gwirio gwybodaeth 45
Fformiwla cystin yw

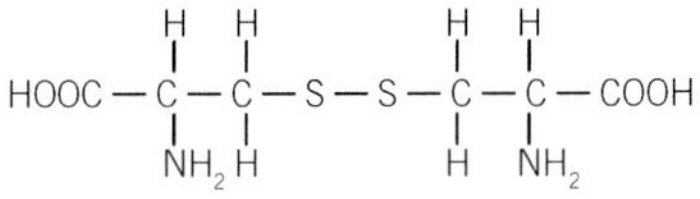

Nodwch unrhyw greiddiau cirol yn fformiwla cystin gan ddefnyddio seren (*) i nodi craidd cirol.

Cyswllt Rhai termau sy'n cael eu defnyddio mewn isomeredd optegol, tudalen 116.

Gwirio gwybodaeth 46
Ysgrifennwch fformiwlâu dwy ffurf ddrychddelwedd serin (asid 2-amino-3-hydrocsipropanöig).

Term Allweddol

Switerïon yw ffurf deupolar asid amino lle mae'r grŵp asid carbocsylig yn colli proton, gan ddod yn COO⁻ ac mae'r grŵp amino'n ennill y proton, gan ddod yn ⁺NH₃.

47 ▽ Gwirio gwybodaeth

Pwynt isodrydanol prolin yw 6.3.

$$H_2C - CH_2$$
$$H_2C \quad CH.COO^-$$
$$^+NH_2$$

Ysgrifennwch fformiwla graffig y rhywogaeth sy'n cael ei ffurfio o brolin ar pH 9.0.

Ymestyn a Herio

Mae monosodiwm glwtamad (MSG) yn cael ei ddefnyddio mewn tai bwyta i wella blas bwydydd.

$$HOOC - C - C - C - COO^-Na^+$$
$$NH_2 \ H \ H$$

Pwynt isodrydanol asid glwtamig yw 3.1. Ysgrifennwch fformiwla graffig y rhywogaeth mewn hydoddiant ar pH 13.

Ymestyn a Herio

Mae troeth ceffylau'n cynnwys asid hipwrig.

Mae sampl o asid hipwrig yn cael ei hydrolysu drwy ei wresogi gyda sodiwm hydrocsid dyfrllyd. Rhowch fformiwlâu graffig y ddau gynnyrch sydd i'w cael o'r adwaith hwn.

48 ▽ Gwirio gwybodaeth

Esboniwch sut mae ffurf switerïon glycin yn awgrymu nad yw atom nitrogen yn gallu bodoli fel niwcleoffil.

Natur amffoterig a switerïonig asidau amino α a'r effaith ar dymheredd ymdoddi a hydoddedd

Mae asidau amino α yn bodoli ar ffurf solet ar dymheredd ystafell, ond mae moleciwlau â maint tebyg yn aml yn hylifau neu'n solidau â thymheredd ymdoddi llawer is.

$$H - C - COOH$$
$$NH_2$$
asid aminoethanöig
tymheredd ymdoddi 240°C

$$H - C - COOH$$
$$OH$$
asid 2–hydrocsiethanöig
tymheredd ymdoddi 75–80°C

$$H - C - COOH$$
$$OCH_3$$
asid methocsiethanöig
tymheredd ymdoddi 8°C
tymheredd berwi 203°C

Mae tymereddau ymdoddi asidau amino α yn llawer uwch na'r disgwyl oherwydd eu bod yn bodoli fel **switerïonau**. Mae ïon hydrogen (H⁺) yn cael ei golli o'r grŵp asid carbocsylig a'i ennill gan yr atom nitrogen yn y grŵp amino, drwy ddefnyddio ei bâr unig o electronau. Fformiwla switerïon asid aminoethanöig yw

$$H - C - C{=}O, O^-$$
$$^+NH_3$$

Mae natur ïonig switerïonau'n golygu bod grymoedd ïonig cryf rhwng ïonau positif a negatif a bod angen mwy o egni i oresgyn y grymoedd hyn. Oherwydd hyn, mae gan asidau amino α dymereddau ymdoddi uwch na chyfansoddion perthynol/cysylltiedig sydd â bondiau cofalent. Mae asid aminoethanöig yn cael ei ddisgrifio fel asid amino niwtral, gan fod y gwefrau positif a negatif yn canslo. Mae ffurf ddeupolar switerïonig yr asid amino'n awgrymu bod asidau amino α yn hydawdd mewn dŵr. Hydoddedd asid aminoethanöig ar 25 °C yw 25g mewn 100 cm³ o ddŵr, a hydoddedd y moleciwl mwy asid 2-amino-3-ffenylpropanöig yw 3g mewn 100 cm³ o ddŵr. Mae hydoddiannau asidau amino α dyfrllyd yn cynnwys switerïonau, ond ar ffurf y switerïon ei hun ar pH penodol yn unig y mae'r cyfansoddion yn bodoli. Yr enw ar werth y pH hwn yw'r pwynt isodrydanol ac mae'r gwerth pH yn amrywio gan ddibynnu ar yr asid amino. Pwynt isodrydanol asid aminoethanöig yw pH 6.0. Os yw'r pH dan werth y pwynt isodrydanol, yna mae'r asid amino'n gweithredu fel bas drwy dderbyn ïon hydrogen.

$$H - C - C{=}O, O^-) H^+ \rightarrow H - C - COOH$$
$$^+NH_3 \qquad\qquad ^+NH_3$$

Mewn hydoddiannau lle mae'r pH yn uwch na'r pwynt isodrydanol, mae'r asid amino'n gweithredu fel asid, gan golli proton.

$$H - C - COO^- \rightarrow H - C - COO^- + H_2O$$
$$^+N \qquad\qquad N$$
$$H \quad H \qquad\qquad H \quad H$$
$$H$$
$$O - H$$

Ffurfio deupeptidau drwy gyfuno dau asid amino

Mae deupeptid yn ffurfio pan fydd dau foleciwl o asidau amino'n cyfuno mewn adwaith cyddwyso, er enghraifft gan ddefnyddio dau foleciwl o asid aminoethanöig.

Os bydd dau foleciwl asid amino gwahanol yn cael eu defnyddio, mae'n bosibl ffurfio dau ddeupeptid gwahanol. Er enghraifft, os bydd ffenylalanin a glycin yn cael eu defnyddio, y ddau ddeupeptid yw

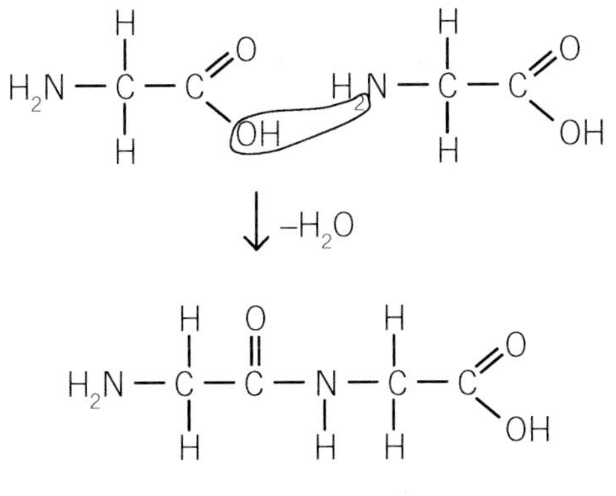

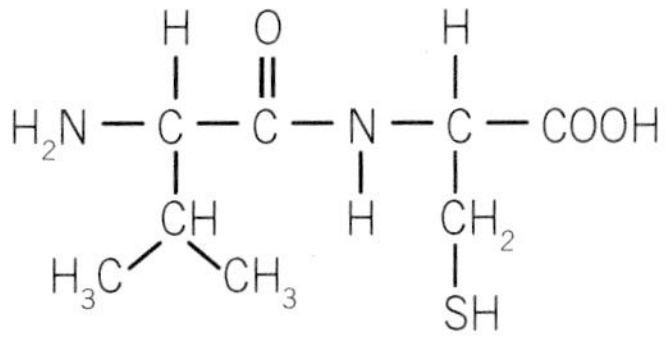

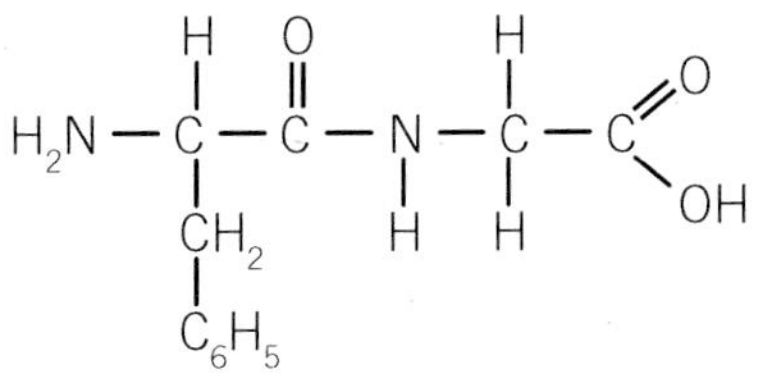

a

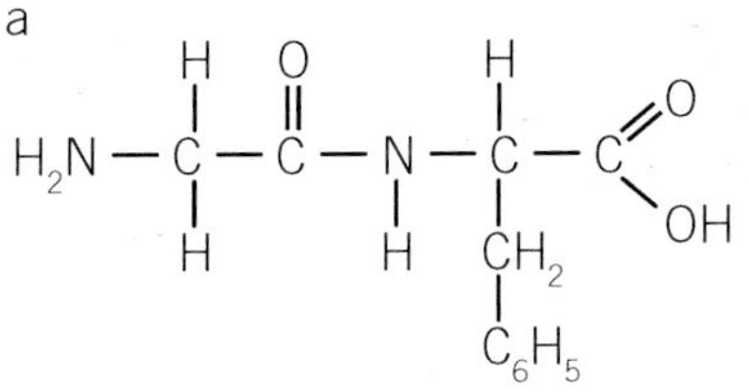

Mae ffurfio deupeptid yn cyflwyno cysylltedd peptid (bond peptid, cysylltedd amid)

i gynnyrch y cyddwysiad.

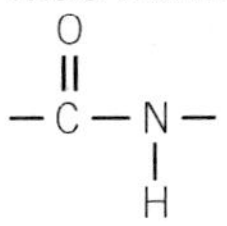

Un o'r melysyddion artiffisial sy'n cael ei ddefnyddio mewn diodydd carbonedig deiet di-siwgr yw asbartam, sef ester methyl y cynnyrch cyddwyso rhwng ffenylalanin ac asid asbartig, $HOOC–CH_2–CH(NH_2)COOH$.

DYLECH WYBOD ›››

- ››› y rhesymau dros dymheredd ymdoddi cymharol uchel asidau amino α
- ››› sut i ysgrifennu fformiwlâu confensiynol a fformiwlâu switerïon asidau amino α
- ››› fformiwlâu asidau amino α mewn hydoddiannau asidig a basig

Gwirio gwybodaeth 49

Dyma fformiwla deupeptid sy'n cael ei ffurfio rhwng falin, $(CH_3)_2CHCH(NH_2)COOH$ a chystein, $HSCH_2CH(NH_2)COOH$.

Ysgrifennwch fformiwla graffig y deupeptid arall sy'n cael ei ffurfio rhwng moleciwlau'r ddau asid amino α hyn.

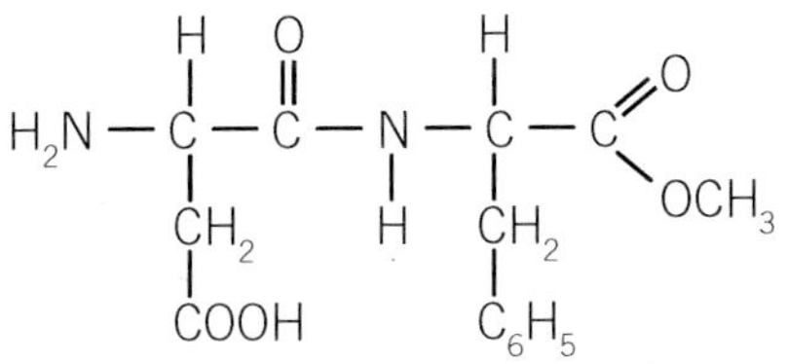

Ffurfio polypeptidau a phroteinau

Polypeptid yw cadwyn hir o asidau amino cyddwysedig wedi'u cysylltu â'i gilydd gan gysylltedddau peptid. Dyma ran o gadwyn polypeptid:

$$\begin{array}{ccccccccccccc}
 & & H & O & & H & O & & H & O & & H & O \\
 & & | & \| & & | & \| & & | & \| & & | & \| \\
-N & - & C & - C & - N & - C & - C & - N & - C & - C & - N & - C & - C - \\
 & & | & & | & | & & | & | & & | & | & \\
 & & H & CH_3 & H & H & & H & CH_2 & & H & CH_2 & \\
 & & & & & & & & C_6H_5 & & & OH &
\end{array}$$

Ala   Gly   Ffe   Ser

Rydym weithiau'n defnyddio talfyriadau tair llythyren i symleiddio pethau wrth edrych ar fformiwla polypeptid.

	enw	enw cyfundrefnol
Ala	alanin	asid 2–aminopropanöig
Gly	glycin	asid aminoethanöig
Ffe	ffenylalanin	asid 2–amino–3–ffenylpropanöig
Ser	serin	asid 2–amino–3–hydrocsipropanöig

Proteinau yw polypeptidau sy'n cael eu ffurfio drwy gyddwyso llawer o asidau amino gyda'i gilydd. Mae inswlin dynol yn brotein sy'n cynnwys dwy gadwyn asid amino, sydd wedi'u cysylltu â phontydd deusylffid (–S–S–). Nid yw pobl sydd â chlefyd siwgr yn gallu cynhyrchu digon o inswlin ac, oherwydd hynny, gall siwgr gronni yn y gwaed. Os nad yw'n bosibl rheoli'r clefyd siwgr drwy ddeiet, bydd angen rhoi inswlin yn allanol, drwy chwistrelliadau.

Haemoglobin yw'r protein sy'n cludo ocsigen yn y gwaed. Gall gosod un asid amino anghywir yn unig yn ei adeiledd gael effaith ddifrifol. Mewn anaemia cryman-gell, mae moleciwl o falin (asid 2-amino-3-methylbwtanöig) wedi cymryd lle moleciwl o asid glwtamig (asid 2-aminopentan–1,5-deuöig) mewn haemoglobin. Mae'r mwtaniad hwn yn lleihau gallu haemoglobin i gludo ocsigen, ond mae'n gwella'r gallu i wrthsefyll malaria.

Inswlin Dynol

Natur cynradd, eilaidd a thrydyddol proteinau

DYLECH WYBOD › › ›

› › › amlinelliad o adeiledd proteinau cynradd, eilaidd a thrydyddol

Mae sawl lefel i'w hystyried wrth ddisgrifio adeiledd proteinau. Rydym wedi trafod adeiledd cynradd protein yn barod, sef trefn yr asidau amino yn y gadwyn/cadwynau. Mae 20 asid amino sy'n gallu gwneud cadwynau polypeptid. Rydym yn gwneud 12 o'r rhain yn y corff, ond ni allwn wneud yr wyth arall yn y corff ac mae angen i ni eu cael o'r bwyd rydym yn ei fwyta. Yr enw ar yr wyth asid amino hyn yw **asidau amino hanfodol** ac maen nhw'n cynnwys falin a lysin.

$$H_2N - CH_2 - CH_2 - CH_2 - CH_2 - \underset{\underset{H}{|}}{\overset{\overset{NH_2}{|}}{C}} - COOH \qquad \text{Lysin}$$

Mae nifer y peptidau y mae'n bosibl eu gwneud o'r 20 asid amino hyn yn enfawr. Er enghraifft, mae 400 deupeptid ac 8000 o dripeptidau posibl. Mae adeiledd eilaidd proteinau'n ymwneud â sut mae'r cadwynau asid amino'n cael eu trefnu. Y ddau drefniant mwyaf cyffredin yw fel helics α neu fel dalen bletiog β. Mewn helics α, mae'r gadwyn bolypeptid wedi'i choilio mewn sbiral ac mae'r siâp yn cael ei gadw gan fondiau hydrogen rhwng yr atom hydrogen N–H mewn grŵp amid a'r atom ocsigen carbonyl C=O mewn grŵp amid arall.

$$\overset{\{}{\underset{\{}{C}} = O \cdots H - \overset{\{}{\underset{\{}{N}}$$

Mae proteinau sydd â'r adeiledd helics α i'w cael mewn cyhyrau ac mewn gwlân. Pan fydd ffibrau gwlân yn cael eu hestyn, mae'r bondiau hydrogen yn torri ond mae'r bondiau deusylffid cryf yn parhau. Pan fydd y grym estyn yn cael ei ddileu, mae'r bondio hydrogen yn cael ei adfer ac mae'r gwlân yn mynd yn ôl i'w siâp gwreiddiol. Protein arall sydd â'r adeiledd helics α yw ceratin.

Term Allweddol

Asidau amino hanfodol yw'r asidau amino α nad yw'n bosibl eu syntheseiddio yn y corff. Mae angen eu cael o fwyd.

Gwirio gwybodaeth 50

Mae fformiwla fyrrach lysin i'w gweld yn y testun. Rhowch enw cyfundrefnol lysin.

Gwirio gwybodaeth 51

Esboniwch pam mae bondio hydrogen yn digwydd rhwng atom ocsigen mewn grŵp carbonyl ac atom hydrogen mewn grŵp amino yn helics α protein.

Y trefniant cyffredin arall yw dalen bletiog β. Mae'r adeiledd hwn hefyd yn cael ei gadw gan fondiau hydrogen, ond mae'r grwpiau C=O ac N–H mewn cadwynau gwahanol. Grymoedd van der Waals sy'n gyfrifol am gynhyrchu dalen bletiog yn lle un wastad.

Mae adeiledd trydyddol proteinau'n ymwneud â'r ffordd y mae'r gadwyn brotein yn plygu. Mae hyd cadwynau proteinau ffibrog yn llawer mwy na'u diamedr ac mae'r math hwn o brotein yn tueddu i fod yn anhydawdd mewn dŵr. Mae proteinau eraill, gan gynnwys y rhan fwyaf o ensymau, yn gweithredu mewn amgylchedd dyfrllyd. Mae rhai o'r rhain yn hydawdd mewn dŵr, ond mae'r rhan fwyaf yn goloidaidd. Yr enw ar y proteinau hyn yw proteinau crwn ac mae eu siâp yn eithaf sfferig. Mewn dŵr, mae'r proteinau hyn yn aml yn ffurfio siâp lle mae'r grwpiau polar ar arwyneb y protein a'r grwpiau lipoffilig (yn hoffi braster) yng nghanol yr adeiledd.

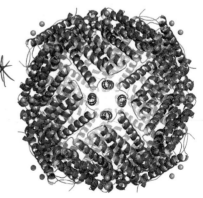

fferitin

Swyddogaeth proteinau mewn systemau byw

Cyfansoddion sy'n cata
lyddu adweithiau cemegol yw ensymau. Gallwn eu disgrifio fel catalyddion biolegol macrofoleciwlaidd ac maen nhw'n catalyddu dros 5000 o adweithiau biocemegol. Maen nhw'n gweithio fel catalyddion eraill, drwy leihau'r egni actifadu sydd ei angen i'r adwaith ddigwydd. Mae'r rhan fwyaf o ensymau'n broteinau ac maen nhw'n gweithio drwy eu hadeileddau 3-dimensiwn unigryw. Mae swyddogaeth ensymau yn y corff yn hanfodol i gynnal bywyd. Hebddynt, byddai adweithiau yn y corff braidd yn araf! Ensym yw amylas sy'n catalyddu hydrolysis startsh yn siwgrau. Mae'n bresennol mewn poer dynol. Gall reis a thatws, sy'n startsh yn bennaf, flasu ychydig yn felys yn y geg wrth i foleciwlau siwgr bach ddechrau cael eu ffurfio o startsh.

Mae defnyddio ensymau'n fasnachol yn faes ymchwil pwysig sy'n datblygu. Mae'r tabl yn nodi rhai enghreifftiau o ddefnyddio ensymau'n fasnachol.

amylas

Cymhwysiad	Math o ensym	Dull gweithredu
Golchi dillad	Amylasau Lipasau Proteasau	Dileu staeniau a achoswyd gan broteinau, startsh neu frasterau o ddillad
Bragu	Amylasau Glwcanasau Proteasau	Hydrolysu polysacaridau a phroteinau yn foleciwlau llai
Cynnyrch llaeth	Rennin	Hydrolysu protein wrth wneud caws

Mae tua 150 o ensymau'n cael eu defnyddio'n fasnachol. Gallant weithredu mewn amodau dyfrllyd o asidedd neu alcalinedd ysgafn. Mae ensymau'n cael eu defnyddio mewn glanedyddion i ddileu staeniau o ddillad, ond mae rhai defnyddwyr yn dioddef o alergïau wrth drin y glanedyddion hyn neu wrth wisgo dillad sydd wedi'u golchi mewn glanedyddion sy'n cynnwys ensymau. Mewn golchdy, mae amylasau'n diraddio startsh yn siwgrau sy'n hydawdd mewn dŵr, mae lipasau'n hydrolysu brasterau, ac mae proteasau'n treulio proteinau. Mae ensymau hefyd yn bwysig yn y diwydiant llaeth, lle mae rennin yn cael ei ddefnyddio i ddiraddio'r protein κ-casein wrth wneud caws. Y cynnyrch hydroffobig o'r diraddiad hwn yw prif gynhwysyn ceuled, y mae caws yn cael ei wneud ohono.

Gwneud caws yn y ffordd draddodiadol

4.8
Synthesis organig a dadansoddi

Dylai astudio cemeg organig fod yn fwy na dysgu adweithiau nifer o wahanol gyfansoddion yn unig. Ei bwrpas hefyd yw meithrin y gallu i syntheseiddio cyfansoddyn penodol o ddefnyddiau cychwynnol addas, yn aml drwy nifer o gamau. Wrth ddewis llwybr at y cyfansoddyn, dylech ystyried nifer o ffactorau, gan gynnwys a yw'r adweithyddion ar gael, iechyd a diogelwch, cost a chynnyrch. Mae mwy a mwy o sylw'n cael ei roi i ddulliau synthesis 'gwyrdd'. Mae gwerthuso'r dull rydych yn ei ddewis i wneud y cyfansoddyn hefyd yn bwysig iawn. Elfen bwysig arall o'r gwaith yw dadansoddi ansoddol a meintiol yr adweithyddion a'r cynhyrchion. Yn yr hanner can mlynedd diwethaf, mae dulliau o ddadansoddi sy'n defnyddio offer, yn enwedig cyseiniant magnetig niwclear (NMR) a sbectromedreg màs, wedi dod yn fwy ac yn fwy pwysig ac wrth i'r dulliau hyn barhau i wella, mae'n ymddangos bod llai o angen y dulliau 'gwlyb' traddodiadol o ddadansoddi.

Dylech allu dangos a chymhwyso gwybodaeth am:

- Synthesis cyfansoddion organig drwy gyfres o adweithiau.

- Egwyddorion technegau trin, gwahanu a phuro.

- Y gwahaniaeth rhwng polymeriad cyddwyso a pholymeriad adio.

- Sut mae polyesterau a pholyamidau'n cael eu ffurfio.

- Defnyddio tymheredd ymdoddi i ddarganfod puredd.

- Defnyddio sbectra NMR ^{1}H cydraniad uchel wrth ddiddwytho adeiledd moleciwlau organig.

- Defnyddio data cromatograffig o gromatograffaeth haen-denau (*TLC*)/papur, cromatograffaeth nwy (*GC*) a chromatograffaeth hylif perfformiad uchel (*HPLC*) i ddarganfod cyfansoddiad cymysgeddau.

Cynnwys

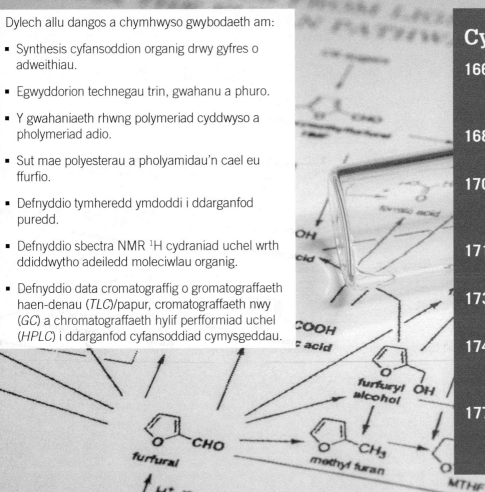

Synthesis cyfansoddion organig drwy gyfres o adweithiau

Mae gwneud cyfansoddyn organig drwy gyfres o gamau yn destun sy'n heriol i lawer o fyfyrwyr cwrs Safon Uwch. Efallai fod hyn oherwydd bod angen sgiliau datrys problemau da a gwybodaeth gadarn o gemeg organig. Pwynt pwysig i'w nodi wrth lunio cyfres o adweithiau yw fod angen edrych i weld a oes gwahaniaeth yn nifer yr atomau carbon rhwng y cyfansoddyn cychwynnol a'r cyfansoddyn sydd ei angen. Os oes gwahaniaeth, bydd yn rhaid cael un neu ragor o gamau sy'n cynnwys adwaith lle mae hyd y gadwyn garbon yn newid.

Cynyddu hyd y gadwyn Mae adwaith potasiwm cyanid â halogenoalcan yn cynhyrchu nitril, sy'n gallu cael ei hydrolysu, gan gynhyrchu asid carbocsylig. Neu mae'n bosibl i'r nitril gael ei rydwytho gan lithiwm tetrahydridoalwminad(III) gan roi'r amin.

$$CH_3CH_2CH_2CH_2Br \xrightarrow{KCN} CH_3CH_2CH_2CH_2C \equiv N$$

1–bromobwtan

cynhesu gydag asid gwanedig

LiAlH$_4$

$$CH_3CH_2CH_2CH_2NH_2 \qquad CH_3CH_2CH_2CH_2COOH$$

pentylamin   asid pentanöig

Dull arall o gynyddu hyd y gadwyn garbon yw ychwanegu hydrogen cyanid at aldehyd neu geton ac wedyn hydrolysu'r hydrocsinitril.

propanal   cynhesu gydag asid gwanedig   asid 2–hydrocsibwtanöig

Mewn systemau aromatig, mae'n bosibl defnyddio alcyleiddiad Friedel–Crafts neu adwaith acyleiddiad i gyflwyno ochr-gadwyn sy'n cynnwys carbon i gylch bensen.

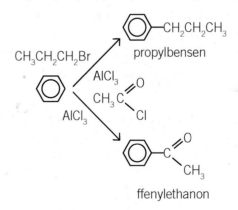

propylbensen

ffenylethanon

Lleihau hyd y gadwyn Mae cynhesu asid neu ei halwyn gyda chalch soda (mewn adwaith datgarbocsyleiddio) yn cynhyrchu alcan sy'n cynnwys llai o atomau carbon na'r cyfansoddyn cychwynnol.

$$CH_3C \underset{O^-Na^+}{\overset{O}{}} \xrightarrow[\text{(NaOH)}]{\text{calch soda}} CH_4 + Na_2CO_3$$

---

53   Gwirio gwybodaeth

Dangoswch sut mae'n bosibl gwneud asid 3-ffenylpropanöig, $C_6H_5CH_2CH_2COOH$, mewn dau gam o 2-bromoethylbensen, $C_6H_5CH_2CH_2Br$.

54   Gwirio gwybodaeth

Nodwch yr adweithyddion, sydd wedi'u labelu **A**, **B** ac **C**, sydd eu hangen i gynhyrchu bensen o fethylbensen.

–CH$_3$ $\xrightarrow{A}$ –COO$^-$Na$^+$

$\downarrow$ **B**

–COOH $\xleftarrow{C}$ (bensen)

! Cymorth Ychwanegol

Mae llunio siartiau llif ar gyfer adweithiau'r prif grwpiau o gyfansoddion organig yn ffordd dda iawn o ddysgu cyfresi o adweithiau.

Dull defnyddiol arall yw defnyddio adwaith triiodomethan (ïodofform), lle mae methyl ceton (neu ei ragsylweddyn) yn cael ei drin gydag ïodin alcalïaidd. Y cynhyrchion yw triiodomethan a halwyn asid carbocsylig sy'n cynnwys un atom carbon yn llai na'r cyfansoddyn cychwynnol.

Mae siartiau llif o adweithiau yn ffordd dda o ddysgu am gyfresi o adweithiau. Dyma enghraifft o un, wedi'i chanoli ar ethen. Yr adweithyddion yn unig sydd wedi'u cynnwys; rydym wedi gadael allan yr amodau angenrheidiol er mwyn eglurder.

Enghraifft wedi'i datrys

Nodwch yr adweithyddion sydd eu hangen ac unrhyw amodau angenrheidiol i baratoi bensen o (gloromethyl)bensen, $C_6H_5CH_2Cl$.

Nid yw'n bosibl cynnal yr adwaith hwn mewn un cam. Mae angen lleihau hyd y gadwyn garbon gan roi hydrocarbon fel y cynnyrch. Mae hyn yn awgrymu adwaith datgarbocsyleiddio, efallai o asid bensencarbocsylig, C_6H_5COOH, gan ddefnyddio calch soda. Mae'n bosibl cael asid carbocsylig drwy ocsidio alcohol cynradd. I gael alcohol cynradd o halogenoalcan, mae angen adwaith hydrolysis gan ddefnyddio alcali mewn hydoddiant dyfrllyd. Un awgrym ar gyfer llwybr yw

59

Gwirio gwybodaeth

Diddwythwch pa un o'r cyfansoddion hyn fydd yn dangos adwaith triiodomethan.

a $\bigcirc$—CH$_2$—CH$_2$OH

b $\bigcirc$—CH(OH)—CH$_3$

c $\bigcirc$—CH$_2$—CH$_2$—CH$_2$—OH

ch $\bigcirc$—CH(OH)—CH$_2$—CH$_3$

60

Gwirio gwybodaeth

Nodwch yr adweithyddion sydd eu hangen ar gyfer y gyfres o adweithiau.

$\bigcirc$—CH$_2$Br $\xrightarrow{D}$ $\bigcirc$—CH$_2$CN $\xrightarrow{E}$

$\bigcirc$—CH(H)(OH)—COOH $\xrightarrow{F}$ $\bigcirc$—C(=O)—COOH

DYLECH WYBOD › › ›

› › › y rhesymau pam, ar yr adegau pan fydd hi'n well defnyddio distyllu ffracsiynol na distyllu syml

---

DYLECH WYBOD › › ›

› › › pam mai distyllu ag ager yw'r dewis gorau weithiau ar gyfer gwahanu hylifau

---

Ymestyn a Herio

Lluniwch gynllun adweithiau i wneud 2,4,6-tribromoffenol gan ddechrau o ffenylamin.

▼ Pwynt astudio

Nid ydym yn poeni'n fawr am faint y cynnyrch gyda chyfresi o adweithiau, dim ond a fydd yr adwaith yn gweithio. Efallai fod sawl llwybr gwahanol yn dderbyniol ond gall maint y cynnyrch amrywio.

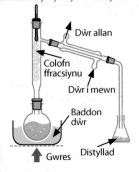

Egwyddorion technegau trin, gwahanu a phuro

Mae llawer o adweithiau organig yn methu cael eu cwblhau yn ôl yr hyn sydd ei eisiau. Gall cynhyrchion eraill gael eu cynhyrchu a gall rhai o'r cyfansoddion cychwynnol aros heb adweithio. Rhan bwysig o baratoi unrhyw gyfansoddyn organig yw gwahanu'r cynhyrchion a'u puro. Pan fydd ethyl ethanoad yn cael ei wneud o ethanol ac asid ethanöig, mae cynhyrchion yr adwaith yn cynnwys yr ester sydd ei angen, a hefyd dŵr a rhywfaint o ethanol ac asid ethanöig sydd heb adweithio.

$$CH_3CH_2OH + CH_3COOH \rightleftharpoons CH_3COOCH_2CH_3 + H_2O$$

Mae'r pedwar cyfansoddyn hyn yn hylifau sy'n **gymysgadwy** â'i gilydd ond nid yw hynny'n wir gyda phob adwaith. Gall y cynhyrchion fod yn solid anhydawdd, neu fod yn bresennol mewn hydoddiant neu fel hylifau anghymysgadwy. Mae angen dull gwahanol o wahanu pob un o'r cymysgeddau hyn o gynhyrchion.

Gwahanu hylifau cymysgadwy Os nad yw'r cynnyrch yn dadelfennu ar ei dymheredd berwi neu'n is na hynny, ac os nad yw ei dymheredd berwi'n rhy uchel, mae'n bosibl defnyddio distyllad i wahanu'r cynnyrch o'r sylweddau eraill sy'n bresennol yn y cymysgedd adwaith. Gallwn ddefnyddio distyllu syml os oes gwahaniaeth rhesymol (efallai 20 °C neu fwy) rhwng tymheredd berwi'r cynnyrch a thymereddau berwi'r cyfansoddion eraill sy'n bresennol. Gallwn ei ddefnyddio hefyd i wahanu hylif anweddol o sylweddau eraill sydd ddim yn anweddol yn y cymysgedd.

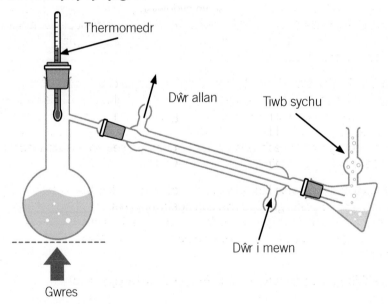

Un enghraifft yw distyllu 2-cloro-2-methylpropan o'i gymysgedd gyda 2-methylpropan-2-ol ac asid hydroclorig.

$$(CH_3)_3COH + HCl \longrightarrow (CH_3)_3CCl + H_2O$$

tymereddau berwi			
	82°C	51°C	100°C

Mae distyllu ffracsiynol (diagram ar ymyl y dudalen) yn cael ei ddefnyddio os yw'r tymereddau berwi'n agosach at ei gilydd. Mae colofn ffracsiynu'n cael ei defnyddio, sy'n ein galluogi i wahanu'r cynhyrchion yn fwy effeithiol.

Mae gwahanu'r ethanol a gawn drwy eplesu siwgrau yn fwy effeithiol os bydd distyllu ffracsiynol yn cael ei ddefnyddio. Mae'r cynhyrchion sy'n bresennol mewn olew crai (petroliwm) hefyd yn cael eu gwahanu i ddechrau drwy ddistyllu ffracsiynol. Gyda chyfansoddion sy'n dadelfennu ychydig dan eu tymereddau berwi neu ar y tymheredd

hwn neu sydd â thymereddau berwi uchel iawn, mae'n bosibl eu distyllu dan wasgeddau is (distyllu gwactod) neu mae'n bosibl defnyddio distyllu ag ager. Mae lleihau'r gwasgedd mewn distyllu gwactod yn galluogi cyfansoddion i ferwi ar dymereddau is na phan fydd distyllu'n digwydd ar wasgedd atmosfferig. Er enghraifft, mae'r alcan dodecan, $C_{12}H_{26}$, yn berwi ar 216 °C dan wasgedd atmosfferig (~ 101 kPa) ond ar 92 °C os bydd y gwasgedd yn cael ei leihau i 1.3 kPa.

Gwahanu hylifau anghymysgadwy Mae distyllu ag ager yn ddull pwysig iawn yn y diwydiant persawr lle gall olewau naws sydd wedi'u hechdynnu o blanhigion ddadelfennu os byddan nhw'n cael eu gwresogi at eu tymereddau berwi ar wasgedd atmosfferig.

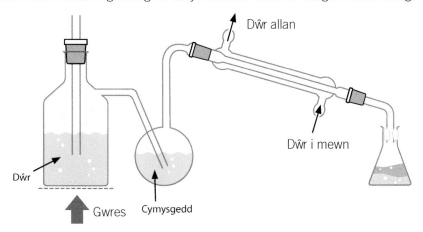

Mae ager yn cael ei yrru i'r cymysgedd adwaith ac mae'r cyfansoddion anweddol sy'n bresennol yn mynd drosodd gyda'r ager ac yn cyddwyso yn y fflasg dderbyn. Mae olew rhosyn yn un o'r olewau sy'n cael ei ddefnyddio fwyaf yn y diwydiant persawr. Mae distyllu petalau rhosod ag ager yn rhoi olew (sy'n cynnwys nifer o wahanol gyfansoddion) a dŵr o'r anweddau sy'n cyddwyso.

Echdyniad â hydoddydd Mae'r dull hwn yn dibynnu ar hydoddedd gwahanol cyfansoddyn mewn dau hydoddydd anghymysgadwy. Er enghraifft, mae ïodin tua 90 gwaith mwy hydawdd mewn tetracloromethan nag mewn dŵr. Os bydd tetracloromethan yn cael ei ychwanegu at hydoddiant ïodin dyfrllyd gan ysgwyd y cymysgedd, bydd y rhan fwyaf o'r ïodin yn cael ei echdynnu i'r haen tetracloromethan. Wedyn mae'n bosibl gwahanu'r ddwy haen gan ddefnyddio twndish gwahanu.

Gwahanu solid anhydawdd Mae hidliad yn cael ei ddefnyddio i wahanu'r solid o'r hylif sy'n bresennol. Mae'n bosibl gwneud hyn gan ddefnyddio papur hidlo a thwndish. Mae defnyddio papur hidlo rhychiog yn gynt na'r dull traddodiadol gan nad oes angen i'r hidlif fynd drwy fwy nag un haen o bapur hidlo ac mae'r papur yn cyffwrdd â'r twndish wrth y plygion yn unig.

Dull arall yw hidlo gan ddefnyddio twndish Buchner (hidliad gwactod).

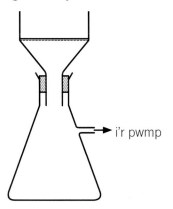

Unwaith y mae'r solid yn y twndish, mae angen ei olchi gyda hydoddydd addas a'i sychu – yn yr aer neu mewn ffwrn sychu ar dymheredd dan ei dymheredd ymdoddi.

Term Allweddol

Mae hylifau **cymysgadwy** yn hollol hydawdd yn ei gilydd ar bob crynodiad. Enghraifft o hyn yw ethanol a dŵr.

DYLECH WYBOD › › ›

› › › y rhesymau pam mae echdyniad hydoddydd yn cael ei ddefnyddio

GWAITH YMARFEROL

Mae synthesis cynnyrch organig hylifol, gan gynnwys ei wahanu gan ddefnyddio twndish gwahanu, yn un o'r **tasgau ymarferol penodol**.

Gwirio gwybodaeth 61

Esboniwch pam nad yw'n bosibl defnyddio gwresogi dan adlifiad i grynodi hydoddiant.

Gwirio gwybodaeth 62

Cafodd 4.25g o asid bwtan–1,4-deuöig (M_r 118) ei hydoddi mewn dŵr, ychwanegwyd yr un cyfaint o'r hydoddydd ethocsiethan (anghymysgadwy â dŵr) ac fe gafodd y cymysgedd ei ysgwyd. Gadawyd i'r ddwy haen ymwahanu. Roedd yr haen ddyfrllyd nawr yn cynnwys 6×10^{-3} g o'r asid. Cyfrifwch sawl gwaith mwy hydawdd yw'r asid mewn ethocsiethan nag mewn dŵr dan yr amodau hyn.

DYLECH WYBOD › › ›

› › › y camau angenrheidiol yn y broses o ailgrisialiad

Mewn adwaith i wneud methyl bensencarbocsylad (tymheredd berwi 224 °C) drwy esteriad, roedd peth methanol (tymheredd berwi 65 °C) ar ôl. Nodwch, gan roi rheswm, pa ddull o ddistyllu fyddai'r mwyaf addas i ddileu'r gormodedd hwn o fethanol.

GWAITH YMARFEROL

Mae syntheseiddio cynnyrch organig solet, gan gynnwys ailgrisialiad a mesur ei dymheredd ymdoddi yn un o'r **tasgau ymarferol penodol**.

Tymheredd berwi propan–1,2,3-triol yw 290 °C ar wasgedd atmosfferig (101 kPa), ond mae'n berwi ar 167 °C dan wasgedd o 17 kPa.

(a) Rhowch fformiwla graffig propan–1,2,3-triol.

(b) Awgrymwch reswm pam rydym yn aml yn puro propan–1,2,3-triol gan ddefnyddio distyllu gwactod.

Mae'n bosibl echdynnu ïodin (I_2) o'i hydoddiant dyfrllyd drwy ddefnyddio tetracloromethan (CCl_4), sy'n anghymysgadwy â dŵr. Mae I_2 90 gwaith mwy hydawdd mewn CCl_4 nag mewn dŵr. Roedd 100 cm³ o hydoddiant dyfrllyd o ïodin yn cynnwys 0.030g o ïodin hydoddedig. Ychwanegwyd yr un cyfaint o CCl_4 gan ysgwyd y cymysgedd. Gadawyd i'r cymysgedd ymwahanu a thynnwyd yr haen o CCl_4. Cyfrifwch yn fras faint o ïodin oedd yn aros yn yr haen dyfrllyd.

Ychwanegwyd asid nitrig at asid organig gan gynhyrchu cynnyrch grisialog di-liw pan gafodd y cymysgedd ei oeri. Roedd hydoddiant melyn hefyd yn bresennol, oedd yn cynnwys ychydig bach o amhureddau. Cafodd y grisialau eu hidlo a'u golchi â dŵr roedden nhw'n anhydawdd ynddo. Nodwch sut gallech chi fod yn siŵr nad oedd y cynnyrch solet, erbyn hyn, yn cynnwys amhureddau.

Solidau hydawdd o hydoddiant Os yw'r solid yn bresennol fel hydoddyn mewn hydoddiant, rydym yn cael y cynhyrchion drwy grisialiad. Os dylai'r hydoddiant fod yn ddi-liw, ond mae ganddo liw oherwydd presenoldeb amhureddau, mae'n bosibl defnyddio siarcol dadliwio. Mae'r hydoddiant yn cael ei ferwi gydag ychydig o siarcol dadliwio i ddileu'r lliw ac wedyn ei hidlo'n boeth i ddileu'r siarcol sy'n cynnwys y lliw sydd wedi'i amsugno. Wedyn mae'r hidlif yn cael ei grynodi drwy ei ferwi a'i oeri. Os yw'r hydoddiant wedi cael ei grynodi'n ddigonol, bydd grisialau o'r hydoddyn yn ymddangos wrth ei oeri. Bydd y rhain yn cael eu hidlo i ffwrdd a'u sychu. Os na fydd grisialau'n ymddangos wrth oeri'r hydoddiant, mae angen crynodi'r hydoddiant ymhellach. Mae angen cymryd gofal arbennig wrth grynodi'r hydoddiant os yw'r hydoddydd yn fflamadwy – fel arfer mae baddon dŵr yn cael ei ddefnyddio, neu ryw ddull arall o wresogi trydanol, er enghraifft plât poeth. Efallai nad yw'r hydoddyn sy'n cael ei gynhyrchu drwy grisialiad yn bur a bydd angen ei ailgrisialu. Y camau pwysig ar gyfer hyn yw:

- Hydoddi'r hydoddyn yn y cyfaint lleiaf posibl o hydoddydd poeth
- Hidlo'n boeth, os oes angen, i ddileu amhureddau anhydawdd
- Gadael iddo oeri
- Hidlo
- Golchi'r solid gydag ychydig o hydoddydd addas
- Sychu ar dymheredd is na'i dymheredd ymdoddi.

Gwahaniaethu rhwng polymeriad cyddwyso a pholymeriad adio

Polymeriad yw cysylltu â'i gilydd nifer mawr o foleciwlau **monomer**. Mae alcenau'n polymeru pan fydd y bond dwbl –C=C– yn cael ei ddefnyddio i gysylltu'r unedau monomer â'i gilydd gan roi polymer sydd erbyn hyn yn cynnwys bondiau sengl yn unig rhwng atomau carbon yn y gadwyn.

$$n \quad \begin{array}{c} H_3C \\ H \end{array} C=C \begin{array}{c} H \\ H \end{array} \rightarrow \left[\begin{array}{cc} CH_3 & H \\ C & C \\ H & H \end{array} \right]_n$$

propen → poly(propen)

Mae polymeriad cyddwyso'n digwydd pan fydd nifer mawr o foleciwlau monomer yn cysylltu â'i gilydd gan golli moleciwlau bach (dŵr neu hydrogen clorid yn aml). Os bydd dau fonomer gwahanol yn cael eu defnyddio, pob un â grwpiau gweithredol gwahanol, bydd moleciwlau bach yn cael eu colli pan fydd bondio'n digwydd rhyngddynt. Er enghraifft, mae polymer cyddwyso'n ffurfio pan fydd asid deucarbocsylig yn bondio gyda deuol.

$$\underset{HO}{\overset{O}{\parallel}} C - (CH_2)_n - C \overset{O}{\underset{OH}{\parallel}} \quad HO - \underset{H}{\overset{H}{C}} - (CH_2)_n - \underset{H}{\overset{H}{C}} - OH$$

$$\downarrow -H_2O$$

$$--- \overset{O}{\overset{\parallel}{C}} - (CH_2)_n - \overset{O}{\overset{\parallel}{C}} - O - \underset{H}{\overset{H}{C}} - (CH_2)_n - \underset{H}{\overset{H}{C}} - O ---$$

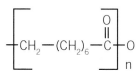

$$H_2N—(CH_2)_n—C(O)—(O—H \quad H)—H N—(CH_2)_n—C(O)—(OH)$$

$$\downarrow -H_2O$$

$$\cdots N(H)—(CH_2)_n—C(O)—N(H)—(CH_2)_n—C(O)\cdots$$

Gall polymeriad cyddwyso ddigwydd hefyd rhwng y ddau grŵp gweithredol gwahanol sy'n bresennol mewn un math o foleciwl monomer yn unig, er enghraifft, gydag asid amino α, ω (h.y. gyda grŵp amino–NH_2 ar un pen y moleciwl a grŵp asid carbocsylig –COOH ar ben y gadwyn garbon).

Mae'n fuddiol cael rhai rheolau i wahaniaethu rhwng y ddau fath hyn o bolymeriad.

- Os yw'r monomer yn alcen, polymeriad adio sy'n digwydd.

- Os nad oes moleciwl bach yn cael ei golli ac os y polymer yw'r unig gynnyrch, polymeriad adio sydd wedi digwydd.

- Os yw'r monomer(au) yn cynnwys grwpiau gweithredol fel –NH_2, –COOH neu –OH, polymeriad cyddwyso sy'n digwydd.

- Os yw'r gadwyn yn cynnwys y cysylltedd amid –C(O)N(H)– neu gysylltedd ester – OC(O)–, polymeriad cyddwyso sydd wedi digwydd.

- Os yw'r gadwyn yn cynnwys atomau carbon yn unig, polymeriad adio sydd wedi digwydd.

Sut mae polyesterau a pholyamidau'n cael eu ffurfio

Mae **polyesterau'n** ddefnyddiau pwysig iawn sy'n cael eu defnyddio'n eang wrth gynhyrchu dillad, pecynnau a photeli plastig.

Y polyester mwyaf cyffredin yw *PET*, sef talfyriad o polyethylen tereffthalad. Mae angen i'r monomer neu fonomerau y mae polyester yn cael ei wneud ohonynt fod â grŵp gweithredol ar bob pen y moleciwl. Mae *PET* yn cael ei gynhyrchu o ethan–1,2-deuol ac asid bensen–1,4-deucarbocsylig (asid tereffthalig).

$$HO—C(O)—C_6H_4—C(O)—(OH \quad H)O—CH_2—CH_2—OH$$

$$\downarrow -H_2O$$

$$\cdots C(O)—C_6H_4—C(O)—O—CH_2—CH_2—O\cdots$$

Cymorth Ychwanegol

Mae asid hecsandeuöig yn cael ei ddefnyddio i gynhyrchu *Nylon 6,6*. Mae peth o'r asid hwn yn cael ei drawsnewid yn 1,6-deuaminohecsan. Mae'n cael ei gynnal yn y ffordd ganlynol:

(a) mae'r asid yn cael ei niwtralu ag amonia gan gynhyrchu halwyn amoniwm yr asid;

(b) mae'r halwyn amoniwm yn cael ei wresogi, gan gynhyrchu hecsan–1,5-deunitril;

(c) mae'r deunitril yn cael ei rydwytho â hydrogen ym mhresenoldeb catalydd nicel.

Ymestyn a Herio

Y defnydd cychwynnol ar gyfer gwneud resinau melamin yw melamin ei hun. Mae'n cael ei wneud drwy wresogi carbamid (wrea).

$6\ CO(NH_2)_2 \longrightarrow$

[structure of melamin] $+ 6NH_3 + 3CO_2$

(a) Rhowch fformiwla empirig melamin

(b) Cyfrifwch economi atom yr adwaith hwn, a bwrw mai melamin yw'r unig gynnyrch defnyddiol.

Mae *PET* ei hun yn cael ei ddefnyddio i wneud ffibrau synthetig fel *Terylene©*, sydd wedyn yn cael eu defnyddio ar eu pennau eu hunain neu gyda ffibrau naturiol fel cotwm. Mae'r polyester yn ynysydd da ac mae'n bosibl defnyddio ei ffibrau i wneud blancedi neu fel defnydd llenwad ar gyfer duvets. Nid yw *PET* yn bioddiraddio'n rhwydd ac mae angen polyesterau a fydd yn bioddiraddio'n gyflym mewn safle tirlenwi. Un o'r rhain yw poly(asid lactig), *PLA*. Mae gan y polyester hwn fantais arall, sef ei bod yn bosibl ei gael o adnoddau adnewyddadwy fel startsh ŷd neu gansen siwgr. Dyma'r hafaliad ar gyfer y polymeriad o asid 2-hydrocsipropanöig (asid lactig):

[chemical equation: n HO-CH(CH3)-COOH → poly(lactic acid) structure]

Mae *PLA* yn bolyester sy'n cael ei wneud o un math o foleciwl monomer ond mae angen dau fath gwahanol o foleciwlau monomer ar gyfer *PET*.

Mae **polyamidau** hefyd yn gynhyrchion polymeriad cyddwyso. Cafodd y polyamid cyntaf, *Nylon 6,6*, ei wneud ym 1935. Mae'n bosibl defnyddio bensen fel defnydd cychwynnol, gan ei rydwytho i gylchohecsan ac wedyn ocsidio'r cynnyrch hwn, gan roi cylchohecsanol a chylchohecsanon. Wedyn mae'r cymysgedd yn cael ei ocsidio yn asid hecsandeuöig.

[chemical scheme: benzene → cyclohexane → cyclohexanol + cyclohexanone → $HOOC(CH_2)_4COOH$]

Mae peth o'r asid hecsandeuöig yn cael ei drawsnewid yn hecsan–1,6-deuamin, sy'n cael ei gyfuno ag asid hecsandeuöig.

[chemical structures showing condensation reaction, –H_2O]

Mae'r cynnyrch wedi'i enwi'n *Nylon 6,6* oherwydd bod gan bob un o'r ddau fonomer chwe atom carbon. Datblygwyd polyamid arall, *Nylon 6*, yn yr Almaen ym 1939. Er bod *Nylon 6* yn deillio o asid sy'n cynnwys chwe atom carbon, sef asid 6-aminohecsanöig,

[chemical equation showing polymerisation, n ... –H_2O → polymer structure] nid yw'n cael ei gynhyrchu'n uniongyrchol o'r asid ei hun. Yn lle hynny, mae'n cael ei gynhyrchu o gaprolactam, sydd ei hun yn cael ei wneud, mewn sawl cam, o fensen. Wrth gael ei drin â dŵr, mae ei gylch yn agor ac yn polymeru, gan roi *Nylon 6*.

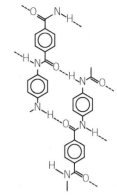
Polyamid pwysig arall yw *Kevlar©*. Mae'n bosibl ei gynhyrchu o asid bensen–1,4-deuöig a bensen–1.4-deuamin.

Mae gan *Kevlar©* briodweddau da fel deunydd gwrthdan ac mae bum gwaith yn gryfach na dur. Mae'n bosibl cynhyrchu'r cyfansoddyn fel ffibr, sy'n cael ei nyddu i wneud fests sy'n gwrthsefyll bwledi.

Defnyddio tymheredd ymdoddi i ddarganfod puredd

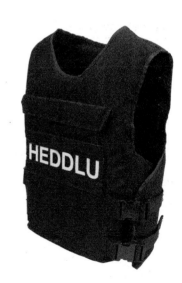

Tymheredd ymdoddi solid yw'r tymheredd lle mae'r solid yn dechrau newid yn hylif. Yn achos llawer o sylweddau pur, mae'r tymheredd lle mae'r newid hwn o solid i hylif yn digwydd yn eithaf clir (o fewn 1 °C), ac mae'r ffigur a gawn yn ddefnyddiol ar gyfer adnabod y sylwedd. Mae presenoldeb amhureddau'n effeithio ar y tymheredd ymdoddi ac mae'r gwerthoedd a gawn yn dangos pa mor bur yw'r cyfansoddyn. Mae presenoldeb amhureddau'n lleihau'r tymheredd ymdoddi disgwyliedig ac mae'r cyfansoddyn yn ymdoddi dros ystod o dymheredd yn hytrach nag ar werth pendant. Er enghraifft, mae gan sampl o gyfansoddyn dymheredd ymdoddi clir, sef 122 °C, a'r gred yw mai asid bensencarbocsylig ydyw. Rydym yn cymysgu ychydig o asid bensencarbocsylig pur gyda'r sampl ac yn mesur y tymheredd ymdoddi eto. Os yw'r tymheredd ymdoddi'n aros yr un peth, mae'n debyg mai asid bensencarbocsylig yw'r cyfansoddyn fel yr awgrymir. Ond, os yw'r tymheredd ymdoddi nawr yn is a heb fod yn glir, nid asid bensencarbocsylig oedd y sylwedd gwreiddiol. Mae aldehydau a chetonau'n aml yn hylifau neu'n solidau â thymheredd ymdoddi isel ac weithiau mae'n anodd cael tymheredd ymdoddi manwl gywir ar eu cyfer. Rydym yn adweithio'r aldehyd neu'r ceton â 2,4-deunitroffenylhydrasin i gael deilliad. Mae'r deilliadau hyn (2,4-deunitroffenylhydrasonau) fel arfer yn solidau lliw oren-coch sydd â thymheredd ymdoddi y mae'n haws ei fesur. Mae'n bosibl cymharu tymheredd ymdoddi'r 2,4-deunitroffenylhydrason â thabl o dymereddau ymdoddi er mwyn adnabod yr aldehyd neu'r ceton gwreiddiol.

Mae'n bosibl mesur tymheredd ymdoddi'r cyfansoddyn drwy ddefnyddio dull gwresogi trydanol.

Dull arall yw mesur y tymheredd ymdoddi drwy ddefnyddio baddon gwresogi.

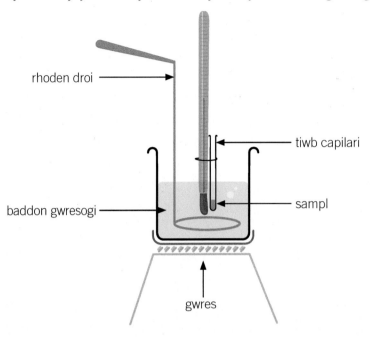

rhoden droi

tiwb capilari

baddon gwresogi

sampl

gwres

Mae sampl o ddyfnder 2–3 mm yn cael ei roi mewn tiwb capilari sy'n cael ei glymu wrth thermomedr â band rwber. Mae'r thermomedr a'r tiwb capilari yn cael eu rhoi mewn baddon gwresogi addas. Mae dŵr yn cael ei ddefnyddio os yw'r tymheredd ymdoddi'n debygol o fod dan 100 °C. Ar gyfer tymereddau ymdoddi dros 100 °C, rydym yn defnyddio olew silicôn neu hylif anfflamadwy arall. Mae'r cymysgedd yn cael ei wresogi'n ofalus a'i droi.

Gwirio gwybodaeth

Tymheredd ymdoddi cyfansoddyn pur yw 158 °C. Y gred yw mai asid 2-hydrocsibensencarbocsylig neu asid 3-clorobensencarbocsylig ydyw; tymheredd ymdoddi'r ddau gyfansoddyn hyn yw 158 °C. Nodwch sut byddech chi'n darganfod pa asid yw'r cyfansoddyn anhysbys, gan ddefnyddio dull tymheredd ymdoddi.

Term Allweddol

Mewn sbectrosgopeg NMR, ystyr yr **amgylchedd** yw natur yr atomau neu'r grwpiau cyfagos yn y moleciwl.

▼ **Pwynt astudio**

Os yw'r cyfansoddyn yn cynnwys mwy na dau atom carbon, gall y sbectrwm ^{1}H NMR ddod yn fwy cymhleth. Mewn propan ($CH_3CH_2CH_3$), mae wyth proton hydrogen. Mae'r chwe phroton CH_3 i gyd yn yr un amgylchedd ac mae'r ddau broton CH_2 yn cyfateb i'w gilydd ond maen nhw mewn amgylchedd gwahanol i'r protonau methyl. Mae dau frig mewn sbectrwm NMR ^{1}H cydraniad isel, yn cynrychioli'r protonau hydrogen CH_3 ac CH_2. Cymhareb eu harwynebeddau brig cymharol yw 6:2 (h.y. 3:1) yn ôl eu trefn.

Defnyddio sbectra ^{1}H NMR cydraniad uchel i ddarganfod adeiledd moleciwlau organig

Yn ystod blwyddyn gyntaf y cwrs hwn, rydych wedi astudio sut mae sbectrosgopeg cyseiniant magnetig proton cydraniad isel (^{1}H NMR) yn cael ei ddefnyddio i adnabod adeiledd cemegol. Mewn ethan

$$H-\overset{\overset{H}{|}}{\underset{\underset{H}{|}}{C}}-\overset{\overset{H}{|}}{\underset{\underset{H}{|}}{C}}-H \qquad H-\overset{\overset{H}{|}}{\underset{\underset{Cl}{|}}{C}}-\overset{\overset{H}{|}}{\underset{\underset{H}{|}}{C}}-H$$

ethan   cloroethan

mae'r protonau hydrogen i gyd mewn **amgylcheddau** cyfwerth ac un signal yn unig sydd i'w weld. Nawr, mae atom clorin yn cael ei roi yn lle un o'r atomau hydrogen gan roi cloroethan. Mae'r atomau hydrogen mewn dau amgylchedd erbyn hyn; mae'r tri phroton CH_3 yn unfath, ond mae'r ddau broton CH_2 mewn amgylchedd gwahanol. Mae hyn yn rhoi sbectrwm NMR cydraniad isel sy'n rhoi dau frig ag arwynebeddau brig 3:2, sy'n dangos protonau'r atomau hydrogen CH_3 ac CH_2.

Mae gan ddeucloroethan ddau isomer, sef 1,2-deucloroethan ac 1,1-deucloroethan.

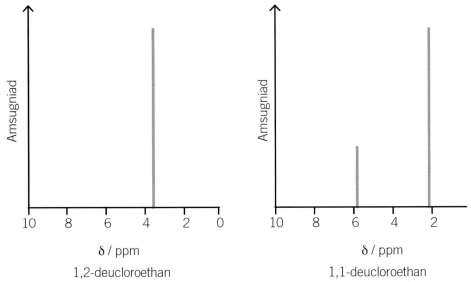

1,2-deucloroethan   1,1-deucloroethan

Mewn 1,2-deucloroethan mae'r protonau hydrogen i gyd yn yr un amgylchedd ac mae'r sbectrwm NMR ^{1}H yn dangos un brig (brig unigol) ar 3.7δ. Ond mewn 1,1-deucloroethan, mae'r pedwar proton hydrogen mewn dau amgylchedd, mae un signal i'w weld ar 5.9δ ar gyfer y proton hydrogen CHCl$_2$ ac mae'r llall i'w weld ar 2.1δ ar gyfer y protonau hydrogen CH$_3$. Mae cymhareb arwynebeddau brig y ddau signal yn 1:3 yn ôl eu trefn.

1,2-deucloroethan   1,1-deucloroethan

Os ydym yn mesur sbectrwm NMR ^{1}H 1,1-deucloroethan gan ddefnyddio sbectromedr cydraniad uchel, rydym yn gweld bod y ddau frig hyn wedi ymhollti. Mae'r ymholltiad hwn yn digwydd oherwydd bod amgylchedd magnetig grwpiau cyfagos yn effeithio ar amgylchedd magnetig proton neu brotonau mewn grŵp arall. Mae sbectrwm NMR ^{1}H cydraniad uchel 1,1-deucloroethan yn dangos bod y ddau signal wedi ymhollti – y naill yn bedwar brig (pedrypled) a'r llall yn ddau frig (dwbled). Yr enw ar y broses hon o rannu signal yw **cyplu sbin-sbin**. Byddwn yn trafod y broses ar gyfer protonau hydrogen 'ar' atomau cyfagos yn unig – carbon, nitrogen neu ocsigen fel arfer. Felly mewn 1,1,1,2-tetracloropropan, mae'r protonau hydrogen ar garbon tri yn effeithio ar y proton hydrogen ar garbon dau ac fel arall.

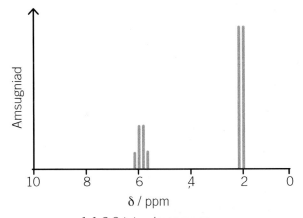

1,1,2,2-tetracloropropan

Ond mewn 1,1,2,2-tetracloropropan, nid yw'r atomau hydrogen yn bondio i atomau carbon cyfagos ac mae'r sbectrwm NMR ^{1}H cydraniad uchel yn dangos dau signal sydd ddim yn ymhollti.

▼ Pwynt astudio

Patrwm ymhollti sbin-sbin cyffredin iawn ar y lefel hon yw pedrypled a thripled. Dyma beth mae grŵp ethyl yn ei roi

lle mae'r protonau hydrogen ar **a** yn ymhollti i roi tripled a'r protonau hydrogen ar **b** yn ymhollti i roi pedrypled.

Ymestyn a Herio

Fformiwla pinacolon yw

Disgrifiwch ei sbectrwm NMR ^{1}H, gan gynnwys arwynebeddau brig cymharol.

Ymestyn a Herio

Dyma fformiwla'r cyfansoddyn gwenwynig iawn tetraclorodeuocsin.

Esboniwch (a) pam mae ei sbectrwm màs yn dangos nifer o signalau ïonau moleciwlaidd sy'n amrywio o m/z 320 i 328 a (b) pam mae ei sbectrwm NMR ^{13}C yn dangos tri signal.

Ymestyn a Herio

Dyma fformiwla ester o ddeuasid carbocsylig, lle mae R yn cynrychioli grŵp alcyl.

Mae ei NMR ^{1}H cydraniad isel yn cynnwys dau signal sydd ag arwynebeddau brig cymharol o 3:2. Diddwythwch fformiwla graffig bosibl ar gyfer yr ester.

70 Gwirio gwybodaeth

Mae sbectrwm NMR ^{1}H cydraniad uchel methyl ester yn cynnwys brig unigol, dwbled a thripled. Mae'r sbectrwm NMR ^{13}C yn nodi bod pedwar amgylchedd gwahanol ar gyfer yr atomau carbon. Awgrymwch fformiwla graffig ar gyfer yr ester hwn.

71 Gwirio gwybodaeth

Fformiwla bwtandeuon yw

$$H_3C - \overset{\overset{O}{\parallel}}{C} - \overset{\overset{O}{\parallel}}{C} - CH_3$$

Nodwch beth byddech yn ei weld yn ei sbectrwm NMR ^{1}H cydraniad uchel.

▼ Pwynt astudio

Mewn cwestiynau am sbectra NMR, dylech dybio nad oes gan y maes magnetig o amgylch niwclysau ^{13}C unrhyw effaith ar sbectrwm NMR ^{1}H cyfansoddyn.

Os oes gan broton hydrogen sydd wedi bondio i atom carbon, nitrogen neu ocsigen n proton hydrogen wedi'i fondio i atom carbon, nitrogen neu ocsigen cyfagos, bydd ei frig unigol yn ymhollti i (n + 1) o frigau llai. Mae'r tabl yn dangos enghreifftiau o sut mae'r rheol hon yn gweithio.

cyfansoddyn	hydrogen(au) a		hydrogen(au) b	
	patrwm ymhollti	arwynebedd brig cymharol	patrwm ymhollti	arwynebedd brig cymharol
$\underset{F}{\overset{H^a}{}}C=C\underset{Br}{\overset{H^b}{}}$	dwbled	1	dwbled	1
$\overset{a}{C}H_3\overset{b}{C}H_2C\equiv N$	tripled	3	pedrypled	2
$ClCH_2\overset{a}{-}\overset{\overset{O}{\parallel}}{C}\overset{b}{-}CH_3$	brig unigol	2	brig unigol	3
$\overset{a}{C}H_3-C\overset{O}{\underset{H^b}{}}$	dwbled	3	pedrypled	1

Gallai cwestiynau gael eu gosod lle bydd gofyn darganfod adeiledd cyfansoddyn drwy ddefnyddio ei sbectrwm NMR ^{13}C, ei sbectrwm NMR ^{1}H cydraniad uchel, a hefyd ei sbectrwm màs a'i sbectrwm amsugno isgoch. Mewn cwestiynau arholiad, ni fydd effaith maes magnetig protonau ^{1}H ar niwclysau ^{13}C yn cael ei hystyried a sbectra ^{13}C dadgypledig yn unig fydd yn cael eu rhoi.

Enghraifft wedi'i datrys

Derbyniodd ymgeisydd y wybodaeth ganlynol am gyfansoddyn **M** a gofynnwyd iddo ddiddwytho ei fformiwla graffig.

- Dangosodd y sbectrwm isgoch frig amsugniad ar 1718 cm^{-1}, ond nid oedd brig ar ~2800 cm^{-1}, amledd sy'n dangos bond C–H mewn grŵp aldehyd, nac amsugniad ar 1000 – 1300 cm^{-1} sy'n nodweddiadol o fond sengl C–O

- Dangosodd y sbectrwm màs ïon moleciwlaidd ar m/z 86 a brigau darnio sylweddol ar m/z 71 a 43

- Dangosodd y sbectrwm NMR ^{13}C bedwar amgylchedd gwahanol clir ar gyfer atomau carbon

- Mae sbectrwm NMR ^{1}H cydraniad uchel cyfansoddyn **M** yn cael ei ddangos isod

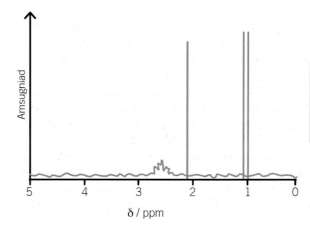

S/ppm	Patrwm ymhollti	Arwynebedd brig cymharol
1.11	dwbled	6
2.14	unigol	3
2.55	hepted	1

Mae'r sbectrwm isgoch yn dangos brig amsugniad ar 1718 cm⁻¹. Mae hyn yn awgrymu bod y cyfansoddyn yn cynnwys bond dwbl C=O, ac felly y gallai fod yn aldehyd, ceton, ester neu'n asid carbocsylig. Mae'r wybodaeth yn dangos na all fod yn aldehyd gan nad oes amsugniad ar ~2800 cm⁻¹. Nid yw'n ester nac yn asid carbocsylig gan fod yr amsugniad oherwydd bond sengl C–O yn absennol. Felly mae'n rhaid mai ceton yw'r cyfansoddyn â fformiwla R_1–C(O)–R_2 lle gall R_1 ac R_2 fod yr un grŵp neu'n grwpiau gwahanol. Y màs moleciwlaidd cymharol yw 86 gan fod gan gyfansoddyn **M** ïon moleciwlaidd ar m/z 86. Mae'r brig darnio ar m/z 71 yn dangos lleihad o 15, sy'n dangos efallai fod grŵp methyl wedi'i golli. Gallai'r darniad ar m/z 43 ddangos ïon $CH_3C=O^+$ neu $C_3H_7^+$. Mae'r sbectrwm NMR ¹³C yn dangos bod yr atomau carbon mewn pedwar amgylchedd gwahanol. Mae un brig yn y sbectrwm NMR ¹H yn frig unigol – sy'n awgrymu nad oes atomau hydrogen yn bondio i'r atom carbon cyfagos. Mae'n bosibl bod grŵp –C(O)CH_3 yn bresennol yn y moleciwl. 'M_r' y grŵp hwn yw 43, ac felly mae'n rhaid i 'M_r' y grŵp alcyl arall fod yn 43 hefyd, sy'n cyfateb i C_3H_7. Mae dwbled yn y sbectrwm NMR ¹H yn awgrymu bod un atom hydrogen ar atom carbon cyfagos. Mae tynnu CH yn gadael 2 atom carbon a 6 atom hydrogen. Mae sbectrwm NMR ¹H yn dangos signal ar 2.6δ sy'n hepted. Mae hyn yn awgrymu bod 6 phroton hydrogen cyfwerth ar y ddau atom carbon cyfagos. Dyma'r patrwm nodweddiadol ar gyfer grŵp 2-propyl, –CH(CH_3)$_2$. Mae'r dystiolaeth yn awgrymu y gallai'r cyfansoddyn fod yn 3-methylbwtanon,

$$
\begin{array}{c}
H_3C \\ \\ H_3C
\end{array}
\begin{array}{c}
H \\
C \\
\end{array}
\begin{array}{c}
 \\
C - CH_3 \\
\| \\
O
\end{array}
$$

sydd â'r fformiwla foleciwlaidd $C_5H_{10}O$ a màs moleciwlaidd cymharol 86.

Defnyddio data cromatograffig o gromatograffaeth haen-denau (*TLC*)/papur, cromatograffaeth nwy (*GC*) a chromatograffaeth hylif perfformiad uchel (*HPLC*) i ddarganfod cyfansoddiad cymysgeddau

Techneg yw cromatograffaeth sy'n cael ei defnyddio i wahanu sylweddau o gymysgedd drwy eu symudiad araf, ar gyfraddau gwahanol, drwy neu dros wedd sefydlog. Datblygwyd y dechneg hon ar gyfer gwahanu yn gynnar yn yr 20fed ganrif. Cafodd ei defnyddio i ddechrau i wahanu pigmentau planhigion drwy ddefnyddio colofn oedd yn cynnwys powdr calsiwm carbonad. Yn y can mlynedd diwethaf, cafwyd datblygiadau mawr mewn cromatograffaeth fel ei bod yn bosibl gwahanu cymysgeddau o sylweddau gan ddefnyddio nifer o wahanol ddulliau, sy'n addas ar gyfer nifer a natur y cynhwysion sy'n bresennol. Er bod cromatograffaeth yn ddull ansoddol yn wreiddiol, mae'n bosibl ei ddefnyddio'n feintiol heddiw ac mae hyn yn cael ei wneud yn aml gyda sbectromedreg màs i adnabod cynhwysion unigol sy'n bresennol yn y cymysgedd. Yn y testun hwn, rydym yn pwysleisio darganfod cyfansoddiad cymysgeddau yn lle theori ac egwyddorion y dechneg hon. Nid oes angen i chi allu disgrifio'r ddau fecanwaith ar gyfer y broses wahanu, sef dosraniad ac arsugniad.

72 Gwirio gwybodaeth

(a) Cymerwyd *TLC* o sampl o ryw asidau carbocsylig. Mesurwyd pellter y ffin hydoddydd, sef 6.9 cm a mesurwyd y smotyn ar gyfer asid bensencarbocsylig, sef 4.0 cm o'r llinell gychwynnol. Cyfrifwch y gwerth R_f ar gyfer yr asid hwn dan yr amodau hyn.

(b) Gwelwyd smotyn arall tua 5.2 cm ac roedd yn edrych fel pe bai'n cynnwys dau smotyn yn agos at ei gilydd. Awgrymwch beth dylech ei wneud i wahanu'r smotiau a achoswyd gan y ddau gyfansoddyn hyn.

GWAITH YMARFEROL

Mae gwahanu drwy gromatograffaeth papur, gan gynnwys gwahanu dwy ffordd yn un o'r **tasgau ymarferol penodol**.

Cromatograffaeth papur / *TLC*

Mewn cromatograffaeth papur, y wedd sefydlog yw dŵr sy'n cael ei ddal yn ffibrau cellwlos y papur, ond mewn *TLC*, y wedd sefydlog yw haen o silica (SiO_2) neu araen o alwminiwm ocsid (Al_2O_3) ar blât plastig neu wydr. Mae'r technegau ar gyfer cromatograffaeth papur a *TLC* yn debyg. Mae smotiau o'r defnydd dan sylw mewn hydoddiant addas yn cael eu rhoi ar waelod darn o bapur cromatograffaeth neu blât *TLC*, sydd wedyn yn cael ei roi mewn hydoddydd addas gyda lefel cychwynnol yr hydoddydd yn is na'r smotiau. Wedyn mae'r ffin hydoddydd yn codi i fyny'r papur/plât, gan wahanu'r cymysgedd yn gyfres o smotiau. Pan fydd y ffin hydoddydd wedi codi i lefel addas, bydd y papur/plât yn cael ei dynnu a'i sychu. Bydd safleoedd y smotiau gwahanedig a'r ffin hydoddydd yn cael eu nodi a bydd y pellter y maen nhw wedi codi o'r llinell gychwynnol yn cael ei fesur.

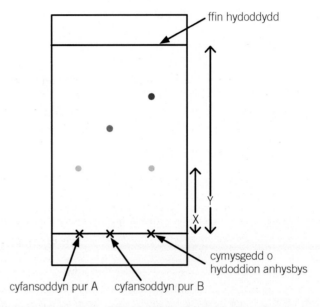

Yna rydym yn cymharu safleoedd y smotiau ar gyfer hydoddyn hysbys a'r un anhysbys i weld a ydyn nhw wedi teithio'r un pellter. Gallwn gyfrifo'r gwerth R_f hefyd.

$$R_f = \frac{\text{pellter y mae'r smotyn yn symud (x)}}{\text{pellter y mae'r ffin hydoddydd yn symud (y)}}$$

Weithiau mae hydoddydd arbennig yn methu gwahanu'r smotiau'n llwyr. Gallwn ddatrys y broblem hon drwy gylchdroi'r cromatogram sych drwy 90° ac wedyn defnyddio hydoddydd arall. Yr enw ar y dechneg hon yw gwahanu dwy ffordd.

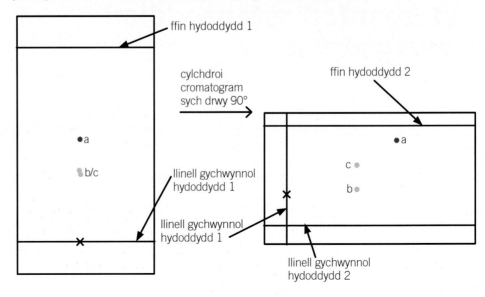

Mae adnabod smotiau'n gymharol hawdd os oes ganddynt liw. Weithiau mae hydoddion yn cynhyrchu smotiau di-liw ac mae adweithydd addas yn cael ei chwistrellu ar y cromatogram i roi lliw i'r smotiau. Un enghraifft o hyn yw sychu cromatogram sy'n cynnwys smotiau o wahanol asidau amino ac yna chwistrellu hydoddiant ninhydrin arno ac wedyn cynhesu'r papur yn ofalus. Mae smotiau glas-porffor yn ymddangos gan ddangos safleoedd y gwahanol asidau amino. Dull arall y gallwn ei ddefnyddio i ddangos safleoedd smotiau di-liw yw disgleirio golau uwchfioled ar y plât. Os yw'r cyfansoddion gwahanedig yn fflwroleuol, byddan nhw'n dangos lliw. Neu gallwn roi araen o ddefnyddiau fflwroleuol ar y plât ei hun a disgleirio golau uwchfioled arno. Wedyn bydd y smotiau i'w gweld fel smotiau tywyll ar gefndir fflwroleuol. Mae gan *TLC* fanteision dros gromatograffaeth papur, sef ei fod yn gyflymach a bod modd gwneud yr haen denau ar y platiau o amrywiaeth o ddefnyddiau. Mae defnyddio *TLC* yn dal i fod yn bwysig mewn gwyddoniaeth fforensig.

Cromatograffaeth nwy

Y math mwyaf cyffredin o gromatograffaeth nwy yw cromatograffaeth nwy-hylif (*GLC: Gas–Liquid Chromatography*) lle mae cymysgedd nwyol yn cael ei yrru 'drwy' ronynnau hylifol sy'n cael eu dal ar solid anadweithiol. Mae'r cymysgedd nwyol yn cael ei ysgubo i'r golofn gan nwy cludo, er enghraifft hydrogen, heliwm neu argon. Mae'r golofn ei hun yn cynnwys defnyddiau solet mân neu mae'n golofn wag ag araen solet ar y waliau a gwedd sefydlog hylifol arno. Yr amser dargadwedd yw'r amser mae'n ei gymryd o pryd mae'r sampl yn mynd i mewn i'r porth chwistrellu nes iddo gyrraedd y canfodydd. Mae gwahanu'r cyfansoddion yn y cymysgedd yn effeithiol yn dibynnu ar nifer o ffactorau, gan gynnwys anweddolrwydd y cyfansoddyn ei hun, tymheredd y golofn, hyd y golofn a chyfradd llif y nwy cludo. Ar gyfer cyfansoddion tebyg (er enghraifft rhai yn yr un gyfres homologaidd), un ffactor pwysig ar gyfer gwahanu'r cyfansoddion drwy *GLC* yw eu tymereddau berwi. Mae amserau dargadwedd yn amrywio'n enfawr oherwydd y ffactorau uchod, ac er mwyn adnabod cyfansoddion drwy ddefnyddio amser dargadwedd yn unig, mae angen i'r amodau fod yn union yr un peth. Yn aml iawn, mae cynhwysion y cymysgedd yn cael eu bwydo i sbectromedr màs ar ôl cael eu gwahanu ac yno mae'n bosibl eu hadnabod yn bendant. Talfyriad ar gyfer y dechneg bwysig hon yw *GC-MS*.

Mae proses eplesu *ABE* yn ddull o eplesu bacteriol sy'n cynhyrchu propanon (aseton), bwtan–1-ol ac ethanol o startsh. Mae'r cromatogram yn dangos cromatogram *GC* nodweddiadol o gynhyrchion proses *ABE*.

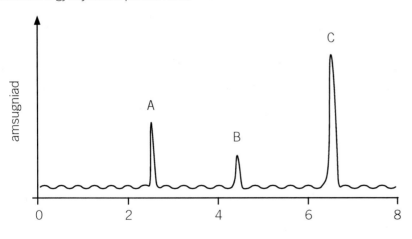

amser dargadwedd/munudau

Mae brig **A** yn cynrychioli propanon, brig **B** yn cynrychioli ethanol a brig **C** yn cynrychioli bwtan–1-ol. Mae propanon yn llai polar na'r ddau alcohol ac mae ei dymheredd berwi is, sef 56 °C, yn awgrymu mai ef fydd yn dod oddi ar y golofn gyntaf. Wedyn daw ethanol, sydd â thymheredd berwi o 78 °C ac wedyn bwtan–1-ol, sydd â thymheredd berwi o 117 °C.

73

Gwirio gwybodaeth

Mae'r diagram yn dangos cromatogram nwy o gymysgedd o gyfansoddion. Mae'r ffigurau'n nodi arwynebedd brig pob cyfansoddyn.

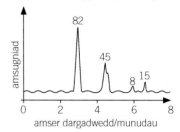

Rhowch sylwadau ar yr honiadau isod am y cromatogram.

(a) Canran y cynhwysyn mwyaf sy'n bresennol yw 82.

(b) Pe bai'r gromatograffaeth yn cael ei chynnal ar dymheredd gwahanol, byddai'r arwynebeddau brig cymharol yn wahanol iawn.

(c) Mae'r brig tua 4.5 munud yn cynrychioli dau gyfansoddyn sydd ag amserau dargadwedd tebyg iawn. Efallai y byddai'n bosibl eu gwahanu drwy ddefnyddio colofn wahanol.

▼ **Pwynt astudio**

Os bydd cynhwysion yn cymryd amser hir i gyrraedd y canfodydd mewn *GLC*, byddai'n bosibl cael amser llai drwy gynyddu tymheredd y golofn neu drwy ddefnyddio colofn wahanol. Os bydd tymheredd y golofn yn codi'n ormodol, gall fod perygl y bydd un neu ragor o'r cyfansoddion yn y cymysgedd yn dadelfennu ac mae angen ystyried y posibilrwydd hwn.

Ymestyn a Herio

Mae gan ethyl ethanoad a hefyd ethanol dymheredd berwi o 77–78 °C. Esboniwch pam nad yw'n debygol y bydd gan y ddau gyfansoddyn yr un amser dargadwedd pan fydd cymysgedd o'r ddau gyfansoddyn hyn yn cael ei chwistrellu i gromatograff nwy.

Pwynt astudio

Ffurf ar gromatograffaeth hylif yw *HPLC (High Performance Liquid Chromatography)*. Ffurf symlach ar y gromatograffaeth hon yw cromatograffaeth colofn lle mae'r hydoddion, wedi'u hydoddi mewn hydoddydd addas, yn cael eu gyrru i lawr colofn, gan wahanu. Wedyn mae hydoddydd arall (yr hydoddydd echludo) yn cael ei ychwanegu at y golofn ac mae'r cynhwysion gwahanedig yn rhedeg allan ar wahân. Wedyn mae'r hydoddydd echludo'n cael ei dynnu, gan roi'r hydoddion unigol. Mae silica (SiO_2), ac alwmina (Al_2O_3) yn cael eu defnyddio'n aml fel y wedd sefydlog.

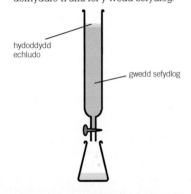

hydoddydd echludo

gwedd sefydlog

Ymestyn a Herio

Mae nifer o astudiaethau *HPLC* wedi'u cynnal i wahanu ac yna mesur faint o gaffein a theobromin sydd mewn diodydd. Oherwydd pryderon am natur gaethiwus a symbylol caffein, mae cola, coffi a the heb gaffein wedi cael eu datblygu.

(a) Mae can 330 cm³ o gola'n cynnwys 35 mg o gaffein (M$_r$ 194). Cyfrifwch grynodiad caffein yn y cola mewn môl dm⁻³.

(b) Mae caffein a theobromin yn sylweddau di-liw mewn hydoddiant. Awgrymwch sut gallai gwyddonwyr ddarganfod yr amserau dargadwedd *HPLC* ar gyfer y ddau gyfansoddyn hyn.

Cromatograffaeth hylif perfformiad uchel

Yn y dechneg hon, mae'r golofn yn cael ei llenwi â gronynnau solet (o'r un maint) ac mae'r sampl o'r cymysgedd yn cael ei hydoddi mewn hydoddydd addas. Wedyn mae'r hydoddiant hwn yn cael ei wasgu drwy'r golofn ar wasgedd uchel. *HPLC* yw'r talfyriad sy'n cael ei ddefnyddio ar gyfer cromatograffaeth hylif perfformiad uchel (cromatograffaeth hylif gwasgedd uchel oedd yr hen enw) ac mae'n ddull pwysig iawn o wahanu sy'n gallu cael ei ddefnyddio ar gyfer cyfansoddion sy'n anweddu ar dymereddau uchel lle gallant ddechrau dadelfennu. Mae gan y dull hwn lawer o gymwysiadau, er enghraifft i brofi samplau troeth athletwyr ar gyfer presenoldeb sylweddau gwaharddedig. Mae cymhwysiad arall mewn cemeg bwyd, lle mae gwrthocsidyddion yn cael eu hychwanegu at gynhyrchion bwydydd brasterog, fel margarîn a chaws hufen, i helpu i atal ocsidiad. Mae'r gwrthocsidyddion mwyaf cyffredin yn cynnwys *BHA*, *BHT* a gwahanol esterau asid galig. Mewn *BHA*, mae'r grŵp $C(CH_3)_3$ yn gallu bod yn safleoedd 2- neu 5- yn y cylch.

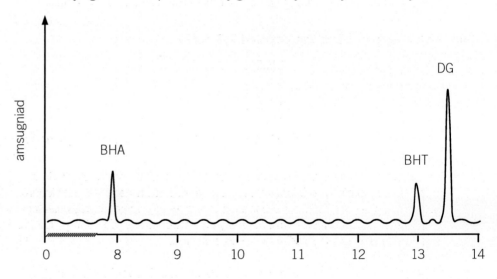

Mae *HPLC* yn gallu canfod presenoldeb y gwrthocsidyddion hyn mewn bwyd:

4.1

1 Mae asid bwtandeuöig yn bodoli ar ffurf stereoisomerau.

   (a) Nodwch ystyr y term 'stereoisomerau'. [1]

   (b) Lluniwch fformiwla graffig dau stereoisomer asid bwtandeuöig, gan labelu'r isomer E neu'r isomer Z. [2]

   (c) Mae'n bosibl cynhyrchu'r ffurf E o'r ffurf Z drwy ei wresogi mewn hydoddiant asidig. Cafodd 0.040 môl o'r ffurf Z ei wresogi mewn asid hydroclorig dyfrllyd am 30 munud. Cynnyrch y ffurf E oedd 86%. Cyfrifwch fàs y ffurf E a gafodd ei gynhyrchu. [3]

 (ch) Mae cyfansoddion sydd â'r fformiwla foleciwlaidd $C_3H_4Cl_2$ yn bodoli ar ffurf sawl isomer anghylchol. Lluniwch fformiwlâu graffig:

      (i) dau isomer sy'n isomerau E–Z. [2]

     (ii) dau isomer sydd ddim yn dangos isomeredd E–Z. [2]

2 **(a)** Nodwch ystyr y term 'enantiomerau'. [1]

   (b) Lluniadwch fformiwlâu graffig dau enantiomer bromoclorofflworomethan, CHBrClF. [1]

   (c) Gallwn ysgrifennu fformiwla propan–1,2,3-triol fel

$$\begin{array}{ccc}
CH_2OH & & CH_2OH \\
| & & | \\
HO-C-H & neu & H-C-OH \\
| & & | \\
CH_2OH & & CH_2OH
\end{array}$$

     Esboniwch a yw'r ddwy fformiwla hyn yn unfath neu a yw propan–1,2,3-triol yn bodoli fel enantiomerau. [2]

 (ch) Mae 3.50g o enantiomer asid amino yn cael ei hydoddi mewn 50 cm^3 o ddŵr. Pan fydd sampl o'r hydoddiant yn cael ei roi mewn polarimedr, mae'n cylchdroi plân golau polar o 15°. Pa fàs o enantiomer arall yr asid amino hwn y dylech ei hydoddi yn yr hydoddiant er mwyn cynhyrchu hydoddiant sydd ddim yn dangos cylchdro ar blân golau polar? Esboniwch eich ateb. [2]

3 **(a)** Ysgrifennwch fformiwla graffig bwtan-2,3-deuamin a defnyddiwch seren (*) i nodi unrhyw greiddiau ciral a allai fod yn bresennol. [2]

   (b) Esboniwch pam mae pent-3-en-2-ol yn bodoli ar ffurf pedwar stereoisomer. [1]

     $CH_3CH=CHCH(OH)CH_3$

   (c) **(i)** Cyffur yw cis-platin sy'n cael ei ddefnyddio mewn cemotherapi. Dyma fformiwla'r cymhlygyn platinwm planar hwn:

$$\begin{array}{ccc}
H_3N_{\searrow} & & {_{\swarrow}}NH_3 \\
& Pt & \\
Cl^{\swarrow} & & {^{\searrow}}Cl
\end{array}$$

        Esboniwch pam mae cis-platin yn bodoli fel un o ddau stereoisomer posibl. [1]

     (ii) Gall yr ïon octahedrol $[Co(NH_3)_4Cl_2]^+$ fodoli fel dau stereoisomer. Lluniadwch fformiwlâu graffig y ddau stereoisomer hyn. [2]

4.2

1 (a) (i) Mae cylchohecsan yn cael ei gynhyrchu drwy adwaith bensen a hydrogen. Rhowch yr hafaliad ar gyfer yr adwaith hwn. [1]

(ii) Y newid enthalpi ar gyfer yr adwaith yn **(a) (i)** yw −208 kJ môl^{-1}. Os ydym yn ystyried bod bensen yn gylchohecsa−1,3,5-trien, y gwerth disgwyliedig ar gyfer yr hydrogeniad yw tua −360 kJ môl^{-1}. Esboniwch sut mae'r gwahaniaeth rhwng y ddau ffigur hyn yn rhoi tystiolaeth dros sefydlogrwydd cymharol mwy bensen. [2]

(b) Mae mesuriadau diffreithiant pelydrau X yn dangos bod hyd pob bond carbon i garbon mewn bensen yn gyfartal. Esboniwch sut mae hyn yn rhoi tystiolaeth dros adeiledd electronau dadleoledig mewn bensen. [1]

(c) Esboniwch pam nad yw bensen yn adweithio'n rhwydd â niwcleoffilau. [2]

2 Mae'r hafaliadau isod yn cynrychioli adwaith clorin ag ethen a bensen.

Adwaith 1

Adwaith 2   *Adwaith 3*

(a) Mae adwaith 1 yn adwaith adio.

(i) Nodwch y math o fecanwaith sy'n digwydd yn yr adwaith hwn. [1]

(ii) Mae clorin yn foleciwl amholar. Esboniwch sut mae cam cyntaf y mecanwaith hwn yn gallu digwydd. [1]

(b) Mae adwaith 2 yn adwaith adio hefyd. Er mwyn i'r adwaith ddechrau, mae angen golau uwchfioled. Cam cyntaf yr adwaith hwn yw daduniad clorin yn radicalau.

(i) Beth yw ystyr y term 'radical'? [1]

(ii) Rhowch yr hafaliad ar gyfer y daduniad clorin hwn yn radicalau. [1]

(iii) Un o gynhyrchion yr adwaith hwn yw

Nodwch fformiwla empirig y cyfansoddyn hwn. [1]

(c) (i) Esboniwch swyddogaeth yr haearn(III) clorid, sy'n cael ei ddefnyddio fel catalydd yn adwaith 3. [1]

(ii) Awgrymwch pam mae adwaith bensen ag ïodin monoclorid, I−Cl, yn rhoi ïodobensen fel y prif gynnyrch organig. [1]

3 (a) Yr hafaliad ar gyfer paratoi ethylbensen o fensen drwy adwaith Friedel−Crafts yw

(i) Nodwch y math o fecanwaith adwaith sy'n digwydd yn ystod yr adwaith hwn. [1]

(ii) Nid yw cynnyrch ethylbensen yn 100% gan fod cynhyrchion eraill yn ffurfio. Un o'r cynhyrchion hyn yw cyfansoddyn sydd â'r fformiwla foleciwlaidd $C_{10}H_{14}$. Awgrymwch fformiwla graffig ar gyfer y cyfansoddyn hwn a rheswm am ffordd bosibl o'i ffurfio. [2]

(b) Mae nitrobensen yn cael ei gynhyrchu fel arfer drwy nitradu bensen ar dymereddau dan 50 °C.

Mr 78   Mr 123

(i) Nodwch y cyfansoddion sy'n bresennol yn y 'cymysgedd nitradu' sy'n cael ei ddefnyddio ar gyfer y nitradiad hwn. [1]

(ii) Rhowch fformiwla'r electroffil sy'n cymryd rhan yn y nitradiad hwn. [1]

(iii) Mewn arbrawf, cynhyrchodd 26.0 g o fensen 35.0 g o nitrobensen. Cyfrifwch gynnyrch canrannol nitrobensen. [2]

(iv) Mae nitradiad bensen yn broses ecsothermig ac os yw'r tymheredd yn codi dros 50 °C, mae swm y cyd-gynnyrch 1,3-deunitrobensen yn cynyddu'n fawr. Awgrymwch **ddwy** ffordd o leihau maint yr 1,3-deunitrobensen sy'n cael ei gynhyrchu. [2]

4.3

1 (a) Mae propan-2-ol yn cael ei ffurfio o 2-bromopropan drwy ei wresogi gyda sodiwm hydrocsid dyfrllyd.

(i) Nodwch y math o fecanwaith sy'n digwydd yn yr adwaith hwn. [1]

(ii) Lluniadwch y mecanwaith adwaith ar gyfer yr adwaith hwn, gan ddangos gwefrau a saethau cyrliog lle bo'n briodol. [2]

(iii) Enwch un o gynhyrchion organig eraill yr adwaith hwn, sy'n ffurfio yn enwedig os yw'r hydoddiant dyfrllyd yn grynodedig neu os yw'r adwaith yn cael ei gynnal mewn hydoddiant alcoholaidd. [1]

(b) Mae'r hafaliad yn dangos rhydwythiad ceton gan rydwythydd addas gan gynhyrchu hecsan-3,4-deuol.

$$CH_3CH_2\overset{O}{\underset{H}{\overset{\|}{C}}} - \overset{OH}{\underset{H}{\overset{|}{C}}} - CH_2CH_3 + 2[H] \longrightarrow CH_3CH_2\overset{OH}{\underset{H}{\overset{|}{C}}} - \overset{OH}{\underset{H}{\overset{|}{C}}} - CH_2CH_3$$

(i) Enwch rydwythydd addas ar gyfer yr adwaith hwn. [1]

(ii) Nodwch safle unrhyw graidd cirol yn fformiwla hecsan-3,4-deuol gan ddefnyddio seren (*). [1]

(iii) Mae hecsan-3,4-deuol yn cael ei ocsidio gan hydoddiant potasiwm deucromad asidiedig gan roi asid propanöig fel yr unig gynnyrch organig. Cydbwyswch yr hafaliad ar gyfer yr adwaith hwn. [2]

$$CH_3CH_2\overset{OH}{\underset{H}{\overset{|}{C}}} - \overset{OH}{\underset{H}{\overset{|}{C}}} - CH_2CH_3 + \_[O] \longrightarrow$$

(iv) A bwrw bod yr adweithydd organig a hefyd y cynnyrch yn ddi-liw, nodwch beth byddech chi'n ei weld yn ystod adwaith **(iii)** uchod. [1]

2 (a) Mae'n bosibl defnyddio sylffwr deuclorid ocsid $SOCl_2$, i gynhyrchu cloroalcan o alcohol.

(i) Nodwch pam mae SOCl yn aml yn cael ei ddewis ar gyfer y dull hwn yn lle PCl_3 neu PCl_5. [1]

(ii) Rhowch yr hafaliad ar gyfer adwaith ffenylmethanol â sylffwr deuclorid ocsid. [1]

(b) Mae'n bosibl gwneud 1-pentyl ethanoad drwy adweithio pentan–1-ol â naill ai ethanoyl clorid neu asid ethanöig.

(i) Gwnaeth myfyriwr 1-pentyl ethanoad drwy adweithio pentan–1-ol ac ethanoyl clorid â'i gilydd. Dechreuodd gyda 20.0 cm^3 o bentan–1-ol (M_r 88) a chafodd 25.1 cm^3 o 1-pentyl ethanoad (M_r 130). Dwysedd pentan–1-ol yw 0.81 g cm^{-3} a dwysedd 1-pentyl ethanoad yw 0.88 g cm^{-3}. Cyfrifwch gynnyrch canrannol yr ester. [3]

(ii) Gwnaeth myfyriwr arall 1-pentyl ethanoad drwy adlifo pentan–1-ol ac asid ethanöig â'i gilydd ym mhresenoldeb ychydig o asid sylffwrig(VI). Roedd y cynnyrch a gafodd yn llai na'r cynnyrch a gafwyd drwy ddull ethanoyl clorid. Awgrymwch **ddau** reswm pam cafodd lai o gynnyrch efallai. [2]

3 (a) Mae tri hydoddiant dyfrllyd gwahanol yn cael eu rhoi. Mae un yn cynnwys ffenol, un arall yn cynnwys asid ethanöig a'r trydydd yn cynnwys asid propenöig, $CH_2=CHCOOH$. Lluniwch rai adweithiau syml mewn tiwbiau prawf i benderfynu pa un yw pa un. [2]

(b) Mewn arholiad ymarferol, cafodd rhai myfyrwyr sampl o'r cyfansoddyn y mae ei fformiwla i'w gweld isod, wedi'i hydoddi mewn hydoddydd addas.

Roedd gofyn iddyn nhw ddangos presenoldeb y grŵp ffenolig a chlorin yn y grŵp 2-cloroethyl gan ddefnyddio hydoddiannau dyfrllyd o haearn(III) clorid, sodiwm hydrocsid, asid nitrig(V) gwanedig ac arian nitrad yn unig. Lluniwch brofion i adnabod y grwpiau hyn a rhowch sylwadau ar gemeg yr adweithiau. [4]

(c) Mae 4-nitroffenyl bensoad yn cael ei wneud drwy ysgwyd 4-nitroffenol a bensoyl clorid, C_6H_5COCl, gyda'i gilydd mewn hydoddiant alcalïaidd.

(i) Esboniwch pam mae angen hydoddi'r ffenol mewn alcali er mwyn i'r adwaith hwn ddigwydd. [1]

(ii) Rhowch fformiwla graffig yr ester, 4-nitroffenyl bensoad. [1]

4.4

1 (a) Rhowch enw adweithydd sy'n cael ei ddefnyddio i gynhyrchu ethanal o ethanol. [1]

(b) Rhowch enw adweithydd sy'n cael ei ddefnyddio i gynhyrchu ethanol o ethanal. [1]

2 (a) Mae'n bosibl defnyddio hydoddiant Fehling i wahaniaethu rhwng aldehydau a chetonau.

(i) Nodwch beth sy'n cael ei weld os bydd ychydig o bropanal yn cael ei ychwanegu at hydoddiant Fehling a'r cymysgedd yn cael ei gynhesu'n ofalus. [1]

(ii) Mae'r adwaith hwn yn dangos bod propanal (a llawer o aldehydau eraill) yn cael ei ocsidio'n rhwydd. Rhowch enw gynnyrch yr ocsidiad yn yr adwaith yn **(i)** uchod. [1]

(b) Nodwch adwaith arall y mae'n bosibl ei gynnal mewn tiwb profi i wahaniaethu rhwng aldehyd a cheton, gan roi canlyniad y prawf. [2]

3 **(a)** **(i)** Lluniwch fecanwaith adwaith hydrogen cyanid â phentan-3-on, gan ddangos gwefrau a saethau cyrliog priodol i gynrychioli symudiad parau electron. [2]

(ii) Mae'r adwaith yn **(i)** uchod yn cael ei ddisgrifio fel adwaith adio niwcleoffilig. Rhowch fformiwla'r niwcleoffil sy'n cymryd rhan a nodwch pam mae'n cael ei ddisgrifio fel adwaith adio. [2]

(iii) Nawr mae'r cynnyrch a gafodd ei ffurfio yn **(i)** uchod yn cael ei hydrolysu gan ddefnyddio asid gwanedig. Rhowch fformiwla graffig ac enw cynnyrch yr hydrolysis hwn. [2]

4 'Fforon' yw'r enw cyffredin ar y ceton annirlawn sydd â'r fformiwla isod.

$$(CH_3)_2C = \overset{\overset{\displaystyle H}{|}}{C} - \overset{\overset{\displaystyle O}{||}}{C} - \overset{\overset{\displaystyle H}{|}}{C} = C(CH_3)_2$$

↓ H$_2$/Pt

ceton dirlawn E

↓ rhydwythiad

alcohol eilaidd F

(a) Cwblhewch y siart, drwy roi fformiwlâu graffig cyfansoddion E ac F. [2]

(b) Esboniwch pam mae'r fformiwla empirig ar gyfer yr alcohol eilaidd, cyfansoddyn F, yr un peth â'i fformiwla foleciwlaidd. [1]

5 Mae 2,4-deunitroffenylhydrasin yn cael ei ddefnyddio i adnabod aldehydau a chetonau penodol, gan ei fod yn cynhyrchu deilliadau grisialog sydd â thymereddau ymdoddi clir. Mae tymereddau ymdoddi deilliadau 2,4-deunitroffenylhydrasin rhai cetonau i'w gweld yn y tabl.

Ceton	Tymheredd ymdoddi y deilliad /°C
Bwtanon	111
Pentan-2-on	143
Cylchopentanon	146
Propanon	155
Pentan-3-on	156

Cafodd tymheredd ymdoddi deilliad 2,4-deunitroffenylhydrasin ceton, yr oedd yn hysbys ei fod yn un o'r rhai yn y tabl, ei fesur, a'r tymheredd oedd 150–154 °C.

(a) Nodwch, gan roi rheswm, pa geton(au) yn y tabl na all roi deilliad sydd â thymheredd ymdoddi o 150–154 °C. [2]

(b) Nid yw'r tymheredd ymdoddi'n adnabod yn glir pa un o'r cetonau posibl eraill sydd wedi cynhyrchu'r deilliad 2,4-deunitroffenylhydrasin. Dangosodd dadansoddiad o'r ceton 'anhysbys' ei fod yn cynnwys 27.6% ocsigen yn ôl màs. Defnyddiwch y wybodaeth hon i ddidwytho pa un o'r cetonau yn y tabl sydd wedi cynhyrchu'r deilliad hwn â thymheredd ymdoddi 150–154 °C. [4]

(c) Awgrymwch pam nad yw tymheredd ymdoddi'r deilliad hwn yn glir a'i fod wedi ymdoddi dros ystod o dymereddau. [1]

6 **(a)** Nodwch yr adweithyddion sy'n cael eu defnyddio a'r arsylw pan fydd prawf triiodomethan yn rhoi canlyniad positif. [2]

(b) Nodwch, gan roi rhesymau dros eich ateb(ion), pa un/ pa rai o'r cyfansoddion hyn fydd yn rhoi canlyniad positif i brawf triiodomethan. [2]

Cyfansoddyn A $(CH_3)_3C - \overset{\displaystyle O}{\overset{\|}{C}} - CH_3$

Cyfansoddyn B $CH_3CH_2CH_2 - \overset{\displaystyle O}{\overset{\|}{C}} - CH_2CH_3$

Cyfansoddyn C $CH_3CH_2CH_2CH_2CH_2C\overset{\displaystyle O}{\underset{H}{\lessgtr}}$

Cyfansoddyn CH ⬦$- \overset{\displaystyle H}{\underset{OH}{C}} - CH_3$

Cyfansoddyn D $CH_3CH_2 - \overset{\displaystyle O}{\overset{\|}{C}} - \overset{C(CH_3)_2}{\underset{H}{|}}$

4.5

1 **(a)** Mae ethan–1,2-deuol yn hylif sydd â blas melys ac sydd wedi'i ddefnyddio'n anghyfreithlon i felysu gwin. Yn anffodus mae'n wenwynig iawn a phan fydd yn cael ei lyncu, mae'n cael ei drawsnewid yn y corff yn asid ethandeuöig. Mae hefyd yn bosibl ffurfio'r asid hwn o'r deuol drwy ddefnyddio deucromad asidiedig ond mae'r cynnyrch yn wael gan fod rhywfaint o fethanal hefyd yn ffurfio. Rhowch yr hafaliad ar gyfer ocsidio ethan–1,2-deuol i fethanal, gan ddefnyddio [O] i gynrychioli fformiwla'r ocsidydd. Dylech dybio mai methanal yw unig gynnyrch organig yr adwaith. [1]

(b) Dull arall o gynhyrchu asid ethandeuöig yw defnyddio asid nitrig(V) i ocsidio swcros.

(i) Cwblhewch yr hafaliad isod, lle mae [O] yn cynrychioli fformiwla'r ocsidydd ac unig gynnyrch arall yr adwaith yw dŵr. [2]

$C_{12}H_{22}O_{11} + \_[O] \longrightarrow$

(ii) Wrth i swcros gael ei ocsidio fel hyn, mae rhywfaint o asid ocsopropandeuöig yn cael ei gynhyrchu.

$\overset{O}{\underset{HO}{\lessgtr}}C - \overset{\displaystyle O}{\overset{\|}{C}} - C\overset{H}{\underset{OH}{\lessgtr}}$

Ysgrifennwch fformiwla'r cyfansoddyn sy'n cael ei gynhyrchu os bydd yr asid hwn yn cael ei rydwytho'n llwyr i'w alcohol cyfatebol gan lithiwm tetrahydridoalwminad (III). [1]

(c) **(i)** Hydoddiant asid ethanöig dyfrllyd yw finegr sy'n cael ei wneud drwy ocsidio hydoddiant ethanol gwanedig yn yr atmosffer ym mhresenoldeb y bacteria *Mycoderma aceti*.

$CH_3CH_2OH + O_2 \longrightarrow CH_3COOH + H_2O$

Cafodd sampl o finegr a a gafodd ei gynhyrchu fel hyn ei ddadansoddi ac roedd yn cynnwys 8% yn ôl màs o asid ethanöig yn yr hydoddiant hwn. Cyfrifwch grynodiad yr asid ethanöig yn y sampl hwn o finegr mewn môl dm^{-3}. [2]

(ii) Cafodd hydoddiannau dyfrllyd o ethanol, ffenol ac asid ethanöig eu rhoi mewn biceri. Rydych chi'n cael sodiwm hydrogencarbonad solet a bromin dyfrllyd. Lluniwch gynllun, gan ddefnyddio'r defnyddiau hyn yn unig, i gadarnhau beth yw pob hydoddiant. [2]

2 Fformiwla foleciwlaidd hydrocarbon aromatig yw C_8H_{10}. Mae sampl o'r hydrocarbon hwn yn cael ei adlifo am beth amser gyda hydoddiant potasiwm manganad(VII) alcalïaidd. Ar ôl tynnu'r manganîs(IV) ocsid solet, rydym yn asidio'r hydoddiant di-liw oer gydag asid hydroclorig gwanedig ac mae solid gwyn yn gwaddodi. Mae'r solid yn cael ei hidlo i ffwrdd a'i sychu. Mae'r solid hwn yn asid carbocsylig ac mae ei sbectrwm màs yn dangos ïon moleciwlaidd ar m/z 122.

(a) Pam mae angen asidio'r hydoddiant di-liw? [1]

(b) Pam mae'r solid gwyn yn ymddangos fel gwaddod ar ôl yr asidio? [1]

(c) Esboniwch sut mae'r disgrifiad yn dangos mai adwaith ocsidio a rhydwytho yw'r adwaith hwn. [2]

(ch) Defnyddiwch y data sbectrwm màs i ddiddwytho fformiwla graffig bosibl ar gyfer yr asid carbocsylig. [2]

(d) Defnyddiwch y wybodaeth i ddiddwytho enw'r hydrocarbon aromatig. [2]

3 (a) Nodwch ystyr 'datgarbocsyleiddiad'. [1]

(b) Cafodd halwyn sodiwm asid 2,4,6-trimethylbensencarbocsylig ei wresogi gyda chalch soda (sy'n cael ei gynrychioli fel NaOH). Rhowch hafaliad yr adwaith hwn, gan ddangos fformiwla graffig y cynnyrch organig. [2]

(c) Cafodd sbectrwm NMR cydraniad isel y cynnyrch organig ei fesur. Nodwch ac esboniwch nifer y brigau a welwyd a'u harwynebeddau brig cymharol. [2]

(ch) Mewn arbrawf datgarbocsyleiddiad arall, cafodd hydrocarbon arall â chadwyn syth a màs moleciwlaidd cymharol 72 ei gynhyrchu. Awgrymwch fformiwla ar gyfer halwyn sodiwm yr asid carbocsylig a gynhyrchodd yr hydrocarbon hwn pan gafodd ei wresogi gyda chalch soda. [3]

4 Dangosodd sbectrwm NMR ^{13}C ester dri brig gwahanol a dangosodd ei sbectrwm NMR ^{1}H ddau frig, oedd â'r un arwynebedd brig â'i gilydd.

(a) Diddwythwch fformiwla graffig yr ester. [3]

(b) Rhowch yr hafaliad ar gyfer ffurfio'r ester hwn o'r alcohol a'r asid carbocsylig perthnasol, gan nodi'r catalydd sy'n cael ei ddefnyddio. [2]

5 Enwch y cyfansoddion yn y gyfres hon o adweithiau. [5]

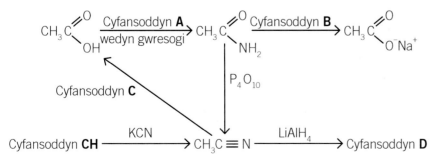

6 Mae rhywun yn rhoi methyl 2-hydrocsibensoad i chi

ac mae gofyn i chi gynhyrchu sampl sych o asid 2-hydrocsibensöig ohono drwy hydrolysis gyda sodiwm hydrocsid dyfrllyd. Dyma'r manylion:

• mae methyl 2-hydrocsibensoad yn hylif sydd â thymheredd berwi 224 °C • mae hydrolysis yr ester yn cynhyrchu hydoddiant dyfrllyd o sodiwm 2-hydrocsibensoad • mae ychwanegu asid hydroclorig at yr hydoddiant sodiwm 2-hydrocsibensoad oer yn rhoi gwaddod grisialog gwyn, sef asid 2-hydrocsibensöig • tymheredd ymdoddi'r asid 2-hydrocsibensöig yw 158 °C.

Lluniwch ddull ar gyfer yr arbrawf hwn a fydd yn cynhyrchu grisialau sych o asid 2-hydrocsibensencarbocsylig. Yn eich disgrifiad dylech nodi unrhyw fanylion pwysig sydd ddim yn y cyfarwyddiadau bras uchod. Nid oes angen hafaliadau cemegol. [6]

4.6

1 **(a)** Mae'n bosibl ffurfio aminau aliffatig cynradd drwy adweithio halogenoalcanau ac amonia gyda'i gilydd.

(i) Un dull o baratoi bwtylamin yw adweithio 1-bromobwtan ag amonia mewn tiwb wedi'i selio. Rhowch hafaliad ar gyfer yr adwaith hwn i baratoi bwtylamin. [1]

(ii) Awgrymodd myfyriwr ddull haws. Dywedodd, 'Rhowch 1-bromobwtan wedi'i hydoddi mewn ychydig o alcohol fel hydoddydd mewn fflasg gyda chyddwysydd adlifo. Cynheswch y cymysgedd mewn baddon dŵr gan yrru amonia drwyddo am beth amser.' Nodwch ddwy o anfanteision defnyddio'r dull hwn. [2]

(iii) Esboniwch pam mae'n debyg y bydd adwaith amonia ag 1-bromobwtan yn cynhyrchu 1-bwtylamoniwm bromid a lluniwch fecanwaith i ddangos sut mae'r cyfansoddyn hwn yn ffurfio. [3]

(b) Ar dymheredd ystafell mae rhai aminau'n bodoli fel nwyon neu hylifau anweddol ac mae'n fwy cyfleus eu gwerthu ar ffurf eu halwynau, er enghraifft methylamoniwm clorid. Nodwch sut rydych yn cynhyrchu methylamin o'i halwyn, methylamoniwm clorid, gan ddefnyddio adwaith syml mewn tiwb profi. [2]

(c) Defnyddiwch fformiwlâu graffig propylamin a phropannitril i esbonio pam mae'r ddau'n hydawdd mewn dŵr. [2]

2 **(a)** Yn y labordy, mae'n bosibl cynhyrchu ffenylamin drwy rydwytho nitrobensen gyda metel tun ac asid hydroclorig.

(i) Rhowch yr hafaliad ar gyfer yr adwaith hwn gan ddefnyddio [H] i gynrhychioli'r rhydwythydd. [1]

(ii) Cafodd y dull hwn ei ddefnyddio i gynhyrchu ffenylamin: cafodd 25g o nitrobensen ei rydwytho gan gynhyrchu 17g o ffenylamin. Cyfrifwch gynnyrch canrannol y ffenylamin. [2]

(iii) Roedd rhydwythiad metel-asid tebyg yn arfer cael ei ddefnyddio mewn diwydiant i gynhyrchu ffenylamin o nitrobensen, ond heddiw mae proses gwedd anwedd yn cael ei defnyddio. Mewn un dull, mae nitrobensen yn cael ei rydwytho gan hydrogen, gan yrru'r adweithyddion dros gatalydd metelau ar dymereddau cymhedrol a gwasgedd o 1.3 atmosffer. Awgrymwch fantais sydd gan y broses gwedd anwedd hon o'i chymharu â'r broses gwedd hylif metel/asid. [1]

(iv) Mewn proses gwedd anwedd ddiweddarach, mae ffenol ac amonia'n cael eu gyrru dros gatalydd metel ocsid ar dymereddau cymedrol a gwasgedd o 200 atmosffer.

Mae gan y dull hwn nifer o fanteision o'i gymharu â'r broses sy'n cael ei disgrifio yn **(iii)** ond mae ganddo nifer o anfanteision hefyd. Awgrymwch un o anfanteision y broses ddiweddarach hon. [1]

(b) Os bydd ymgais yn cael ei gwneud i gael 4-nitroffenylamin drwy nitradu ffenylamin, mae nifer o gynhyrchion eraill yn cael eu cynhyrchu ac mae'r cynnyrch yn wael. Dull mwy boddhaol o gynhyrchu 4-nitroffenylamin yw paratoi N-ffenylethanamid yn gyntaf.

(i) Nodwch yr adweithydd y mae'n bosibl ei ddefnyddio i gynhyrchu N-ffenylethanamid o ffenylamin. [1]

(ii) Mae nitradu N-ffenylethanamid yn rhoi cymysgedd o'r isomerau 2- a 4-.

Mae'r isomer 2 yn hydawdd mewn tricloromethan, ond mae'r isomer 4 yn anhydawdd yn yr hydoddydd hwn. Awgrymwch sut gallech chi wahanu cymysgedd o'r ddau isomer hyn gan ddefnyddio tricloromethan neu fel arall. [1]

3 Mae adwaith amin cynradd aliffatig ag asid nitrig(III) yn rhoi cynnyrch gwael o'r alcohol, er bod cynnyrch nwy nitrogen yn feintiol (mae'r holl nitrogen sy'n bresennol yn dod yn nwy nitrogen).

$$CH_3CH_2NH_2 \xrightarrow{HNO_2} CH_3CH_2OH + N_2$$

Byddai'n bosibl defnyddio'r adwaith hwn i ddarganfod crynodiad amin sy'n bresennol mewn hydoddiant. Mewn arbrawf, cafodd 75 cm^3 o hydoddiant dyfrllyd o ethylamin ei drin gyda gormodedd o asid nitrig(III). Cafwyd 90 cm^3 o nitrogen, wedi'i fesur ar dymheredd a gwasgedd ystafell. Cyfrifwch grynodiad hydoddiant ethylamin mewn môl dm^{-3}. [2]

[Cyfaint 1 môl o nwy nitrogen yw 24.0 dm^3 ar dymheredd a gwasgedd ystafell]

4 **(a)** Mae asid nitrig(III) yn adweithio ag aminau aromatig cynradd ar dymheredd o ryw 5–10 °C gan roi hydoddiant sy'n cynnwys y catïon bensendeuasoniwm.

(i) Mae asid nitrig(III) yn ansefydlog ac yn cael ei gynhyrchu pan fydd ei angen o sodiwm nitrad(III) ac asid hydroclorig.

$$NaNO_2 + HCl \longrightarrow HNO_2 + NaCl$$

Yn ymarferol, mae ffenylamin yn cael ei hydoddi mewn asid hydroclorig ac mae hydoddiant sodiwm nitrad(III) oer yn cael ei ychwanegu. Mae'r hydoddiant hwn yn cynnwys bensendeuasoniwm clorid.

Rhowch fformiwla graffig yr ïon bensendeuasoniwm, gan ddangos unrhyw barau unig o electronau sy'n briodol. [1]

(ii) Gall yr hydoddiant bensendeuasoniwm clorid adweithio â ffenol neu amin aromatig gan gynhyrchu llifyn aso. Er enghraifft, pan fydd yn adweithio â 3,5-deumethylffenol.

Esboniwch pam mae'r adwaith hwn yn cael ei gynnal mewn hydoddiant alcalïaidd. [1]

(b) Dyma fformiwla'r dangosydd methyl coch

Rhowch fformiwlâu'r amin aromatig cynradd sy'n cael eu defnyddio a fformiwla'r amin sy'n adweithio â'r amin aromatig deuasoedig gan gynhyrchu methyl coch. [2]

5 Mae llawer o lifynnau aso'n cael eu defnyddio fel dangosyddion asid–bas. Mae'r tabl yn dangos dau ddangosydd a'r donfedd lle mae'r mwyaf o olau gweladwy'n cael ei amsugno.

Dangosydd	λ mwyaf/nm
Methyl Coch	410
Thymol Glas	594

Dyma werthoedd rhai cysonion ffisegol

- Cysonyn Planck $(h) = 6.63 \times 10^{-34}$ J s
- Cyflymder golau $(c) = 3.00 \times 10^8$ ms^{-1}
- Cysonyn Avogadro $(L) = 6.02 \times 10^{23}$ môl^{-1}

(a) Cyfrifwch amledd y golau lle mae'r amsugniad mwyaf ar gyfer methyl coch. [1]

(b) Nodwch pa un o'r ddwy donfedd amsugno fwyaf sydd â'r egni uchaf, gan esbonio eich ateb. [2]

(c) Defnyddiwch eich ateb i **(a)** i gyfrifo'r egni sy'n cael ei amsugno mewn kJ môl^{-1}. [2]

(ch) Esboniwch, yn nhermau'r golau sy'n cael ei amsugno, pam mae'r dangosydd methyl coch yn ymddangos yn goch mewn golau gwyn. [1]

4.7

1 **(a)** Rhowch y fformiwla gyffredinol ar gyfer asid amino α. [1]

(b) Defnyddiwch eich ateb i **(a)** i esbonio pam mae pob asid amino α, heblaw un, yn cynnwys o leiaf un craidd cirol. [2]

(c) Mae asid 2-amino-3-ffenylbwtanöig yn asid amino α. Ysgrifennwch fformiwla graffig yr asid hwn a nodwch unrhyw graidd cirol/creiddiau cirol sy'n bresennol gan ddefnyddio seren (*). [2]

2 **(a)** Fformiwla lewcin (asid 2-amino-4-methylbwtanöig) yw

$(CH_3)_2CHCH_2CH(NH_2)COOH$

(i) Ysgrifennwch fformiwla ffurf switerïon lewcin. [1]

(ii) Ysgrifennwch fformiwla'r rhywogaeth sy'n ffurfio pan fydd lewcin yn cael ei hydoddi mewn hydoddiant alcalïaidd cryf, gan esbonio eich ateb. [2]

(iii) Esboniwch pam mae tymheredd ymdoddi lewcin yn 293 °C, ond mae asid 5-methylhecsanöig yn hylif ar dymheredd a gwasgedd ystafell. [4]

(iv) Mae'r tabl yn dangos hydoddedd rhai asidau amino α mewn dŵr.

Asid amino	hydoddedd ar 25 °C g/100g H_2O
asid 2-aminopropanöig	16.7
asid 2-amino-3-methylbwtanöig	7.1
asid 2-amino-4-methylpentanöig	1.0

Diddwythwch ac yna awgrymwch reswm ar gyfer y duedd mewn hydoddedd. [2]

(b) Mae histidin yn asid amino α. Yn y corff, mae ensymau'n gallu datgarbocsyleiddio histidin, gan gynhyrchu histamin, sy'n gyfrifol am lawer o'r symptomau sy'n cael eu cysylltu â chlefyd y gwair.

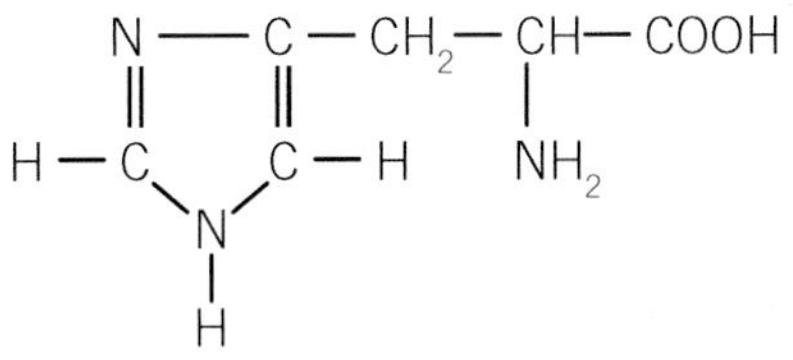

Histidin

Ysgrifennwch fformiwla graffig histamin. [1]

3 Mae asidau amino'n sylweddau eithaf niwtral, ac felly'n anaddas ar gyfer eu defnyddio fel asidau mewn titradiadau asid–bas sy'n defnyddio sodiwm hydrocsid. Os bydd methanal hefyd yn cael ei ddefnyddio yn y titradiad, bydd yr asid amino'n adweithio â sodiwm hydrocsid yn ôl cymhareb folar 1:1. Mewn titradiad, hydoddwyd 1.48 g o asid amino α anhysbys mewn hydoddydd gan ei wneud i fyny at 250 cm³. Adweithiodd 25.00 cm³ o'r hydoddiant hwn â 12.65 cm³ o sodiwm hydrocsid â chrynodiad 0.100 môl dm⁻³.

(a) Cyfrifwch fàs moleciwlaidd cymharol yr asid amino α. [3]

(b) Defnyddiwch y màs moleciwlaidd cymharol a gafodd ei gyfrifo yn **(a)** i awgrymu dwy fformiwla graffig ar gyfer yr asid amino α. [2]

(c) Nodwch pa ddull sy'n defnyddio offer fyddai fwyaf priodol i benderfynu pa un o'r asidau yn **(b)** oedd yr asid anhysbys, gan roi rheswm am eich ateb. [2]

4   Mae deupeptidau'n cael eu ffurfio drwy gyddwysiad dau foleciwl asid amino. Mae'r fformiwla isod yn dangos fformiwla deupeptid sydd wedi'i ffurfio o ddau asid amino gwahanol.

Ysgrifennwch fformiwla'r deupeptid arall y mae'r ddau asid amino hyn yn ei ffurfio.   [1]

5   Gallwn ddisgrifio adeiledd proteinau mewn ffyrdd gwahanol. Esboniwch beth mae adeiledd cynradd, eilaidd a thrydyddol proteinau'n ei olygu.   [5]

4.8

1   Edrychwch ar y gyfres adweithio isod ac yna atebwch y cwestiynau sy'n dilyn.

(a) Mae methyl 2-aminobensoad yn berwi ar 256 °C dan wasgedd atmosfferig arferol. Pam mae'n well puro'r cyfansoddyn hwn drwy ddistyllu gwactod cyn ei ddefnyddio, yn lle defnyddio distyllu cyffredin?   [1]

(b) Yng ngham 1, mae'r ester methyl 2-aminobensoad yn cael ei hyrolysu drwy ei wresogi gyda sodiwm hydrocsid dyfrllyd. Nodwch pam mae angen asidio'r adwaith wedyn er mwyn cael y cynnyrch sydd i'w weld uchod.   [1]

(c) Nodwch sut mae asid nitrig(III) yn cael ei gynhyrchu er mwyn ei ddefnyddio yng ngham 2.   [1]

(ch) Yng ngham 3, mae asid nitrig(V) yn cael ei ychwanegu at asid 2-hydrocsibensöig a dŵr ac mae'r cymysgedd yn cael ei gynhesu. Ar ôl oeri, mae grisialau o asid 2-hydrocsi-5-nitrobensöig yn cael eu cynhyrchu, a hefyd hydoddiant melyn sy'n cynnwys cynhyrchion o bolynitradiad. Bydd y cymysgedd yn cael ei hidlo wedyn. Sut gallech chi ddweud bod y grisialau mor bur ag sy'n bosibl erbyn hyn?   [1]

(d) Rhowch fformiwla'r llifyn aso sy'n cael ei gynhyrchu ar ddiwedd cam 5.   [1]

(dd) (i) Tymheredd ymdoddi'r sampl o asid 2-hydrocsi-5-nitrobensöig a gafodd ei gynhyrchu ar ôl cam 3 oedd 200–215 °C. Tymheredd ymdoddi'r asid pur yw 230 °C. Beth gallwch chi ei ddiddwytho o'r ffigurau hyn? Esboniwch eich ateb.   [1]

(ii) Dywedodd myfyriwr fod asid 2-hydrocsi-5-nitrobensöig yn dadelfennu cyn ei dymheredd ymdoddi. Esboniwch pam mae'n rhaid bod y gosodiad hwn yn anghywir.   [1]

(e) Cafodd y cynnyrch ar ôl cam 3 ei ailgrisialu o ethanol. Esboniwch gamau'r broses hon i gael grisialau pur o'r asid. Dylai eich ateb ystyried iechyd a diogelwch.   [5]

2 Dyma rai manylion am gyfansoddyn **N**:

- mae dadansoddiad cemegol yn dangos ei fod yn cynnwys carbon, hydrogen ac ocsigen yn unig a bod canran yr ocsigen yn 28.1% yn ôl màs - nid yw'n adweithio ag adweithydd Tollens - mae'r sbectrwm màs yn dangos ïon moleciwlaidd ar m/z 114 a brigau mawr ar m/z 43, 71 a 99 - mae'n cynhyrchu solid melyn wrth adweithio â hydoddiant ïodin alcalïaidd - mae'r sbectrwm isgoch yn dangos amsugniad amlwg ar 1713 cm^{-1} ond dim amsugniadau nodweddiadol ar gyfer grŵp O–H na bond sengl C–O - mae'r sbectrwm NMR ^{13}C yn dangos presenoldeb tri amgylchedd carbon gwahanol - mae'r sbectrwm ^{1}H yn dangos dau frig unigol ar 2.19δ a 2.71δ ag arwynebeddau brig yn ôl y gymhareb 3:2 yn ôl eu trefn - mae'n adweithio â 2,4-deunitroffenylhydrasin gan roi solid oren-coch â thymheredd ymdoddi 257 °C

(a) Defnyddiwch y wybodaeth i gyd i awgrymu fformiwla graffig ar gyfer cyfansoddyn **N**, gan esbonio eich ymresymu. [6]

(b) Gan ddefnyddio'r wybodaeth sydd wedi'i rhoi, disgrifiwch ddull i gadarnhau ymhellach beth yw cyfansoddyn **N**. [2]

3 Mae'r fformiwla'n dangos rhan o bolymer.

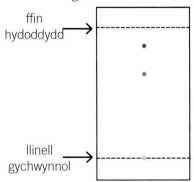

Mae'r math hwn o bolymer yn cael llawer o sylw oherwydd mae'n bosibl eu cynhyrchu o garbohydradau fel glwcos neu startsh, gan ddefnyddio micro-organebau. Mae'r polymerau hefyd yn ddiogel ac yn eithaf bioddiraddadwy.

(a) Pe bai'r polymer wedi'i wneud drwy ddull cemegol, nodwch enw a fformiwla'r monomer. [2]

(b) Nodwch y math o bolymeriad sy'n digwydd pan fydd y polymer yn cael ei wneud o'r monomer a'r math o bolymer y mae ei fformiwla i'w weld uchod. [2]

4 Credir bod Cyfansoddyn **P** yn ddeuethyl 2-clorobwtandeuoad.

$$CH_3CH_2O-\overset{O}{\underset{}{C}}-\overset{\overset{Cl}{|}}{\underset{\underset{H}{|}}{C}}-CH_2-\overset{O}{\underset{}{C}}-OCH_2CH_3$$

- Disgrifiwch sbectrwm NMR ^{1}H y cyfansoddyn hwn - Disgrifiwch sbectrwm NMR ^{13}C y cyfansoddyn hwn - Disgrifiwch amsugniadau isgoch nodweddiadol y cyfansoddyn hwn, gan nodi'r bondiau sy'n cael eu hadnabod a'u tonrifau bras mewn cm^{-1}
- Cafodd Cyfansoddyn **P** ei hydrolysu, gan gynhyrchu ïon Cl$^-$. Disgrifiwch brawf i ddangos presenoldeb yr ïon hwn. [6]

5 Mae cromatogram haen denau (*TLC*) cymysgedd o ffenolau i'w weld isod.

(a) Roedd y smotiau ffenol yn y cromatogram yn ddi-liw ac fe gafodd y cyfrwng lleoli, asid 4-aminobensensylffonig deuasoedig, ei ddefnyddio i wneud y smotiau'n weladwy.

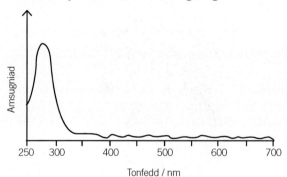

Nodwch y math o gyfansoddyn sy'n cael ei gynhyrchu yn y broses leoli hon. [1]

(b) Defnyddiwch y tabl i nodi pa ffenolau sy'n bresennol yn y cymysgedd, gan ddangos eich gwaith cyfrifo. [2]

Ffenol	R_f
asid 2,5-deuhydrocsibensöig	0.45
asid 2-hydrocsibensöig	0.58
asid 3,4-deuhydrocsibensöig	0.63
1,3-deuhydrocsibensen	0.86

(c) Roedd amheuaeth bod asid 3,4,5-trihydrocsibensöig hefyd yn bresennol ond ei fod wedi rhoi smotyn di-liw, hyd yn oed wrth ddefnyddio'r cyfrwng lleoli. Awgrymwch sut byddai'n bosibl goresgyn y broblem hon. [1]

(ch) Ysgrifennwch fformiwla graffig asid 3,4,5-trihydrocsibensöig. [1]

(d) Roedd amsugniad mwyaf asid 3,4,5-trihydrocsibensöig ar 271nm yn rhanbarth uwchfioled y sbectrwm electromagnetig.

Nodwch ac esboniwch liw y cyfansoddyn o'i weld yng ngolau haul. [2]

Arholiad ymarferol   Uned 5

Mewn unrhyw arholiad cemeg, mae angen asesu sgiliau ymarferol. Yn Uned 5, mae'r ymgeiswyr yn cael cyfle i ddangos eu sgiliau, eu gwybodaeth a'u dealltwriaeth o ran technegau ymarferol a'u gallu i werthuso data arbrofol. Mae'r uned yn cynnwys dwy dasg i'w gwneud yn unigol dan amodau rheoledig. Mae un dasg yn dasg arbrofol lle mae 30 marc ar gael, a'r llall yn bapur ysgrifenedig un awr lle mae hefyd 30 marc ar gael. Mae cyfanswm y marciau ar gyfer Uned 5 yn cyfrif am 10% o gyfanswm y marciau ar gyfer Safon Uwch. Mae'r ddwy dasg ar gyfer Uned 5 yn cael eu marcio'n allanol gan CBAC, gyda rhai marciau'n cael eu dyfarnu gan athrawon ar gyfer asesiad uniongyrchol o sgiliau ymarferol.

Arholiad ymarferol

Bydd gwaith ymarferol yn digwydd drwy gydol y cwrs Safon Uwch a bydd hyn yn galluogi dysgwyr i feddwl yn annibynnol a defnyddio a chymhwyso dulliau ac arferion gwyddonol. Bydd cyfleoedd hefyd i ddatblygu eu sgiliau rhifedd a'u syniadau mathemategol mewn cyd-destun ymarferol. Gall hyn gynnwys gwaith graff, dadansoddi data ac ystyried lled y gwall, manwl gywirdeb a thrachywiredd. Sgìl pwysig arall yw datblygu sgiliau ymchwil, ar lein ac all lein. Mae'r gallu i ddyfynnu ffynonellau gwybodaeth yn gywir yn nodwedd bwysig yn y gwaith ymchwil hwn. Mae'r arholiad ar gyfer Uned 5 yn rhoi cyfle i'r ymgeiswyr ddangos y sgiliau maen nhw wedi'u hennill yn ystod dwy flynedd y cwrs. Yn amlwg, mewn arholiad sy'n para am ychydig oriau yn unig, nid oes amser ar gyfer adolygiad cynhwysfawr o'r sgiliau sydd wedi'u hennill. Mae'r fanyleb yn rhestru'r technegau ymarferol sydd i'w dysgu, a hefyd awgrymiadau ar gyfer tasgau ymarferol i ddangos y technegau hyn. Mae'r bwrdd arholi wedi cyhoeddi set o ddeunyddiau asesu enghreifftiol sy'n dangos y math o dasgau a allai gael eu gosod yn ystod asesiad ymarferol ac ysgrifenedig yr uned hon. Mae'r arholiad ymarferol enghreifftiol yn gofyn i ymgeiswyr ddadansoddi tabledi i ddarganfod faint o asbrin sydd ynddynt. Mae hyn yn digwydd drwy hydrolysu màs hysbys o dabledi asbrin gan ddefnyddio gormodedd o sodiwm hydrocsid dyfrllyd. Mae'r gormodedd o sodiwm hydrocsid sy'n bresennol yn cael ei fesur drwy ditradiad gyda hydoddiant safonol o asid sylffwrig. Mae crynodiad yr hydoddiant sodiwm hydrocsid sy'n cael ei ddefnyddio hefyd yn cael ei fesur drwy ditradiad gyda'r asid safonol hwn.

Mae'r papur ysgrifenedig enghreifftiol un awr yn cynnwys cwestiynau wedi'u hysgrifennu mewn cyd-destun ymarferol. Maen nhw'n cynnwys cwestiwn ar enthalpi niwtraliad a chwestiwn ar gyfraddau adwaith ar dymheredd arbennig a hefyd ar dymereddau gwahanol (gan ddefnyddio hafaliad Arrhenius). Hefyd yn y papur, mae cwestiwn ar newidiadau pH yn ystod niwtraliad. Mae cwestiwn organig hefyd lle mae cyfansoddion hysbys mewn poteli heb eu labelu yn cael eu rhoi i'r ymgeiswyr a lle mae gofyn iddynt lunio profion i benderfynu pa un yw pa un. Mae defnyddio diagram llif yn aml yn ffordd dda o ateb y math hwn o gwestiwn yn llwyddiannus. Byddai'n bosibl defnyddio technegau sy'n defnyddio offer, fel NMR a sbectrosgopeg amsugniad isgoch, i gadarnhau'r canlyniadau a gafwyd.

Uned 3

1 1   OCSIDIAD $Mg (s) \rightarrow Mg^{2+} (d) + 2e$
      RHYDWYTHIAD $Fe^{2+} (d) + 2e \rightarrow Fe (s)$

     2   OCSIDIAD $Zn (s) \rightarrow Zn^{2+} (d) + 2e$
      RHYDWYTHIAD $2H^+ (d) + 2e \rightarrow H_2 (n)$

2

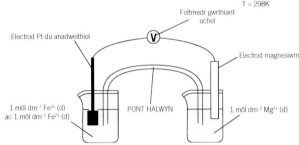

3

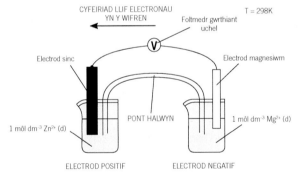

   g.e.m. = 1.60V

4   OCSIDYDDION: Na^+, I_2, MnO_4^-
     RHYDWYTHYDDION: Cu, Cl^-, Mg
     Trefn pŵer ocsidio lleihaol = MnO_4^-, I_2, Na^+.

5   **(a)** $2Fe^{3+} + Zn \rightarrow 2Fe^{2+} + Zn^{2+}$

     (b) $Cu + Cl_2 \rightarrow CuCl_2$

6   **(a)**   Ydy, mae'n bosibl gan fod g.e.m. ar gyfer yr adwaith yn +0.76V ac mae gwerthoedd positif yn cynrychioli adweithiau dichonadwy.

     (b)   Nac ydy, nid yw'n bosibl gan y byddai g.e.m. ar gyfer yr adwaith yn negatif, sydd ddim yn ddichonadwy.

7   **(a)** $2ClO_4^- + 16 H^+ + 14 e \rightarrow Cl_2 + 8H_2O$

     (b) $MnO_4^- + 4H^+ + 3e \rightarrow MnO_2 + 2H_2O$

8 $2MnO_4^- + 5C_2O_4^{2-} + 16 H^+ \rightarrow 2Mn^{2+} + 10 CO_2 + 8H_2O$

9   Molau manganad (VII) ym mhob titradiad = $23.30 \times 0.0200 \div 1000 = 4.66 \times 10^{-4}$ môl.

Cymhareb adweithio 1:5 felly molau o haearn yn y $25.0 cm^3 = 2.33 \times 10^{-3}$ môl.

Molau o haearn yn y $250 cm^3$ gwreiddiol = 2.33×10^{-2} môl

Màs yr haearn = $2.33 \times 10^{-2} \times 55.8 = 1.300g$

Canran haearn = $1.300 / 1.740 \times 100 = 74.7\%$

10 Gweithredu fel bas: $ZnO + 2HCl \rightarrow ZnCl_2 + H_2O$

Gweithredu fel asid: $ZnO + 2NaOH + H_2O \rightarrow Na_2[Zn(OH)_4]$

11

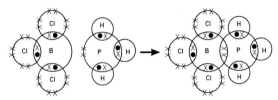

12 Mae'r potensial electrod safonol ar gyfer Cl_2/Cl^- yn llawer mwy positif na'r un ar gyfer I_2/I^-. Mae hyn yn golygu bod clorin yn ocsidydd cryfach nag ïodin, ac felly mae clorin yn gallu ocsidio ïodid gan ffurfio ïodin.

$Cl_2 + 2I^- \rightarrow 2Cl^- + I_2$

13 $H_2SO_4 + 6HI \rightarrow S + 3I_2 + 4H_2O$

$H_2SO_4 + 8HI \rightarrow H_2S + 4I_2 + 4H_2O$

14 Ti: $1s^2 2s^2 2p^6 3s^2 3p^6 3d^2 4s^2$

V: $1s^2 2s^2 2p^6 3s^2 3p^6 3d^3 4s^2$

Fe: $1s^2 2s^2 2p^6 3s^2 3p^6 3d^6 4s^2$

15 Cr^{3+} : $1s^2 2s^2 2p^6 3s^2 3p^6 3d^3$

Mn^{2+}: $1s^2 2s^2 2p^6 3s^2 3p^6 3d^5$

Fe^{2+}: $1s^2 2s^2 2p^6 3s^2 3p^6 3d^6$

Fe^{3+}: $1s^2 2s^2 2p^6 3s^2 3p^6 3d^5$

Cu^{2+}: $1s^2 2s^2 2p^6 3s^2 3p^6 3d^9$

Zn^{2+}: $1s^2 2s^2 2p^6 3s^2 3p^6 3d^{10}$

16 Mae'r ligandau dŵr yn achosi i'r orbitalau d ymrannu'n dri ag egni is a dau ag egni uwch. Gall electronau symud o lefelau egni is i rai uwch drwy amsugno amleddau arbennig o olau. Mae'r amleddau hyn yn cyfateb i'r gwahaniaeth egni ($E=hf$). Rydym yn gweld lliw'r golau sydd ddim yn cael ei amsugno, ac felly mae'r cymhlygyn hwn yn wyrdd gan ei fod yn amsugno pob lliw arall heblaw gwyrdd.

17 Mae'r orbitalau d yn yr ïon Zn^{2+} yn llawn, ac felly ni all electronau symud rhwng lefelau egni, ac felly ni allant amsugno egni golau.

18 Naill ai $[Cu(H_2O)_6]^{2+}$ (d) $+ 2OH^- \rightarrow Cu(OH)_2 + 6H_2O$ neu
$Cu^{2+} + 2OH^- \rightarrow Cu(OH)_2$

19 **(a)** Gradd dau UNEDAU: $mol^{-1}\ dm^3\ s^{-1}$

(b) Gradd un UNEDAU: s^{-1}

(c) Gradd un UNEDAU: s^{-1}

(ch) Gradd un UNEDAU: s^{-1}

(d) Gradd tri

20 Cyfradd $= k[H_2O_2][I^-]$

$k = 2.8 \times 10^{-2}\ mol^{-1}\ dm^3\ s^{-1}$

21 **(a)** $C_2H_4 + Br_2 \rightarrow$ cynhyrchion

(b) $I_2 \rightarrow$ cynhyrchion

(c) $H_2O_2 + I^- + H^+ \rightarrow$ cynhyrchion

22 Cysonyn cyfradd ar 300K $= 0.0345 \div 0.100 = 0.345\ s^{-1}$

Ffactor amledd $= A = k / e^{-(Ea/RT)} =$
$0.345 / e^{-(42000/8.314 \times 300)} = 7.10 \times 10^6$

Cysonyn cyfradd ar 320K $= 0.989\ s^{-1}$

Cyfradd $= k \times$ [crynodiad] $= 0.989 \times 0.150$
$= 0.148\ mol\ dm^{-3}\ s^{-1}$

23 Enthalpi hydoddiant

$=$ Enthalpi torri dellt $+$ Enthalpi hydradiad
$(Ca^{2+} + 2 \times Cl^-)$

$= 2237 - (1650) - (2 \times -364)$

$= -141\ kJ\ mol^{-1}$

Bydd calsiwm clorid yn hydawdd mewn dŵr gan fod y broses hydoddi'n ecsothermig.

24 **(a)** Cu (n) $\rightarrow Cu^+$ (n)

(b) Cl_2 (n) $\rightarrow 2Cl$ (n)

(c) $\frac{1}{2}O_2$ (n) $\rightarrow O$ (n)

(ch) $2Na^+$ (n) $+ O^{2-}$ (n) $\rightarrow Na_2O$ (s)

(d) F (n) $+ e \rightarrow F^-$ (n)

25 C_6H_{14} (h) $+ 9\frac{1}{2}O_2$ (n) $\rightarrow 6CO_2$ (n) $+ 7H_2O$ (h)

Newid entropi $= 6 \times S(CO_2) + 7 \times S(H_2O) - 9.5 \times S(O_2)$
$- S$(hecsan)

$= 1284 + 490 - 1947.5 - 204$

$= -377.5\ J\ K^{-1}\ mol^{-1}$

26 Adwaith 1: $K_c = \dfrac{[H^+]^2[CO_3^{2-}]}{[H_2CO_3]}$

Adwaith 2: $K_c = \dfrac{[NH_4OH]}{[NH_4^+][OH^-]}$

Adwaith 3: $K_c = \dfrac{[HCl][HOCl]}{[H_2O][Cl_2]}$

Adwaith 4: $K_c = \dfrac{[FeNCS^{2+}]}{[Fe^{3+}][NCS^-]}$

27 Adwaith 1: $K_p = \dfrac{P^2_{SO_3}}{P^2_{SO_2} \times P_{O_2}}$

Adwaith 2: $K_p = \dfrac{P_{CO} \times P^3_{H_2}}{P_{CH_4} \times P_{H_2O}}$

Adwaith 3: $K_p = \dfrac{P^2_{HI}}{P_{H_2} \times P_{I_2}}$

Adwaith 4: $K_p = \dfrac{P_{CO} \times P_{Cl_2}}{P_{COCl_2}}$

Adwaith 5: $K_p = \dfrac{P_{PCl_3} \times P_{Cl_2}}{P_{PCl_3}}$

28

	Fe^{3+} (d)	$+$ NCS^-(d)	$\rightleftharpoons$ $FeNCS^{2+}$ (d)
Dechrau (mol dm^{-3})	0.2	0.2	0
Ar ecwilibriwm	0.05	0.05	0.15

I wneud 0.15 $FeNCS^{2+}$, mae angen 0.15 Fe^{3+} a 0.15 NCS^- sy'n gadael 0.05 o bob adweithydd. (1 marc)

$K_c = \dfrac{[FeNCS^{2+}]}{[Fe^{3+}][NCS^-]}$ (1 marc)

$K_c = \dfrac{0.15}{0.05 \times 0.05} = 60\ mol^{-1}\ dm^3$

29 Ar y dechrau, gwasgeddau rhannol H_2 ac I_2 yw 50500 Pa yr un.

I ffurfio 37500 Pa HI, rhaid i hanner y swm hwn o H_2 ac I_2 adweithio $= 18750$ Pa, gan adael $50500 - 18750 = 31750$ Pa o H_2 ac I_2.

$K_p = \dfrac{P^2_{HI}}{P_{H_2} \times P_{I_2}} = 37500 / 31750 = 1.40$ (dim unedau)

30 **(a)** pH $= -\log_{10}(0.2) = 0.70$

(b) pH $= -\log_{10}(0.03) = 1.52$

(c) pH $= -\log_{10}(10^{-9}) = 9$

(ch) pH $= -\log_{10}(3 \times 10^{-11}) = 10.52$

31 **(a)** $[H^+] = 10^{-pH} = 1\ mol\ dm^{-3}$

(b) $[H^+] = 10^{-pH} = 2 \times 10^{-3}\ mol\ dm^{-3}$

(c) $[H^+] = 10^{-pH} = 5 \times 10^{-7}\ mol\ dm^{-3}$

(ch) $[H^+] = 10^{-pH} = 3.16 \times 10^{-11}\ mol\ dm^{-3}$

(d) $[H^+] = 10^{-pH} = 1 \times 10^{-14}\ mol\ dm^{-3}$

32 $K_a = [H^+][ClO^-] / [HClO]$

     $K_a = [H^+][CN^-] / [HCN]$

33   Wrth i'r tymheredd gynyddu, mae egwyddor Le Chatelier yn awgrymu y bydd yr ecwilibriwm yn symud i'r cyfeiriad endothermig. Os bydd $K_{dŵr}$ yn cynyddu, mae hyn yn golygu y bydd yr ecwilibriwm yn symud i'r dde. Felly mae'n rhaid i'r blaenadwaith fod yn endothermig, gyda newid enthalpi positif.

34   Felly $[H^+]^2 = K_a \times [CH_3COOH]$

   1   **(a)** $[H^+]^2 = 1.7 \times 10^{-5} \times 0.5 = 8.5 \times 10^{-6}$
             $[H^+] = 2.9 \times 10^{-3}$
             pH $= -\log (2.9 \times 10^{-3}) = 2.54$

        (b) $[H^+]^2 = 1.7 \times 10^{-5} \times 2 = 3.4 \times 10^{-5}$
             $[H^+] = 5.8 \times 10^{-3}$
             pH $= -\log (2.9 \times 10^{-3}) = 2.23$

        (c) $[H^+]^2 = 1.7 \times 10^{-5} \times 0.01 = 1.7 \times 10^{-7}$
             $[H^+] = 4.12 \times 10^{-4}$
             pH $= -\log (2.9 \times 10^{-3}) = 3.38$

   2   **(a)** $[H^+]^2 = 2.9 \times 10^{-8} \times 1 = 2.9 \times 10^{-8}$
             $[H^+] = 1.703 \times 10^{-4}$
             pH $= 3.77$

        (b) $[H^+]^2 = 2.9 \times 10^{-8} \times 0.5$
             $[H^+] = 1.204 \times 10^{-4}$
             pH $= -\log (1.204 \times 10^{-4}) = 3.92$

        (c) $[H^+]^2 = 2.9 \times 10^{-8} \times 5 = 1.45 \times 10^{-7}$
             $[H^+] = 3.808 \times 10^{-4}$
             pH $= 3.42$

   3   Asid ethanöig yw'r cryfaf gan mai ef sydd â'r gwerth K_a mwyaf (mae pŵer llai negatif yn nodi rhif mwy).

35   Gan fod $$K_a = \frac{[H^+][A^-]}{[HA]}$$

   lle mae'r ddau derm ar y top yn hafal, y cyfan sydd angen ei wneud yw cael $[H^+]$ o pH.

   (a)   Ar gyfer HB, $[H^+] = 10^{-pH} = 0.001258$
        felly $K_a = 0.001258^2 \div 0.5 = 3.16 \times 10^{-6}$

   (b)   Ar gyfer HC, $[H^+] = 10^{-pH} = 6.310 \times 10^{-3}$
        felly $K_a = (6.310 \times 10^{-3})^2 \div 1 = 4 \times 10^{-5}$ môl dm^{-3}

   (c)   Ar gyfer HD, $[H^+] = 10^{-pH} = 3.16 \times 10^{-4}$
        felly $K_a = (3.16 \times 10^{-4})^2 \div 0.5 = 2 \times 10^{-7}$ môl dm^{-3}

36   Gan fod $K_{dŵr} = [H^+] \times [OH^-] = 1 \times 10^{-14}$ môl^2 dm^{-6},
   $[H^+] = (1 \times 10^{-14}) \div [OH^-]$.

   (a) $[H^+] = (1 \times 10^{-14}) \div 1 = 1 \times 10^{-14}$
        pH $= -\log (1 \times 10^{-14}) = 14$

   (b) $[H^+] = (1 \times 10^{-14}) \div 0.2 = 5 \times 10^{-14}$
        pH $= -\log (5 \times 10^{-14}) = 13.3$

   (c) $[H^+] = (1 \times 10^{-14}) \div 0.05 = 2 \times 10^{-13}$
        pH $= -\log (2 \times 10^{-13}) = 12.7$

   (ch) $[H^+] = (1 \times 10^{-14}) \div 0.003 = 3.33 \times 10^{-13}$
         pH $= -\log (3.33 \times 10^{-13}) = 11.5$

37   I weithio allan pH hydoddiant byffer, gallwn ddefnyddio'r mynegiad ar gyfer K_a i ddeillio:

   $[H^+] = K_a \times [ASID] \div [HALWYN]$

   Wedyn gallwn ddefnyddio pH $= -\log [H^+]$ i weithio allan pH y byffer.

   (a) $[H^+] = 1.7 \times 10^{-5} \times [0.20] \div [0.10] = 3.4 \times 10^{-5}$
        pH $= -\log (3.4 \times 10^{-5}) = 4.47$

   (b) $[H^+] = 1.7 \times 10^{-5} \times [0.20] \div [0.40] = 8.5 \times 10^{-6}$
        pH $= -\log (8.5 \times 10^{-6}) = 5.07$

   (c) $[H^+] = 1.7 \times 10^{-5} \times [1] \div [0.2] = 8.5 \times 10^{-5}$
        pH $= -\log (8.5 \times 10^{-5}) = 4.07$

   (ch) $[H^+] = 1.6 \times 10^{-2} \times [0.20] \div [0.10] = 0.032$
         pH $= -\log (0.032) = 1.49$

38   Mae amonia'n fas gwan ac mae asid sylffwrig yn asid cryf, ac felly dylai'r halwyn fod â pH asidig, e.e. pH 6. Mae hyn oherwydd bod yr amoniwm yn sefydlu ecwilibriwm lle mae ïonau H^+ yn cael eu colli, gan gynyddu $[H^+]$ a lleihau pH.

Uned 4

4.1

1

2 Nid yw citronelal yn bodoli ar ffurf isomerau *E–Z* gan fod yr atom carbon ar ochr chwith y bond carbon-i-garbon dwbl yn bondio i ddau grŵp sydd yr un peth.

3 Mae gan enantiomerau yr un fformiwla foleciwlaidd, ac felly'r un màs moleciwlaidd cymharol. Felly bydd yr un 'meintiau' yn cynnwys yr un nifer o folau o bob enantiomer.

4

5 Er bod pob atom carbon yn y bond carbon-i-garbon dwbl wedi bondio i atom hydrogen, mae un atom carbon hefyd yn bondio i grŵp $CH_3(CH_2)_7-$ ond mae'r atom carbon arall yn bondio i grŵp $-(CH_2)_7COOH$.

4.2

6 Mae'r fformiwla a luniwyd ar gyfer bensen yn rhoi cylch sy'n cynnwys pum atom carbon ac atom hydrogen.

7 Y gosodiad cywir yw **(b)**. Mae pob atom carbon yn bondio i ddau atom carbon ac atom hydrogen, ac felly mae **(a)** yn anghywir. Mae gosodiad **(c)** hefyd yn anghywir gan fod bondiau lluosog rhwng atomau carbon yn fyrrach na bondiau carbon i garbon sengl. Wrth i werth yr egni cyseiniant gynyddu, mae sefydlogrwydd y moleciwl hefyd yn cynyddu.

8 Dywedodd y myfyriwr fod y mecanwaith yn dangos bod haearn(III) bromid yn cael ei 'adfer' ar ddiwedd yr adwaith a heb bresenoldeb haearn(III) bromid, bod yr adwaith yn araf iawn.

9 CH_2OH

4.3

10 (a) Cynradd

(b) $HOCH_2-CH_2OH$

(c) Propanon

11 Bob tro mae grŵp ceton yn cael ei rydwytho, mae'r moleciwl yn ennill dau atom hydrogen ychwanegol wrth i grŵp alcohol eilaidd gael ei gynhyrchu. Os yw'r cynnyrch wedi ennill chwe atom hydrogen yn fwy na'r ceton gwreiddiol, yna roedd gan y cyfansoddyn gwreiddiol dri grŵp carbonyl ceton.

12 Dylai cyfansoddyn **A** (4-clorocylchohecsanon) gael ei wresogi dan adlifiad gyda sodiwm hydrocsid dyfrllyd, gan gynhyrchu 4-hydrocsicylchohecsanon. Wedyn dylai hwn gael ei rydwytho gyda sodiwm tetrahydridoborad(III) dyfrllyd gan roi cyfansoddyn **B** cylchohecsan–1,4-deuol.

13 Màs moleciwlaidd cymharol 'rhan ethanoad' yr ester, CH_3COO, yw 59. M_r y grŵp alcyl yw $130 - 59 = 71$; gallai hwn fod yn C_5H_{11}. Gan fod y cwestiwn yn nodi ei fod yn alcohol cynradd, gallai'r alcohol cynradd fod yn pentan–1-ol, 3-methylbwtan–1-ol neu'n 2,2-deumethylpropan–1-ol.

14 Fformiwla ethyl ethanoad yw $CH_3COOCH_2CH_3$. M_r y cyfansoddyn hwn yw 88. Canran yr ocsigen yn y cyfansoddyn hwn yw $32/88 \times 100 = 36.4$.

15

neu

16 Mae asid salisilig yn cynnwys grŵp ffenol gan fod grŵp OH yn bondio'n uniongyrchol i'r cylch bensen. Nid yw asbrin yn cynnwys y grŵp ffenolig hwn. Os bydd ychydig o ddiferion o haearn(III) clorid yn cael eu ychwanegu at hydoddiant asbrin, bydd lliw porffor i'w weld os oes unrhyw asid salisilig ar ôl.

17

CH_2OH OCH_3 a

4.4

18 Hydrogen, gan ddefnyddio catalydd nicel neu blatinwm

19 $C_{16}H_{24}O$

20

21 2-Methylpentan-3-on

22 Hecsan-2-on; mae'n cynnwys grŵp $CH_3C=O$

1-Ffenylethanol; mae'n cynnwys grŵp $CH_3CH(OH)$

4.5

23 **(a)**

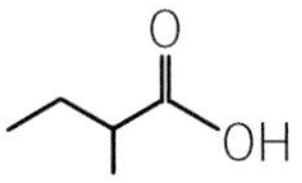

(b)

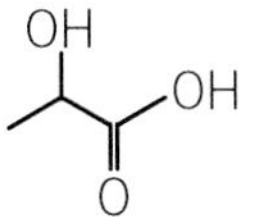

(c)

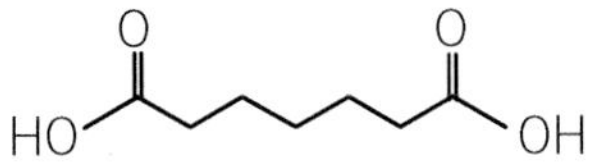

24 Asid pentanöig

25

$\bigcirc$—CH$_2$OH + 2[O] $\longrightarrow$ $\bigcirc$—COOH + H$_2$O

26 Asid bwtanöig

27 0.40 môl $\longrightarrow$ 29.2 g 1 môl $\longrightarrow$ 73 g

M_r 'CONH$_2$' $\longrightarrow$ 44 M_r 'R' = 73 – 44 = 29

R = C$_2$H$_5$ Amid yw CH$_3$CH$_2$C(O)NH$_2$

28 2,2-deumethylpropannitril

29 Yr ïon cyanid, $^-$CN, yw'r niwcleoffil. Mae potasiwm cyanid a sodiwm cyanid ill dau'n cynhyrchu ïonau cyanid mewn hydoddiant.

30 C$_3$H$_5$O$_2$

31

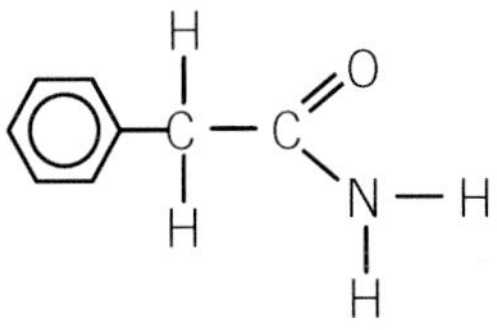

32 CH$_3$CH$_2$CH$_2$CH$_2$CH$_2$C≡N

33

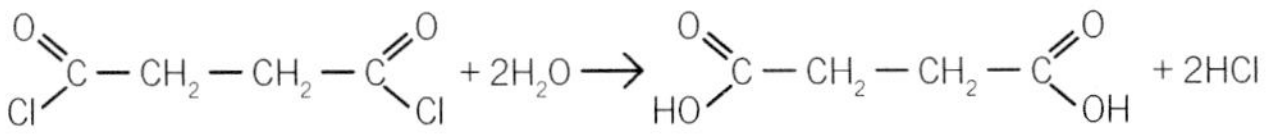

4.6

34 **(a)** Pentylamin

(b) Deuffenylamin

(c) Ethan–1,2-deuamin

35 **(a)**

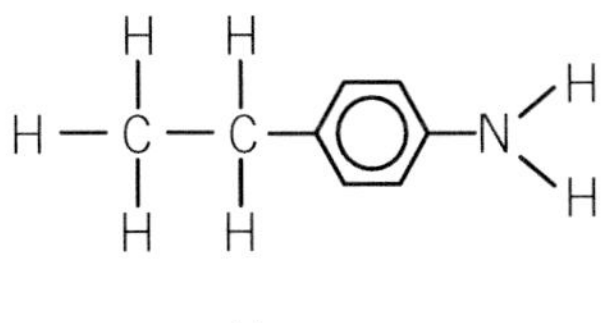

(b)

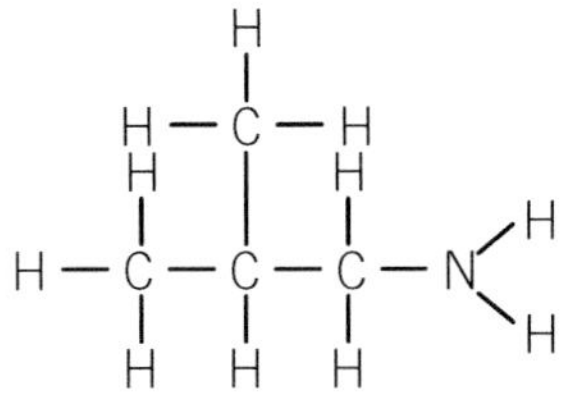

36 Mae'r bond carbon-i-glorin yn bolar C$^{\delta+}$–Cl$^{\delta-}$ ac mae'r atom carbon δ+ yn atynnu pâr unig o electronau o atom nitrogen yr amin.

37 C$_6$H$_5$CH$_2$CH$_2$NH$_3^+$ Br$^-$

38 CH$_3$NH$_3^+$ Br$^-$ + OH$^-$ $\longrightarrow$ CH$_3$NH$_2$ +H$_2$O + Br$^-$

39

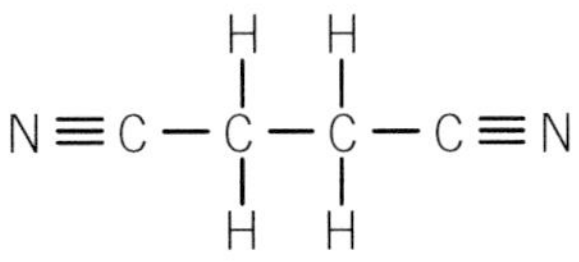

40 **(a)** C$_2$H$_5$NH$_3^+$ Cl$^-$

(b) C$_6$H$_5$NH$_3^+$ HSO$_4^-$

41 C$_5$H$_6$NO

42 27g

43 Mae gan ffenolffthalein mewn hydoddiant alcalïaidd λ_{mwyaf} ar 553nm, yn y rhanbarth gwyrdd. Mae hyn gyferbyn â choch-fioled ar yr hecsagon lliw a dyma'r lliw sy'n cael ei weld.

4.7

44

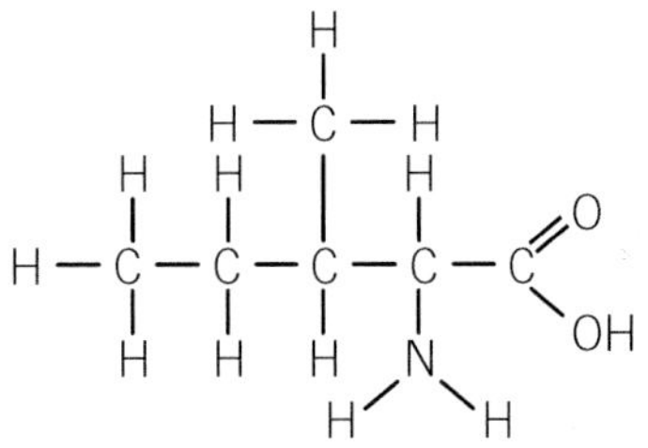

45

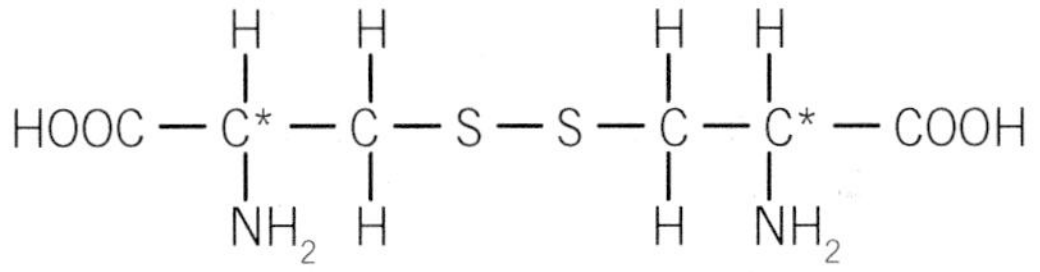

46

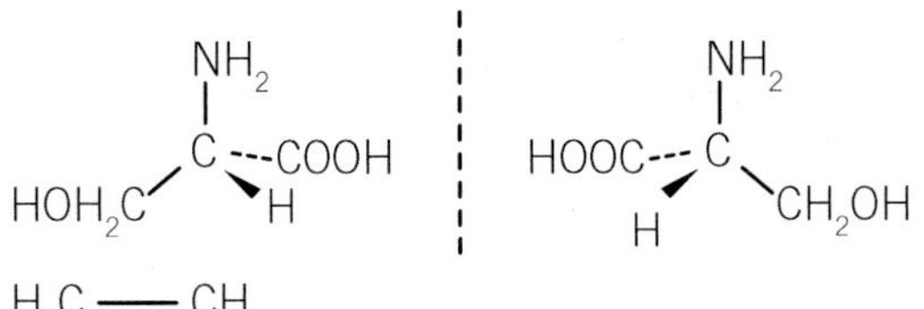

47

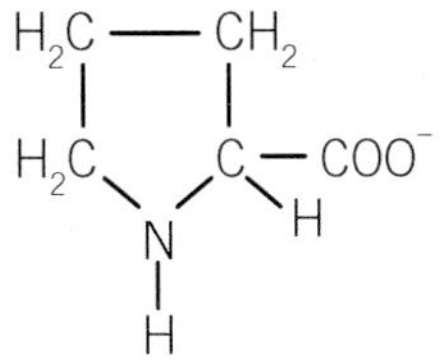

48 Mae'r ffurf switerïon, $^+$NH$_3$CH$_2$COO$^-$ wedi defnyddio'r pâr unig o electronau ar yr atom nitrogen i fondio'r ïon hydrogen, H$^+$, a nawr nid oes pâr unig o electronau ar gyfer ymosodiad niwcleoffilig.

49

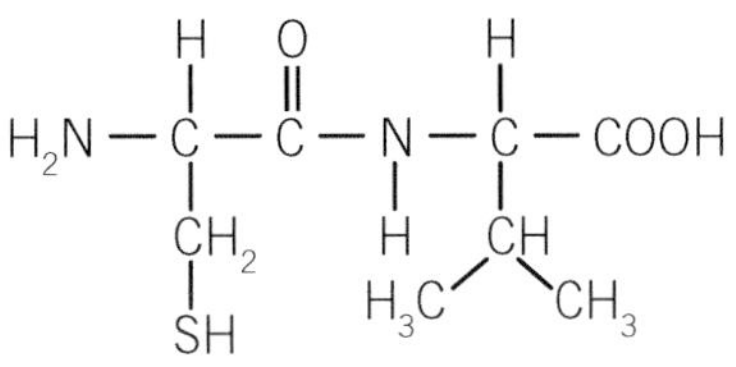

50 Asid 2,6-deuaminohecsanöig

51 Mae atyniad rhwng yr atom ocsigen δ– yn y grŵp $C^{\delta+}=O^{\delta-}$ a'r atom hydrogen δ+ yn y grŵp $N^{\delta-}-H^{\delta+}$.

52 $C_6H_{12}O_6 \rightarrow 2C_2H_5OH + 2CO_2$

4.8

53

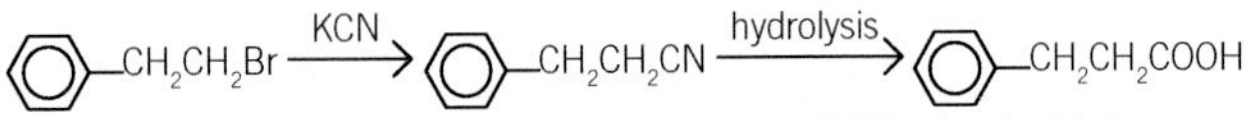

54 A Hydoddiant potasiwm manganad(VII) alcalïaidd

B Asid hydroclorig (gwanedig)

C Calch soda

55

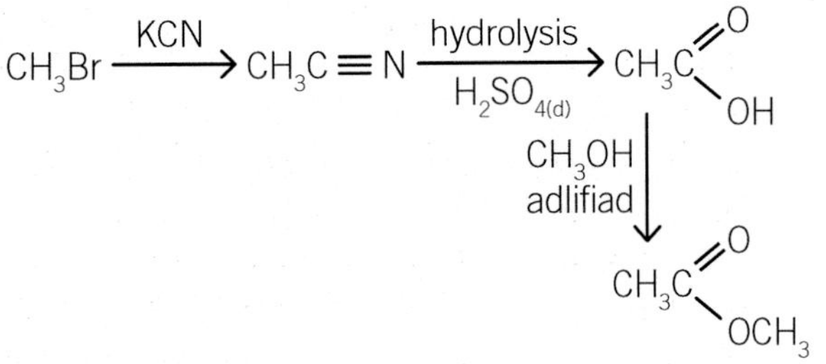

56 Bromoethan/cloroethan/iodoethan

57

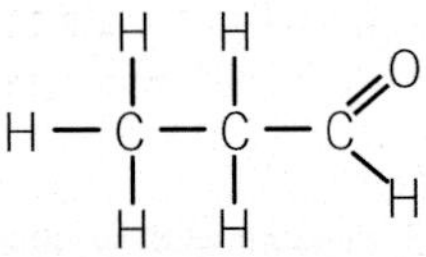

58 Bwtan

59 Cyfansoddyn **(b)**

60 D Potasiwm cyanid neu sodiwm cyanid

E Asid sylffwrig dyfrllyd / asid hydroclorig

F Potasiwm deucromad asidiedig

61 Ni fydd unrhyw hydoddydd yn cael ei golli drwy anweddiad; mae'r crynodiad yn aros yr un peth.

62 4.25/118 = 0.036 môl o asid. Ar y diwedd mae 0.006 môl yn yr haen ddyfrllyd. Felly mewn ethocsiethan, mae 0.030 môl. Mae'n 5 gwaith mwy hydawdd mewn ethocsiethan.

63 Dylai distyllu syml fod yn ddigon, gan fod y tymereddau berwi'n wahanol iawn i'w gilydd.

64 (a)

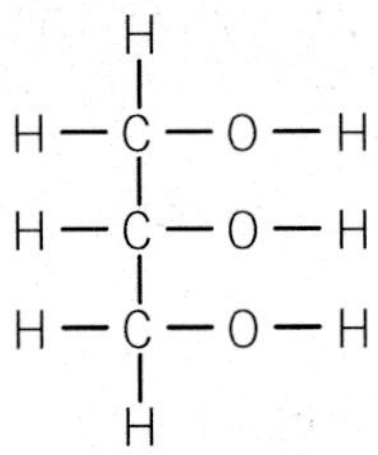

(b) Gall ddechrau dadelfennu os bydd yn cael ei ddistyllu ar ei dymheredd berwi dan wasgedd atmosfferig arferol. Mae angen ystyried a **allai'r** tymheredd is sy'n cael ei ddefnyddio yn ystod distyllu gwactod fod yn fwy cost effeithiol.

65 Tua 3×10^{-4}g

66 Pan na fydd y dŵr sy'n cael ei ddefnyddio i'w olchi'n felyn bellach.

67 Mae'r cyfansoddyn yn bolyester ac mae'n debyg bod dŵr wedi cael ei ddileu yn ystod y broses polymeriad – polymeriad cyddwyso ydyw.

68

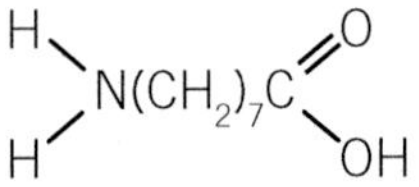

69 Cymysgwch symiau cyfartal o'r cyfansoddyn anhysbys ac un o'r cyfansoddion hysbys. Mesurwch yr ymdoddbwynt – os yw'n dal yn 158 °C, y cyfansoddyn hysbys ydyw. Os yw'r tymheredd ymdoddi'n is, y cyfansoddyn anhysbys yw'r asid carbocsylig arall.

70

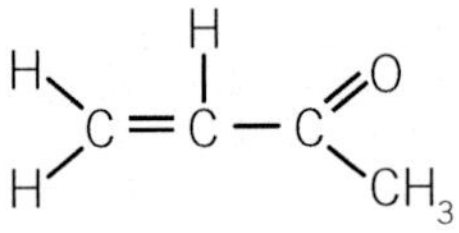

71 Un brig gan fod ei atomau hydrogen i gyd mewn amgylcheddau unfath.

72 (a) 0.58

(b) Defnyddiwch hydoddydd gwahanol neu defnyddiwch gromatograffaeth dwy ffordd.

73 (a) Cyfanswm arwynebedd y brigau yw 150. Canran y cynhwysyn mwyaf yw 54.7.

(b) Ni fyddai rhedeg y gromatograffaeth ar dymheredd gwahanol yn effeithio ar gyfrannau'r cynhwysion yn y cymysgedd.

(c) Mae'n wir y gallai colofn sy'n llawn defnydd gwahanol lwyddo i wahanu'r ddau gyfansoddyn hyn.

Uned 3

3.1

1 Ocsidiad yw colli electronau. (1)

2 Mae cyflwr ocsidiad haearn wedi newid o +2 i +3, ac felly mae wedi'i ocsidio / Mae'r ïon Fe^{2+} yn colli electron, ac felly mae wedi'i ocsidio. (1)

Mae cyflwr ocsidiad clorin wedi newid o 0 i –1, ac felly mae wedi'i rydwytho / Mae pob atom clorin wedi ennill electron, ac felly maen nhw wedi'u rhydwytho. (1)

3 Y moleciwl bromin yw'r ocsidydd gan ei fod wedi cymryd electronau o'r Na, gan ocsidio'r atom sodiwm. (1)

4 Mae gan yr electrod hydrogen safonol electrod platinwm anadweithiol mewn hydoddiant o ïonau H^+ â chrynodiad 1 môl dm^{-3} gyda swigod o nwy hydrogen ar wasgedd 1 atm yn cael eu gyrru drosto ar dymheredd o 298K. (1 marc am y sylweddau ac 1 am yr amodau.) (2)

5 Y potensial electrod safonol yw'r g.e.m. sy'n cael ei fesur ar foltmedr gwrthiant uchel pan fydd hanner cell sydd â phob hydoddiant â chrynodiad 1 môl dm^{-3} a phob nwy ar wasgedd 1 atm yn cael ei chysylltu â'r electrod hydrogen safonol ar dymheredd o 298K. (1 marc am y cyfarpar ac 1 am yr amodau.) (2)

6 Mae pont halwyn yn cwblhau'r cylched heb adael i'r hydoddiannau gymysgu. (1)

7 (a) 1 marc am adweithyddion yn y ddwy gell; 1 marc am yr amodau (rhaid cyfeirio at bob un o leiaf unwaith); 1 marc am y bont halwyn a'r foltmedr gwrthiant uchel.

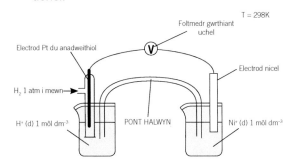

(b) Mae'r electronau'n llifo o'r electrod nicel safonol i'r hanner cell hydrogen. (1)

(c) Yr electrod hydrogen yw'r electrod positif. (1)

8 (a) Fe (s) (1)

(b) 0.19 V (1)

(c) Fe, Ni, H_2, Cu (1)

(ch) Dylai adwaith ddigwydd gan fod y potensial electrod safonol ar gyfer yr hanner cell nicel yn fwy negatif na'r un ar gyfer yr hanner cell copr, sy'n golygu bod y nicel yn cael ei ocsidio a'r ïonau copr yn cael eu rhydwytho.

NEU dylai adwaith ddigwydd gan fod y g.e.m. ar gyfer adwaith Cu^{2+} ag Ni yn +0.59 V. Mae g.e.m. positif yn golygu bod yr adwaith yn ddichonadwy. (2)

(d) Mae asid yn cynnwys ïonau H^+ a ddylai gyrydu Ni gan fod y potensial electrod safonol ar gyfer yr hanner cell nicel yn fwy negatif na'r un ar gyfer yr hanner cell hydrogen sy'n golygu bod y nicel yn cael ei ocsidio a'r ïonau hydrogen yn cael eu rhydwytho.

NEU dylai adwaith ddigwydd gan fod y g.e.m. ar gyfer adwaith H^+ â Ni yn +0.25 V. Mae g.e.m. positif yn golygu bod yr adwaith yn ddichonadwy. (2)

9 (a) Cyflyrau ocsidiad haearn yw 0 ar y dechrau a +2 ar y diwedd, ac felly mae'r haearn yn cael ei ocsidio.

Cyflwr ocsidiad ocsigen mewn O_2 yw 0 ar y dechrau a –2 ar y diwedd, ac felly mae'r O_2 yn cael ei rydwytho. (1)

(b) Mae potensial electrod safonol yr hanner cell haearn yn fwy negatif na'r hanner cell ocsigen, ac felly mae'r haearn yn gallu cael ei ocsidio gan ocsigen.

Mae potensial electrod safonol yr hanner cell arian yn fwy positif na'r hanner cell ocsigen, ac felly nid yw arian yn gallu cael ei ocsidio gan ocsigen. (1)

10 Mantais: Mae egni'n cael ei ryddhau'n fwy effeithlon drwy gell danwydd na thrwy hylosgiad / mae canran uwch o'r egni mewn tanwydd yn cael ei thrawsnewid yn egni defnyddiol / Mae defnyddio hydrogen yn golygu nad yw CO_2 yn cael ei ryddhau neu nad yw nwyon tŷ gwydr yn cael eu rhyddhau.

Anfantais: Mae tanwyddau ffosil yn cael eu defnyddio wrth gynhyrchu hydrogen ac nid yw'r broses hon yn trosglwyddo'r holl egni o'r tanwydd ffosil i'r hydrogen/ Mae cynhyrchu hydrogen yn rhyddhau CO_2 neu nwyon tŷ gwydr.

11 (a) g.e.m. = 1.33 – 0.77 = 0.56V (1)

(b) Metel anadweithiol i roi cysylltiad trydanol â'r hydoddiannau (nid oes metel yn bresennol yn yr un o'r ddau hanner hafaliad). (1)

(c)

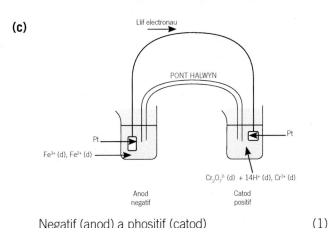

Negatif (anod) a phositif (catod) (1)

Pont halwyn ac electrodau platinwm (1)

Cyfeiriad llif yr electronau (1)

Fe^{3+} ac Fe^{2+} mewn un hanner cell (1)

$Cr_2O_7^{2-}$, H^+, Cr^{3+} mewn un hanner cell (1)

12 (i) Mae'r hydoddiant fioled yn cynnwys V^{2+} (1)

Mae potensial electrod safonol Zn^{2+}/Zn yn fwy negatif na VO_3^-/VO^{2+} a VO^{2+}/V^{3+}, ac felly'n rhyddhau electronau/ mae VO_3^-/VO^{2+} a VO^{2+}/V^{3+} yn fwy positif na Zn^{2+}/Zn ac yn ocsidyddion cryfach. (1)

Nid yw'n bosibl rhydwytho V^{2+} (i V) gan fod y potensial electrod safonol yn fwy negatif na Zn^{2+}/Zn. (1)

(ii) 1.1V (anwybyddwch yr arwydd) (1)

(iii) $Zn (s) \rightarrow Zn^{2+}(d) + 2e$ /

$Zn (s) \rightleftharpoons Zn^{2+}(d) + 2e$ gyda rhyw arwydd o'r cyfeiriad. (1)

(iv) Os bydd crynodiad Zn^{2+} (d) yn cael ei gynyddu, bydd yr ecwilibriwm yn symud i'r chwith (1), ac felly bydd y potensial electrod yn llai negatif. (1)

3.2

1 $Cr_2O_7^{2-} + 14 H^+ + 6e^- \rightleftharpoons 2Cr^{3+} + 7H_2O$
Mae lliw yr hydoddiant yn newid o oren i wyrdd. (2)

2 $2MnO_4^- + 5C_2O_4^{2-} + 16 H^+ \rightarrow 2Mn^{2+} + 10CO_2 + 8H_2O$ (1)

3 (a) $Cr_2O_7^{2-} + 14 H^+ + 6e^- \rightleftharpoons 2Cr^{3+} + 7H_2O$ (1)

(b) Molau $Cr_2O_7^{2-} = 0.0162 \times 26.80 \div 1000$
$= 4.34 \times 10^{-4}$ môl (1)

Y gymhareb adweithio yw 6:1 felly nifer molau o Fe^{2+}
$= 4.34 \times 10^{-4} \times 6 = 2.60 \times 10^{-3}$ môl (1)

Canran yn ôl màs =
$2.60 \times 10^{-3} \times 55.8 \div 0.190 \times 100 = 76.5\%$ (1)

1 marc am roi ateb i dri ffigur ystyrlon.

4 (a) Hidliad (1)

(b) (i) Molau ïodin $= 20.0 \times 0.0500 \div 1000 =$
1.0×10^{-3} môl

Mae $4I_2$ yn adweithio â phob As_4O_6, felly molau
$As_4O_6 = 1.00 \times 10^{-3} \div 4 = 2.50 \times 10^{-4}$ môl

(ii) Molau As_4O_6 mewn 250 cm^3 =
$10 \times$ molau mewn 25.0 $cm^3 = 2.50 \times 10^{-3}$ môl (1)

Màs As_4O_6 =
$2.50 \times 10^{-3} \times (74.9 \times 4 + 16 \times 6) = 0.989g$ (1)

Canran yn ôl màs $= 0.989 \div 50.0 \times 100 =$
1.98 % (1 – rhaid bod 3 ffigur ystyrlon i gael marc)

5 $1Cr_2O_7^{2-} = 6Fe^{2+}$ (1)

$6 \times 12.5 \times 0.0250 = [Fe^{2+}] \times 25.0$ (1)

$[Fe^{2+}] = 0.0750$ môl dm^{-3} (1)

6 (a) Hydoddiant startsh (1)

(b) (i) $2 S_2O_3^{2-} (d) + I_2 (d) \rightarrow S_4O_6^{2-} (d) + 2 I^- (d)$

(ii) Molau $S_2O_3^{2-} = 0.0920 \times 20.40 \div 1000 =$
1.880×10^{-3} (1)

Molau $I_2 = \frac{1}{2} \times 1.880 \times 10^{-3} =$
9.400×10^{-4} môl (1)

Molau $ClO^- = 9.400 \times 10^{-4}$ môl

Molau yn y sampl gwreiddiol $= 9.400 \times 10^{-3}$

Crynodiad y cannydd gwreiddiol $= 9.400 \times 10^{-3}$
$\div 0.025 = 0.3760$ môl dm^{-3} (1)
4 ffigur ystyrlon (1)

7 (i) Startsh (1) Glas i ddi-liw (1)

(ii) Nifer molau $Na_2S_2O_3 = 12.25 \times 0.100 / 1000$
$= 1.225 \times 10^{-3}$ (1)

Màs Cu $= 1.225 \times 10^{-3} \times 63.5 = 0.0778$ g (1)

% Cu $= 0.0778 \times 100 / 31.2 = 0.249$ % (1)

8 (i) $Cr_2O_7^{2-} + 14H^+ + 6Fe^{2+} \rightarrow 2Cr^{3+} + 7H_2O + 6Fe^{3+}$

(ii) Molau deucromad $= 23.80 \times 0.0200 \div 1000$
$= 4.76 \times 10^{-4}$ môl (1)

Molau $Fe^{2+} = 4.76 \times 10^{-4} \times 6 = 2.86 \times 10^{-3}$ môl (1)

(iii) Màs Fe yn y sampl =
$2.86 \times 10^{-3} \times 10 \times 55.8 = 1.59$ g (1)

Canran haearn $= 1.59 \div 1.870 \times 100 = 85.2\%$ (1)

9 (i) 2.74×10^{-3} (môl) (1)

(ii) 1.37×10^{-3} (môl) (1)

(iii) M_r $KIO_3 = 214.1$ molau $KIO_3 = 0.978 / 214.1 =$
4.57×10^{-3} mewn 250 cm^3
4.57×10^{-4} mewn 25 cm^3 (1)

(iv) $1.37 \times 10^{-3} / 4.57 \times 10^{-4} = 3$ (1)

Hafaliad 1 sy'n gywir gan mai 3 môl o ïodin a sy'n cael eu ffurfio (rhoddir marc am y rheswm) (1)

3.3

1 (a) 3 electron yn y plisgyn allanol (s^2p^1) yng Ngrŵp 3 (1)
Mae 3 phâr cofalent sy'n cael eu rhannu yn cynhyrchu llai na'r wythawd allanol sy'n sefydlog. (1)

(b) Gall ffosfforws ehangu'r wythawd, ac felly mae'n gallu ffurfio rhywogaethau sydd â mwy nag 8 electron yn y plisgyn allanol (1)
Nid oes orbitalau d sydd ar gael gan nitrogen, ac felly ni all ehangu ei wythawd/ mae'n gyfyngedig i 8 electron plisgyn allanol. (1)

2 Amffoterig – yn dangos ymddygiad asidig a hefyd ymddygiad basig (1)

Disgrifiad o Al_2O_3 yn adweithio ag asid, e.e. yn hydoddi mewn asid hydroclorig gwanedig A HEFYD disgrifiad o Al_2O_3 yn adweithio â bas, e.e. yn hydoddi (wrth ei gynhesu) mewn (gormodedd o) sodiwm hydrocsid (1)
Hafaliad ar gyfer pob un
$Al_2O_3 + 6HCl \rightarrow 2AlCl_3 + 3H_2O$ (1)
$Al_2O_3 + 2NaOH + 3H_2O \rightarrow 2NaAl(OH)_4$ (1)

3 Mae'r cyflwr ocsidiad +2 yn dod yn fwy sefydlog (1)
Mae CO_2 yn fwy sefydlog na CO, ond mae PbO yn fwy sefydlog na PbO_2 (1)
Effaith pâr anadweithiol – mae'r ddau electron s yn dod yn fwy sefydlog wrth fynd i lawr y grŵp. (1)

4 (a) e.e. $PbO_2 + 4HCl \rightarrow PbCl_2 + Cl_2 + 2H_2O$ (1)

(b) e.e. $Pb(OH)_2 + 2H^+ \rightarrow Pb^{2+} + 2H_2O$ (fel bas) ac
e.e. $Pb(OH)_2 + 2OH^- \rightarrow [Pb(OH)_]^{2-}$ fel asid. (1)

(c) e.e. $CuO + CO \rightarrow Cu + CO_2$ /
$Fe_2O_3 + 3CO \rightarrow 2Fe + 3CO_2$

5 CCl_4 a dŵr : dim adwaith / hylifau anghymysgadwy / dwy haen (1)
$SiCl_4$ a dŵr : adwaith ffyrnig / ecsothermig iawn / hydoddiant asid / nwy'n eferwi / solid gwyn yn ffurfio / cymylog (Unrhyw ddau bwynt am 1)
Oherwydd ehangiad wythawd / orbitalau d ar gael, mae Si yn agored i ymosodiad gan ddŵr ond nid felly C. (1) [3]

6 Gall BN ac C fabwysiadu'r un adeiledd hecsagonol:
Mae BN ac C yn isoelectronig (neu ateb cyfatebol) (1)
Gall (y ddau) ffurfio tri bond (trigonol) gydag un orbital p heb fondio (1)
(Gall ymgeiswyr ddangos diagram(au) priodol)
Mae'r ddau – BN ac C – yn dangos priodweddau iro:
Mae gan BN ac C adeiledd haenog (1)
Mae grymoedd van der Waals gwan rhwng haenau'n galluogi'r haenau i lithro heibio i'w gilydd (1)
Mae C yn ddargludydd trydan ond mae BN yn ynysydd ar dymheredd ystafell:
Unrhyw ddau o blith:
Mewn C, mae dadleoliad electronau (rhwng yr orbitalau p sydd heb fondio) yn caniatáu dargludo trydan. [1]
Yn wahanol i C, mewn BN, mae gan bob N orbital p llawn sydd heb fondio ond mae gan bob B orbital p gwag sydd heb fondio. [1]
Mewn BN, mae N yn fwy electronegatif na B, felly nid yw dwysedd electron yn unffurf. [1]

7 ▪ NaCl: nwy agerog / swigod (1)
▪ NaI: nwy agerog / arogl wyau drwg / anwedd porffor neu hydoddiant brown neu solid du / solid melyn (1 marc am 2 arsylw)
▪ NaCl: $NaHSO_4$, HCl / NaI: $NaHSO_4$ / HI / I_2 / H_2S / SO_2 / S / H_2O (1 marc am 2 gynnyrch; 2 farc am 4 cynnyrch)
▪ Mae'n haws ocsidio ïodid / mae ïodin yn rhydwythydd cryfach na chlorid (1)

8 (i) $Fe_2O_3 + 3CO \rightarrow 2Fe + 3CO_2$ (1)

(ii) Mae cyflwr ocsidiad Fe yn mynd o +3 i 0 / felly mae'n cael ei rydwytho (1)
NEU mae cyflwr ocsidiad C (nid CO) yn mynd o +2 i +4 / felly mae'n cael ei ocsidio. (1)

(iii) Mae'r cyflwr ocsidiad sefydlog (yn +4 ar gyfer C ond) yn +2 ar gyfer Pb (1)
gan fod yr effaith pâr anadweithiol yn cynyddu wrth fynd i lawr y grŵp. (1)

9 (a) (i) Ocsidydd (1)

(ii) A = plwm(II) clorid / $PbCl_2$ (1)
B = clorin / Cl_2 (1)

(iii) $Pb(OH)_6]^{4-}$ / $[Pb(OH)_4]^{2-}$ / $Na_4[Pb(OH)_6]$, etc. (1)

(iv) Melyn (1)

(v) $PbO + 2HNO_3 \rightarrow Pb(NO_3)_2 + H_2O$ (1)

(b) (i) Mae pob atom C yn bondio'n gofalent i dri atom C arall gan ffurfio haenau (1)
Mae'r haenau'n cael eu dal wrth ei gilydd gan rymoedd rhyngfoleciwlaidd gwan (1)
Mae BN yn isoelectronig ag C, ac felly mae'n ffurfio adeileddau tebyg (1)
Mae graffit yn dargludo trydan gan fod yr electronau'n ddadleoledig, ond mewn BN, mae gan bob N orbital p llawn heb fondio ac mae gan bob B orbital p gwag heb fondio, ac felly nid yw'n dargludo trydan (Derbyn: nid yw electronau'n ddadleoledig mewn BN, ac felly nid yw'n dargludo trydan) (1)

(ii) Araenau gwrthsefyll traul / cynhaliad catalydd / ar gyfer gosod cydrannau electronig pŵer uchel / driliau mewn diwydiant / offer torri (1)

3.4

1 (a) (i) Cromiwm metelig, Cr $1s^22s^22p^63s^23p^63d^54s^1$ (1)

(ii) Ïon Cr^{3+} $1s^22s^22p^63s^23p^63d^3$ (1)

(b) Mae ligandau dŵr yn rhannu'r orbitalau 3d (1)
(mewn maes octahedrol) mae gan dri orbital d egni is, mae gan ddau egni uwch (1)
Mae electronau'n amsugno egni golau (gweladwy) i neidio o'r lefel isaf i'r lefel uchaf (1)
Y lliw a welwn yw lliw'r amleddau sy'n weddill / sydd ddim yn cael eu hamsugno (mae'n bosibl derbyn diagramau priodol yn lle disgrifiad) (1)

2 (i) Adeiledd electronig: $1s^22s^22p^63s^23p^63d^{10}$ (1)
Mae gan Cu^+ orbitalau 3d llawn. (1) [2]

(ii) I. $[Cu(H_2O)_6]^{2+}$ octahedrol (1) glas (1)
$[CuCl_4]^{2-}$ tetrahedrol (1) melyn neu wyrdd [4]

II. Mae cymhlygion yn cynnwys ïon Cu^{2+} wedi'i amgylchu gan ligandau (1)
sy'n ffurfio bondiau cyd-drefnol ag ef. (1)

3 **(a)**

3d   4s

Ar | ↑ | ↑ | ↑ | ↑ | ↑ | | |

(b)

(mae'r naill fath neu'r llall yn cael eu derbyn)

(c) Mae'r ligand yn rhannu'r orbitalau d yn 2 lefel uwch a 3 lefel is. (1)
Wrth i electron gael ei ddyrchafu o lefel is i lefel uwch, mae egni'n cael ei amsugno (1)
o'r sbectrwm gweladwy. Y lliw a welwn yw'r lliwiau sydd ddim yn cael eu hamsugno (1)

(ch) Gwaddod brown/melyn/coch (1)
sy'n anhydawdd mewn gormodedd o'r hydoddiant sodiwm hydrocsid (1)
$Fe^{3+} + 3OH^- \rightarrow Fe(OH)_3$ (1)

4 **(a)** **(i)** Haearn $1s^2 2s^2 2p^6 3s^2 3p^6 3d^6 4s^2$
(neu 'electronau mewn blychau' cyfatebol) (1)

(ii) Catïon haearn(II) $1s^2 2s^2 2p^6 3s^2 3p^6 3d^6$
(neu 'electronau mewn blychau' cyfatebol) (1)

(b) Mae electronau 3d a 4s yn cymryd rhan (mewn bondio)
Mae lefelau egni 3d a 4s yn debyg iawn NEU egnïon ïoneiddiad tebyg / mae'n bosibl tynnu niferoedd gwahanol o electronau.
Mae'r egni sy'n cael ei ryddhau wrth fondio'n ddigon i gydbwyso'r egni sydd ei angen i ïoneiddio pob atom.
(Unrhyw 2 bwynt o dri × (1)) [2]

(c) Bondio cofalent cyd-drefnol

Mae pâr unig o electronau (ar atom O) mewn dŵr yn bondio i orbitalau d ïon metel/metelig (1)

5 **(i)** Gwaddod (1) glas (1)

(ii) $Cu^{2+} + 2OH^- \rightarrow Cu(OH)_2$ neu
$CuSO_4 + Ca(OH)_2 \rightarrow Cu(OH)_2 + CaSO_4$ (1)

6 **(a)** **(i)** Mae gan fetelau trosiannol orbitalau d sydd wedi'u llenwi'n rhannol (yn yr atom neu'r ïon) (1)

(ii) Mae gan haearn a chopr orbitalau d sydd wedi'u llenwi'n rhannol yn eu hïonau, nid felly sinc (1)

(b) ▪ Mae ligandau'n achosi i orbitalau d rannu
▪ yn 2 lefel egni uwch / 3 lefel egni is
▪ Mae electronau'n amsugno (amleddau) golau i symud i lefel egni uwch

▪ Y lliw a welwn yw'r lliw a drawsyrrir/a adlewyrchir/sydd heb gael ei amsugno

▪ Mae cymhlygion copr(II) yn amsugno coch/oren/ melyn/pob lliw heblaw glas.
[UCHAFSWM 4 marc o'r pwyntiau uchod]

▪ Mae gwahanol ligandau'n achosi holltiadau gwahanol / ΔE gwahanol.

▪ Mae gan yr ïon copr(I) orbitalau d llawn.

▪ Felly ni all electronau symud i lefelau egni uwch.
[UCHAFSWM RHAN B 6]

7 **(i)** +2 (1)

(ii) (cofalent) cyd-drefnol (1)

(iii) pinc: $[Co(H_2O)_6]^{2+}$ glas: $[CoCl_4]^{2-}$ (1)
(ligand yw) Cl^- (1)
(mae ychwanegu HCl yn symud) ecwilibriwm i'r ochr dde (1) [3]

(iv) dangoswyd $[Co(H_2O)_6]^{2+}$ fel octahedrol
[gydag ymgais i lunio diagram 3D] (1)
dangoswyd $[CoCl_4]^{2-}$ fel tetrahedrol/sgwâr planar (1) [2]

3.5

1 **(a)** Y cam penderfynu cyfradd yw'r cam arafaf sy'n cyfyngu ar y gyfradd adwaith (1)

Cam 1 yw'r cam penderfynu cyfradd gan fod moleciwlau'r adweithyddion yn cyfateb i'r hafaliad cyfradd ($2NO_2$) (1)

(b) **(i)** Gradd un mewn perthynas ag NO_2 (1)
Gradd un mewn perthynas â CO (1)
Hafaliad cyfradd: Cyfradd = $k[NO_2][CO]$ (1)

(ii) $k = 4.48 \times 10^{-2}$ (1)
Unedau $môl^{-1} dm^3 s^{-1}$ (1)

(iii) $NO_2 (n) + CO(n) \rightarrow$ Unrhyw ryng-gyfansoddion sy'n cael eu nodi (1)

2 **(a)** Cyfradd = $k[O_3]^2$ (1)
Gradd (2) yw'r pŵer y codir y crynodiad (crynodiad O_3) iddo (1)

(b) Cyfradd = $3.4 \times 10^{-5} \times (0.023)^2$ (1)
= 1.8×10^{-8} $môl\ dm^{-3} s^{-1}$ (1) [2]

(c) Mae catalyddion yn cynnig llwybr gwahanol (1)
sydd ag egni actifadu is. (1) [2]

3 **(a)** **(i)** Cyfradd newid crynodiad gydag amser. (1)

(ii) x = 1 / gradd un (1)
y = 1 / gradd un (1)

(iii) Mae asid hydroclorig yn gatalydd (1)
gan ei fod yn effeithio ar y gyfradd ond nid yw'n cael ei ddisbyddu yn ystod yr adwaith. (1)

(b) **(i)** Cyfradd = $k[CH_3COOCH_3][HCl]$
k= 1.12×10^{-3}
Unedau = $môl^{-1} dm3 s^{-1}$ (1)

(ii) Mecanwaith 2 (1) gan fod un moleciwl o ester ac un o asid yn y cam penderfynu cyfradd. (1)

4 **(i)** Cyfradd = 0.0020 / 17.5 = 1.14×10^{-4} môl dm^{-3} munud^{-1} (neu 1.90×10^{-6} môl dm^{-3} s^{-1})

Gwerth 1 marc, unedau 1 marc

(ii) Dilyn y lleihad yn y lliw brown oherwydd Br$_2$ / defnyddio colorimedr (1)

Cyfeiriad at fesur amser (1)

(iii) Br$_2$ (d) gradd sero (1)
CH$_3$COCH$_3$ (d) gradd un (1)

(iv) I Wrth i pH gynyddu, mae'r gyfradd adwaith yn lleihau (1)

II Pan fydd pH yn cynyddu o un uned, mae [H$^+$] yn lleihau o ffactor deg, a hefyd y gyfradd, felly gradd un (neu osodiad cyfatebol) (1)

III Catalydd (gan fod mwy o H$^+$ yn cyflymu'r adwaith heb fod yn yr hafaliad) (1)

IV Cyfradd = k [CH$_3$COCH$_3$] [H$^+$] (1)
Unedau k yw môl^{-1} dm^3 munud^{-1} (1)

5 **(a)** Pan fydd y crynodiad yn dyblu, mae'r gyfradd yn dyblu. (1)
Felly gradd un, neu mae'r gyfradd mewn cyfrannedd â'r crynodiad (mae'n rhaid rhoi rheswm i gael y marc hwn) (1)

Ffyrdd eraill o ateb:
Cyfrifo k ar gyfer pob crynodiad a dangos bod pob gwerth yr un peth; cyfrifo k ar gyfer un crynodiad a'i ddefnyddio i gyfrifo gwerthoedd eraill.

(b) k = Cyfradd ÷ [N$_2$O$_5$]
e.e. k = 3.00×10^{-5} ÷ 4.00×10^{-3} (1)
= 7.50×10^{-3} (1)
rhaid bod yn 3 ffigur ystyrlon; Unedau = s^{-1} (1)

(c) Mae'n rhaid i'r cam penderfynu cyfradd fod ag un moleciwl N$_2$O$_5$ fel adweithydd. (1)

Mae mecanwaith A yn cyfateb i'r hafaliad cyfradd hwn. (1)
Mae angen rheswm i gael y marc hwn.

6 **(i)** Mae'r arbrofion yn dangos bod crynodiadau'r ïodid a'r persylffad wedi dyblu (1)
felly dylai'r gyfradd gychwynnol gynyddu bedair gwaith $4 \times 8.64 \times 10^{-6} = 3.46 \times 10^{-5}$ (1)

(ii) Cyfradd = k [S$_2$O$_8$$^{2-}$] [I$^-$]
Felly k = 8.64×10^{-6} ÷ (0.0400 × 0.0100)
= 0.0216 (1)
môl^{-1} dm^3 s^{-1} (1)

(iii) Yn yr hafaliad cyfradd, mae un ïon S$_2$O$_8$$^{2-}$ yn adweithio ag un ïon I$^-$. Rhaid i'r cam penderfynu cyfradd felly fod ag 1 môl o bob un yn adweithio, fel y gwelwn yng ngham 1 (yn unig) (1)

7 **(i)**

	[NH$_4$$^+$(d)]/môl dm^{-3}	[NO$_2$$^-$(d)]/môl dm^{-3}	Cyfradd gychwynnol/môl dm^{-3} s^{-1}
1	0.200	0.010	4.00×10^{-7}
2	**0.100**	0.010	2.00×10^{-7}
3	0.200	**0.030**	1.20×10^{-6}
4	0.100	0.020	**4.00×10^{-7}**

(1 marc am bob ateb cywir) (3)

(ii) 2×10^{-4} (1)
môl^{-1} dm^3 s^{-1} (1)

(iii) Dim newid (1)

(iv) Os bydd y tymheredd yn cynyddu, mae'r gyfradd yn cynyddu (1)
ac oherwydd nad yw crynodiadau'n newid, mae'n rhaid i'r cysonyn cyfradd gynyddu (neu ateb tebyg) (1)

8 **(a)** Gradd dau gan mai unedau adwaith gradd dau yw unedau'r cysonyn cyfradd (1)

(b) **(i)** Egni actifadu yw'r egni lleiaf sydd ei angen er mwyn i wrthdrawiad fod yn llwyddiannus/ er mwyn i ronynnau adweithio. (1)

(ii) $k = A \times e^{-(E_a/RT)}$ felly $A = k / e^{-(E_a/RT)}$ (1)
Rhoi gwerthoedd perthnasol i mewn:
$A = 3 \times 10^7 / e^{-(23000/8.314 \times 350)} = 8.124 \times 10^{10}$ (1)
môl^{-1} dm^3 s^{-1} (1)

(iii) $k = A \times e^{-(E_a/RT)} = 8.124 \times 10^{10} \times e^{-(23000/8.314 \times 400)}$
= 8.06×10^7 (môl^{-1} dm^3 s^{-1}) (1)

(c) **(i)** $k = A \times e^{-(E_a/RT)} = 8.124 \times 10^{10} \times e^{-(11500/8.314 \times 350)}$
= 1.56×10^9 (môl^{-1} dm^3 s^{-1}) (1)

(ii) Gall catalyddion gynyddu'r gyfradd yn fwy na thymheredd; (1)
Mae angen llawer mwy o egni i godi'r tymheredd, sy'n ddrud/sy'n rhyddhau nwyon tŷ gwydr; (1)
Gall cynyddu tymheredd adweithiau cildroadwy leihau'r cynnyrch. (1) [UNRHYW DDAU]

3.6

1 **(a)** Newid egni ar gyfer ½ H$_2$(n) $\rightarrow$ H (n) = ½ × 436
= 218 kJ môl^{-1} (1)

$\Delta_f H^{\oplus}$ NaH = 107 kJ môl^{-1} + 218 kJ môl^{-1} + 496 kJ môl^{-1} − 72 kJ môl^{-1} − 806 kJ môl^{-1}
(2 farc, 1 marc os yw'r arwydd yn anghywir ar gyfer un term enthalpi)

= −57 kJ môl^{-1} (1)

(b) Mae NaH yn fwy sefydlog na'r elfennau gan fod yr enthalpi ffurfiant yn negatif. (1)

2 $\Delta_f H = \Delta_{at} H Cu + E.Ï.Cu + \Delta_{at} H F_2 + A.E. F + \Delta_{ffurfio\ dellt} H CuF_2$ (1)

Dyblu'r gwerth ar gyfer ffurfio 2F a 2F$^-$ (1)
(Mae'n bosibl ennill y marciau hyn o gylchred Born–Haber)
$\Delta_f H$ CuF$_2$ = 339 + 2705 + 158 − 696 − 3037 (1)
$\Delta_f H$ CuF$_2$ = −531 kJ môl^{-1} (1)

3 **(a)** −705 (kJ môl^{-1}) (2 farc, 1 os yw'r arwydd yn anghywir).

(b) hydradiad a **thorri** dellt (1)

4 **(i)** atomeiddiad magnesiwm / anweddiad magnesiwm (1)

(ii) cymhareb gwefr bositif ar niwclews: nifer electronau'n fwy (1)

(iii) mae'n bositif oherwydd bod yr electron (negatif) yn cael ei wrthyrru gan rywogaeth negatif (1)

(iv) enthalpi dellt yw –3835(kJ môl⁻¹) gwerth rhifiadol arwydd negatif (1)

3.7

1 Mae adwaith yn ddichonadwy os bydd cyfanswm yr entropi'n cynyddu / Dichonadwy os yw egni rhydd Gibbs yn negatif (1)

Er bod y newid enthalpi'n bositif, mae entropi'n cynyddu pan fydd ïonau'n cael eu rhyddhau i hydoddiant. (1)

2 **(a)** $\Delta H = -393.5 - 601.7 + 1095.8 = +100.6$ kJ môl⁻¹ (1)

(b) Mae'r entropi'n cynyddu oherwydd mae'r adwaith yn ffurfio nwy ac mae gan nwyon entropïau uwch na solidau. (1)

(c) $\Delta G = \Delta H - T\Delta S$ (1)
$\Delta G = 0$ pan ddaw adwaith yn ddichonadwy, felly T = $\Delta H / \Delta S$ (1)
Angen unedau cyson felly ΔS
= 0.1748 kJ môl⁻¹ K⁻¹ (1)
T = 100.6 / 0.1748 = 576 K (1)

3 **(i)** $\Delta H = 2 \times \Delta H (H_2O) + \Delta H (CO_2) - \Delta H(CH_3OH)$
= 2 × –286 + (–394) –(–239) (1)
= –727 kJ môl⁻¹ (1)

(ii) Mae entropi nwy (methanol) yn uwch na hylif (1)

Felly bydd y newid entropi'n fwy negatif (1)

(iii) $\Delta G = -727 - (298 \times -81/1000) = -703$ kJ môl⁻¹ (1)

Mae ΔG negatif yn golygu bod yr adwaith yn ddichonadwy. (1)

4 **(i)** Mae nwyon yn fwy ar hap/anhrefnus / yn symud yn fwy rhydd, ac felly mae ganddynt entropi uwch (1)

(ii) $\Delta S = 21.8$ (JK⁻¹mol⁻¹) (1)

(iii) $\Delta G = \Delta H - T\Delta S$ (1)

Rhaid i ΔG fod yn negatif os bydd adwaith digymell / i gyfrifo T mae angen gwneud $\Delta G = 0$ (1)

0 = 318000 – T 21.8 felly T = 14587/14600 (K) (1)

5 **(i)** $\Delta G = \Delta H - T \Delta S$ ($\Delta G = 0$ i'r adwaith fod yn ddigymell) (1)
T = 1.92 ÷ 0.0067 (1)
T = 286.6 K (1)

(ii) Achosodd newidiadau mewn tymheredd (dros neu dan 286.6 K) i'r tun newid ei ffurf gan ei wneud yn ansefydlog (a chwalu) (1)

3.8

1 **(a)** $K_p = \dfrac{(pNO)^2}{(pN_2)(pO_2)}$

(b) $p\,NO = \sqrt[2]{K_p \times (pN_2) \times (pO_2)}$ (1)
p NO = 3.79 × 10⁻³ atm (1)

(c) Mae K_p yn lleihau wrth i'r tymheredd leihau / mae K_p yn cynyddu wrth i'r tymheredd gynyddu, felly mae'n rhaid iddo fod yn endothermig (1)

2 **(a)** Mae'r blaenadwaith daduno'n cynyddu nifer y molau o nwy (1)
Felly (yn ôl egwyddor Le Chatelier) bydd daduniad PCl_5 (n) yn fwy ar wasgedd isel. (1)

(b) $Kp = (pPCl_3) \times (pCl_2) \div (pPCl_5)$ (1)
(Rhaid nodi gwasgedd mewn rhyw ffordd. Nid yw bachau petryal yn dderbyniol).

(c) $pPCl_5 = 5.00 \times 10^{-3} \times 5.00 \times 10^{-3} \div 2.88 \times 10^{-2}$ (1)
= 8.68 × 10⁻² atm (1 os yw'r gwerth a'r unedau'n gywir)

3 **(i)** Mg²⁺(d) = [CO₃²⁻(d)] = 3.16 × 10⁻³ môl dm⁻³ (1)

(ii) $K_c = [3.16 \times 10^{-3}]^2 = 1.0 \times 10^{-5}$ mol² dm⁻⁶ (1)

(iii) Ydy, mae'n gyson ohewydd, gan fod ΔG yn bositif (ac ni fyddai'r adwaith yn digwydd yn ddigymell), mae'n rhaid fod gan K_c werth bach iawn. (1)

(iv) Bydd ychwanegu rhagor o ïonau carbonad yn symud yr ecwilibriwm i'r chwith, gan leihau'r hydoddedd. (1)

4 **(i)** $K_p = \dfrac{P_{N_2O_4}}{P^2_{NO_2}}$ **(1)**

(ii) Mae codi'r tymheredd yn symud ecwilibriwm i'r chwith / yn ffafrio adwaith endothermig (1)
felly mae gwerth K_p yn llai. (1)

(iii) $PN_2O_4 = 9.5 \times 10^3$ Pa (1)
$K_p = 9.5 \times 10^3 \div (2.81 \times 10^5)^2 = 1.20 \times 10^{-7}$ (1)
Unedau = Pa⁻¹ (1)

5 Er enghraifft, ychwanegu ychydig o alcali / sodiwm hydrocsid / NaOH / ïonau OH⁻ (1)
byddai hyn yn dileu / adweithio ag ïonau hydrogen gan roi dŵr, a symud y safle ecwilibriwm i'r chwith (gan ddileu ïodin) (1)

6 **(i)** $K_c = [HI]^2 / [H_2][I_2]$ rhaid cael bachau petryal (1)

(ii) $K_c = 0.011^2 / 0.311^2 = 1.25 \times 10^{-3}$ (1)

(iii) nid oes unedau gan K_c (1)

(iv) pan fydd tymheredd yn codi, mae K_c yn cynyddu (1)
mae hyn yn golygu bod ecwilibriwm wedi symud i'r dde / mae codi'r tymheredd yn ffafrio adwaith endothermig (1)
felly mae ΔH ar gyfer blaenadwaith yn bositif

7 **(i)** $K_c = [CH_3COO\,CH_3][H_2O] / [CH_3COOH][CH_3OH]$ (1)
Dim unedau (1)

(ii) molau = 1.25 × 32.0 ÷ 1000 = 0.04(0) (1)

(iii) [CH₃COOH] = 0.04, felly defnyddiwyd 0.06 yn yr adwaith a [CH₃COOCH₃] = 0.06, [H₂O] = 0.06 a[CH₃OH] = 0.083 – 0.06 = 0.023 (1)
$K_c = 0.06 \times 0.06 / 0.04 \times 0.023 = 3.91$ (1)

(iv) Mae gwerth K_c yn lleihau gan fod yr ecwilibriwm yn symud i'r chwith / mae'r blaenadwaith yn ecsothermig (1)

3.9

1 (a) (i) *Gwan* Wedi daduno ychydig / yn rhannol (1)
Asid Yn cynhyrchu ïonau H^+
(mewn hydoddiant) (1)

(ii) $K_a = \dfrac{[H^+][CH_3COO^-]}{[CH_3COOH]}$

(iii) 1.0×10^{-4} / 0.00010 môl dm^{-3}

(b) Mae'r ecwilibriwm
$CH_3COOH \rightleftharpoons CH_3COO^- + H^+$ yn bresennol (1)

Mae'r CH_3COO^- / CH_3COONa yn adweithio ag unrhyw asid / Mae'r ecwilibriwm yn symud i'r chwith i ddileu H^+ sy'n cael ei ychwanegu (1)

Mae'r CH_3COOH yn adweithio ag unrhyw alcali sy'n cael ei ychwanegu / Mae alcali'n dileu H^+ ac mae'r ecwilibriwm yn symud i'r dde i adfer yr H^+ a gollwyd (1)

2 (a) $K_a = \dfrac{[HCO_3^-][H^+]}{[H_2CO_3]}$

(b) $pH = -\log[H^+]$ (1)

(c) Ad-drefnu'r hafaliad i $[H^+] = \dfrac{Ka \times [H_2CO_3]}{[HCO_3^-]}$ **(1)**

$[H^+] = 3.98 \times 10^{-8}$ (1)

$pH = -\log 3.98 \times 10^{-8} = 7.4$ (1) [3]

(ch) Mae'n cadw pH yn gyson (pan fydd ychydig o asid neu alcali yn cael ei ychwanegu). (1)

(d) Mae'r hydoddiant yn cynnwys llawer o CH_3COOH ac ïonau CH_3COO^-. (Mae hafaliadau cywir yn cael eu derbyn) (1)

Pan fydd asid yn cael ei ychwanegu, mae'r ïonau CH_3COO^- yn adweithio â'r ïonau H^+, gan eu dileu o'r hydoddiant a chadw'r pH yn gyson. (1)
Pan fydd alcali'n cael ei ychwanegu, mae'r CH_3COOH yn adweithio â'r ïonau OH^-, gan eu dileu o'r hydoddiant a chadw'r pH yn gyson. (1)
(Mae ateb yn nhermau ecwilibriwm rhwng moleciwlau asid dadunedig ac annadunedig yn cael ei dderbyn)

3 $[H^+] =$ gwrthlog $-11.5 = 3.16 \times 10^{-12}$ môl dm^{-3} (1)

$[OH^-] = 1.00 \times 10^{-14} \div 3.16 \times 10^{-12}$ (1)

$= 3.16 \times 10^{-3}$ môl dm^{-3} (1)

4 (a) (i) $K_a = \dfrac{[CH_2ClCOO^-][H^+]}{[CH_2ClCOOH]}$

(ii) $pH = -\log[H^+]$ (1)

(iii) $[H^+]^2 = 1.3 \times 10^{-3} \times 0.1$
$[H^+] = 0.0114$ môl dm^{-3}
$pH = 1.94$ (1)

(b) (i) Croes ar pH 1.9 a chyfaint 0 cm^3 (1)

(ii) 7.8 ± 0.2 (1)

(iii) $20.0 + 0.1$ cm^3 (1)

(iv) 0.125 môl dm^{-3} (1)
Tri ffigur ystyrlon (1)

(v) Bromothymol glas a ffenolffthalein (1)
Mae ystod y dangosydd ar ran fertigol y gromlin. (1)

5 (a) (i) $K_{dŵr} = [H^+][OH^-]$ (1)

(ii) Mae'r cysonyn ecwilibriwm yn cynyddu gyda thymheredd, felly mae'n rhaid i'r broses fod yn endothermig. (1)

(iii) $K_{dŵr} = 4.3 \times 10^{-14}$ $(môl^2\ dm^{-6})$ (1)

(iv) $[H^+] = 4.3 \times 10^{-14} = 2.07 \times 10^{-7}$ môl dm^{-3} (mae 2.1 yn cael ei dderbyn) (1)
$pH = -\log(2.07 \times 10^{-7}) = 6.7$ (1)

(b) (i) Diweddbwynt = 20.0 cm^3 (mae 20 cm^3 yn cael ei dderbyn) (1)

$[NH_3] \times 25.0 = 0.100 \times 20.0$ (1 marc am ysgrifennu hafaliad)

$[NH_3] = 0.080$ môl dm^{-3} (rhaid nodi dau ffigur ystyrlon) (1)

(ii) $NH_4^+ \rightleftharpoons NH_3 + H^+$ / cymysgedd o asid cyfieuol a bas (1)

Mae NH_3 yn adweithio â'r asid sy'n cael ei ychwanegu gan ffurfio NH_4^+ (1)

Mae NH_4^+ yn daduno wrth i H^+ adweithio ag alcali sy'n cael ei ychwanegu (1)

(iii) Methyl oren (1)
(*bydd unrhyw ddangosyddion eraill yn cael eu trin fel cywir / anghywir*)
Mae ei ystod pH ar ran serth y gromlin (1)

6 (i) Mae'n daduno (bron) yn llwyr i ryddhau H^+. (1)

(ii) $K_a = [H^+][ClO^-] / [HOCl]$ (1)

(iii) $[H^+] = 10^{-pH}$ NEU $pH = -\log[H^+]$ (1)
$[H^+] = 5.88 \times 10^{-5}$ môl dm^{-3} (1)

(iv) $K_a = [H^+][ClO^-] / [HOCl] = (5.88 \times 10^{-5})^2 / 0.100$ (1)
$= 3.46 \times 10^{-8}$ $(môl\ dm^{-3})$ (1)

(v) pH dros 7 (hyd at 10) (1)
Bydd OCl^- mewn ecwilibriwm gyda HOCl / OCl^- yn dileu H^+ o'r hydoddiant (1)

7 (a) cyfrannydd protonau / H^+ yw asid (1)

(b) $pH = -\log[H^+]$ / minws log crynodiad ïonau hydrogen (1)

(c) Mae pH isel yn cyfateb i grynodiad H^+ uchel (1)
Mae asid cryf wedi daduno'n llwyr ond mae asid gwan wedi daduno'n rhannol (1)
Mae angen ystyried crynodiad (yr hydoddiant asid) a chryfder yr asid hefyd (1)
Gallai hydoddiant asid gwan crynodedig fod â pH is na hydoddiant asid cryf gwanedig (1)

(ch) (i) $K_a = [HCOO^-][H^+] / [HCOOH]$ (1)

(ii) $1.75 \times 10^{-4} \times 0.1 = x^2$ (1)
$x = 4.183 \times 10^{-3}$ (1)
$pH = 2.38$ (1)

(d) (i) byffer (1)

(ii) RCOOH $\rightleftharpoons$ RCOO⁻ + H⁺ ac RCOONa $\rightarrow$ RCOO⁻ + Na⁺ (1)

mae halwyn anion yn dileu H⁺ sy'n cael ei ychwanegu / A⁻ + H⁺ $\rightarrow$ HA (1)

mae asid yn dileu OH⁻ sy'n cael ei ychwanegu / OH⁻ + HA $\rightarrow$ A⁻ + H$_2$O (1)

8 (a) $K_{d\hat{w}r}$ = [H⁺][OH⁻] (1)
Unedau = môl² dm⁻⁶ (1)

(b) (i) Mewn dŵr pur [H⁺] = [OH⁻] neu [H⁺] = $\sqrt{1.0 \times 10^{-14}}$ (1)

pH = −log 10⁻⁷ = 7 (1)

(ii) Cyfaint terfynol hydoddiant yw 1000 cm³, ac felly mae'r asid wedi'i wanedu o ffactor 100, ac felly crynodiad terfynol yr asid yw 0.001 neu molau
asid = 0.1 × 10 = 0.001 (1)
pH = −log 0.001 = 3 (1)

(c) K_a × [HALWYN] = [H⁺] × [ASID] (1)

1.78 × 10⁻⁵ × 0.01 = [H⁺] × 0.02 (1)

[H⁺] = 8.90 × 10⁻⁶ (1)

pH = 5.05   derbynnir 5 neu 5.1 (1)

Uned 4

4.1

1 (a) Rhywogaethau sydd â'r un fformiwla adeileddol ond trefniant gwahanol o'r atomau / grwpiau mewn gofod yw stereoisomerau. (1)

(b)

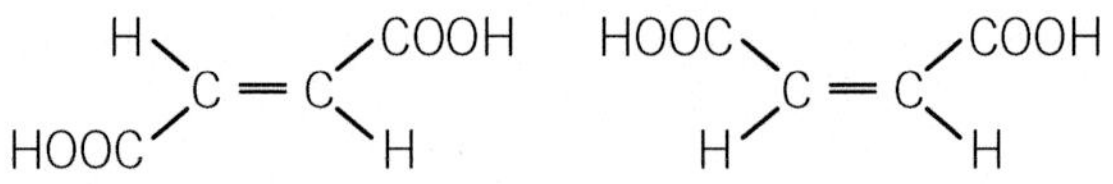

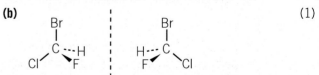

ffurf *E*   ffurf *Z* (2)

(c) Y gymhareb folar yw 1:1, felly cynnyrch damcaniaethol y ffurf *E* yw 0.040 môl. (1)

Màs moleciwlaidd cymharol yr asid yw 116 a'r màs damcaniaethol yw 4.64g (1)

ond dim ond 86% sy'n cael ei drawsnewid yn y ffurf *E*, felly'r màs sy'n cael ei gynhyrchu yw 86 × 4.64 /100 = 3.99g (1)

(ch) (i) (2)

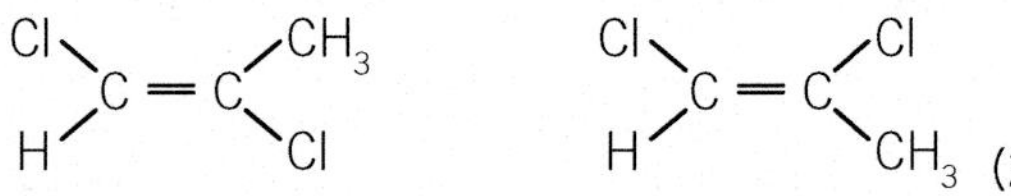

(ii) (2)

2 (a) Drychddelweddau o'i gilydd nad yw'n bosibl eu harosod ar ei gilydd yw enantiomerau (1)

(b) (1)

(c) Mae gan bob atom carbon ddau atom neu grŵp sydd yr un peth, ac felly nid yw'n bodoli fel enantiomerau. (1)

Dim ond ffyrdd gwahanol o ddangos fformiwla'r un cyfansoddyn yw'r ddwy fformiwla hyn. (1)

(ch) Bydd y naill enantiomer yn cylchdroi plân golau polar yn glocwedd a'r enantiomer arall yn wrthglocwedd. Os nad oes unrhyw gylchdroi am gael ei weld, mae'n rhaid i grynodiad molar pob enantiomer fod yn gyfartal. Gan fod màs moleciwlaidd cymharol pob enantiomer yn gyfartal, mae'r màs sydd ei angen yn gyfartal (1)
felly mae angen 3.50g. (1)

3 (a) (2)

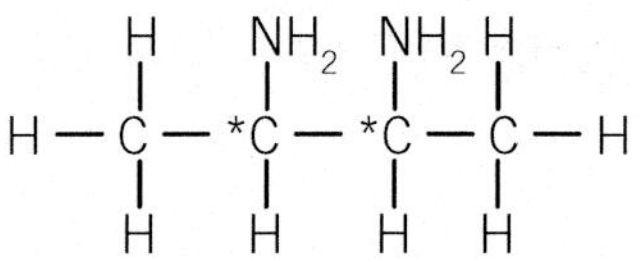

(b) Mae gan bent-3-en-2-ol isomerau *E–Z* a chraidd ciral ar yr atom carbon *CH(OH)CH$_3$. Felly mae 2 enantiomer ar gyfer pob un o'r isomerau *E* a *Z*. (1)

(c) (i) Gallai adeiledd fodoli lle mae'r ddau grŵp NH_3 (neu'r atomau clorin) gyferbyn â'i gilydd. **(1)**

(ii)

(2)

4.2

1 (a) (i)

$$\bigcirc + 3H_2 \rightarrow \bigcirc$$

(ii) Yr enw ar y gwahaniaeth rhwng y ddau werth yw'r egni cyseiniant. Mae'r ffigur is yn awgrymu bod bensen yn fwy sefydlog na'r disgwyl, gan fod angen mwy o egni i oresgyn y system cylch o electronau dadleoledig. **(2)**

(b) Pe bai gan fensen adeiledd Kekulé, sef bondiau carbon-i-garbon dwbl a sengl bob yn ail, byddai dau hyd bond gwahanol i'w gweld: ar gyfer bond C=C, a hyd bond mwy ar gyfer bond C–C. Yn yr adeiledd dadleoledig, mae hyd pob bond carbon-i-garbon yn gyfartal. **(1)**

(c) Mae gan niwcleoffil bâr unig o electronau ac mae'n chwilio am safleoedd sy'n electron ddiffygiol. Mae adeiledd electronau π dadleoledig bensen yn llawn electronau ac yn fwy deniadol i electroffilau yn lle niwcleoffilau. **(2)**

2 (a) (i) Adiad electroffilig **(1)**

(ii) Mae'r bond dwbl yn llawn electronau ac yn polaru moleciwl clorin, $Cl^{\delta+}$- $Cl^{\delta-}$, sy'n agosáu. Wedyn mae pâr unig o'r bond carbon-i-garbon dwbl yn ymosod ar ben cymharol electron ddiffygiol y bond Cl-Cl. **(1)**

(b) (i) Atom neu grŵp sydd ag electron heb bâr. **(1)**

(ii) $Cl_2 \longrightarrow 2Cl$

(iii) C_3H_5Cl

(c) (i) Mae'n polaru'r moleciwl clorin yn $Cl^{\delta+}$– $Cl^{\delta-}$, ac felly mae'r moleciwl yn agored i ymosodiad gan electronau'r cylch. **(1)**

(ii) Mae ïodin monoclorid yn bolar $I^{\delta+}$– $Cl^{\delta-}$. Bydd y niwcleoffil yn y cylch yn ymosod ar yr atom ïodin, sydd fwyaf electron ddiffygiol, yn y moleciwl ïodin monoclorid. **(1)**

3 (a) (i) Amnewid electroffilig **(1)**

(ii)

C₂H₅

$\bigcirc$—C₂H₅

Mae presenoldeb y grŵp ethyl sy'n bresennol yn barod yn actifadu'r cylch ar gyfer 'ymosodiad electroffilig' pellach. **(2)**

(b) (i) Asidau nitrig(V) a sylffwrig(VI) crynodedig **(1)**

(ii) NO_2^+ **(1)**

(iii) 78g (1 môl) o fensen → 123g (1 môl) o nitrobensen
1g o fensen → 123/78g o nitrobensen
26 g o fensen → 123 × 26/78g o nitrobensen
= 41g (cynnyrch damcaniaethol)
Cynnyrch canrannol = 35 × 100/41 = 85 **(2)**

(iv) Defnyddio baddon dŵr oer / iâ i gadw'r tymheredd dan 50 °C.
Ychwanegu'r bensen yn araf i wneud yn siŵr na fydd y tymheredd yn codi'n sydyn **(2)**

4.3

1 (a) (i) Amnewid niwcleoffilig **(1)**

(ii)

(2)

(iii) Propen **(1)**

(b) (i) Sodiwm tetrahydridoborad(III) neu lithiwm tetrahydridoalwminad(III), neu hydrogen a chatalydd nicel **(1)**

(ii)

OH   OH

$CH_3CH_2 - \overset{|}{\underset{|}{C^*}} - \overset{|}{\underset{|}{C^*}} - CH_2CH_3$

H   H

(1)

(iii)

OH OH

$CH_3CH_2 - \overset{|}{\underset{|}{C}} - \overset{|}{\underset{|}{C}} - CH_2CH_3 + 3[O] \longrightarrow 2CH_3CH_2C\overset{O}{\underset{OH}{\diagup}} + H_2O$

H   H

(2)

(iv) Mae lliw'r hydoddiant yn newid o oren i wyrdd. **(1)**

2 (a) (i) Mae'r cyd-gynhyrchion yn nwyon ac mae'n hawdd eu colli o'r cymysgedd adwaith. Nid yw hyn yn wir wrth ddefnyddio un o'r halidau ffosfforws pan fydd cyd-gynhyrchion hylifol yn ffurfio. **(1)**

(ii) $\bigcirc$—CH₂OH + SOCl₂ → $\bigcirc$—CH₂Cl + SO₂ + HCl **(1)**

(b) (i) Mae 1 môl o bentan-1-ol yn rhoi 1 môl o ester
Màs y pentan-1-ol = 20.0. × 0.81 = 16.2 g
Molau pentan-1-ol = molau ester = 16.2/88 = 0.184
Màs yr ester a ddisgwylir = 0.184 × 130 = 23.9 g
Màs yr ester a gafwyd = 25.1 × 0.88 = 22.1 g
Cynnyrch canrannol = 22.1 × 100/23.9 = 92 **(3)**

(ii) Mae'r adwaith yn cyrraedd ecwilibriwm heb ei gwblhau

Collwyd rhywfaint o ester wrth ei wahanu gan fod dŵr yn un o'r cynhyrchion yn lle hydrogen clorid nwyol. (2)

3 (a) Dull 1

Ychwanegwch sodiwm hydrogencarbonad at sampl o bob hydoddiant. Y ddau hydoddiant sy'n eferwi yw'r ddau asid carbocsylig, asid ethanöig ac asid propenöig. Mae'n rhaid i'r hylif arall fod yn hydoddiant o ffenol. Ychwanegwch fromin dyfrllyd at samplau o'r ddau asid. Dim ond y sampl sy'n asid propenöig fydd yn dadliwio bromin. Mae'n rhaid i'r hydoddiant arall fod yn asid ethanöig dyfrllyd.

Dull 2

Ychwanegwch bromin dyfrllyd at samplau o'r tri hydoddiant. Yr un sydd ddim yn dadliwio'r bromin yw asid ethanöig. Mae ffenol yn dadliwio bromin a hefyd yn rhoi gwaddod gwyn o 2,4,6-tribromoffenol. Mae'r hydoddiant arall, sy'n cynnwys asid propenöig, yn dadliwio bromin dyfrllyd heb roi gwaddod.

Dull 3

Ychwanegwch hydoddiant haearn(III) clorid at bob hydoddiant. Dim ond ffenol sy'n rhoi lliw porffor. Ychwanegwch fromin dyfrllyd at y ddau hydoddiant arall. Dim ond asid propenöig fydd yn dadliwio bromin dyfrllyd. (2)

(b) Ychwanegwch hydoddiant haearn(III) clorid. Mae lliw porffor yn dangos bod ffenol yn bresennol. Gwresogwch y cyfansoddyn gyda hydoddiant sodiwm hydrocsid dyfrllyd. Bydd hyn yn hydrolysu'r grŵp –CH_2CH_2Cl gan adael anion –$CH_2CH_2O^-$ ac ïon clorid. Asidiwch y cynnyrch gydag asid nitrig(V) gwanedig ac ychwanegwch ychydig ddiferion o arian nitrad dyfrllyd. Mae gwaddod gwyn o arian clorid yn dangos presenoldeb ïon clorid yn y cynnyrch. (4)

(c) (i) I gynhyrchu'r ïon 4-nitroffenocsid, $O_2NC_6H_4O^-$, er mwyn iddo allu ymosod ar yr atom carbonyl cymharol δ^+ yn y clorid asid. (1)

(ii)

(1)

4.4

1 (a) Hydoddiant potasiwm deucromad asidiedig / 'deucromad asidiedig' / hydoddiant potasiwm manganad(VII) asidiedig / hydoddiant manganad(VII) asidiedig / hydoddiant potasiwm permanganad asidiedig (1)

(b) Sodiwm tetrahydridoborad(III) / sodiwm borohydrid / lithiwm tetrahydridoalwminad(III) / lithiwm alwminiwm hydrid (1)

2 (a) (i) Mae'r hydoddiant glas (tywyll) yn troi'n gymylog wrth i waddod coch-brown (o gopr(I) ocsid) gael ei gynhyrchu. (1)

(ii) Sodiwm propanoad / asid propanöig (1)

(b) Cynheswch sampl gydag adweithydd Tollens / hydoddiant arian nitrad amonaidd. Os oes aldehyd yn bresennol mae drych arian i'w weld. (2)

3 (a) (i)

(2)

(ii) Yr ïon cyanid, $^-$CN, yw'r niwcleoffil. Rydym yn ei alw'n adwaith adio oherwydd bod yr HCN yn cael ei ychwanegu ar draws y bond dwbl C=O. (2)

(iii)

asid 2-ethyl-2-hydrocsibwtanöig (2)

4 (a)

Ceton E

Alcohol eilaidd F

(2)

(b) Mae cyfansoddyn **F** yn cynnwys un atom ocsigen yn unig ym mhob moleciwl; nid yw'n bosibl ei symleiddio. (1)

5 (a) Ni all bwtanon, pentan-2-on na chylchopentanon fod y ceton dan sylw gan na all tymheredd ymdoddi'r deilliad fod yn uwch na'r gwerth yn ôl y gwerslyfr. (2)

(b) Propanon → CH_3CH_2CHO → C_3H_6O M_r 58.1

% ocsigen = 16 × 100 / 58.1 = 27.6

Pentan-3-on → $CH_3CH_2COCH_2CH_3$ → $C_5H_{10}O$ M_r 86.1

% ocsigen = 16 × 100 / 86.1 = 18.6

Y ceton anhysbys yw propanon (4)

(c) Mae'r deilliad yn amhur – mae hyn yn golygu tymheredd ymdoddi llai na'r disgwyl a thros ystod ehangach. (1)

6 (a) Hydoddiant alcalïaidd o ïodin / hydoddiant sodiwm clorad(I) a photasiwm ïodid; mae solid melyn i'w weld. (2)

(b) Cyfansoddyn **A** gan ei fod yn geton methyl / yn cynnwys grŵp $CH_3C=O$

Cyfansoddyn **Ch** gan ei fod yn cynnwys y grŵp $CH_3CH(OH)$, rhagsylweddyn y grŵp $CH_3C=O$ (2)

4.5

1 (a)

(1)

(b) (i) $C_{12}H_{22}O_{11} + 18[O] \longrightarrow 6HOOC-COOH + 5H_2O$ (2)

(ii)

(1)

(c) (i) 8% yw 8g / 100 cm³ o hydoddiant felly 80 g dm⁻³

M_r CH_3COOH yw 60

felly crynodiad = 80/60 = 1.3 môl dm⁻³ (2)

(ii) Ychwanegwch fromin dyfrllyd at sampl o bob hydoddiant. Dim ond ffenol fydd yn dadliwio bromin dyfrllyd (a hefyd yn cynhyrchu gwaddod gwyn). Ychwanegwch sodiwm hydrogencarbonad solet at y ddau hydoddiant arall. Yr un sy'n rhoi eferwad yw asid ethanöig. Mae'n rhaid mai ethanol yw'r hydoddiant sydd âr ôl. (2)

Byddai'n bosibl ychwanegu'r adweithyddion yn y drefn arall.

2 (a) Mae'r asid carbocsylig yn cael ei ddarparu ar ffurf ei halwyn (hydawdd) (fel arfer yr halwyn sodiwm neu botasiwm). (1)

(b) Nid yw'n hydawdd mewn dŵr / hydoddiant oer. (1)

(c) Mae cyflwr ocsidiad manganîs yn mynd o +7 mewn $KMnO_4$ i +4 mewn MnO_2. Mae lleihau cyflwr ocsidiad positif yn rhydwythiad. Mae'r hydrocarbon wedi ennill ocsigen wrth ddod yn asid. Mae ennill ocsigen yn ocsidiad. (2)

(ch) m/z yw 122. 'M_r'COOH yw 45, felly M_r darn R yr asid R–COOH yw 122 – 45 = 77.

Cyfansoddyn aromatig – mae hyn yn ffitio C_6H_5. Felly fformiwla graffig yr asid yw

(2)

(d) Y fformiwla yw C_8H_{10}. Rhaid i'r hydrocarbon fod yn

neu

Gan nad oes ond un grŵp asid yn ffurfio, dim ond un grŵp alcyl sy'n bresennol. Yr hydrocarbon aromatig yw ethylbensen. (2)

3 (a) Dileu 'CO_2' o gyfansoddyn. (1)

(b)

(2)

(c) Mae dau frig → un ar gyfer protonau CH_3 ac un ar gyfer y protonau C–H aromatig. Arwynebeddau brig cymharol y brigau hyn yw 9:3 (h.y. 3:1) gan fod 9 proton methyl a 3 phroton aromatig. (2)

(ch) Mae'n hydrocarbon â chadwyn syth, felly nid yw'n aromatig. M_r 72, mae'n rhaid iddo fod yn alcan, felly C_5H_{12}. Mae'n rhaid i'r asid / anion fod â 6 atom carbon. Efallai mai $CH_3CH_2CH_2CH_2CH_2COO^-Na^+$ yw'r halwyn. (3)

4 (a) 3 amgylchedd carbon gwahanol. Rhaid i'r ester fod yn

Dim ond 2 frig yn y sbectrwm NMR ¹H, felly 1 brig ar gyfer R ac 1 brig ar gyfer R'. Ni all R nac R' fod â mwy nag un atom carbon yr un. Fformiwla'r ester yw

Mae gan bob grŵp methyl dri phroton hydrogen, sy'n rhoi sbectrwm NMR ¹H â'r un arwynebeddau brig. (3)

(b) (2)

H_2SO_4 yw'r catalydd

5 Cyfansoddyn A → NH_3 / amonia

Cyfansoddyn B → NaOH / sodiwm hydrocsid

Cyfansoddyn C → H_2SO_4 (d) / asid sylffwrig dyfrllyd(VI)

Cyfansoddyn Ch → e.e. CH_3Br

Cyfansoddyn D → $CH_3CH_2NH_2$ / ethylamin (5)

6 • Rhowch sampl o'r ester a (gormodedd o) sodiwm hydrocsid dyfrllyd mewn fflasg sydd â chyddwysydd adlifo • gwresogwch y cymysgedd • am gyfnod penodol o amser (ni soniwyd am amser yn y cyfarwyddiadau amlinellol) • gadewch iddo oeri • ychwanegwch ormodedd o asid hydroclorig nes nad oes dim mwy o risialau gwyn o'r asid yn gwaddodi • hidlwch y gwaddod grisialog gwyn i ffwrdd • golchwch y grisialau'n dda â dŵr oer • sychwch y grisialau ar dymheredd ystafell / ar dymheredd dan eu tymheredd ymdoddi.

5–6 marc

Mae'n disgrifio, gan roi manylion ymarferol llawn, sut mae'r ester yn cael ei hydrolysu a grisialau sych o'r asid yn cael eu cynhyrchu.

Mae'r ymgeisydd yn llunio ateb sy'n berthnasol a chydlynol ac wedi'i strwythuro'n rhesymegol, gan gynnwys holl elfennau allweddol yr awgrymiadau ar gyfer cynnwys. Mae'n amlwg yn cynnal ac yn cyfiawnhau ei ymresymu ac yn defnyddio confensiynau a geirfa wyddonol yn briodol ac yn gywir drwyddi draw.

3–4 marc

Mae'n disgrifio, gan roi'r prif fanylion ymarferol, sut mae'r hydrolysis yn cael ei gynnal a'r asid yn cael ei arunigo.

Mae'r ymgeisydd yn llunio ateb cydlynol sy'n cynnwys y rhan fwyaf o'r elfennau allweddol yn yr awgrymiadau ar gyfer cynnwys. Mae rhywfaint o resymu i'w weld wrth gysylltu pwyntiau allweddol ac ar y cyfan mae'n defnyddio geirfa a chonfensiynau gwyddonol yn gadarn.

1–2 farc

Mae'n disgrifio rhai manylion o sut mae'r hydrolysis yn cael ei gynnal a'r asid yn cael ei arunigo.

Mae'r ymgeisydd yn rhoi cynnig ar gysylltu o leiaf dau bwynt perthnasol o'r awgrymiadau ar gyfer cynnwys. Mae gadael allan deunydd a/neu gynnwys deunydd amherthnasol yn effeithio ar y cydlynedd. Mae peth tystiolaeth o ddefnyddio geirfa a chonfensiynau gwyddonol yn briodol.

0 marc

Nid yw'r ymgeisydd yn gwneud unrhyw ymdrech nac yn rhoi ateb perthnasol sy'n haeddu marc.

4.6

1 (a) (i) $CH_3CH_2CH_2CH_2Br + NH_3 \longrightarrow CH_3CH_2CH_2CH_2NH_2 + HBr$ (1)

(ii) Byddai gyrru nwy amonia i sampl cynnes o 1-bromobwtan mewn system agored yn achosi i nwy amonia gael ei golli.
Mae gormodedd o 1-bromobwtan yn bresennol (i ddechrau) – gall hyn achosi i aminau eilaidd a/neu drydyddol gael eu ffurfio, gan leihau cynnyrch y bwtylamin. (2)

(iii) Mae gan amin bâr unig o electronau ar yr atom nitrogen a bydd yn gweithredu fel bas, gan dynnu hydrogen fel H^+ o hydrogen bromid a rhoi 1-bwtylamoniwm bromid.

(3)

(b) Gwresogwch ef gyda sodiwm hydrocsid dyfrllyd. (2)

(c) Mae gan y ddau gyfansoddyn bâr unig o electronau ar eu hatomau nitrogen sy'n gallu ffurfio bondiau hydrogen â moleciwlau dŵr.

(2)

2 (a) (i) (1)

(ii) M_r $C_6H_5NO_2 \rightarrow 123$ M_r $C_6H_5NH_2 \rightarrow 93$
123 g $\rightarrow$ 93 g   25 g $\rightarrow$ 25 × 93/123 =
                                18.9 (cynnyrch
                                damcaniaethol)
Cynnyrch canrannol = 17 × 100/18.9 = 90 (2)

(iii) e.e. gall fod yn broses barhaus yn lle swp-broses / haws gwahanu'r cynhyrchion. (1)

(iv) e.e. angen defnyddio gwasgeddau uchel, etc. (1)

(b) (i) Ethanoyl clorid / ethanöig anhydrid (1)

(ii) e.e. Hydoddi mewn trichloromethan, troi, hidlo'r isomer 4 i ffwrdd, golchi a sychu / cromatograffaeth nwy paratoadol (1)

3 24000 cm³ $\rightarrow$ 1 môl
felly 90 cm³ $\rightarrow$ 90/24000 = 0.00375 môl
mae'r hafaliad yn nodi cymhareb 1:1
felly 0.00375 môl o ethylamin sy'n bresennol mewn 75 cm³
Crynodiad ethylamin = 0.00375 × 1000/75
= 0.05 môl dm⁻³ (2)

4 (a) (i) neu (1)

(ii) Un o gynhyrchion yr adwaith hwn yw HCl, sy'n cael ei ddileu gan yr alcali fel NaCl. (1)

(b) (2)

a

5 (a) $c = f \times \lambda$ $f = c/\lambda = 3.00 \times 10^8 / 410 \times 10^{-9} = 7.32 \times 10^{14}$ Hz (1)

(b) $E = hf$ felly $E = hc/\lambda$
yr isaf yw'r donfedd, yr uchaf yw'r egni; methyl coch sydd â'r egni uchaf. (2)

(c) $E = hf$
$E = 6.63 \times 10^{-34} \times 7.32 \times 10^{14} = 4.85 \times 10^{-19}$ J
(gan un moleciwl)
felly gan un môl = $4.85 \times 10^{-19} \times 6.02 \times 10^{23}$
= 292160 = 292 kJ môl⁻¹ (2)

(ch) Coch yw'r lliw sydd ddim yn cael ei amsugno / mae'r 'donfedd' yn cael ei amsugno ar ben arall y sbectrwm gweladwy gan adael coch / mae glas yn cael ei amsugno gan adael coch. (1)

4.7

1 (a) $R-CH(NH_2)COOH$ (1)

(b) Os hydrogen yw grŵp 'R', mae'r atom carbon canolog yn bondio i ddau atom hydrogen ac ni all fod yn graidd cirol. Os nad hydrogen yw grŵp R, mae gan yr atom carbon canolog bedwar grŵp neu atom gwahanol yn bondio iddo ac mae'n atom carbon cirol. (2)

(c) (2)

2 (a) (i) $(CH_3)_2CHCH_2CH(^+NH_3)COO^-$ (1)

(ii) $(CH_3)_2CHCH_2CH(NH_2)COO^-$
Mae aminau fel lewcin yn sylweddau eithaf niwtral a gallan nhw weithredu fel asidau pan fyddan nhw'n cael eu hychwanegu at hydoddiant alcalïaidd. Mae'r ïon OH⁻ yn adweithio â'r ïon H⁺ yn y grŵp $^+NH_3$, gan gynhyrchu anion a dŵr. (2)

(iii) Mae grymoedd ïonig cryf rhwng moleciwlau lewcin. Mae angen mwy o egni i oresgyn y grymoedd hyn, ac felly mae'r tymheredd ymdoddi'n uchel. Mewn asid 5-methylhecsanöig, mae'r grymoedd rhwng moleciwlau'n rymoedd van der Waals, sy'n wannach na'r grymoedd ïonig yn yr asid amino, ac felly mae'r tymheredd ymdoddi'n llawer is o'i gymharu. Nid yw'r bondio hydrogen rhyng-foleciwlaidd cryfach rhwng yr atomau ocsigen a hydrogen yn y grwpiau asid carbocsylig ond yn cyfrannu ychydig at y bondio rhyng-foleciwlaidd gan fod y grwpiau asid yn rhan fach o foleciwl mwy. (4)

(iv) Wrth i hyd y gadwyn gynyddu, mae'r hydoddedd yn lleihau. Mae hyn oherwydd bod gan ran bolar y moleciwl ($\sim\sim\sim\sim\sim^+NH_3COO^-$) lai o ddylanwad wrth i hyd y gadwyn garbon gynyddu. (2)

(b) (1)

3 **(a)** Nifer y molau o sodiwm hydrocsid a ddefnyddiwyd
= $0.100 \times 12.65 / 1000$
= 1.265×10^{-3}

Gan fod y gymhareb folar yn 1:1, mae nifer y molau o'r asid amino mewn 25.00 cm^3 o'r hydoddiant hefyd yn 1.265×10^{-3}. Màs yr asid a ddefnyddiwyd = 1.48 g

∴ Molau mewn 250 cm^3 = 1.265×10^{-2}

Felly M$_r$ yr asid = $1.48 / 1.265 \times 10^{-2} = 117$ (3)

(b) Fformiwla'r asid yw R–CH(NH₂)COOH ac 'M$_r$' y grŵp CH(NH₂)COOH yw 45 + 13 + 16 = 74. Felly 'M$_r$' y grŵp R yw 43. Mae hyn yn cyfateb i C₃H₇ a gall y cyfansoddyn fod yn

(c) NMR ^{13}C. Bydd asid CH₃CH₂CH₂CH(NH₂)COOH yn rhoi 5 brig gan fod pum amgylchedd carbon gwahanol. Bydd asid (CH₃)₂CHCH(NH₂)COOH yn rhoi pedwar brig gan fod pedwar amgylchedd carbon gwahanol.
NEU
Sbectrwm màs. Bydd y patrwm darnio ar gyfer pob asid yn wahanol. (2)

4 (1)

5 Yr adeiledd cynradd yw'r dilyniant o asidau amino sy'n ffurfio'r gadwyn brotein. Mae'r adeiledd eilaidd yn ymwneud â sut mae'r cadwynau o asidau amino'n cael eu trefnu; gallai hyn fod fel helics α neu fel dalen bletiog β. Bondiau hydrogen rhwng yr atomau ocsigen carbonyl mewn grŵp amid a'r atomau hydrogen N–H mewn grŵp amid arall sy'n dal yr adeiledd wrth ei gilydd. Byddan nhw yn yr un gadwyn droellog ar gyfer helics α a rhwng yr atomau mewn cadwynau gwahanol ar gyfer adeiledd dalen bletiog β. Mae'r adeiledd trydyddol yn ymwneud â sut mae'r gadwyn brotein/cadwynau protein yn cael eu plygu. (5)

4.8

1 **(a)** Mae'r tymheredd yn rhy uchel i ddefnyddio distyllu cyffredin yn ddiogel / gall rhywfaint o ddadelfeniad ddigwydd ar y tymheredd hwn. (1)

(b) Mae hydrolysis yn cynhyrchu halwyn sodiwm yr asid carbocsylig, mae angen ei asidio i roi $\sim\sim\sim\sim\sim$OH yn lle $\sim\sim\sim\sim\sim O^-Na^+$. (1)

(c) Drwy ychwanegu sodiwm nitrad(III) / NaNO₂ at asid hydroclorig / HCl gwanedig. (1)

(ch) Golchi hyd nes nad oes lliw melyn yn yr hidlif. (1)

(d) (1)

(dd) **(i)** Rhaid iddo fod yn amhur gan ei fod yn ymdoddi ar dymheredd is na'r disgwyl a thros ystod o dymereddau. (1)

(ii) Mae gan y cyfansoddyn dymheredd ymdoddi trachywir, clir. (1)

(e) Cynhesu'r ethanol mewn baddon dŵr (nid ei wresogi'n uniongyrchol). Ychwanegu'r asid amhur nes nad oes rhagor yn hydoddi. Hidlo, os oes angen (yn bell o fflamau). Gadael i oeri. Hidlo a sychu. (5)

2 **(a)** Awgrymiadau ar gyfer cynnwys

• Yr M$_r$ yw 114 ac oherwydd bod % ocsigen yn 28.1, nifer yr atomau ocsigen yw 32/16 = 2 • Mae'r sbectrwm isgoch yn dangos presenoldeb grŵp carbonyl C=O, ond nid grŵp asid carbocsylig COOH, felly mae'n rhaid i'r cyfansoddyn fod yn aldehyd neu'n geton • Ni all fod yn ester gan nad oes bond sengl C–O yn bresennol • Mae prawf Tollens yn negyddol, ac felly nid yw'n aldehyd ac mae'n rhaid iddo fod yn geton • Mae'n adweithio â 2,4-deunitroffenylhydrasin, sy'n awgrymu'n gryf ei fod yn geton • Mae'r dystiolaeth hon yn awgrymu bod dau grŵp C=O yn bresennol, gan fod dau atom ocsigen mewn moleciwl o'r cyfansoddyn • Mae'r adwaith ag ïodin yn awgrymu y gall grŵp CH₃C=O fod yn bresennol (nid CH₃(OH), gan nad oes bond O–H yn y cyfansoddyn) • mae'r darn yn y sbectrwm màs ar m/z 43 yn awgrymu CH₃C⁺=O, gall y darn ar m/z 71 fod oherwydd CH₃COCH₂CH₂⁺ a'r un ar m/z 99 oherwydd CH₃COCH₂CH₂C⁺O • Mae tri brig clir yn y sbectrwm NMR ^{13}C a'r ddau frig unigol yn y sbectrwm NMR ^{1}H yn awgrymu bod tri atom carbon heb atomau hydrogen wedi'u bondio i atomau carbon cyfagos. • Mae'r gwerthoedd δ yn y sbectrwm NMR ^{1}H yn awgrymu protonau hydrogen yn bondio i atom carbon nesaf at grŵp carbonyl C=O. Gall y cyfansoddyn fod yn hecsan- 2,5-deuon.

5–6 marc

Mae'n ystyried pob pwynt ac yn diddwytho gwybodaeth gywir ohonynt, gan gyrraedd adeiledd ar gyfer cyfansoddyn **N** drwy ymresymu.

Mae'r ymgeisydd yn llunio ateb sy'n berthnasol a chydlynol ac wedi'i strwythuro'n rhesymegol, gan gynnwys holl elfennau allweddol yr awgrymiadau ar gyfer cynnwys. Mae'n amlwg yn cynnal ac yn cyfiawnhau ei ymresymu ac yn defnyddio geirfa a chonfensiynau gwyddonol yn briodol ac yn gywir drwyddi draw.

3–4 marc

Mae'n ystyried y rhan fwyaf o'r pwyntiau ac yn cael gwybodaeth gywir drwy ddiddwytho. Mae'n rhoi cynnig ar adeiledd ar gyfer cyfansoddyn **N**.

Mae'r ymgeisydd yn llunio ateb cydlynol sy'n cynnwys y rhan fwyaf o'r elfennau allweddol yn yr awgrymiadau ar gyfer cynnwys. Mae rhywfaint o resymu i'w weld wrth gysylltu pwyntiau allweddol ac ar y cyfan mae'n defnyddio geirfa a chonfensiynau gwyddonol yn gadarn.

1–2 farc

Mae'n ystyried rhai o'r pwyntiau ac yn diddwytho'n gywir o rai ohonynt.

Mae'r ymgeisydd yn rhoi cynnig ar gysylltu o leiaf dau bwynt perthnasol o'r awgrymiadau ar gyfer cynnwys. Mae gadael allan deunydd a/neu gynnwys deunydd amherthnasol yn effeithio ar y cydlynedd. Mae peth tystiolaeth o ddefnyddio confensiynau a geirfa gwyddonol yn briodol.

0 marc

Nid yw'r ymgeisydd yn gwneud unrhyw ymdrech nac yn rhoi ateb perthnasol sy'n haeddu marc.

(b) Mesurwch dymheredd ymdoddi y deilliad 2,4-deunitroffenylhydrasin o hecsan-2,5-deuon a gweld a yw'r gwerth ar 257 °C neu'n agos. Gwnewch gymysgedd o'r deilliadau 2,4-deunitroffenylhydrasin o'r cyfansoddyn anhysbys a hecsan-1,5-deuon a gweld a yw'r tymheredd yn newid o fod yn 257 °C.

3 (a)

Asid 4-hydrocsibwtanöig (2)

(b) Polymeriad cyddwyso
Polyester (1)

4 Awgrymiadau ar gyfer cynnwys

• Mae'r sbectrwm NMR ^{1}H yn cadarnhau bod y ddau grŵp ethyl sy'n bresennol yn bedrypled (CH_2) a thripled (CH_3). Mae'r CHCl a'r CH_2 i'w gweld fel tripled (CHCl) a dwbled (CH_2). • Mae'r sbectrwm NMR ^{13}C yn dangos 6 brig gwahanol, sy'n nodi 6 amgylchedd gwahanol – ar gyfer y carbon yn y grwpiau ester methyl, y carbon yng ngrŵp alcyl ester CH_2, yr atom ocsigen carbonyl (nesaf at CHCl a'r grŵp ester), yr atom ocsigen carbonyl (nesaf at CH_2 a'r grwpiau ester ethyl), yr atom carbon yn y grŵp CHCl, yr atom carbon yn y grŵp CH_2.

• Mae'r sbectrwm isgoch yn dangos amsugniadau nodweddiadol ar gyfer y bond C=O tua 1650 i 1750 cm^{-1}, ar gyfer y bond sengl C–O tua 1000 i 1300 cm^{-1} ac ar gyfer y bond C–Cl ar 650 i 800 cm^{-1}. • I adnabod yr anion clorid, ychwanegwch arian nitrad dyfrllyd at y cymysgedd asidiedig (HNO$_3$). Mae gwaddod gwyn (o arian clorid) sy'n hydawdd mewn gormodedd o amonia dyfrllyd i'w weld.

5–6 marc

Mae'n ystyried pob pwynt yn fanwl, gan roi casgliadau cywir ar gyfer yr adeiledd a roddwyd.

Mae'r ymgeisydd yn llunio ateb sy'n berthnasol a chydlynol ac wedi'i strwythuro'n rhesymegol, gan gynnwys holl elfennau allweddol yr awgrymiadau ar gyfer cynnwys. Mae'n amlwg yn cynnal ac yn cyfiawnhau ei resymu ac yn defnyddio geirfa a chonfensiynau gwyddonol yn briodol ac yn gywir drwyddi draw.

3–4 marc

Mae'n ystyried y rhan fwyaf o'r pwyntiau sydd eu hangen ac yn rhoi atebion sy'n gywir ar y cyfan ond mae'r disgrifiad heb gynnwys rhai o'r manylion sydd eu hangen.

Mae'r ymgeisydd yn llunio ateb cydlynol sy'n cynnwys y rhan fwyaf o'r elfennau allweddol yn yr awgrymiadau ar gyfer cynnwys. Mae rhywfaint o resymu i'w weld wrth gysylltu pwyntiau allweddol ac ar y cyfan mae'n defnyddio geirfa a chonfensiynau gwyddonol yn gadarn.

1–2 farc

Mae'n ystyried rhai o'r pwyntiau, ond mae diffyg manylder yn gyffredinol yn yr atebion.

Mae'r ymgeisydd yn rhoi cynnig ar gysylltu o leiaf dau bwynt perthnasol o'r awgrymiadau ar gyfer cynnwys. Mae gadael allan deunydd a/neu gynnwys deunydd amherthnasol yn effeithio ar y cydlynedd. Mae peth tystiolaeth o ddefnyddio geirfa a chonfensiynau gwyddonol yn briodol.

0 marc

Nid yw'r ymgeisydd yn gwneud unrhyw ymdrech nac yn rhoi ateb perthnasol sy'n haeddu marc.

5 (a) Llifyn aso (1)

(b) Gwerth R$_f$ y smotyn isaf yw 2.0/3.2 = 0.63 ac mae hyn yn cyfateb i asid 3,4-deuhydrocsibensöig.

Gwerth R$_f$ y smotyn uchaf yw 2.7/3.2 = 0.84 ac mae hyn yn cyfateb i 1,3-deuhydrocsibensen. (2)

(c) Defnyddio cyfrwng lleoli arall i gynhyrchu smotyn lliw. (1)

(ch) (1)

(d) Bydd y cyfansoddyn yn ymddangos yn wyn (os yw'n solid) / yn ddi-liw (os mewn hydoddiant) gan nad oes amsugniad yn rhanbarth gweladwy'r sbectrwm electromagnetig. (1)

Mynegai